KB201389

650곡

부흥 again

CCM2U

발 간 사

**"여호와 이스라엘의 하나님을 영원부터 영원까지 찬양할지어다
모든 백성들아 아멘 할지어다 할렐루야"
(시편 106:48)**

세상에서 시달린 우리의 아픈 마음을 만지시는 주님의 손길을 느낄 수 있게 해준 찬양 곡들이 있습니다. 철야예배와 부흥회 때마다 하나님께 손뼉 치며 찬송하고, 눈물 흘리며 때론 성령의 불을 뜨겁게 사모하기도 하고, 전도할 때마다 예수님을 힘있게 증거할 수 있도록 해준 찬양들이 있습니다. 또한 죄악의 고통가운데 신음하고 낙심한 우리들에게 소망을 주었던 찬양 곡들이 있습니다.

한국 교회와 예배가 다시 부흥하길 바라며 교회의 어른들인 장년들에게 찾아와 주셨던 성령 하나님을 향한 은혜의 찬양 곡들과 요즘 젊은 세대들이 하나님께 드리는 최신 은혜의 찬양 곡 **best 650**곡으로 편집하였습니다.
'부흥어게인' 은 철야예배, 수요예배, 기도집회 등 모든 예배 때나 구역예배모임을 가질 때 찬양집으로 활용하시면 더욱 은혜로운 모임을 가질 수 있습니다. 각 곡마다 **미가엘 번호**를 넣어 미가엘 반주기와 함께 사용하실 수 있습니다. 또한 함께 부를 수 있는 **메들리**를 실어 풍성한 찬양모임을 가질 수 있습니다.

이 찬양집을 통해서 교회의 장년들이 하나님과의 첫사랑을 회복하고, 잊혀진 은혜를 다시 한번 상기하며 주님을 더욱 뜨겁게 사랑하는 은혜가 있기를 소망해봅니다. 잊혀졌던 눈물이 다시 한번 우리 마음속에 흐르고, 주님께 다시 한번 뜨겁게 찬양하고 기도하는 한국교회가 되어 부흥의 불길이 다시 시작 되어지길 소망합니다.

성도들은 주님 다시 오실 때까지 이 땅에서의 찬양을 멈추지 말아야 합니다. 어느 때든지 어디에서든지 날마다 주님을 찬송하시는 성도님 되시기를 진심으로 기원합니다.

Contents 가나다순 | 가사첫줄 · 원제목

Contents

Contents

Contents

Contents

Contents

Contents

Contents

Contents

Contents

Contents

Contents

Contents

Contents

Contents

코드순 | 가사첫줄 · 원제목

C

Contents

Contents

Contents

E

Contents

Contents

F

Contents

Contents

Contents

Contents

Contents

Contents

Contents

Contents

B

거룩하신 성령이여

(Holy Spirit we welcome You)

Chris Bowater

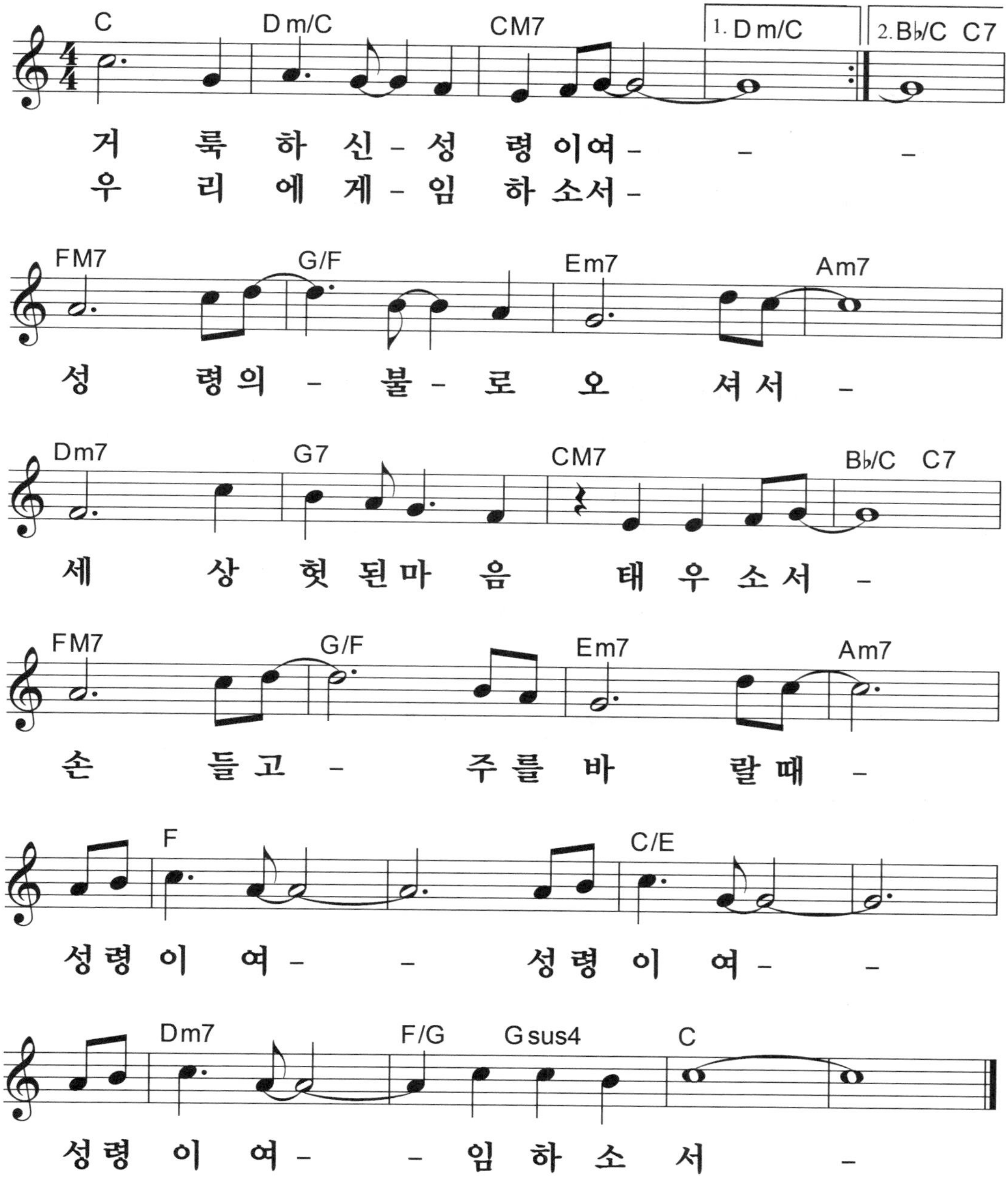

C D m/C CM7 1. D m/C 2. B♭/C C7

거 룩 하 신 - 성 령 이여 - - -
우 리 에 게 - 임 하 소서 -

FM7 G/F Em7 Am7

성 령의 - 불 - 로 오 셔서 -

Dm7 G7 CM7 B♭/C C7

세 상 헛 된마 음 태 우 소 서 -

FM7 G/F Em7 Am7

손 들고 - 주를 바 랄때 -

F C/E

성령 이 여 - - 성령 이 여 - -

Dm7 F/G G sus4 C

성령 이 여 - - 임 하 소 서 -

메들리

• 오셔서 다스리소서 (46) • 주의 강한 용사들 (72) • 주의 거룩하심 생각할 때 (73)

2 괴로울 때 주님의 얼굴 보라

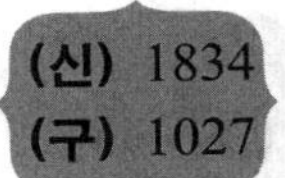

(In These Dark Days)

Harry John Bollback

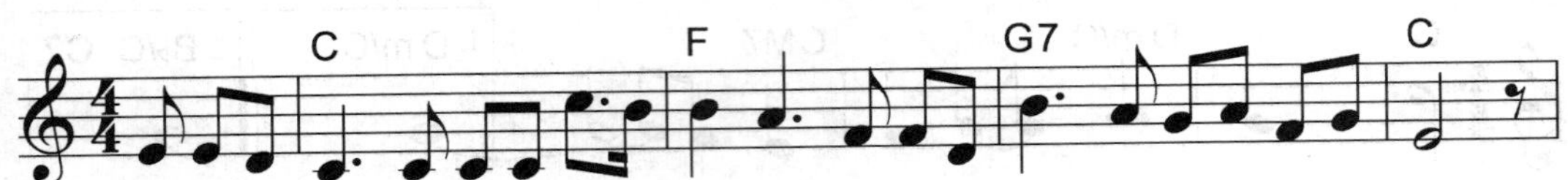

괴로울 때 주님의얼굴보라 평화의 주 님바라보아 라
힘이없고 네마음연약할때 능력의 주 님바라보아 라

세상에서 시달린친구들아 위로의 주 님바라보아 라
주의이름 부르는모든자는 힘주시고 늘지켜주시 리

눈을들어 -주를보라 -네모든염 려주께맡겨 라

슬플때에 주님의얼굴보라 사랑의 주 님안식주리 라

메들리 • 주님 손 잡고 일어서세요 (65) • 주여 이 죄인이 (70) • 주의 신을 내가 떠나 (75)

(신) 1387
(구) 1684

기대

(주 안에 우리 하나)

3

천강수

4 나는순례자

(신) 1962
(구) 1190

메들리 • 나의 입술의 모든 말과 (6) • 항해자 (83) • 주님 가신 길 십자가의 길 (460)

(신) 1561
(구) 2137

나로부터 시작되리

5

(저 높은 하늘 위로 밝은 태양)

이 천

6 나의 입술의 모든 말과

(신) 1746
(구) 820

(Let the words of my mouth)

Joe Mackey

메들리

• 내가 산을 향하여 (14) • 사랑하는 나의 아버지 (28) • 찬양을 드리며 (76)

나의 피난처 예수 7

메들리

• 내 안에 가장 귀한 것 (9) • 내 안에 사는 이 (11) • 너는 내 아들이라 (17)

8

내구주 예수님

(Shout to the Lord)

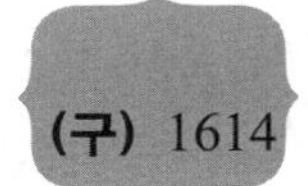

Darlene Zschech

C G Am G F

내 구 주 예 수 님 주같은분 – 없 – 네 – 내평생에

위 로 자 되 시 며 피난처되 – 신주님 – 나의영혼

1. C/E F C/G Am B♭ Dm7/A Gsus4 G7

– 찬양하리 – – 놀라운주의 사 랑 을

2. C/E F C/G Am B♭ B♭/A Gsus4 G7

– 온맘다해 – 주를경배 합 니 다

C Am F Gsus4 G7 C Am

온땅이여 – 주님께 – 외쳐라 – – 능력과위 – 엄의왕

FM7 Gsus4 G7 Am F

– 되신주 – 산과바다 – 소리쳐 – 주의 – 이름

G Am G/B G7 C Am

을 – – – 높 이 리 – 주 행 한 일 – 기 뻐 노

F Gsus4 G7 C Am FM7 Gsus4 G7

– 래하며 – 영 원히주님 – 을사랑 – 하리라 –

Am F G7 C F/C C

신실하신 – 주의약 – 속나받 – 았 네 – –

내 안에 가장 귀한 것

Peter S.M Cho

C G/B Am C/G F C/E Dm7 G7

내 안에가장 귀 한것 예 수 를앎 이 라
상 지식보다 귀 한것 예 수 를앎 이 라

C G/B Am C/G F G7 1. C 2. C

금 은보다더 귀 한것 예 수 를앎 이 라 세 라
내 안에가장 귀 한것 예 수 를앎 이

F C/E Dm7 G7 C

예 수 의 이 름 존 귀 한 그 - 이름 -

F C/E Am Dm7 G7 C

예 수 의 이 름 능 력 의 그 - 이름 -

메들리

• 나의 피난처 예수 (7) • 내 구주 예수님 (8) • 내 삶의 이유라 (107)

10 내 영혼아 여호와를 송축하라

(신) 1787
(구) 600

(Bless the Lord O my soul)

C/G Dm/G Em/G F/G
라 내영혼아 송축하라 내영혼아 내맘과
C/G Am7 Dm7 G7 C
정 성다 해찬 양 해 –

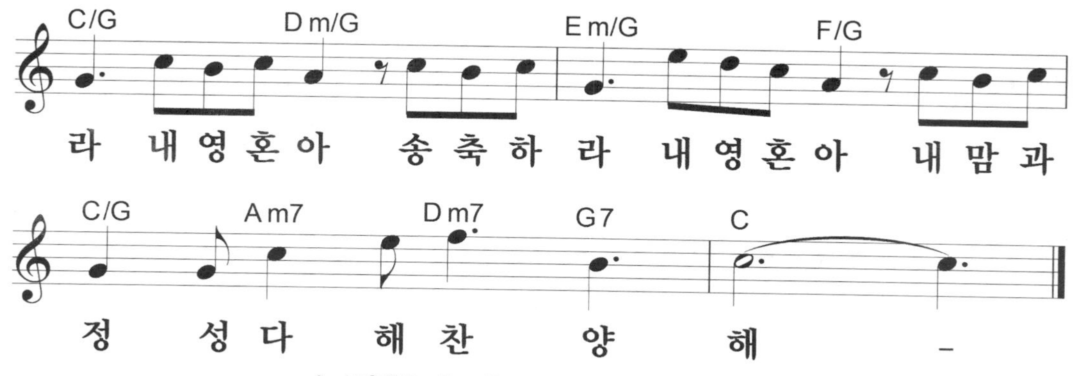

(신) 1742
(구) 752

내 안에 사는 이

11

(Christ in me)

Gary Garcia

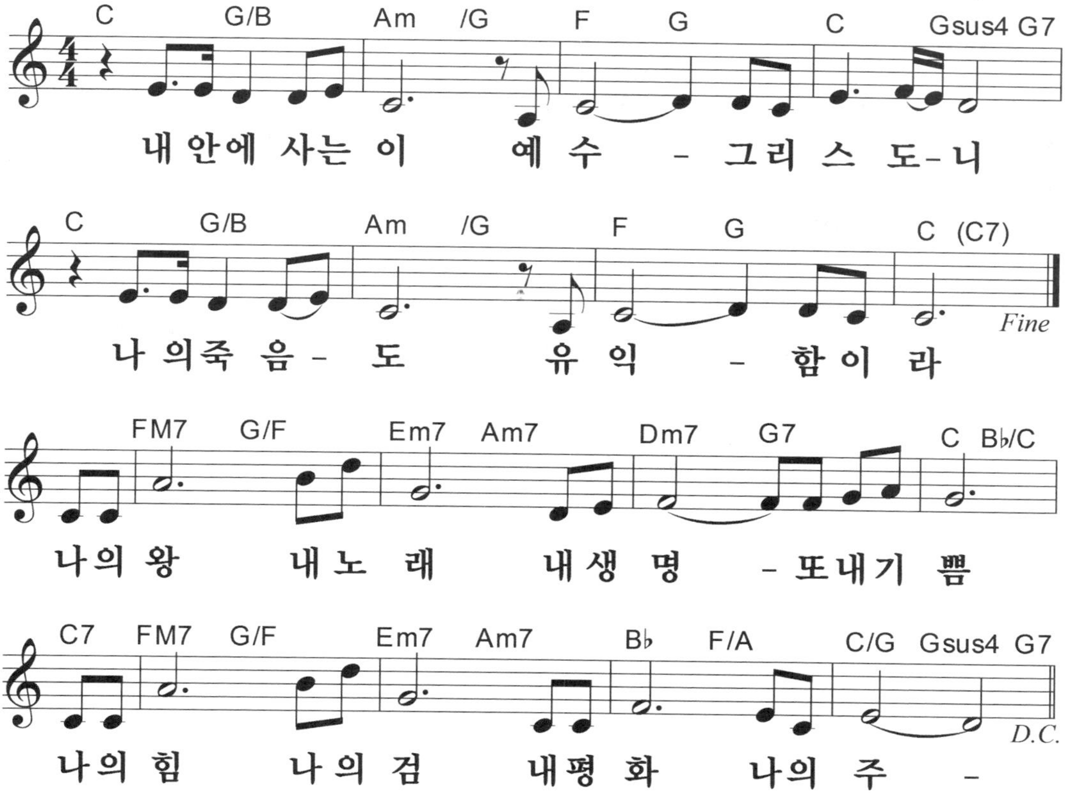
C G/B Am /G F G C Gsus4 G7
내안에 사는 이 예수 – 그리스도–니
C G/B Am /G F G C (C7)
나의죽 음– 도 유익 – 함이라
Fine
FM7 G/F Em7 Am7 Dm7 G7 C B♭/C
나의왕 내노래 내생명 –또내기쁨
C7 FM7 G/F Em7 Am7 B♭ F/A C/G Gsus4 G7
나의힘 나의검 내평화 나의주 –
D.C.

12 내 입술로 하나님의 이름을

(신) 1530
(구) 565

정종원

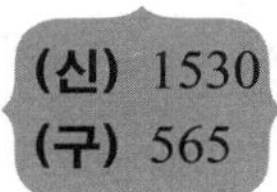

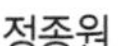

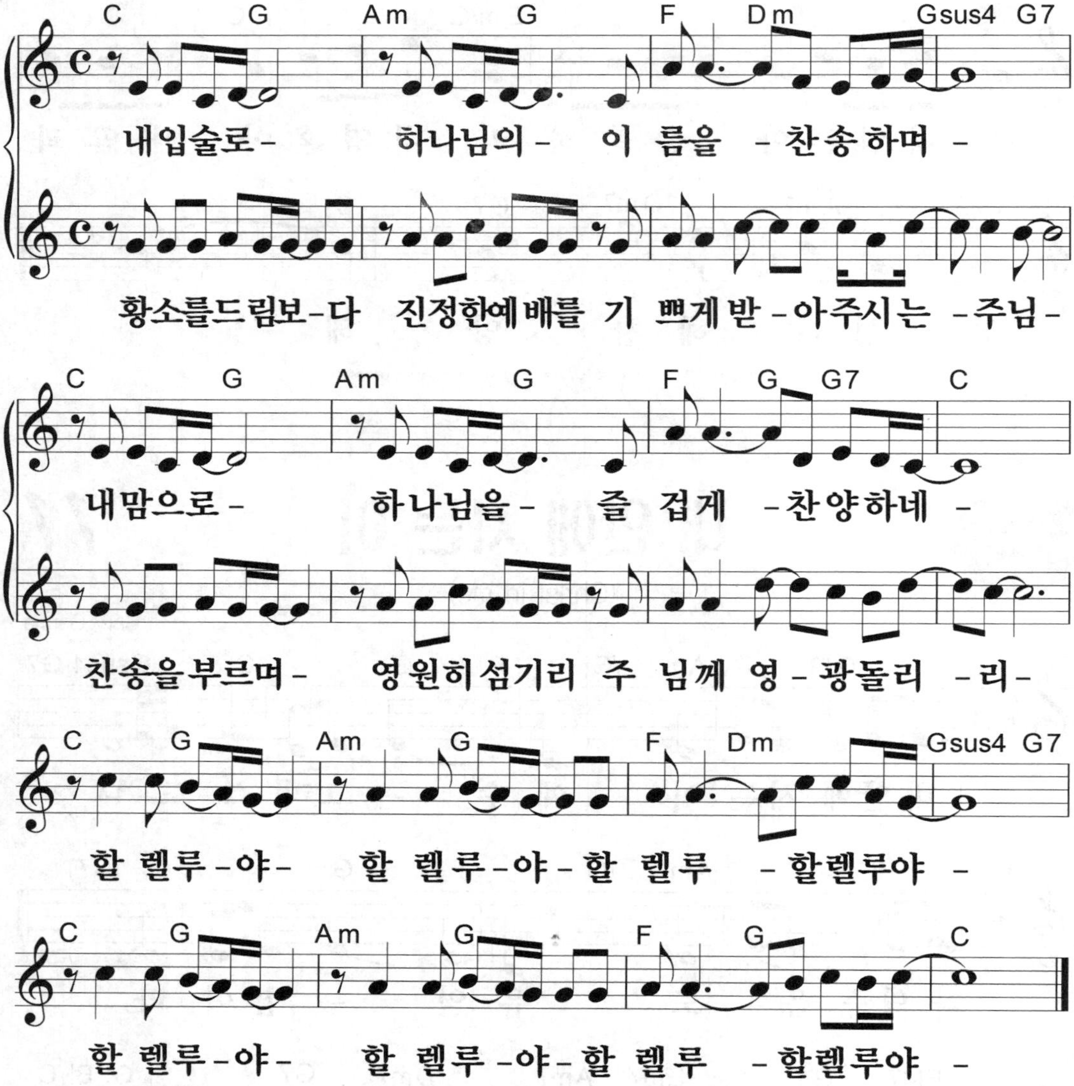

C G Am G F Dm Gsus4 G7
내입술로- 하나님의- 이 름을 -찬송하며 -
황소를드림보-다 진정한예배를 기 쁘게받-아주시는 -주님-
C G Am G F G G7 C
내맘으로- 하나님을- 즐 겁게 -찬양하네 -
찬송을부르며- 영원히섬기리 주 님께 영-광돌리 -리-
C G Am G F Dm Gsus4 G7
할 렐루-야- 할 렐루-야-할 렐루 -할렐루야 -
C G Am G F G C
할 렐루-야- 할 렐루 -야-할 렐루 -할렐루야 -

메들리
• 나의 입술의 모든 말과 (6) • 내 영혼아 여호와를 송축하라 (10)

(신) 1389
(구) 1171

내 증인 되리라

(우리는 모두 다)

14 내가 산을 향하여

(신) 1098
(구) 592

성경 & 김영기

메들리 • 나의 입술의 모든 말과 (6) • 주님이 주신 기쁨 (68) • 할 수 있다 하신 이는 (81)

(신) 1310
(구) 1207

내게 오라

15

(죄에 빠져 헤매이다가)

16 내일 일은 난 몰라요

(I Know Who Holds Tomorrow)

(신) 1591
(구) 825

Ira F. Stanphill

(신) 1245
(구) 1877

너는 내 아들이라

17

(힘들고 지쳐)

이재왕 & 이은수

18

누구도 본 적이 없는

Takafumi Nagasawa

메들리
• 내 증인 되리라 (13) • 먼저 그 나라와 의를 구하라 (22) • 부흥의 세대 (24)

(신) 1203
(구) 900

눈물만 흘렸다오

(주를 멀리 떠나 살면서)

윤용섭

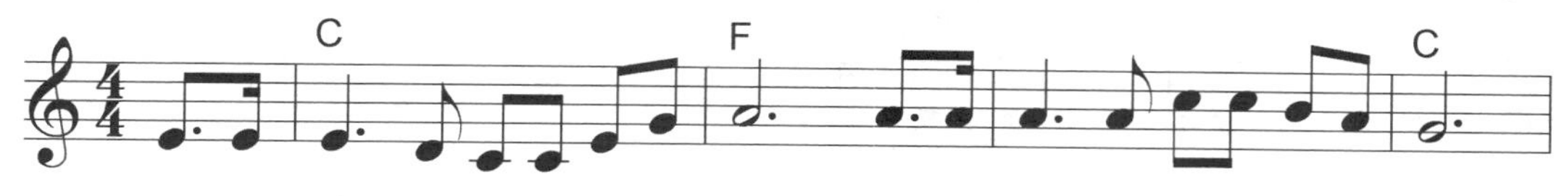

주 를 멀 리 떠 나 살 면 서 세 상 죄 에 지 친 이 몸 이
거 친 세 상 험 한 그 길 을 방 황 하 다 지 친 이 몸 이
캄 캄 하 고 어 두 운 길 을 홀 로 걷 다 지 친 이 몸 이

탕 자 처 럼 갈 길 모 르 고 몸 도 맘 도 병 들 었 다 오
목 자 잃 은 어 린 양 처 럼 갈 길 몰 라 헤 매 었 다 오
무 거 운 짐 병 든 마 음 을 모 두 주 께 맡 기 었 다 오

온 갖 죄 와 허 물 속 에 방 황 하 던 그 길 버 리 고
온 갖 죄 와 허 물 속 에 불 신 하 던 그 길 버 리 고
온 갖 죄 와 허 물 속 에 교 만 하 던 그 길 버 리 고

주 님 앞 에 나 올 대 에 눈 물 만 흘 렸 다 오
죄 인 오 라 부 를 때 에 눈 물 만 흘 렸 다 오
우 리 주 님 만 나 던 날 눈 물 만 흘 렸 다 오

메들리

• 사나 죽으나 (26) • 주를 처음 만난 날 (69) • 주여 이 죄인이 (70)

20

눈을 들어 주를 보라

(신) 1635
(구) 567

(See His glory)

Chris Bowater

메들리 • 내 입술로 하나님의 이름을 (12) • 사랑하는 나의 아버지 (28) • 임마누엘 (55)

(신) 1199
(구) 1201

당신을 향한 노래

(아주 먼 옛날)

21

22 먼저 그 나라와 의를 구하라

(신) 1850
(구) 1098

(Seek ye first)

Karen Lafferty

C G/B Am C/G F C/E Dm7 G7

먼 저그나 - 라와 의를구하라 그 나라와 - 그의 를
사 람이떡으로만 살것아니요 하 나님말 - 씀으 로
구 하라그리하면 주실것이요 찾 으라찾을것이 요

C G/B Am C/G F C/E Dm7 G7 C

그 리하면 이 - 모 - 든것을 너희에게더 하시 리 라
그 리하면 이 - 모 - 든것을 너희에게더 하시 리 라
두 드리라 문이 열릴것이니 할 - 렐 - 루 할렐 루 야

C Em F C F C Dm G7

할 렐 루 야 할 렐 루 - 야

C Em F C F C Dm G7 C

할 렐 루 야 할 렐 - 루 할 렐 루 야

메들리 • 나의 입술의 모든 말과 (6) • 한라에서 백두까지 백두에서 땅 끝까지 (80)

물 위를 걷는 자

(주님 나를 부르시니)

조영준

메들리

• 나의 피난처 예수 (7) • 내 안에 가장 귀한 것 (9) • 사나 죽으나 (26)

24

부흥의 세대

(우리가 악한 길에서 떠나)

Scott Brenner

Csus4 C C2 F

우 리 가 악 한 - 길 에 - - 서 - - 떠 나 -
거 룩 함 으 로 - 부 르 - 심 에 - 답 - 해 -
주 여 세 월 을 - 아 끼 - 겟 나 - 이 - 다 -

F Csus4 C Csus4 C F

스 스 로 겸 비 - 하 고 - 기 도 - 하 며 -
우 리 가 - 성 - 회 로 - - 모 - - 여 -
지 금 의 - 때 가 - - 악 - 하 니 -

Am C/G F

주 얼 굴 구 하 - 오 니 -
울 며 기 - 도 - 하 고 -
아 멘 주 - 예 - 수 여 -

Csus4 C C2 F

이 땅 고 치 - 소 서 -
금 식 하 - 오 니 -
오 시 옵 - 소 서 -

F Am C/G F

주 여 들 - 으 - 소 서 - 주 이 름 으 - 로 - 일 컫

F C/E Dm Dm/C Gsus4 G

는 백 성 - 에 게 - 부 흥 을 주 - 소 서 -

부흥의 세대

메들리
• 내 증인 되리라 (13) • 누구도 본 적이 없는 (18) • 먼저 그 나라와 의를 (22)

25

물끄러미

(나를 조롱하는 당신을 위해)

박희춘

(신) 1795
(구) 1268

사나 죽으나

(이제 내가 살아도)

최배송

27

사랑의 손길

(나를 위해 오신 주님)

(신) 1567
(구) 913

문찬호

(신) 1516
(구) 560

사랑하는 나의 아버지

(Blessed be the Lord God Almighty)

메들리
• 내 구주 예수님 (8) • 예수 사랑해요 (41) • 찬양을 드리며 (76)

29

성령이 오셨네

(허무한 시절 지날 때)

(신) 1607
(구) 2216

김도현

메들리

• 거룩하신 성령이여 (1) • 나의 피난처 예수 (7) • 내 안에 가장 귀한 것 (9)

(신) 1141

성령이여 임하소서

31 시편 40편

(신) 1934
(구) 568

(하나님의 음성을 듣고자)

김지면

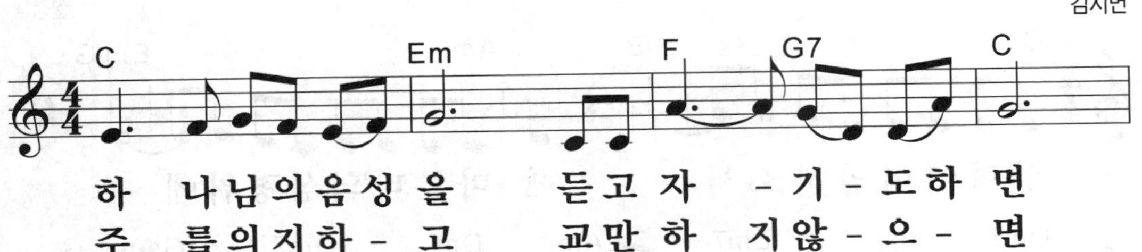

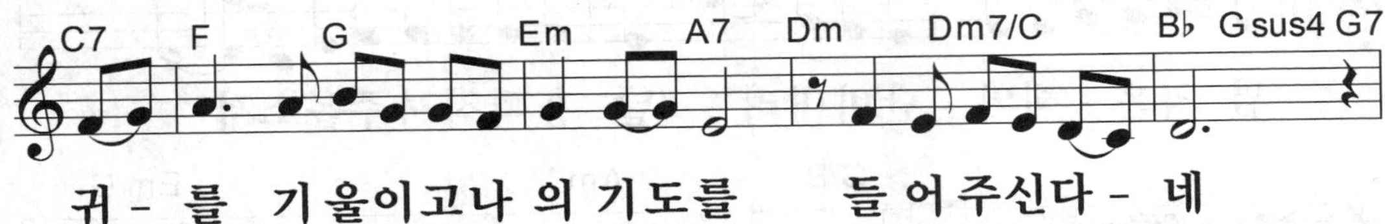

메들리
• 사랑하는 나의 아버지 (28) • 오 신실하신 주 (44) • 주 품에 (59)

(신) 1271
(구) 577

시편 8편

(여호와 우리 주여)

성경시편 & 최덕신

33 신실하시네

(내 맘이 헛된 욕심에 갇혀)

Isaiah 6tyOne

신실하시네

C Am F C *D.C.*

Am Em F C G/B

Am Em F

영원히신실 하 신주 의 사 랑 무엇도끊을
모든영광과 찬 양받 으 소 서 영원토록주

F 1, 3. C G/B 2, 4. C G *D.S. al Fine*

수 없는 사 랑 해 워
이 름찬 양

메들리
• 시편 40편 (31) • 아무 것도 두려워 말라 (37) • 오 신실하신 주 (44)

34

실로암

(어두운 밤에 캄캄한 밤에)

(신) 1836
(구) 930

신상근

메들리
• 아무것도 두려워 말라 (37) • 주 다스리시네 (58) • 주님이 주신 기쁨 (68)

(신) 1900
(구) 826

심령이 가난한 자는

36

십자가

(무엇이 변치 않아)

조은아

아무것도 두려워 말라

(Don't Be Afraid)

현석주

메들리
• 늘 노래해 (112) • 두렵지 않아 (114) • 선하신 목자 (129)

38

야곱의 축복

(너는 담장 너머로 뻗은 나무)

(신) 1977
(구) 1733

김인식

메들리

• 당신을 향한 노래 (21) • 당신은 사랑받기 위해 (113) • 너는 시냇가에 (212)

39 약한 나로 강하게

(What the Lord has done in me)

(신) 1588
(구) 1726

Reuben Morgan

(신) 1981
(구) 1626

여호와는 나의 목자시니

메들리
• 성령이 오셨네 (29) • 십자가 (36) • 아무 것도 두려워 말라 (37)

41 예수 사랑해요

(신) 1671
(구) 561

(Jesus, I love You)

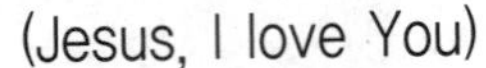

Jude Del Hierro

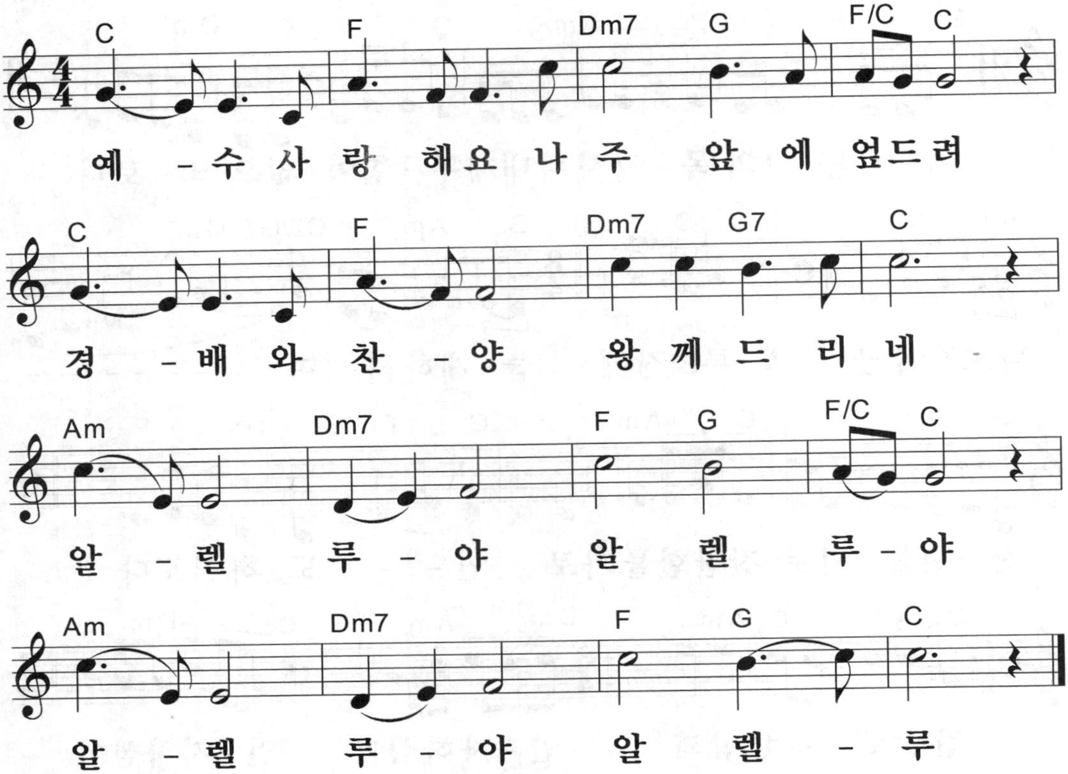

C F Dm7 G F/C C
예 -수 사 랑 해요 나 주 앞 에 엎드려
C F Dm7 G7 C
경 -배 와 찬 -양 왕 께 드 리 네 -
Am Dm7 F G F/C C
알 -렐 루 -야 알 렐 루 -야
Am Dm7 F G C
알 -렐 루 -야 알 렐 -루

메들리 • 사랑하는 나의 아버지 (28) • 주께와 엎드려 (54) • 임마누엘 (55)

(신) 1804
(구) 888

예수 안에 생명

(죄인들을 위하여)

메들리

• 사랑의 손길 (27) • 주님의 시간에 (67) • 주를 처음 만난 날 (69)

43 예수 좋은 내 친구

(구) 2170

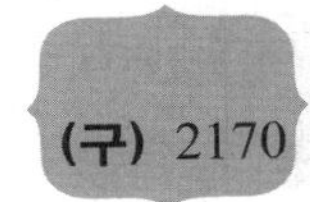

(완전한 사랑 보여주신 / My Best Friend)

Joel Houston & Marty sampson

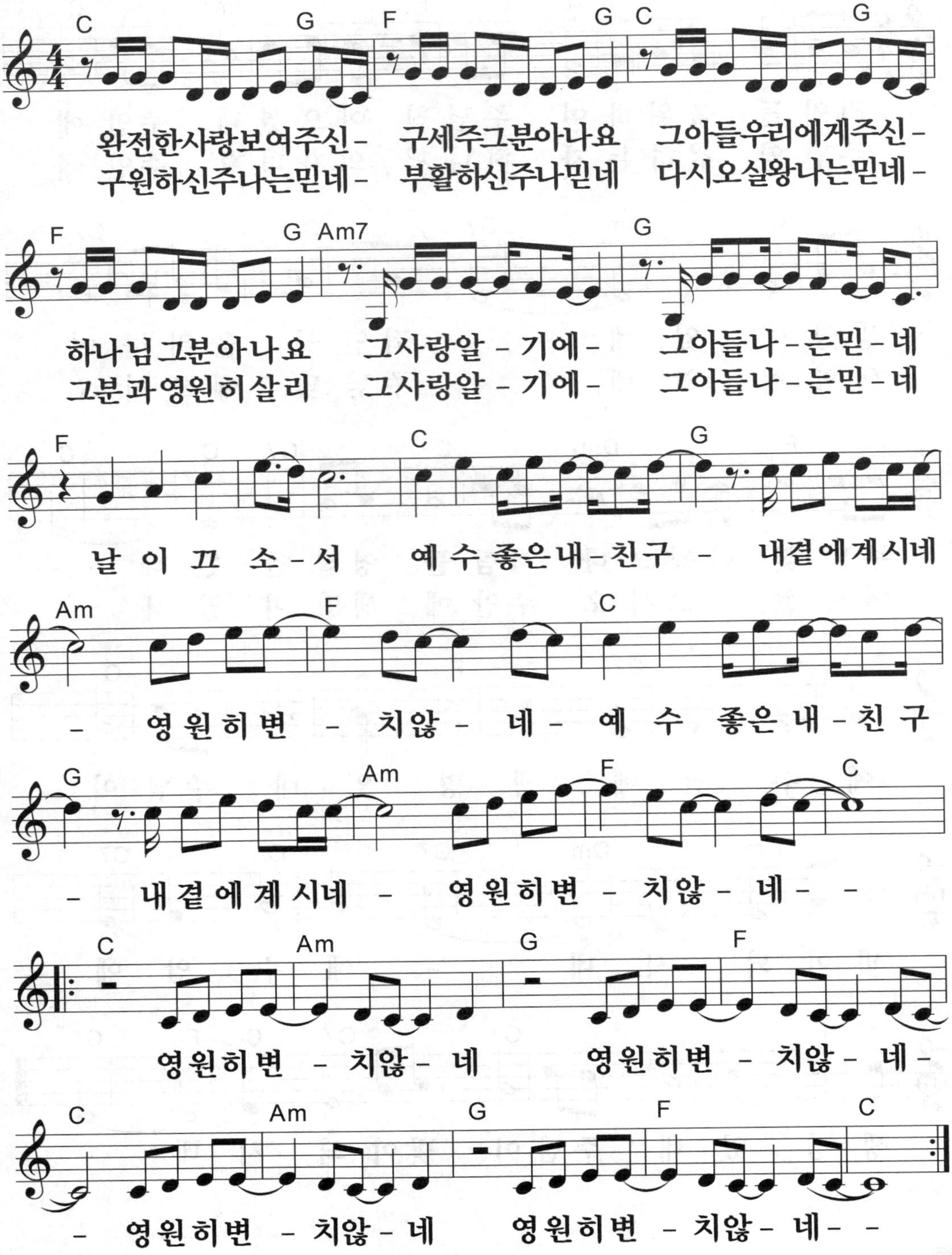
C G F G C G
완전한사랑보여주신- 구세주그분아나요 그아들우리에게주신-
구원하신주나는믿네- 부활하신주나믿네 다시오실왕나는믿네-
F G Am7 G
하나님그분아나요 그사랑알-기에- 그아들나-는믿-네
그분과영원히살리 그사랑알-기에- 그아들나-는믿-네
F C G
날 이 끄 소-서 예 수 좋은내-친구 - 내곁에계시네
Am F C
- 영 원 히 변 - 치 않- 네- 예 수 좋은 내-친 구
G Am F C
- 내곁에계시네 - 영원히변 - 치않- 네- -
C Am G F
영원히변 - 치않- 네 영원히변 - 치않- 네-
C Am G F C
- 영원히변 - 치않- 네 영원히변 - 치않- 네- -

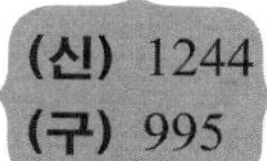

(신) 1244
(구) 995

오 신실하신 주

44

(하나님 한번도 나를)

최용덕

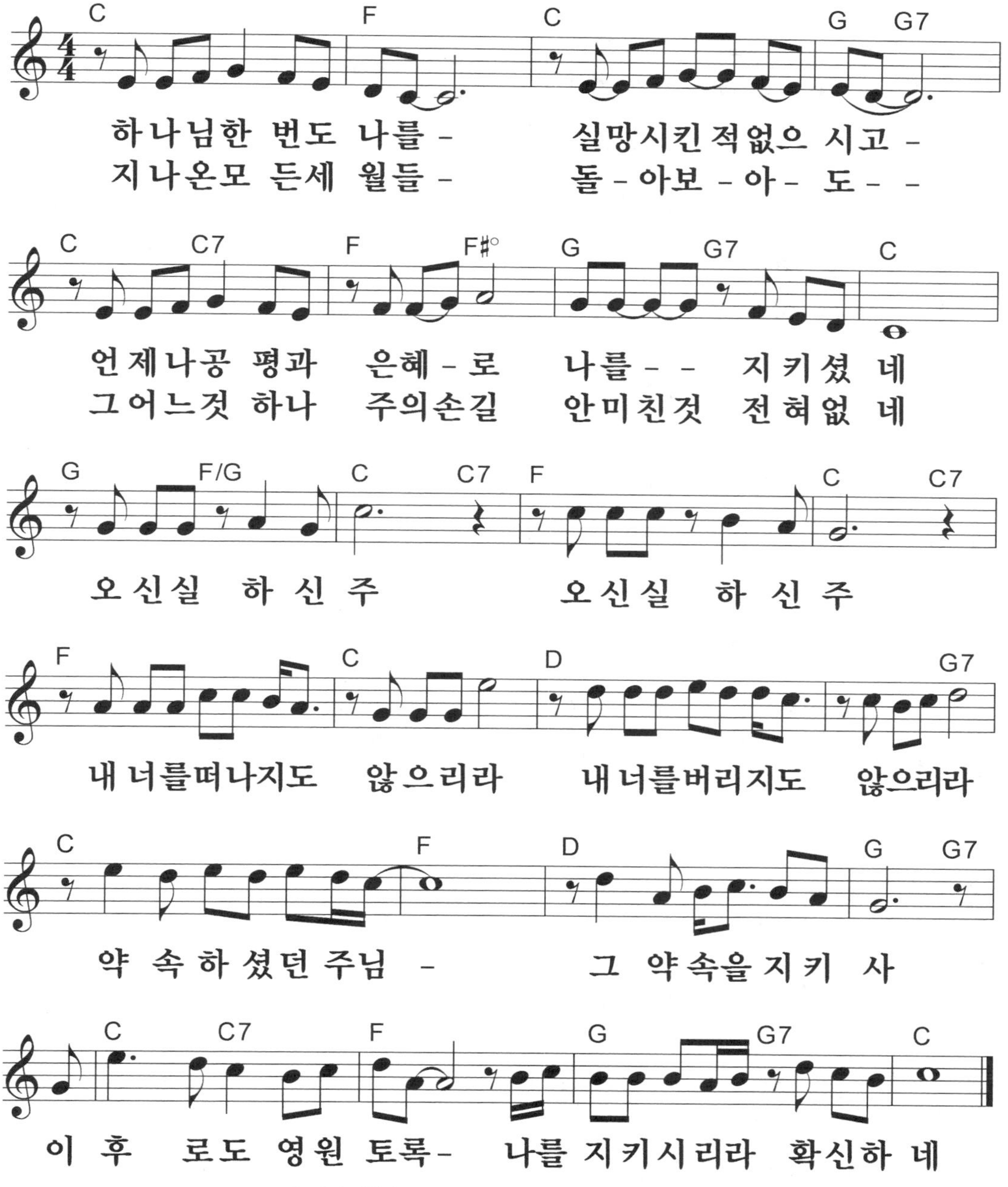
C F C G G7
하나님한 번도 나를 - 실망시킨적없으 시고 -
지나온모 든세 월들 - 돌 - 아보 - 아 - 도 - -
C C7 F F♯° G G7 C
언제나공 평과 은혜 - 로 나를 - - 지 키셨 네
그어느것 하나 주의손길 안미친것 전혀없 네
G F/G C C7 F C C7
오 신실 하 신 주 오 신실 하 신 주
F C D G7
내 너를떠나지도 않으리라 내 너를버리지도 않으리라
C F D G G7
약 속하 셨던 주님 - 그 약속을 지 키 사
C C7 F G G7 C
이 후 로도 영원 토록 - 나를 지키시리라 확신하 네

메들리

• 시편 40편 (31) • 주는 나의 (62) • 찬양을 드리며 (76)

45 오 하나님 받으소서

(신) 1862
(구) 559

(Song of the offering)

Brent Sinclair Chambers

(신) 1582
(구) 2110

오셔서 다스리소서

(산과 시내와 붉은 노을과 / Lord Reign in me)

Brenton Brown

47 왕국과 소명

(구) 1147

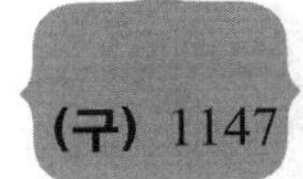

(우리의 만남은 주님의 은혜라오)

윤건선

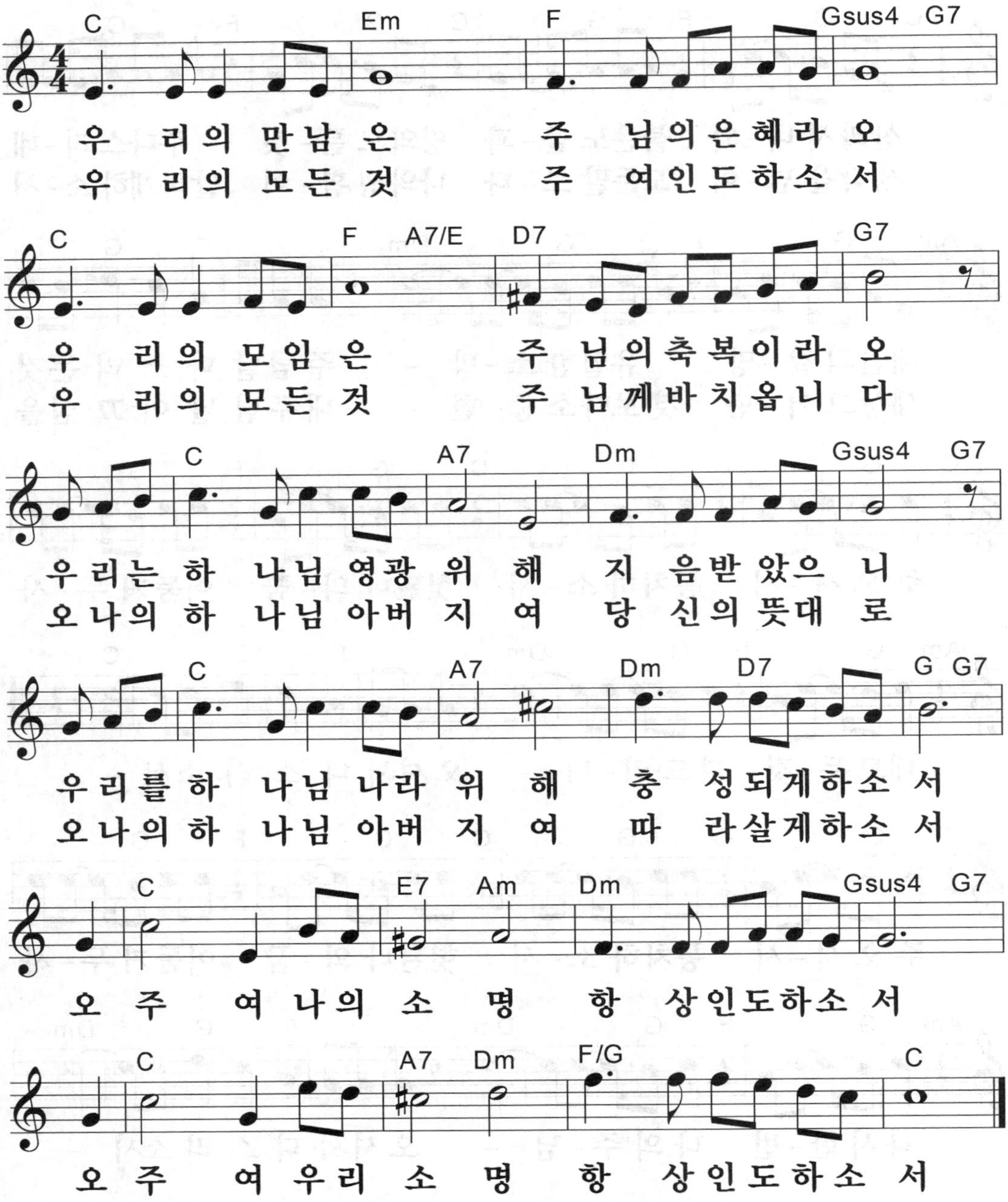

C Em F Gsus4 G7
우 리의 만남 은 주 님의은혜라 오
우 리의 모든것 주 여인도하소 서
C F A7/E D7 G7
우 리의 모임은 주 님의축복이라 오
우 리의 모든것 주 님께바치옵니 다
C A7 Dm Gsus4 G7
우리는하 나님 영광 위 해 지 음받았으 니
오나의 하 나님 아버 지 여 당 신의뜻대 로
C A7 Dm D7 G G7
우리를하 나님 나라 위 해 충 성되게하소 서
오나의하 나님 아버 지 여 따 라살게하소 서
C E7 Am Dm Gsus4 G7
오 주 여 나의 소 명 항 상인도하소 서
C A7 Dm F/G C
오 주 여 우리 소 명 항 상인도하소 서

메들리

• 먼저 그 나라와 의를 구하라 (22) • 우릴 사용하소서 (50) • 하나님을 위하여 (77)

(신) 1251
(구) 868

왜 날 사랑하나

(예수님 날 위해 죽으셨네)

Robert Harkness

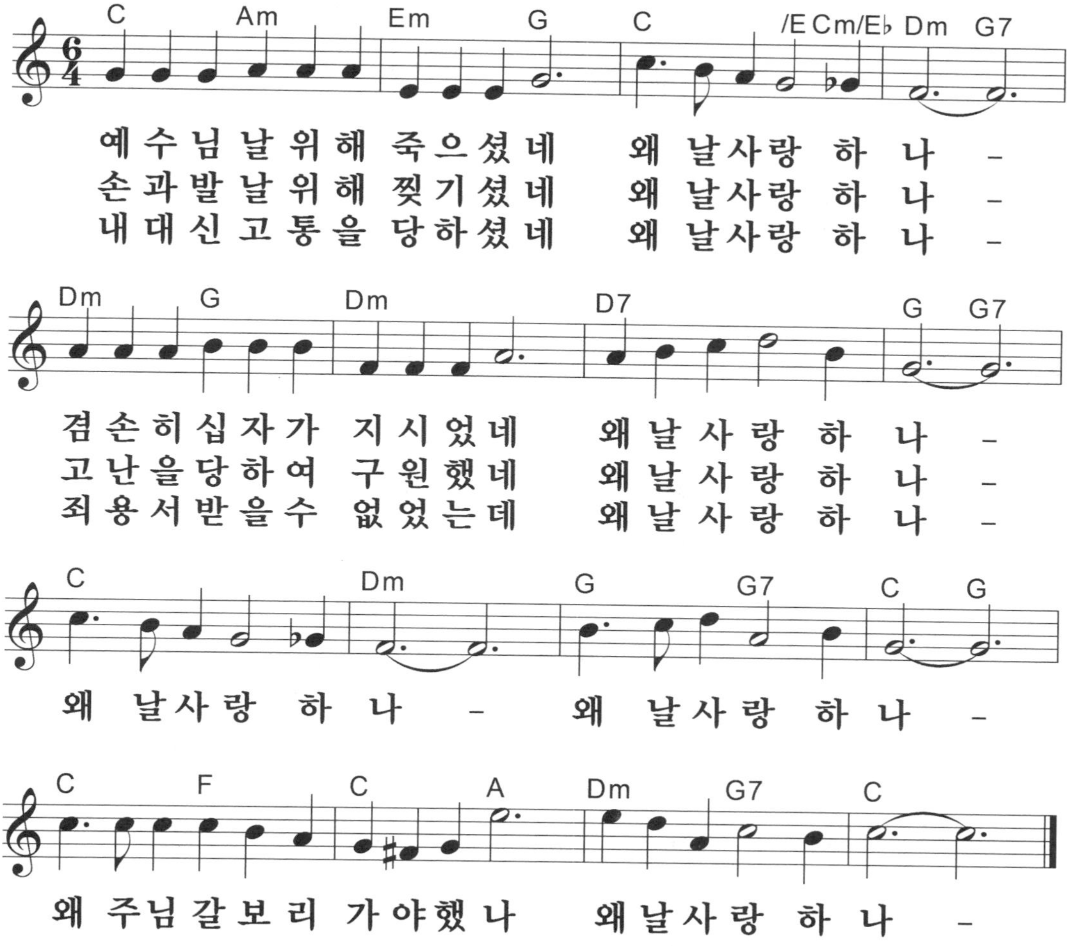

C Am Em G C /E Cm/E♭ Dm G7
예수님날위해 죽으셨네 왜 날사랑 하 나 -
손과발날위해 찢기셨네 왜 날사랑 하 나 -
내대신고통을 당하셨네 왜 날사랑 하 나 -
Dm G Dm D7 G G7
겸손히십자가 지시었네 왜날사랑 하 나 -
고난을당하여 구원했네 왜날사랑 하 나 -
죄용서받을수 없었는데 왜날사랑 하 나 -
C Dm G G7 C G
왜 날사랑 하 나 - 왜 날사랑 하 나 -
C F C A Dm G7 C
왜 주님갈보리 가야했나 왜날사랑 하 나 -

메들리

• 약한 나로 강하게 (39) • 예수 안에 생명 (42) • 주를 처음 만난 날 (69)

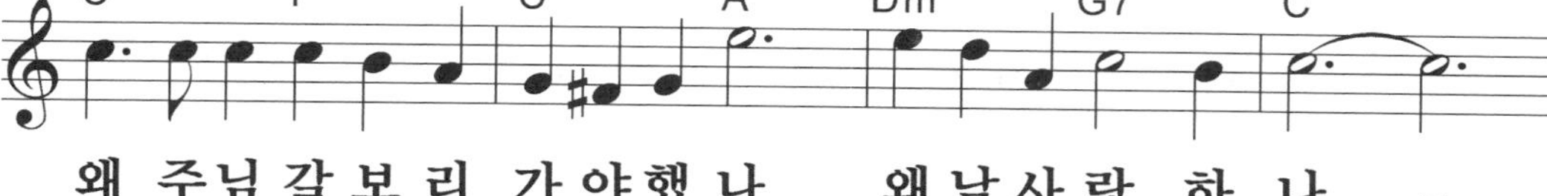

49

용서하소서

(주님 것을 내 것이라고)

(신) 1076
(구) 908

김석균

주님것 을 내것이 라고 - 고 집 하며 - 살아 왔 네
천한이 몸 내것이 라고 - 주 의 일을 - 멀리 했 네
주님사 랑 받기만 하고 - 감 사 할줄 - 몰랐 었 네

금은보 화 자녀들 까지 - 주님 것을 내 것이 라
주신이 도 주님이 시요 - 쓰신 이도 주 님이 라
주님말 씀 듣기만 하고 - 실행 하지 못 했었 네

아 버 지여 - 철없는 종을 - 용 서 하 여주 옵 소 서
아 버 지여 - 불충한 종을 - 용 서 하 여주 옵 소 서
아 버 지여 - 연약한 종을 - 용 서 하 여주 옵 소 서

맡 긴 사명 - 맡긴재 물을 - 주 를 위 해 쓰 렵 니 다
세 상 유혹 - 다멀리 하고 - 주 의 일 만 하 렵 니 다
주 님 명령 - 순종하 면서 - 주 를 위 해 살 렵 니 다

메들리
• 먼저 그 나라와 의를 구하라 (22) • 주여 이 죄인이 (70) • 하나님을 위하여 (77)

우릴 사용하소서

(우리에겐 소원이 하나있네)

김영표

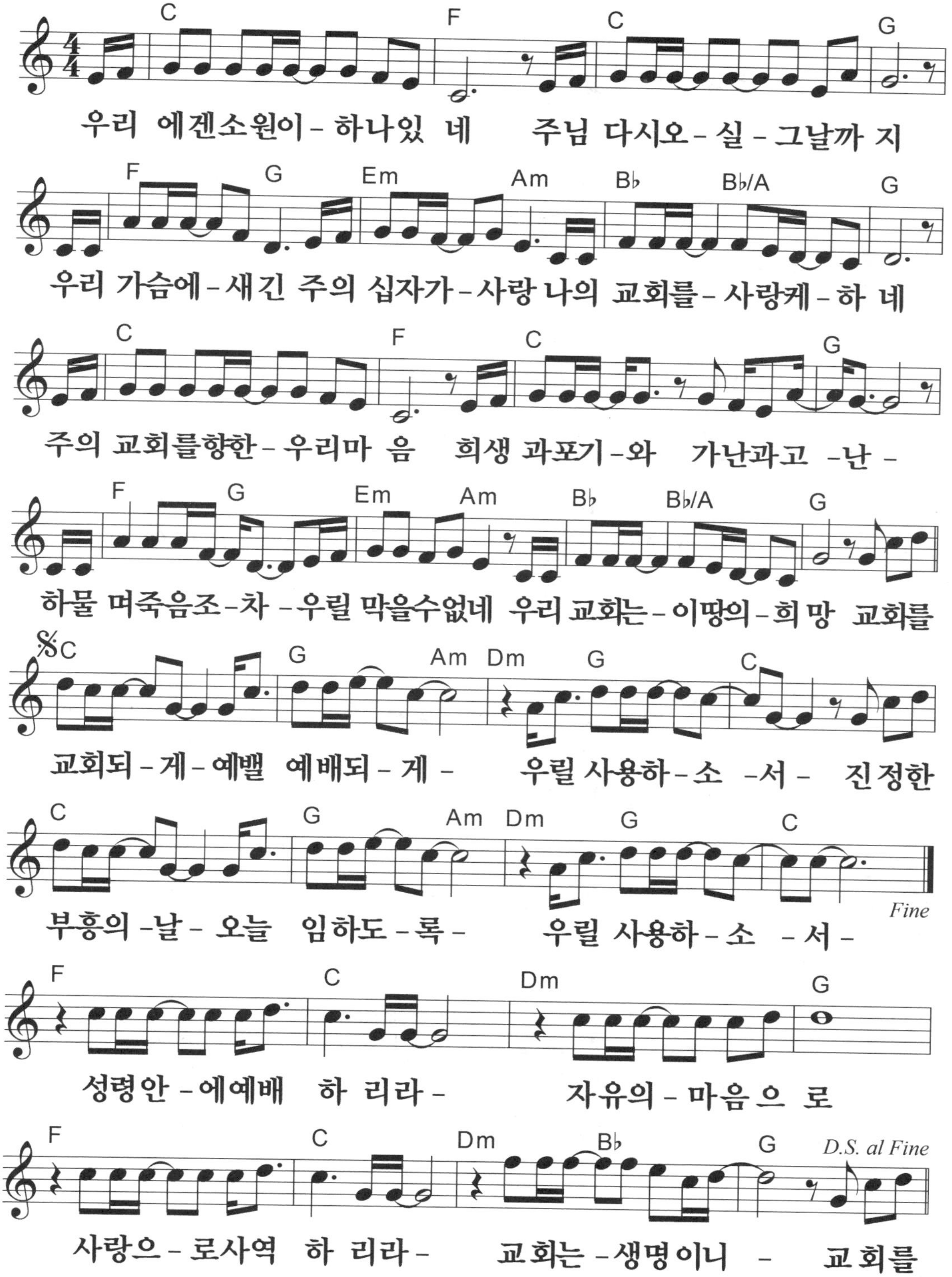
C F C G
우리 에겐소원이 – 하나있 네 주님 다시오 – 실 – 그날까 지
F G Em Am B♭ B♭/A G
우리 가슴에 – 새긴 주의 십자가 – 사랑 나의 교회를 – 사랑케 – 하 네
C F C G
주의 교회를향한 – 우리마 음 희생 과포기 – 와 가난과고 – 난 –
F G Em Am B♭ B♭/A G
하물 며죽음조 – 차 – 우릴 막을수없네 우리 교회는 – 이땅의 – 희 망 교회를
C G Am Dm G C
교회되 – 게 – 예밸 예배되 – 게 – 우릴 사용하 – 소 – 서 – 진정한
C G Am Dm G C
부흥의 – 날 – 오늘 임하도 – 록 – 우릴 사용하 – 소 – 서 –
Fine
F C Dm G
성령안 – 에예배 하 리라 – 자유의 – 마음으 로
F C Dm B♭ G
D.S. al Fine
사랑으 – 로사역 하 리라 – 교회는 – 생명이니 – 교회를

51 은혜

메들리
• 나의 피난처 예수 (7) • 은혜 (150) • 하나님의 은혜 (177)

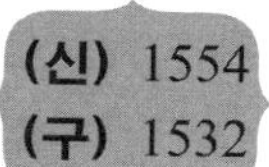

은혜로만 들어가네

(Only By Grace)

Gerrit Gustafson

은혜로만 - 들어가 - 네 - 은혜로만 - 선다네 -

우리의노 - 력이아 - 닌 - 어린양의 - 보혈로 -

그분의임 - 재가운 - 데 - 오 라 - 하시네 -

우리를부 - 르신그 - 곳 - 은 혜로들어 - 가 네 -

주님의그 - 은 혜 - 범죄한우 - 리가어

- 찌 서 리 요 어린양의 - 보혈이 - 깨끗케 - 하시네

- 주님의그 - 은 혜 -

주님의 - 그은 혜 - 주님의그 - 은 혜 -

53

이제 역전되리라

(기도를 멈추지마라)

조영준

(신) 1691
(구) 593

주께와 엎드려

54

(I will come and bow down)

Martin J. Nystrom

C Am Dm F/G G7

주께와 엎드려 경배드립니다

G/F Em A7(♭9) Dm Gsus4

주계신곳엔기쁨가득 -

G7 Am Bsus4 B/D♯ Em A7

무엇과도 누구와도 바꿀수 없네

Dm F/G G7 F C/E Dm C

예배드림이 기쁨됩니다 -

55 임마누엘

(Emmanuel)

(신) 1696
(구) 573

Bob McGee

메들리
• 예수 사랑해요 (41) • 주님의 시간에 (67) • 찬양을 드리며 (76)

주 날개 밑에서

조준모
C M7 Em F M7 D m7 F2
주 날 개밑에 서 노 래 하 네 나 의 생
영 이주 - 께 매 달 리 네 나 의 구
G7 C M7 F M7 C M7 G m/B♭
명 되 신 주 - - - - 주 날 개밑에 서
원 되 신 주 - - - - 내 영 이주 - 께
F/A D m D m/G G C2 B♭2/C
노 래 하 네 나 의 안 식 되 신 주 -
매 달 리 네 나 의 반 석 되 신 주 -
F M7 G/F E m A m7 C♯° D m
주 날 개밑에 서 노 래 하 네 주 날 - 개
G F2/G C M7 F M7 D m F/G G
밑 에 서 - 그 크 신 사 - 랑 -
E m7 A m F M7 D m F/G C M7
안 에 서 - 주 를 찬 양 하 네
F M7/C 1.C M7 F2/G 2. C M7 F M7/C C M9
- 내

57

주 없이 살 수 없네

(나는 죄인입니다)

김도현

주 없이 살 수 없네

D.S. al Coda
F C 3 Dm F/G C F/G C
생 오 - 직 주 님 과 - - 살 - 기 원 - 하 네 - - - 주 없 - 주 -
C G/B Am C/G F G C Am G#dim C/G F#dim Dm G C
없 이 살 수 없 네 나 - 혼 자 못 서 리 힘 - 없 고 부 족 하 며 지 - 혜 도 없 으 니 내 -
C/E F G Am F Dm G C G/B Am C/G Dm F/G C
주 는 나 의 생 - 명 또 나 의 힘 이 라 주 - 님 을 의 지 하 여 지 - 혜 를 얻 으 리 -
G/A A D C#dim F#/A# Bm Am7 G#7(♭5)
워 워 주 없 이 살 수 - 없 네 - 주 없 이 살 수 - 없 네 -
G A D A#dim Bm F#m/A
나 혼 자 는 못 - 서 리 - 힘 도 아 - 니 - 요 -
G D/F# Em A
능 도 아 - 니 - 요 - 오 직 주 - 의 성 - 령 으 - 로 - 만 - 오 직
D C#dim F#/A# Bm Am G#7(♭5) G A
예 수 님 - 만 이 - 오 직 예 수 님 - 만 이 - - 나 를 살 게 하 - 시 니
D A#dim Bm F#m/A G D/F#
- 오 직 주 - 님 만 - 의 지 합 - 니 - 다 -
Em D/F# G G/A D
오 직 주 만 바 - 라 봅 - 니 다 - 주 없 이 살 수 - 없 네 -

58 주 다스리시네

(신) 1603
(구) 1170

(복음 들고 산을 / Our God Reigns)

Leonard E Jnr. Smith

메들리

• 내 증인 되리라 (13) • 내가 산을 향하여 (14) • 오라 우리가 (145)

주 품에

(Still)

Words and Music by Reuben Morgan

메들리

• 임마누엘 (55) • 주 날개 밑에서 (56) • 주는 나의 (62)

60

주가 일하시네

(날이 저물어 갈때)

이혁진

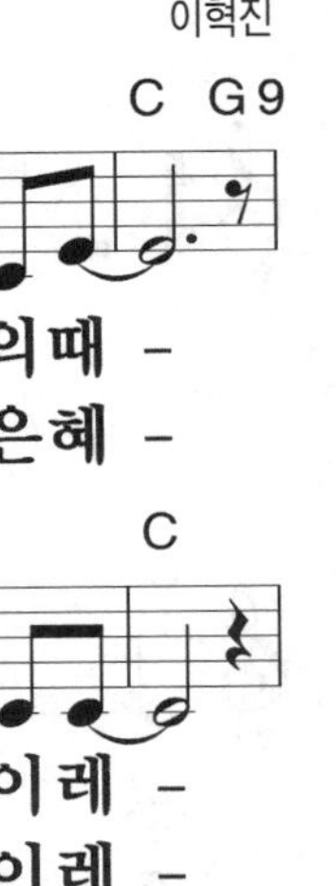

C M7 G2/B F/A C/E D m7 G7 C G 9

날이 저물어 - 갈때 - 빈들 에서걸 - 을때 - 그때 가 - 하나님 의때 -
우리 모인이 - 곳에 - 주님 함께계 - 시네 - 누리 네 - 아버지 은혜 -

C M7 G2/B F/A C/E D m7 G7 C

내힘 으로안 - 될때 - 빈손 으로걸 - 을때 - 내가 고백해 - 여호와이 레 -
적은 떡과물 - 고기 - 내모 든걸드 - 릴때 - 모두 고백해 - 여호와이 레 -

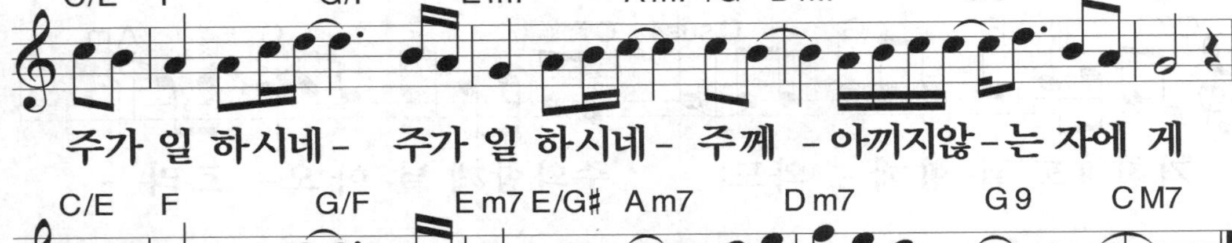

C/E F G/F E m7 A m7 /G D m7 G 9 C

주가 일 하시네 - 주가 일 하시네 - 주께 - 아끼지않 - 는 자에 게

C/E F G/F E m7 E/G♯ A m7 D m7 G 9 C M7

주가 일 하시네 - 주가 일 하시네 - 신뢰 하며걷는자 - 에게 -

메 들 리

• 나의 피난처 예수 (7) • 내 안에 가장 귀한 것 (9) • 성령이 오셨네 (29)

(신) 1514
(구) 1159

주가 필요해

61

(매일 스치는 사람들 / People need the Lord)

Phil McHugh & Greg Nelson

62 주는 나의

(하나님이시여)

(신) 1592
(구) 1911

유상렬

메들리
• 거룩하신 성령이여 (1) • 내 구주 예수님 (8) • 주의 거룩하심 생각할 때 (73)

(신) 1358
(구) 827

주님 내 안에

(언제나 내 모습)

임미정 & 이정림

메들리

• 내 입술로 하나님의 이름을 (12) • 주는 나의 (62) • 주의 신을 내가 떠나 (75)

64 주님 다시 오실때까지

(신) 1063
(구) 1994

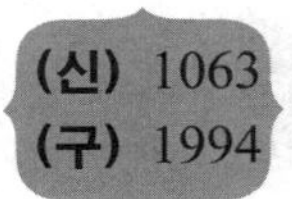

고형원

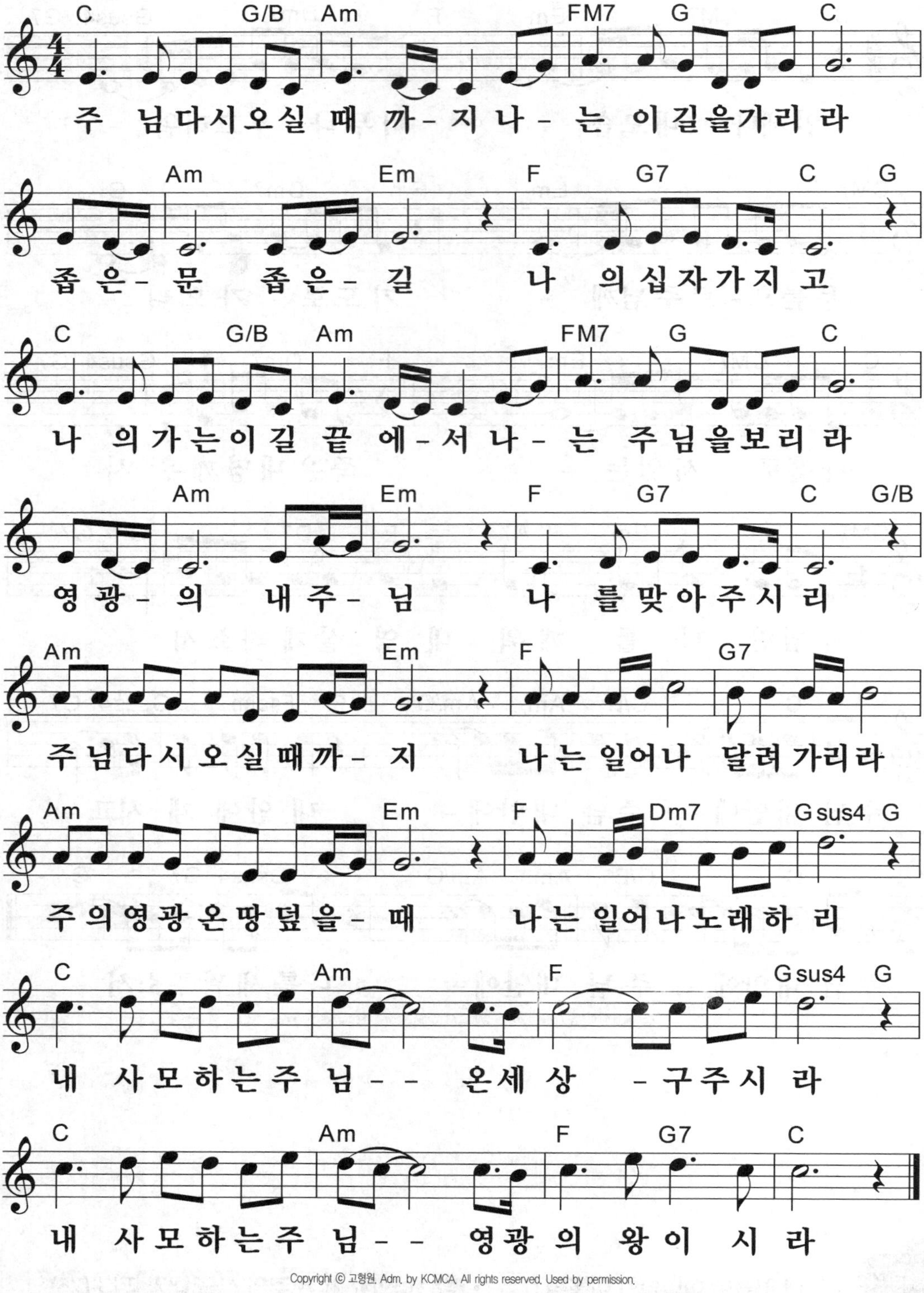
C G/B Am FM7 G C
주 님다시오실 때 까-지나- 는 이길을가리 라
Am Em F G7 C G
좁 은- 문 좁 은- 길 나 의십자가지 고
C G/B Am FM7 G C
나 의가는이길 끝 에-서나- 는 주님을보리 라
Am Em F G7 C G/B
영 광- 의 내주- 님 나 를맞아주시 리
Am Em F G7
주님다시오실때까- 지 나는일어나 달려가리라
Am Em F Dm7 Gsus4 G
주의영광온땅덮을- 때 나는일어나노래하 리
C Am F Gsus4 G
내 사모하는주 님-- 온세 상 -구주시 라
C Am F G7 C
내 사모하는주 님-- 영광 의 왕이 시 라

(신) 1291
(구) 1637

주님 손 잡고 일어서세요

(왜 나만 겪는 고난이냐고)

김석균

왜 나만겪는 고난이냐고 불 평 하지마세 요
왜 이런슬픔 찾아왔는 지 원 망 하지마세 요

고난의 뒤 편에 있는 주님이주실축복 미리보 면서감사하세 요
당신이 잃 은것 보다 주님께받은은혜 더욱많 음에감사하세 요

너무견 디 기 힘든 지금이순간에도 주님 이 일하고계시 잖아요

남들은 지쳐 앉아 있을지라도 당신 만 은 일어서세 요

힘을내 세요 힘을내 세요 주님이손 잡고계시잖아 요

주님 이 나와함께함을 믿 는다면 어떤 역경도 이길수있잖아요
주님 이 나와함께함을 믿 는다면 어떤 고난도 견딜수있잖아요

메들리

• 괴로울 때 주님의 얼굴 보라 (2) • 하나님은 실수하지 않으신다네 (78)

66

주님만이

(내 안에 살아계신 주)

(구) 2242

메들리

• 나의 피난처 예수 (7) • 예수 사랑해요 (41) • 주가 일하시네 (60)

(신) 1661
(구) 1105

주님의 시간에

(In His time)

Linda Diane Ball

메들리
• 나의 입술의 모든 말과 (6) • 주 날개 밑에서 (56) • 때가 차매 (116)

68 주님이 주신 기쁨

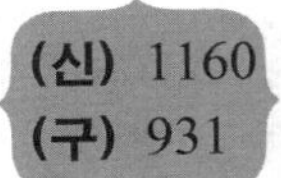

(주 예수 사랑 기쁨 / Joy Joy Down In My Heart)

(신) 1160
(구) 931

David Clydesdale & PD. George W.Cooke

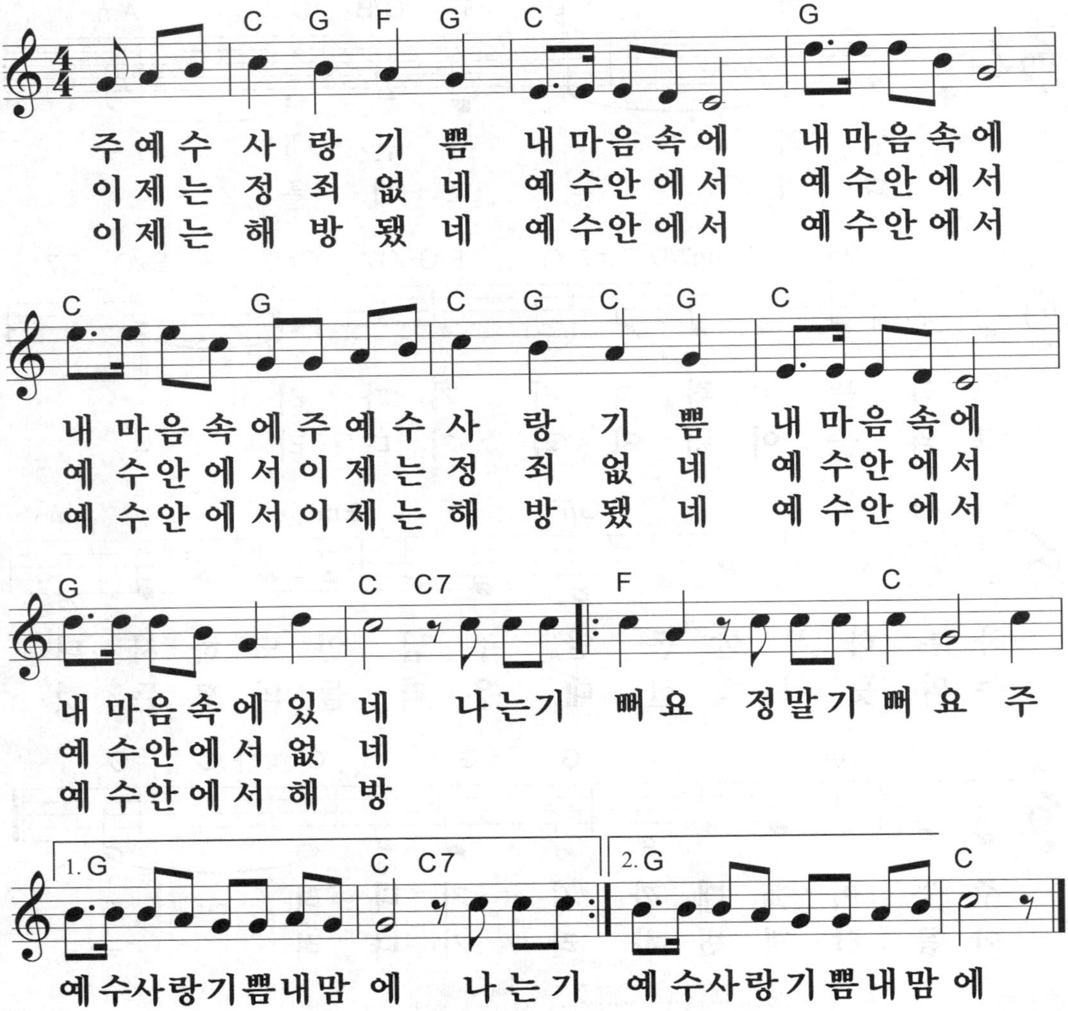

C G F G C G
주예수 사랑 기 쁨 내마음속에 내마음속에
이제는 정 죄 없 네 예수안에서 예수안에서
이제는 해 방 됐 네 예수안에서 예수안에서
C G C G C G C
내 마음속에주예수 사 랑 기 쁨 내마음속에
예 수안에서이제는 정 죄 없 네 예수안에서
예 수안에서이제는 해 방 됐 네 예수안에서
G C C7 F C
내마음속에 있 네 나는기 뻐요 정말기 뻐요 주
예수안에서 없 네
예수안에서 해 방
1. G C C7 2. G C
예수사랑기쁨내맘 에 나는기 예 수사랑기쁨내맘 에

메들리
• 실로암 (34) • 오 이 기쁨 (430) • 일어나 찬양 (450)

(신) 1947
(구) 946

주를 처음 만난 날

(내가 처음 주를 만났을 때)

김석균

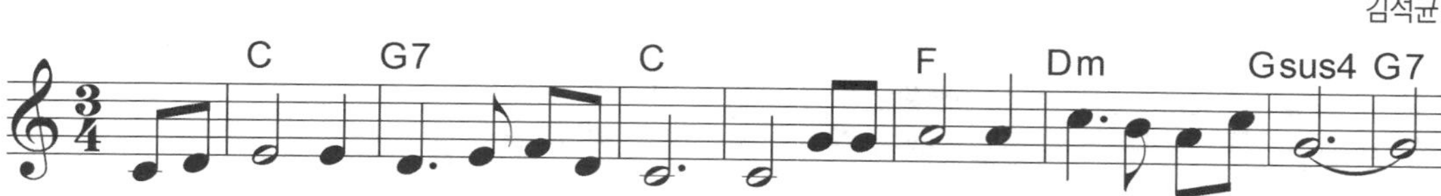

내가 처 음 주 를만났 을 때외롭 고 도 쓸쓸한모 습 –
내가 다 시 주 를만났 을 때죄악 으 로 몹쓸병든 몸 –
내가 이 제 주 를만남 으 로죽음 의 길 벗어나려 네 –

말없 이 홀로 걸 어가신 길 은영-광 을 다- 버 린나그 네 –
조용 히 내손 잡 아이끄 시 며병-든 자 여- 일 어나거 라 –
변찮 는 은혜 와 사랑베 푸 신그-분 만 이- 나 의구세 주 –

정녕 그 분이 내 형제구원 했 나 나의 영 혼도 구 원하려 나 –
눈물 흘 리며 참 -회하였 었 네 나의 믿 음이 뜨 거웠었 네 –
주예 수 따라 항 -상살리 로 다 십자 가 지고 따 라가리 라 –

의심 많 은 도 마처럼 울 었 네 내가 주 를 처 음만난 날 –
그러 나 죄 악 이나를 삼 키 고 내영 혼 갈 길 을잃었 네 –
할렐 루 야 주 를만난 이 기 쁨 영광 의 찬 송 을돌리 리 –

메들리
• 사랑의 손길 (27) • 주님이 주신 기쁨 (68) • 주여 이 죄인이 (70)

70 주여 이 죄인이

(세상에서 방황할 때)

(신) 1226
(구) 898

안철호

세 상 에 서 방 황 할 때 나 – 주 님 을 몰 랐 네
많 은 사 람 찾 아 와 서 나 의 친 구 가 되 어 도
이 죄 인 의 애 통 함 을 예 수 께 서 들 으 셨 네
내 모 든 죄 무 거 운 짐 이 젠 모 두 다 벗 었 네

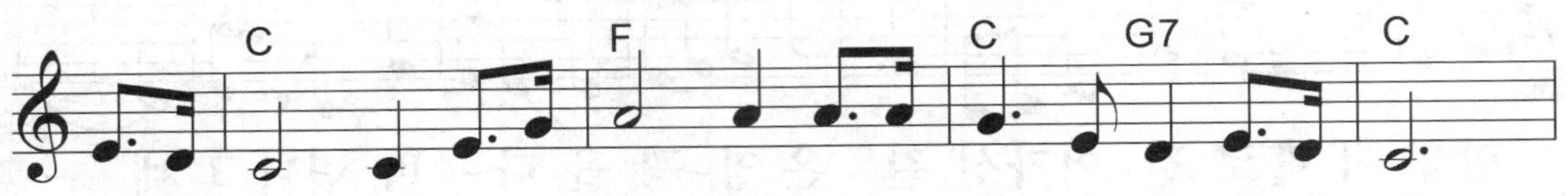

내 맘 대 로 고 집 하 며 온 갖 죄 를 저 질 렀 네
병 든 몸 과 상 한 마 음 위 로 받 지 못 했 다 오
못 자 국 난 사 랑 의 손 나 를 어 루 만 지 셨 네
우 리 주 님 예 수 께 서 나 와 함 께 계 신 다 오

예 수 여 이 죄 인 도 용 서 받 을 수 있 – 나 요
예 수 여 이 죄 인 을 불 쌍 히 여 겨 주 – 소 서
내 주 여 이 죄 인 이 다 시 눈 물 흘 립 – 니 다
내 주 여 이 죄 인 이 무 한 감 사 드 립 – 니 다

벌 레 만 도 못 한 내 가 용 서 받 을 수 있 나 요
의 지 할 것 없 는 이 몸 위 로 받 기 원 합 니 다
오 내 주 여 나 이 제 는 아 무 걱 정 없 습 니 다
나 의 몸 과 영 혼 까 지 주 를 위 해 바 칩 니 다

메들리
• 괴로울 때 주님의 얼굴 보라 (2) • 내일 일은 난 몰라요 (16) • 사나 죽으나 (26)

주와 함께라면

메들리
• 내 안에 사는 이 (11) • 사나 죽으나 (26) • 주의 길을 가리 (74)

72 주의 강한 용사들

(신) 1898
(구) 1037

(Magnficent Warrior)

Graham Kendrick

메들리 • 주와 함께라면 (71) • 하나님 우리와 함께 하시오니 (86) • 주님과 담대히 나아가 (344)

(신) 1553
(구) 564

주의 거룩하심 생각할 때

73

(When I look into Your holiness)

Cathy Perrin & Wayne Perrin

74 주의 길을 가리

(신) 1491
(구) 1028

(비바람이 갈 길을 막아도)

김석균

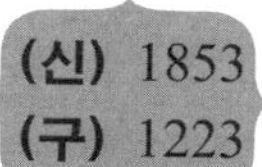

(신) 1853
(구) 1223

주의 신을 내가 떠나

(Where Could I Go From Your Spirit?)

Kelly Willard

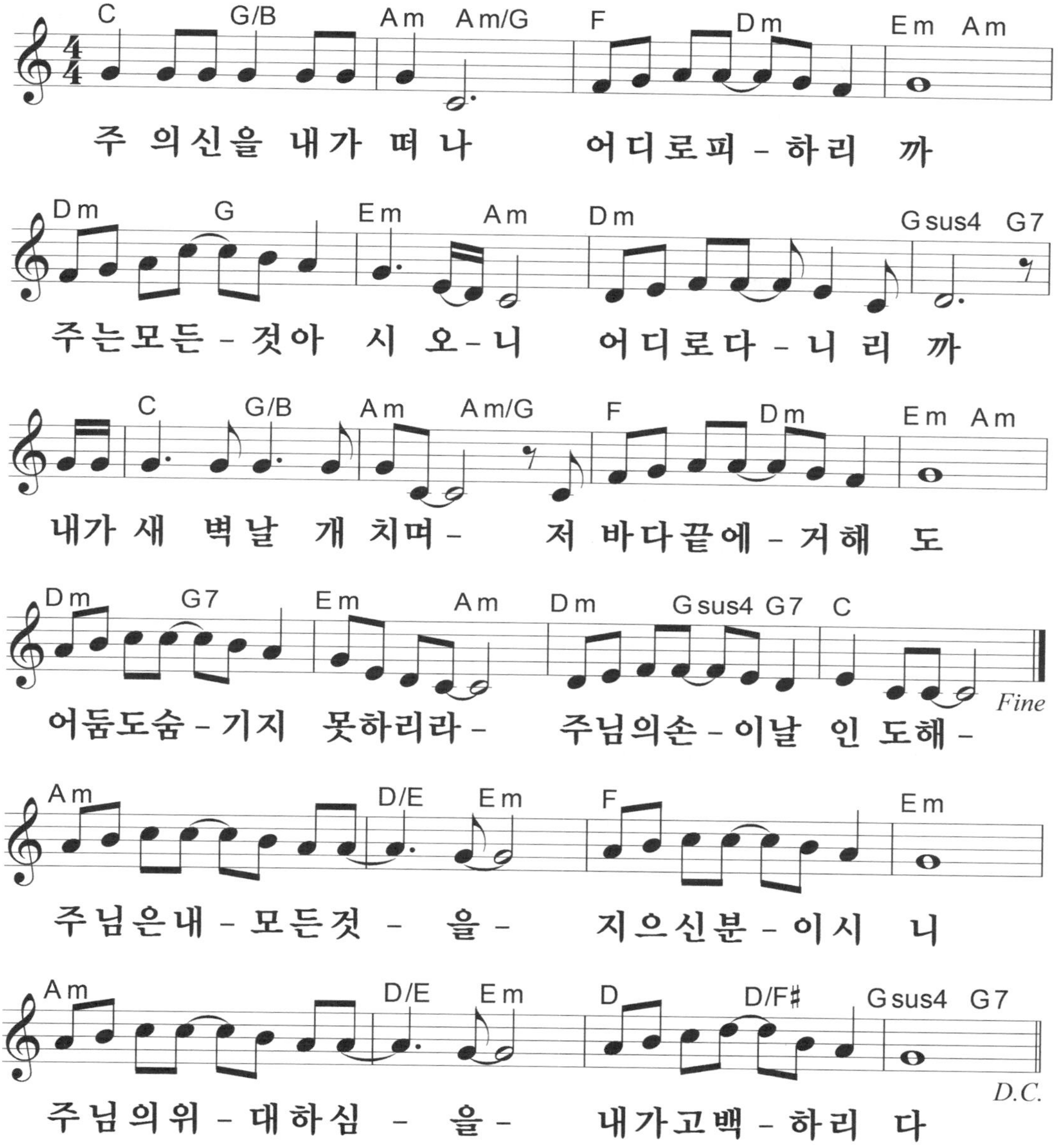

C G/B Am Am/G F Dm Em Am
주 의신을 내가 떠 나 어디로피 - 하리 까
Dm G Em Am Dm Gsus4 G7
주는모든 - 것아 시 오 - 니 어 디 로 다 - 니 리 까
C G/B Am Am/G F Dm Em Am
내가 새 벽날 개 치며 - 저 바다끝에 - 거해 도
Dm G7 Em Am Dm Gsus4 G7 C
어둠도숨 - 기지 못하리라 - 주님의손 - 이날 인 도해 -
Fine
Am D/E Em F Em
주님은내 - 모든것 - 을 - 지으신분 - 이시 니
Am D/E Em D D/F♯ Gsus4 G7
주님의위 - 대하심 - 을 - 내가고백 - 하리 다
D.C.

메들리
• 먼저 그 나라와 의를 구하라 (22) • 주 날개 밑에서 (56) • 주 품에 (59)

76 찬양을 드리며

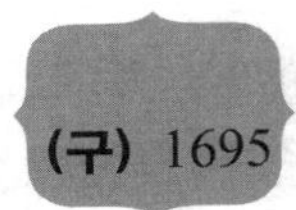

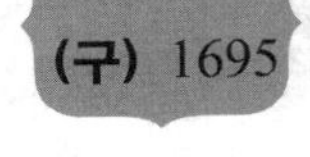

(Into Your Presence Lord)

(구) 1695

Richard Oddie

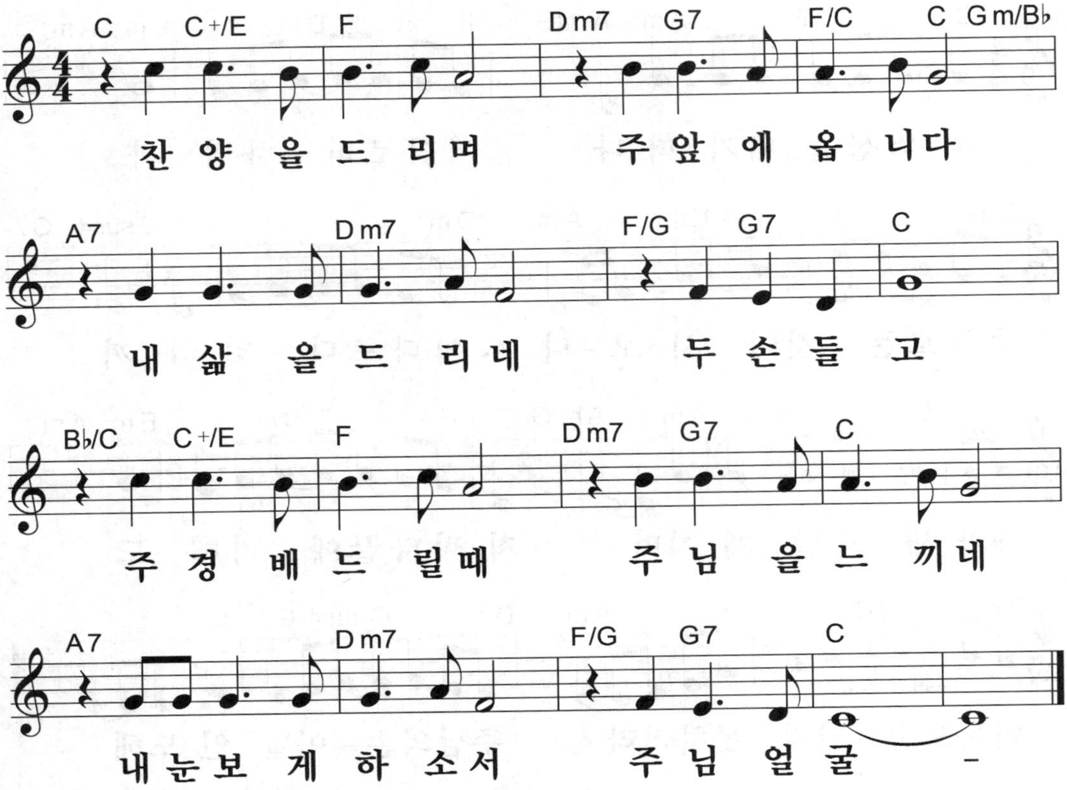

C C+/E F Dm7 G7 F/C C Gm/B♭
찬 양 을 드 리 며 주 앞 에 옵 니 다
A7 Dm7 F/G G7 C
내 삶 을 드 리 네 두 손 들 고
B♭/C C+/E F Dm7 G7 C
주 경 배 드 릴 때 주 님 을 느 끼 네
A7 Dm7 F/G G7 C
내 눈 보 게 하 소 서 주 님 얼 굴 -

메들리 • 임마누엘 (55) • 주께와 엎드려 (54) • 주 품에 (59)

(신) 1425
(구) 1673

하나님을 위하여

77

(나에게 건강있는 것)

김석균

78 하나님은 실수하지 않으신다네

(신) 1370
(구) 2031

(내가 걷는 이 길이)

하나님은 실수하지 않으신다네

메들리

• 괴로울 때 주님의 얼굴 보라 (2) • 오 신실하신 주 (44) • 주의 길을 가리 (74)

79

하나님의 약속

(여호와는 너에게 복을* 축복송)

(신) 1219
(구) 1956

한라에서 백두까지 백두에서 땅 끝까지 80

(이 땅의 동과 서 남과 북)

고형원

81 할 수 있다 하신 이는

(신) 1384
(구) 1094

메들리 • 내 증인 되리라 (13) • 주님이 주신 기쁨 (68) • 할 수 있다 해 보자 (178)

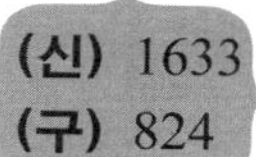

항상 진실케

(Change My Heart, Oh God)

Eddie Espinosa

CM7 Dm7 G C

항 상 진 실 케 – 내 맘 바 꾸 사 –

Am Dm F/G G7 C

하 나 님 닮 게 – 하 여 주 소 서

Fine

Esus4 E7 Am Dm G7 CM7

주 는 토 기 장 이 나 는 진 흙 –

Esus4 E7 Am /G D/F♯ F/G G

날 빛 으 소 – 서 기 도 하 오 니

D.C.

메들리 • 임마누엘 (55) • 주께와 엎드려 (54) • 주 품에 (59)

83 항해자

(나 비로소 이제 깊고)

(신) 2013
(구) 1931

조영준

(신) 1609
(구) 2068

사명

(주님이 홀로 가신)

메들리

• 항해자 (83) • 주의 사랑 온누리에 (85) • 땅 끝에서 (115)

85

주의 사랑 온누리에

(오늘 내게 한 영혼)

(신) 1501
(구) 2030

메들리

• 항해자 (83) • 사명 (84) • 십자가의 전달자 (183)

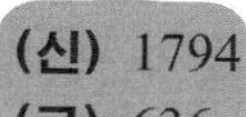

하나님 우리와 함께 하시오니

(The Lord is present in his sanctury)

Gail Cole

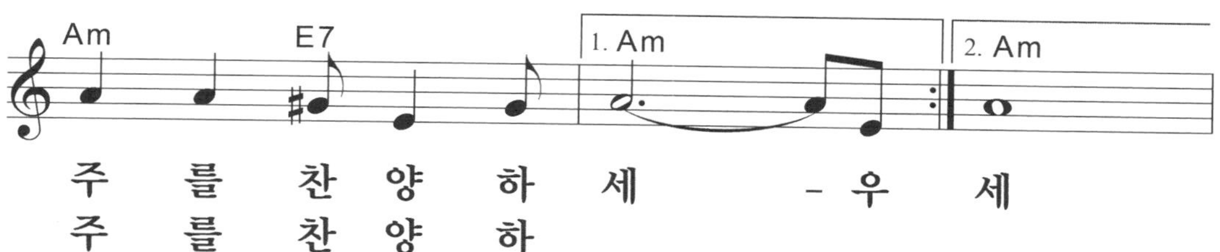

메들리

• 주님이 주신 기쁨 (68) • 나 자유 얻었네 (513) • 예수님 찬양 (571)

87

감사

(오늘 숨을 쉬는 것)

손경민

메 들 리

• 내가 누려왔던 모든 것들이 (51) • 은혜 (150) • 에벤에셀 하나님 (559)

감사로 주님께 나가세 88

전은주

89 감사해요 주님의 사랑

(신) 1684
(구) 731

(Thank you Jesus for Your love to me)

Allison Revell Huntley

메들리

• 고백 (94) • 또 하나의 열매를 바라시며 (117) • 주의 인자는 끝이 없고 (167)

(신) 1180
(구) 917

고백

(어느날 다가온 주님의)

김석균

91

교회

(사람이 넘치기보다)

염평안

(신) 1822
(구) 834

기도

(이 시간 주님께 기도합니다)

이인수

메들리
• 먼저 그 나라와 의를 구하라 (22) • 고백 (94) • 오늘 집을 나서기 전 (144)

93

그 이름

(예수 그 이름)

(신) 1447
(구) 604

송명희 & 최덕신

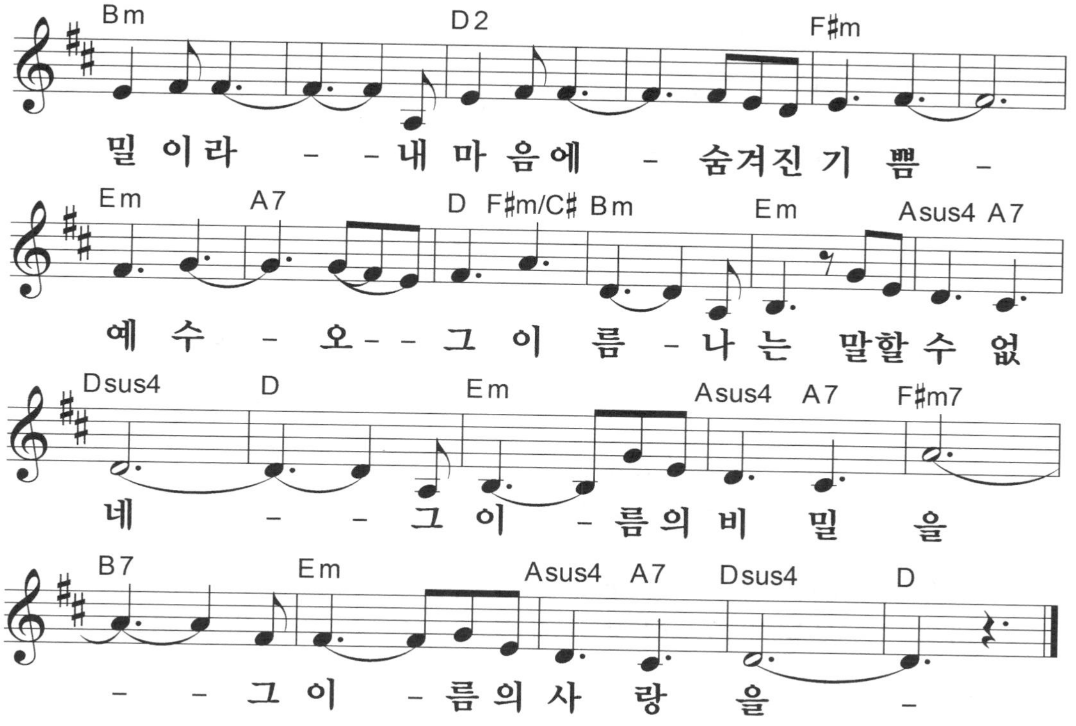
Bm D2 F#m
밀 이 라 - -내 마 음 에 - 숨겨진 기 쁨 -
Em A7 D F#m/C# Bm Em Asus4 A7
예 수 - 오- - 그 이 름 -나 는 말할 수 없
Dsus4 D Em Asus4 A7 F#m7
네 - - 그 이 -름 의 비 밀 을
B7 Em Asus4 A7 Dsus4 D
- - 그 이 -름 의 사 랑 을 -

고백

94

(내가 주님을 사랑합니다)

이길승

D D A/C# G D#dim Em7
내가 주 님을주 님을 사랑합 니 다 내가 주 님을사랑합니 다
내가 주 위해주 위해 죽겠습 니 다 내가 주 위해죽겠습니 다
내가 주 위해주 위해 살겠습 니 다 내가 주 위해살겠습니 다
E/G# A D A/C# Bm7 Em7 A A7 D
주님 먼 저날 - 사랑 하 셨 - 네 내가 주님을사랑 합니 다
주님 먼 저날 - 위해 죽 으셨네 내가 주위해죽겠 습니 다
주님 먼 저날 - 위해 사 셨 - 네 내가 주위해살겠 습니 다

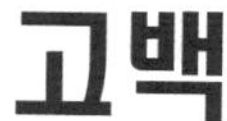

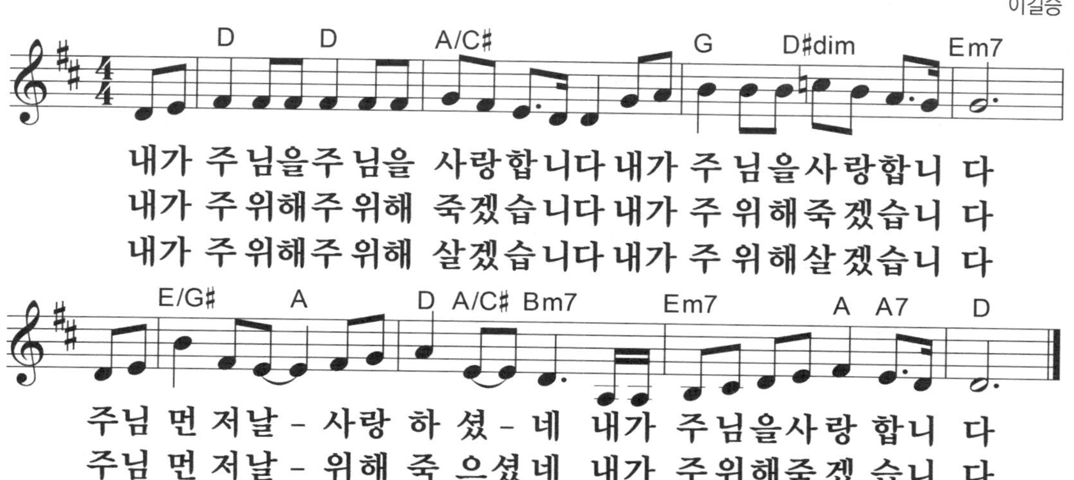

95 기도하세요 지금

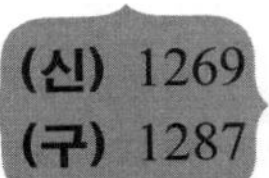

(신) 1269
(구) 1287

김석균

D F#m Bm Em A A7
기도하세요 -지 금 - 아직 포기하지 마 -세 요 -
D G D A7 D D7
주님앞에 무릎꿇 고 - 겸손 하게 기 도 해보세 요 -
주님앞에 무릎꿇 고 - 간절 하게 기 도 해보세 요 -
G Bm D F#m G
내앞길 가로막는 장애물있다해 도 걱정하지마세 요
하늘이 무너져도 절망하지마세 요 주님의지하세 요
A7 D G D Bm
돌아서지마세 요 슬픔도 고통도 괴 로 움 도
믿음을가지세 요 슬픔도 고통도 괴 로 움 도
Em E A A7 D Bm
기도로이겨낼 수 있잖아 요 - 기도하 세 요
G Gm D A7 D/G D
기도하 세 요 주님 은 당신 편입니 다 -

메들리

• 기도 (92) • 고백 (94) • 주의 은혜라 (168)

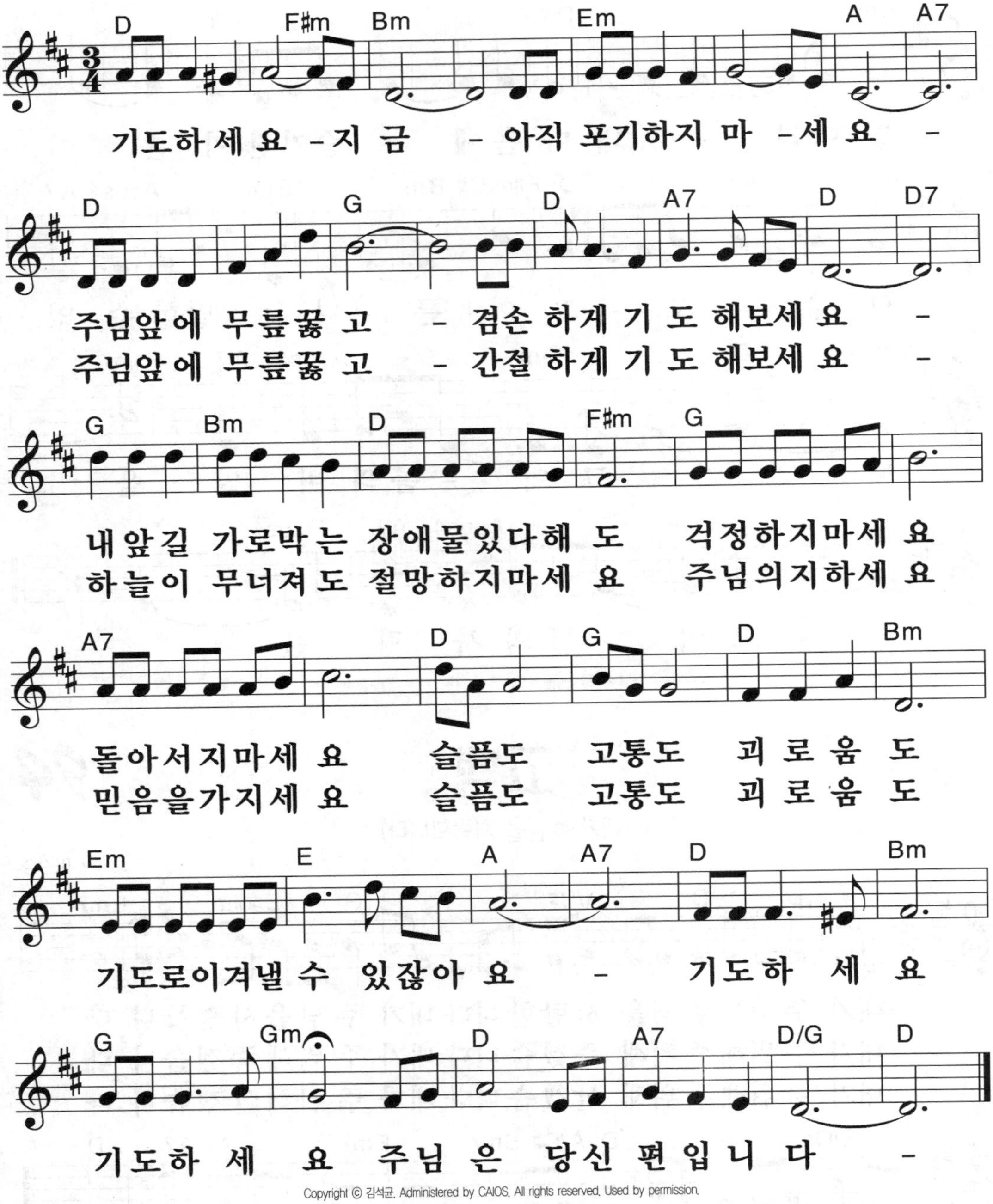

(신) 1693
(구) 1713

나 무엇과도 주님을

(I Never Want Anything)

Wes Sutton

메들리

• 나를 세상의 빛으로 (101) • 나의 맘 받으소서 (103) • 선하신 목자 (129)

97 나 오직 주를

(닫혀진 마음에 / Only You)

임선호

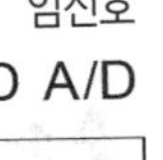

D A/C# Bm7 F#m G A7sus4 D G/D A/D

닫혀진마음에 - 주님의사랑은 - 빛이되어 - 만져주 - 시 - 고 -

D A/C# Bm7 F#m G A7sus4 D G/D A/D

절망의땅에도 - 주님의사랑은 - 그의나라 - 보게하 - 시네 -

D A/C# Bm7 F#m G A7sus4 D G/D A/D

지나간날보다 - 허락한오늘의 - 또새로운 - 은혜주 - 시 - 니 -

D A/C# Bm7 F#m G A7sus4 D G/A A7

영원히빛나는 - 그사랑안에서 - 나의삶은 - - 완성되어 - 가네 - 소

D A/C# Bm7 D/A G D/F# Em7 G/A A7

망없는인생 - 의아픔속 - 에도 - 내아버지 - 주님 - 의사 - 랑노래하 - 리라 - 세

D A/C# Bm7 D/A G A7sus4 D

월 지나세상 - 이 끝난다 - 해도 - 나 오직주 - 를 찬양하리라 -

메들리 • 나 무엇과도 주님을 (96) • 지극히 높으신 주 (169) • 은혜 (150)

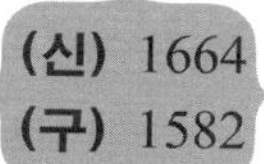

나는 믿음으로

98

(As for me)

Daniel Dee Marks

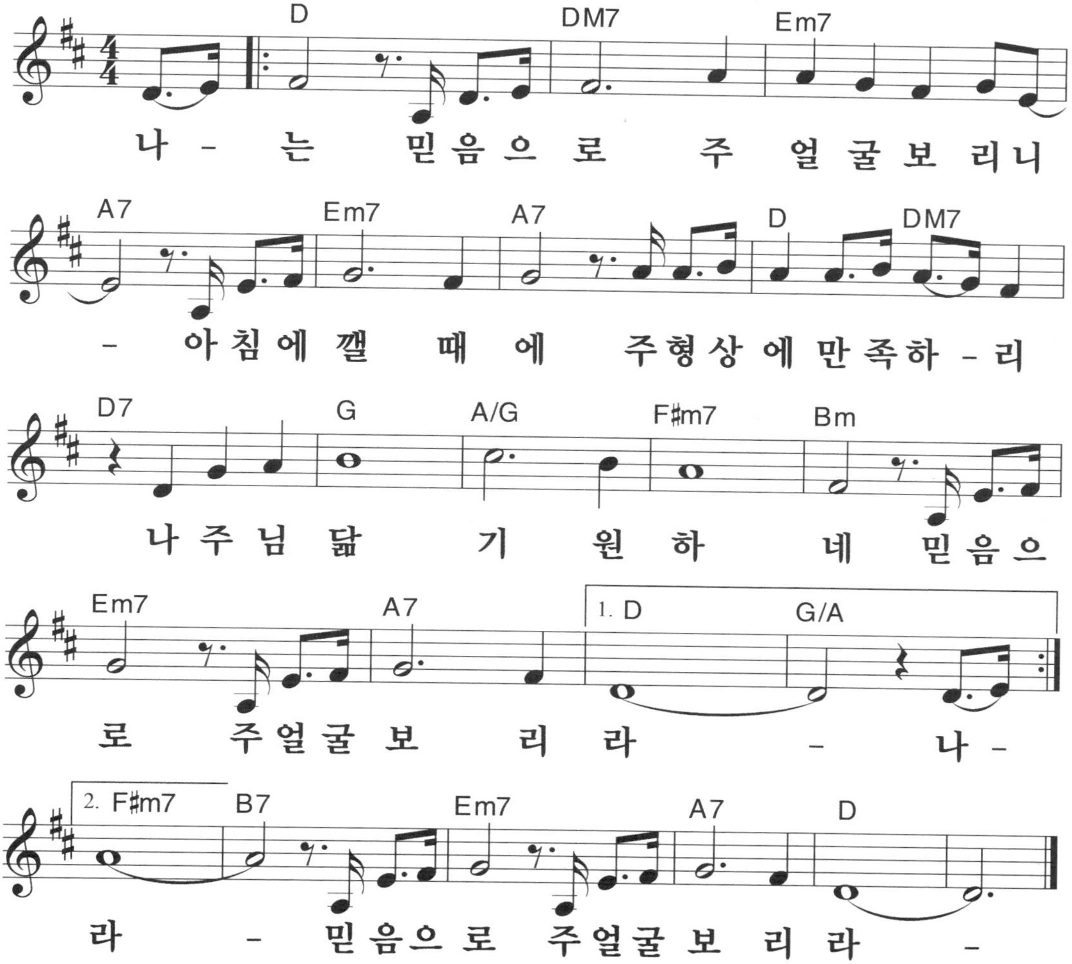

D DM7 Em7

나 - 는 믿음으로 주 얼굴보리니

A7 Em7 A7 D DM7

- 아침에 깰 때에 주형상에 만족하 - 리

D7 G A/G F#m7 Bm

나주님 닮 기 원 하 네 믿음으

Em7 A7 1. D G/A

로 주얼굴 보 리 라 - 나 -

2. F#m7 B7 Em7 A7 D

라 - 믿음으로 주얼굴 보 리 라 -

메들리 • 어느날 다가온 주님의 (90) • 내 평생 사는 동안 (108) • 주 다스리네 (155)

99 나는 아무것도 아닙니다

정성권

메들리
• 나의 피난처 예수 (7) • 내 안에 가장 귀한 것 (9) • 오직 예수 뿐이네 (146)

(신) 1314
(구) 977

나를 받으옵소서

(주님 내가 여기 있사오니)

최덕신

101 나를 세상의 빛으로

(Light Of The world)

Scott Brenner

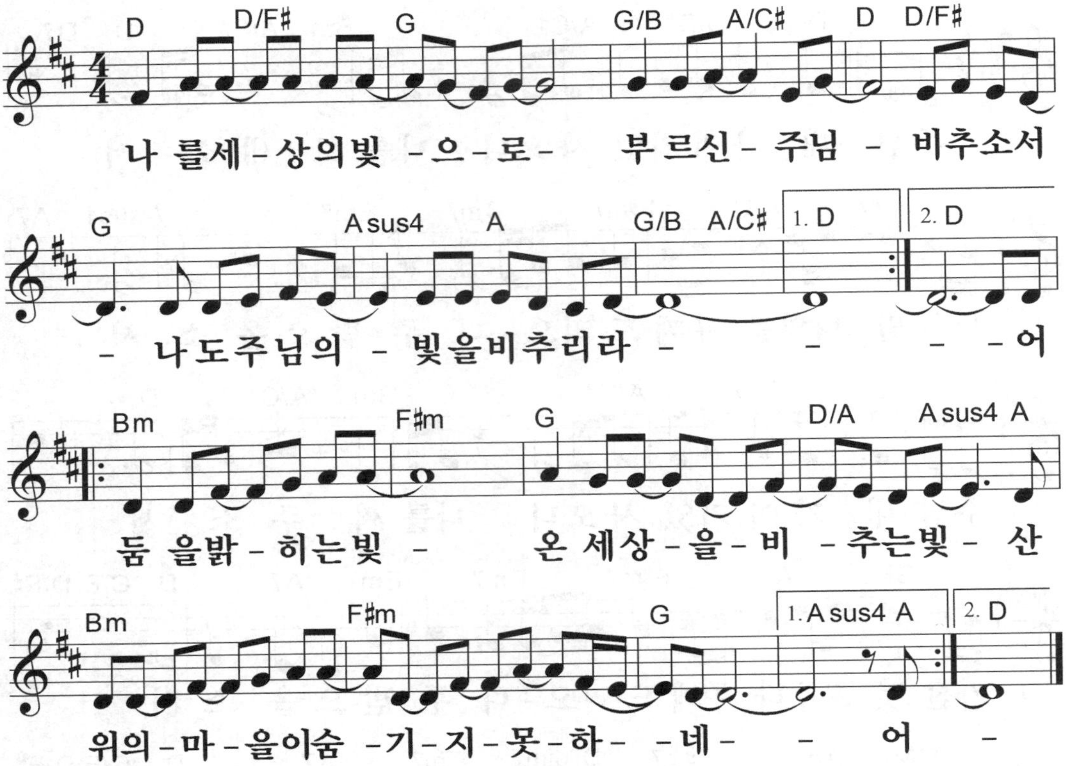

D D/F# G G/B A/C# D D/F#

나 를세 - 상의빛 - 으 - 로 - 부 르신 - 주님 - 비추소서

G Asus4 A G/B A/C# 1. D 2. D

- 나도주님의 - 빛을비추리라 - - - - 어

Bm F#m G D/A Asus4 A

둠 을밝 - 히는빛 - 온 세상 - 을 - 비 - 추는빛 - 산

Bm F#m G 1. Asus4 A 2. D

위의 - 마 - 을이숨 - 기 - 지 - 못 - 하 - - 네 - - 어 -

메들리

• 나 무엇과도 주님을 (96) • 나의 마음을 (198) • 나의 부르심 (200)

나의 갈망은

(This is my desire)

메들리

• 나를 세상의 빛으로 (101) • 나의 맘 받으소서 (103) • 오직 예수 뿐이네 (146)

103 나의 맘 받으소서

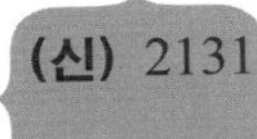

(My heart Your home)

Nathan Nockels & Christy Nockels

나 의 맘 받 으 - 소 - 서 - - - 오 셔 서

주님의 - 처소삼으 - 소서 - 나의 - 전부이 - 신

주 여 내 맘 을 - 받 아 주 소 - 서 - 나 의 맘

- 오 나의맘을 - - - - 주님께열었 - - - 으니

- 주 여내게 - 오 - 셔서 - 내맘에 - 거하 - 여주 - 옵소 - 서 주가

기뻐하는 - 주 의성전되게하소서 나의맘 - 주 여내맘을

- 받아주소 - 서 - 주 여내맘을 - 받 아주소 - 서 -

메들리

• 나를 받으옵소서 (100) • 나를 세상의 빛으로 (101) • 내 모습 이대로 (106)

나의 예수

(나의 예수 온 맘 다해 / Lord Of My Heart)

Scott Brenner

D D/C# G/B A D A/C#

나의예수 - 온맘다해 - 사랑해요 -

G/B A D D/C# G/B A D A/C#

나의예수 - 온맘다해 - 경배해요 -

G/B A D D/C# G/B A Bm Bm/A

예수님께 - 온맘다해 - 순복해요 -

E/G# D/F# G Asus4 D

영원토록 - 찬양을 - 드립니다 -

Fine

D D/F# G A D A/C# G A

당신은 - 순결하고 - 아름다 -운주이십니다

D A/C# Bm Bm/A G D/F# Em Em/D

- 거룩하 -고사랑스 -러운 능력과영 -광의주-이십

Asus4 A G A D A/C#

-니다 하늘과땅 -이 주찬양 해 - 영광의왕

G A D A/C# Bm Bm/A

-을 영원한주를 - 평화의 왕 - 자 모든만물

G D/F# Em Em/D Asus4

-의주 영원영원 -토록 주님을높 -이세 나의예수

D.S.

105

나의 참 친구

(예수보다 더 좋은 친구)

(신) 1093
(구) 936

김석균

내 모습 이대로

(Just As I Am)

김지은

107 내 삶의 이유라

(예수는 내 힘이요)

이권희

메들리

• 나를 받으옵소서 (100) • 내가 그리스도와 함께 (109) • 오직 예수 뿐이네 (146)

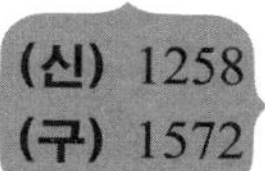

내 평생 사는동안

108

(I will sing)

Donya Brockway

D DM7 G F♯m
내 평생 사는동안 주찬양하리

Bm Em A7 D Em Asus4 A7
여호와하나님 내 주를찬양하리

D DM7 G F♯m
주님을 묵상함이 즐겁도다

Bm Em G/A A7 D D7
내영혼 주안에서 참 기쁘리 –

GM7 A/G F♯m Bm
내영혼아 주님을 송축하라 – – –

Em A7 DM7 Em Am
내영혼아 주님을 찬양하라 – –

D7 GM7 A/G F♯m Bm
내영혼아 주님을 송축하라 – – –

Em G/A A7 D
내영혼아 주님을 찬양하라 –

109 내가 그리스도와 함께

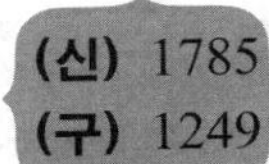

(신) 1785
(구) 1249

박윤호

D D7 G D A7
내가 그 리스 도 와함 - 께 십자가 에못박 혔나니 -
D G A7 D /F#
그런 즉 이- 제 내가산 것아니 요 오 직 내안 에
G D A7 D D7
예수 께 - - 서 사 신 - 것 이- 라 -
G D D7 G E7 A A7
이제내 - - 가 육체 가 운- 데 사는 것 은 - - -
D D7/F# G D A7 D
나를사 랑하사자기몸 버리신 예수위해산 것이라 -

메들리

• 내 삶의 이유라 (107) • 오직 예수 뿐이네 (146) • 십자가의 전달자 (183)

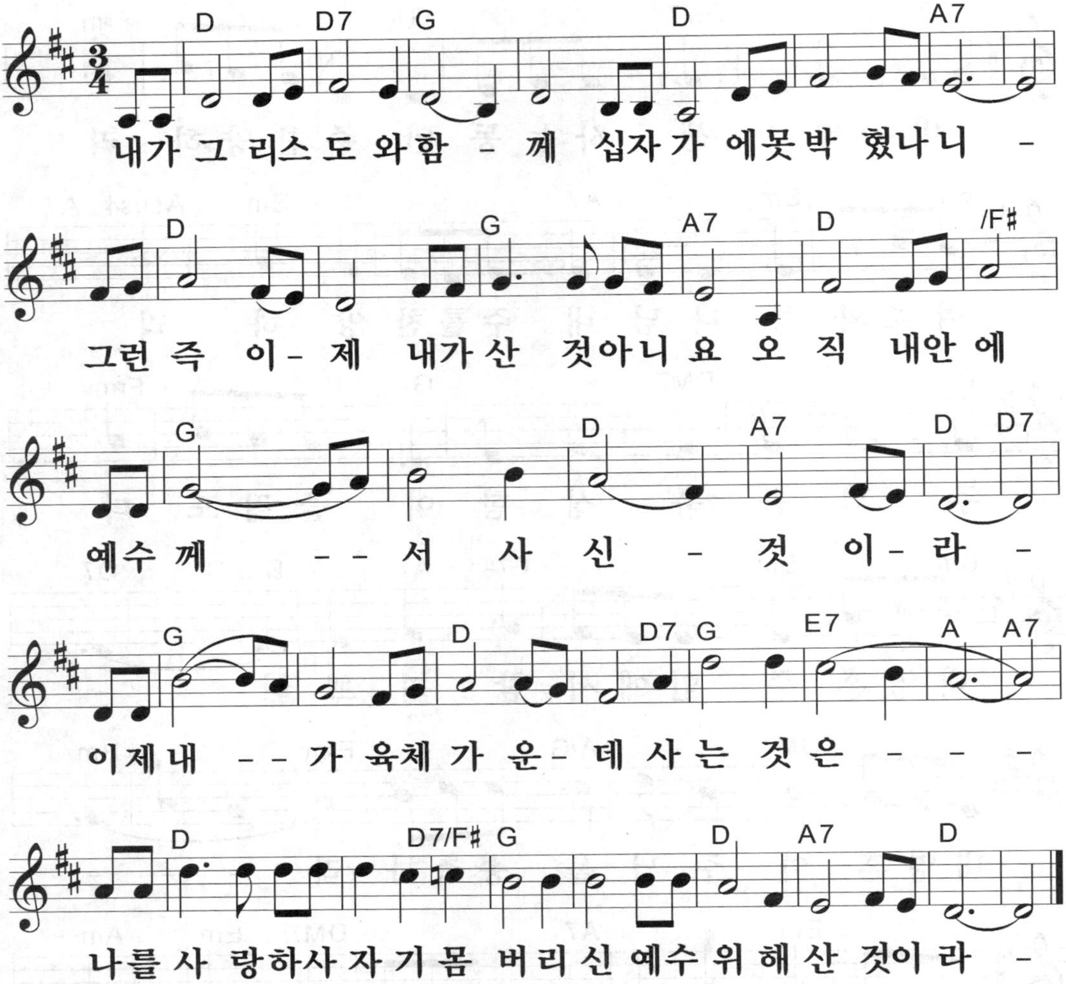

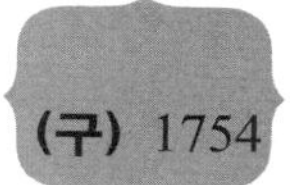

(구) 1754

너는 내 것이라

110

(내가 너를 지명하여)

하상욱

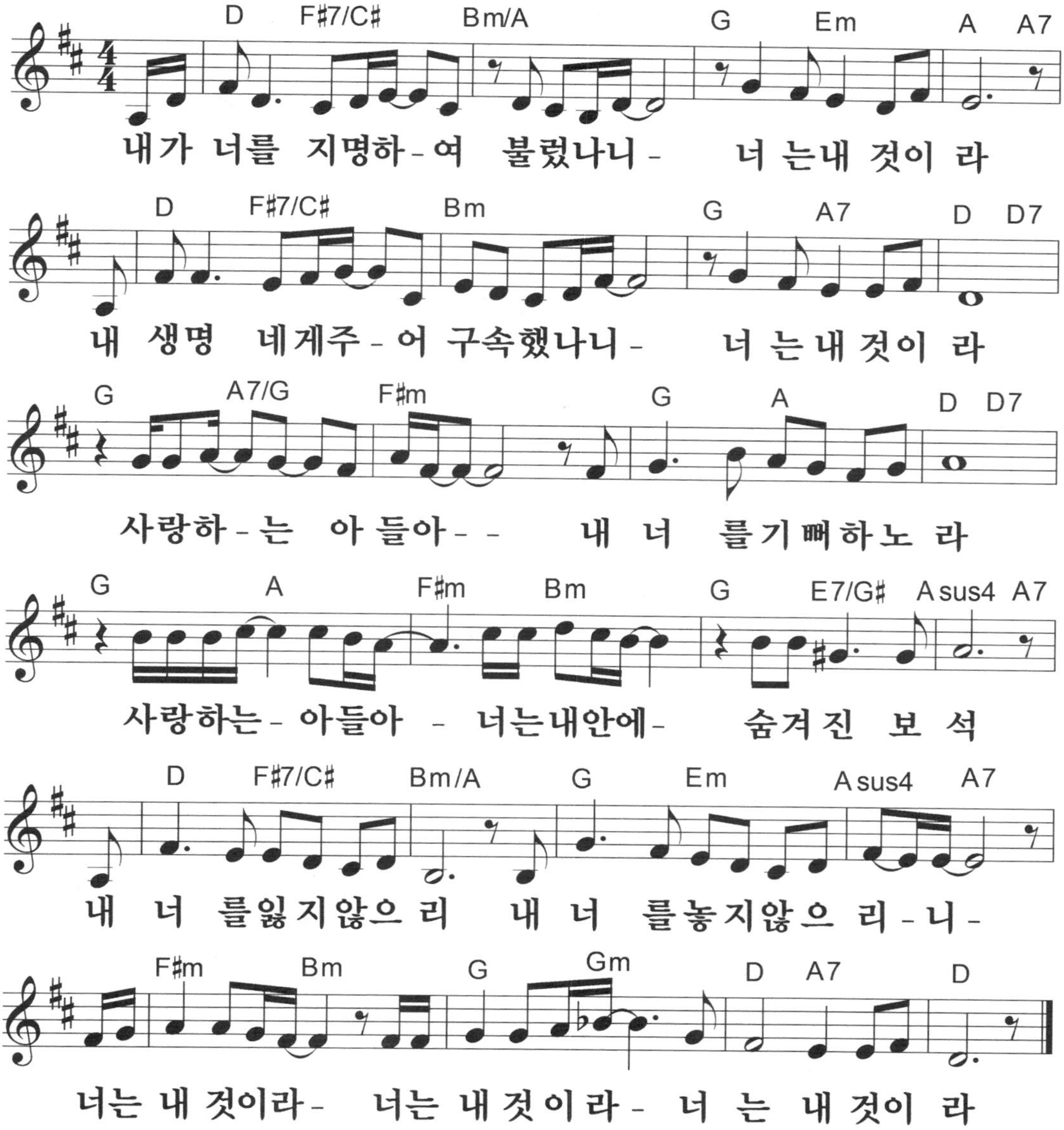

D F#7/C# Bm/A G Em A A7
내가 너를 지명하-여 불렀나니- 너 는내 것이 라
D F#7/C# Bm G A7 D D7
내 생명 네게주-어 구속했나니- 너 는내 것이 라
G A7/G F#m G A D D7
사랑하-는 아 들아-- 내 너 를기뻐하노 라
G A F#m Bm G E7/G# Asus4 A7
사랑하는-아들아 - 너는내안에- 숨겨진 보 석
D F#7/C# Bm/A G Em Asus4 A7
내 너 를잃지않으 리 내 너 를놓지않으 리-니-
F#m Bm G Gm D A7 D
너는 내 것이라- 너는 내 것이 라- 너 는 내 것이 라

메들리

• 나를 받으옵소서 (100) • 나를 세상의 빛으로 (101) • 십자가의 전달자 (183)

111 너는 너의 하나님을 바라라

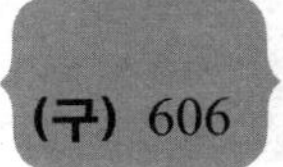

(구) 606

(사슴이 시냇물을 찾기에)

박명선

D F# G A
사- 슴이 시냇 물 을 찾- 기에 갈급함 같- 이
D G D/A F#
내영 혼이주-를-- 찾 고자 주- 를 갈망합니다 -
Bm G D
주- 여- 어찌합 니 까 - 사람 들이하는말이 네
A/C# G/B Gm/B♭ D
하 나님-이-어디 있 느뇨 어디 있 느뇨 내가 밤낮으-로-- 눈
G D/A A7 D D7 G
물 흘리니- 주- 여- 어찌합 니 까 내 영 혼-아- 네가
D G A D
어 찌하여- 낙 망 하-느 -냐 -- 네가 어 찌하여-- 불
G D A7 D D7 G
안 하는고- 너는 너의하나님을 바-라라 네 얼굴-을- 도
D G A7 D
우 시-는- 네 하 나- 님- 을 -- 살 아계시는-- 네
G D A7 D
하 나님을- 너는 너 의하나님을 바-라 라

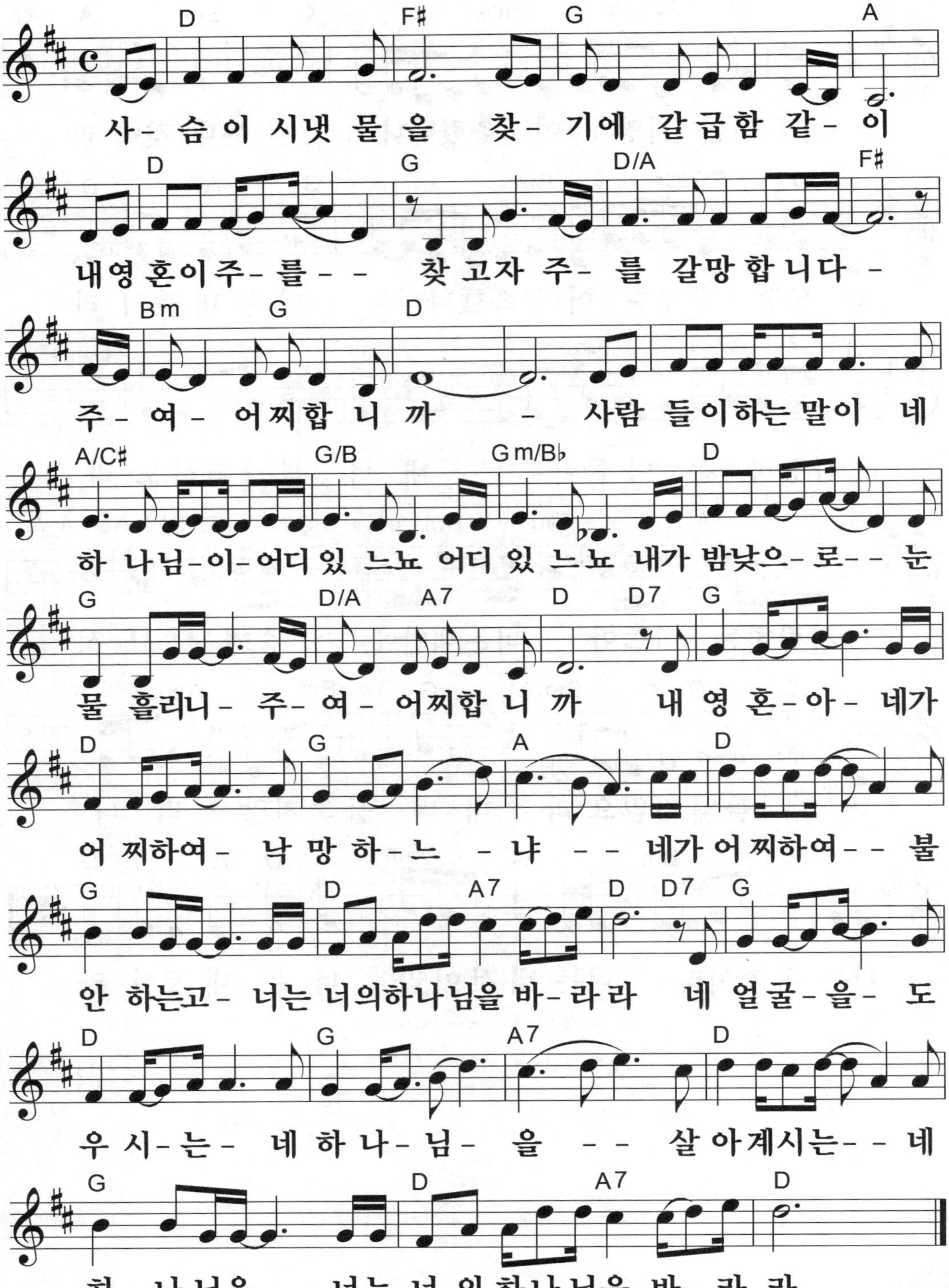

(신) 1059
(구) 933

늘 노래해

(험하고 어두운 길 헤매일 때)

유의신 & 서영석

113 당신은 사랑받기 위해

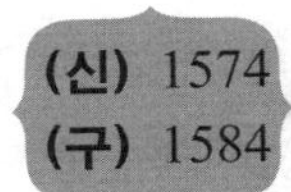

이민섭

D A/C# Bm Bm/A

당신 은 사랑받기위 - 해 태어난사람 - 당신

G D/F# 1. Em Asus4 A7 2. Em G/A D *Fine*

의삶속에서 - - 그사랑 받고있지요 - 당신 받고있지 - 요

G/A D A/C# Bm Bm/A

태초부터 - 시작된 하나님 - 의사랑은 - 우리

G D/F# Em A7 D A/C#

의만남 - 을통해 - 열매를맺고 - 당신이이세상 - 에존

Bm Bm/A G D/F# Em A7 D

재함으로인 - 해 우리 에게얼마나 - 큰기 쁨이되는지 -

G/A A7 D A/C# Bm Bm/A

당신은사랑받 - 기위해 태어난사람 -

G D/F# 1. Em A7 2. Em G/A D G/A *D.S.*

지금도그사랑 - 받고있지요 - 받고있지요 - 당신

메들리

• 감사해요 주님의 사랑 (89) • 또 하나의 열매를 바라시며 (117) • 사랑의 주님이 (127)

(구) 1019

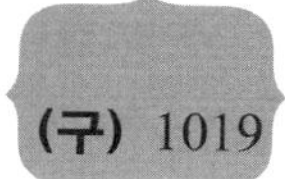

두렵지 않아

114

(험한 세상길 나 홀로 가도)

김보훈

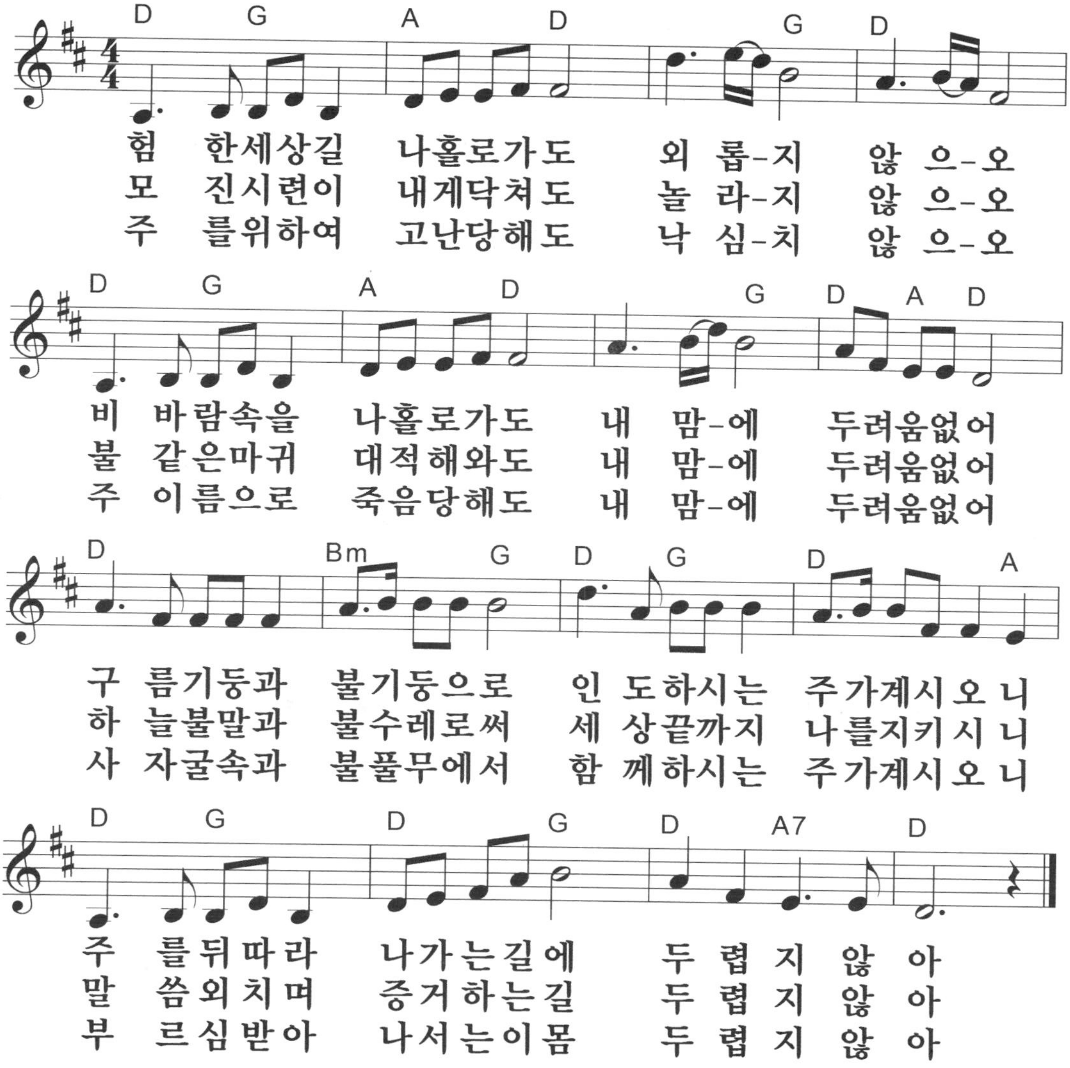

D G A D G D
험 한세상길 나홀로가도 외 롭-지 않 으-오
모 진시련이 내게닥쳐도 놀 라-지 않 으-오
주 를위하여 고난당해도 낙 심-치 않 으-오
D G A D G D A D
비 바람속을 나홀로가도 내 맘-에 두려움없어
불 같은마귀 대적해와도 내 맘-에 두려움없어
주 이름으로 죽음당해도 내 맘-에 두려움없어
D Bm G D G D A
구 름기둥과 불기둥으로 인 도하시는 주가계시오니
하 늘불말과 불수레로써 세 상끝까지 나를지키시니
사 자굴속과 불풀무에서 함 께하시는 주가계시오니
D G D G D A7 D
주 를뒤따라 나가는길에 두 렵 지 않 아
말 씀외치며 증거하는길 두 렵 지 않 아
부 르심받아 나서는이몸 두 렵 지 않 아

메들리 • 아무것도 두려워 말라 (37) • 주의 길을 가리 (74) • 늘 노래해 (112)

115 땅 끝에서

(주께서 주신 동산에)

고형원

메들리

• 사명 (84) • 내가 그리스도와 함께 (109) • 너는 내 것이라 (110)

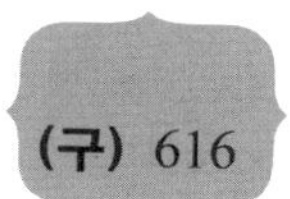

때가 차매

(And In The Fullness Of Time)

Tom Fettke

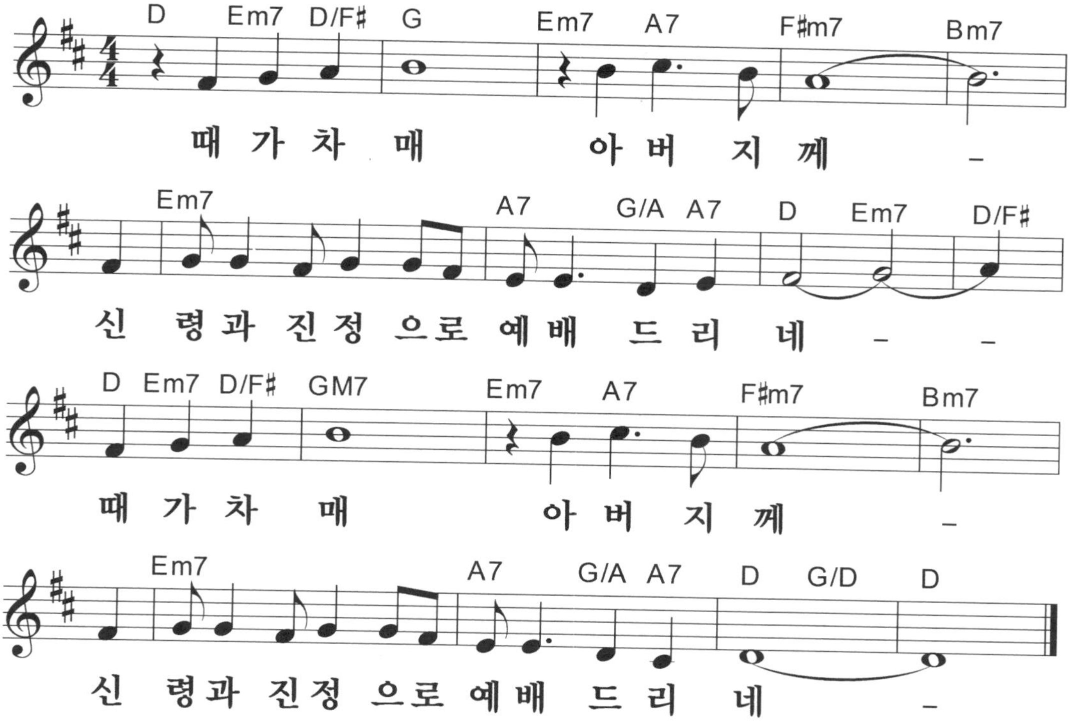

D Em7 D/F♯ G Em7 A7 F♯m7 Bm7

때 가 차 매 아 버 지 께 –

Em7 A7 G/A A7 D Em7 D/F♯

신 령과 진 정 으 로 예 배 드 리 네 – –

D Em7 D/F♯ GM7 Em7 A7 F♯m7 Bm7

때 가 차 매 아 버 지 께 –

Em7 A7 G/A A7 D G/D D

신 령과 진 정 으 로 예 배 드 리 네 –

메들리

• 주님의 사랑 (89) • 목마른 사슴 (122) • 주님 이곳에 (160)

117 또 하나의 열매를 바라시며

(신) 1978
(구) 1632

(감사해요 깨닫지 못했었는데)

설경욱

(신) 2105
(구) 2198

마음의 예배

(찬양의 열기 모두 끝나면 / The heart of Worship)

Matt Redman

찬양의열 기 - 모두끝나면 - 주앞에나 와 -
영원하신 왕 - 표현치못할 - 주님의존 귀 -

더욱진실 한 - 예배드리네 - 주님을향 한 -
가난할때 도 - 연약할때도 - 주내모든 것 -

노래이상의노래 - 내맘깊은곳에 주께서원하신것 -

화려한음악보다 - 뜻없는열정보다 중심을원하시죠- -

주님께드릴 맘 -의 예-배 주 님을위한-

주 님을향한 노래 중심잃은예배내 -려놓-고

이제 나돌아와- 주 님만예배 해 요 -

메들리

• 때가 차매 (116) • 임하소서 (152) • 주님 이곳에 (160)

119 말씀 앞에서

D F#m G A D A7
말씀앞에서 - 경외함으로 - 주께홀로섭니다
D F#m G A D A#dim7
생명의말씀 - 읽고순종해 - 주를예배합니다
Bm7 F#m7 G D/F# Em7 F#sus4 F#
기록된 - 말씀 힘이있 - 어서 - 진리로 - 우릴 - 거룩케 - 하며 -
Bm7 F#m7 G D/F# Em7 A7
거룩한 - 말씀 세세영 - 원히 - 복음이 - 되어 - 말씀하 - 시네
A/C# D F#m 3 G A D
- 하나님 말씀에 - 두려워떠는 자 그말씀에 생명을거는 자
A/C# Bm7 F#m7 G D/F# 3 Em7 A
한사 람 찾으시 - 는 - 주님의 약속 - 을 믿어 -
A/C# D F#m7 3 G A D
하나님 말씀에 - 운명을거는 자 순종하며 주따라가는 자
A/C# Bm7 F#m7 G D/F# 3 Em7
영 원 한 하나님나라 - 이뤄갈 주의교회여

Asus4 A 1. D F#/A# Bm E/G# A
일 어 나 라 주 말 씀 - 은 - 우 리 - 를 -
D/F# G G/A A7 F#/A# Bm E/G# A
구 원 - 에 - 이 르 는 지 혜 이 니 목 숨 - 과 - 네 뜻 다 - 해 -
D/F# G G/A G/B A/C# 2. D G/D D
그 말 씀 - 에 - 복 종 하 라 - 하 나 님 라 -

(신) 1819
(구) 1363

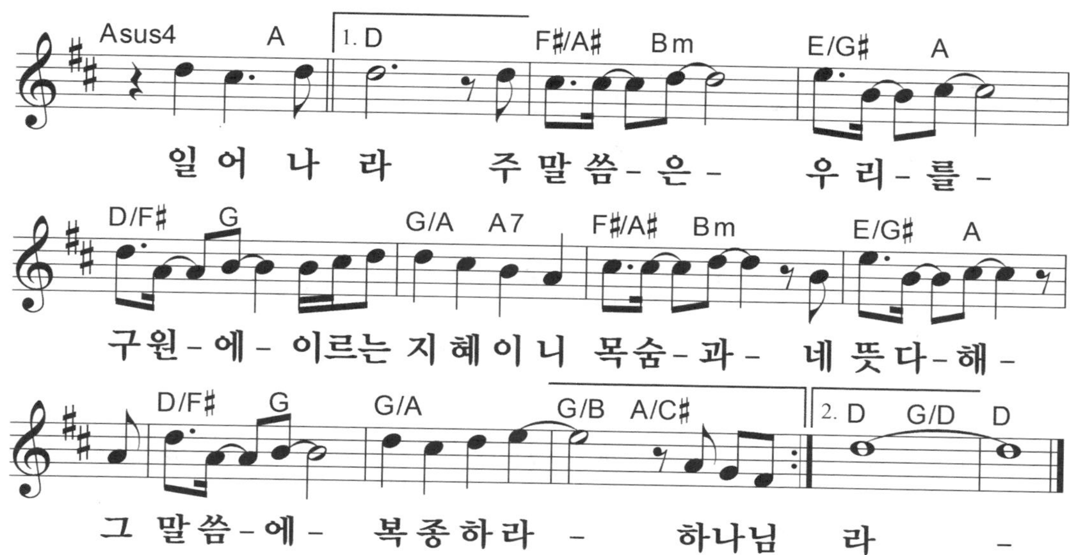

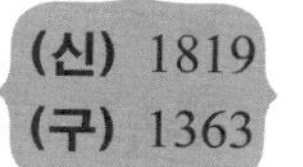

모든 이름 위에 뛰어난 이름 120

고형원

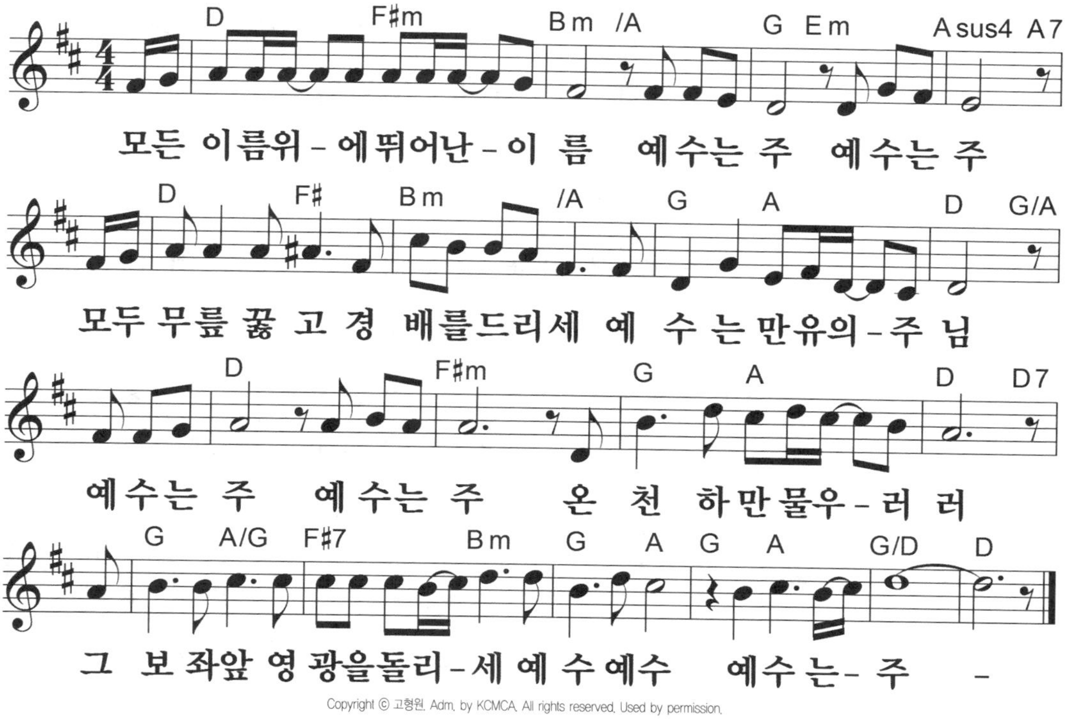

D F#m Bm /A G Em Asus4 A7
모든 이름위 - 에뛰어난 - 이 름 예수는 주 예수는 주
D F# Bm /A G A D G/A
모두 무릎 꿇 고 경 배를드리세 예 수 는 만유의 - 주 님
D F#m G A D D7
예수는 주 예 수는 주 온 천 하 만 물 우 - 러 러
G A/G F#7 Bm G A G A G/D D
그 보 좌앞 영 광을돌리 - 세 예 수 예수 예수는 - 주 -

121 말씀하시면

(주님 말씀하시면)

(신) 1773
(구) 1757

김영범

목마른 사슴 122

(As the deer)

목 마 른 사슴 시 냇 물을찾아 헤 매이 듯 이
금 보 다 귀한 나 의 주님내게 만 족주 신 주

내 영 혼 주를 찾 기 에 - 갈급 하 -나 이 다
당 신 만 이- 나 의 기쁨또한나 의참 보 배

주 님 만 이 - 나 의 힘 나 의 방 패 나의참 소 망

나 의 몸 정 성 다 바 쳐서주님 경 배합 니 다

메들리
• 감사해요 주님의 사랑 (89) • 너는 너의 하나님을 바라라 (111) • 때가 차매 (116)

123

베드로의 고백

(사랑하는 주님)

(신) 1301
(구) 1841

김석균

메들리

• 주여 이 죄인이 (70) • 감사해요 주님의 사랑 (89) • 너는 너의 하나님을 바라라 (111)

밤이나 낮이나 124

(나의 소망되신 주)

레베카황

메들리
• 나의 피난처 예수 (7) • 나 오직 주를 (97) • 오직 예수 뿐이네 (146)

125

부흥 2000

(오소서 진리의 성령님)

(신) 1438
(구) 1548

고형원

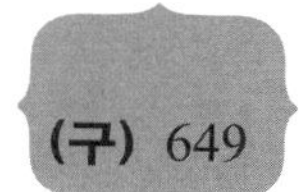

불 같은 성령 임하셔서

(오순절 거룩한 성령께서)

John W. Peterson

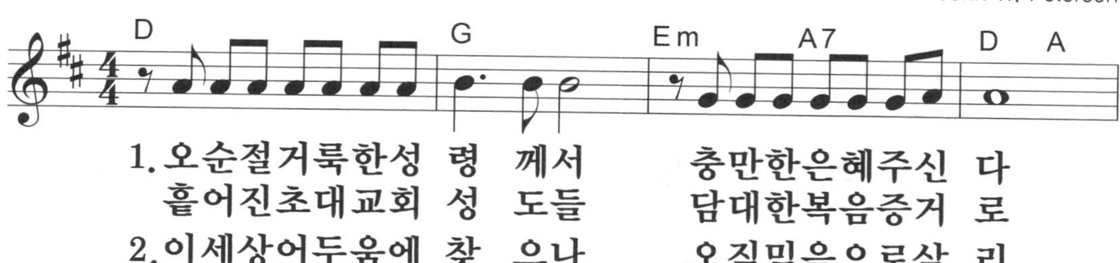

그의증거로승리 얻 겠네 큰구속받은우리 들
순교한그들따라 우 리도
성령의뜨거운그 불 길이 교회에새힘을주 네
오늘날그와같은 성 령을

메들리
- 땅 끝에서 (115)
- 부흥 2000 (125)
- 주님 이곳에 (160)

127 사랑의 주님이

(신) 1043
(구) 1146

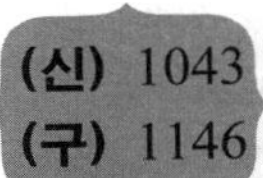

D DM7 Em A7
사 랑 의 주 님 이 날 사 랑 하 시 네
Em7 A7 D A7
내 모 습 이 대 로 - 받 으 셨 네 -
D DM7 Em A7
사 랑 의 주 님 이 날 사 랑 하 듯 이
Em7 A7 G/D D
나 도 너 를 사 랑 하 며 섬 기 리 -

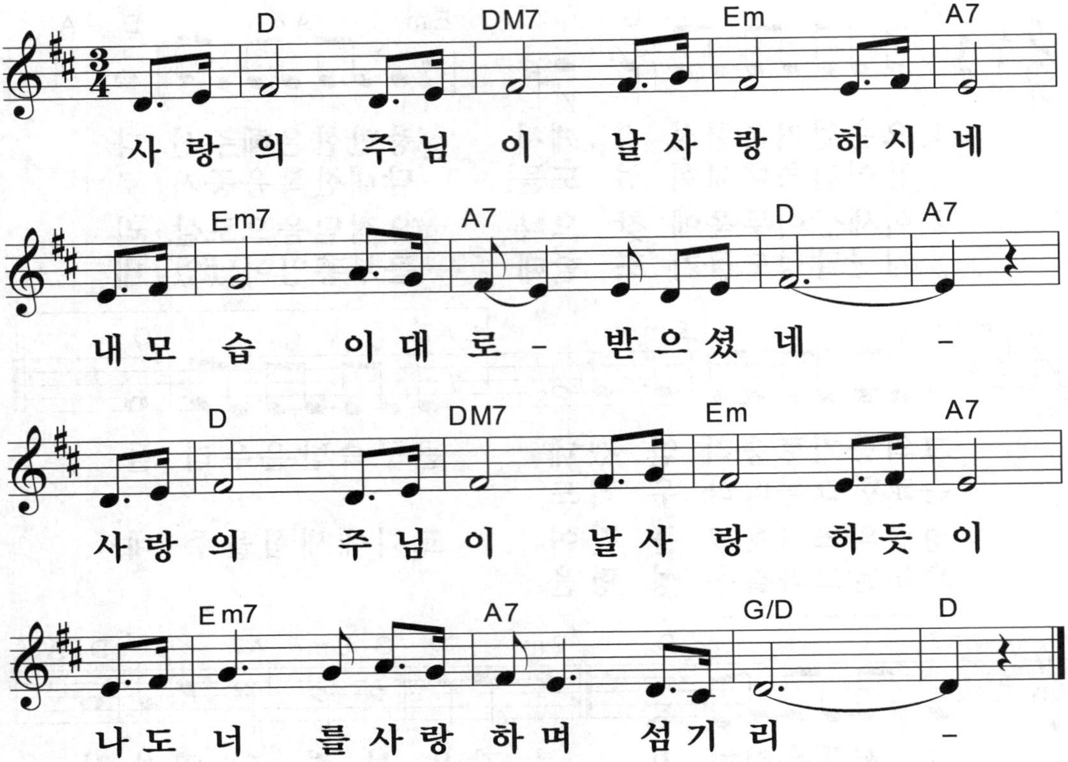

메들리 • 감사해요 주님의 사랑 (89) • 당신은 사랑받기 위해 (113) • 평안을 너에게 주노라 (174)

새롭게 하소서

(Re nue va me senor Jesus)

Marcos Goes

메들리

• 나 무엇과도 주님을 (96) • 나의 마음을 (198) • 나의 부르심 (200)

129 선하신 목자

(Shepherd of my soul)

(신) 1513
(구) 1615

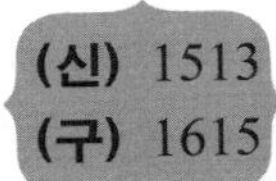

Martin J. Nystrom

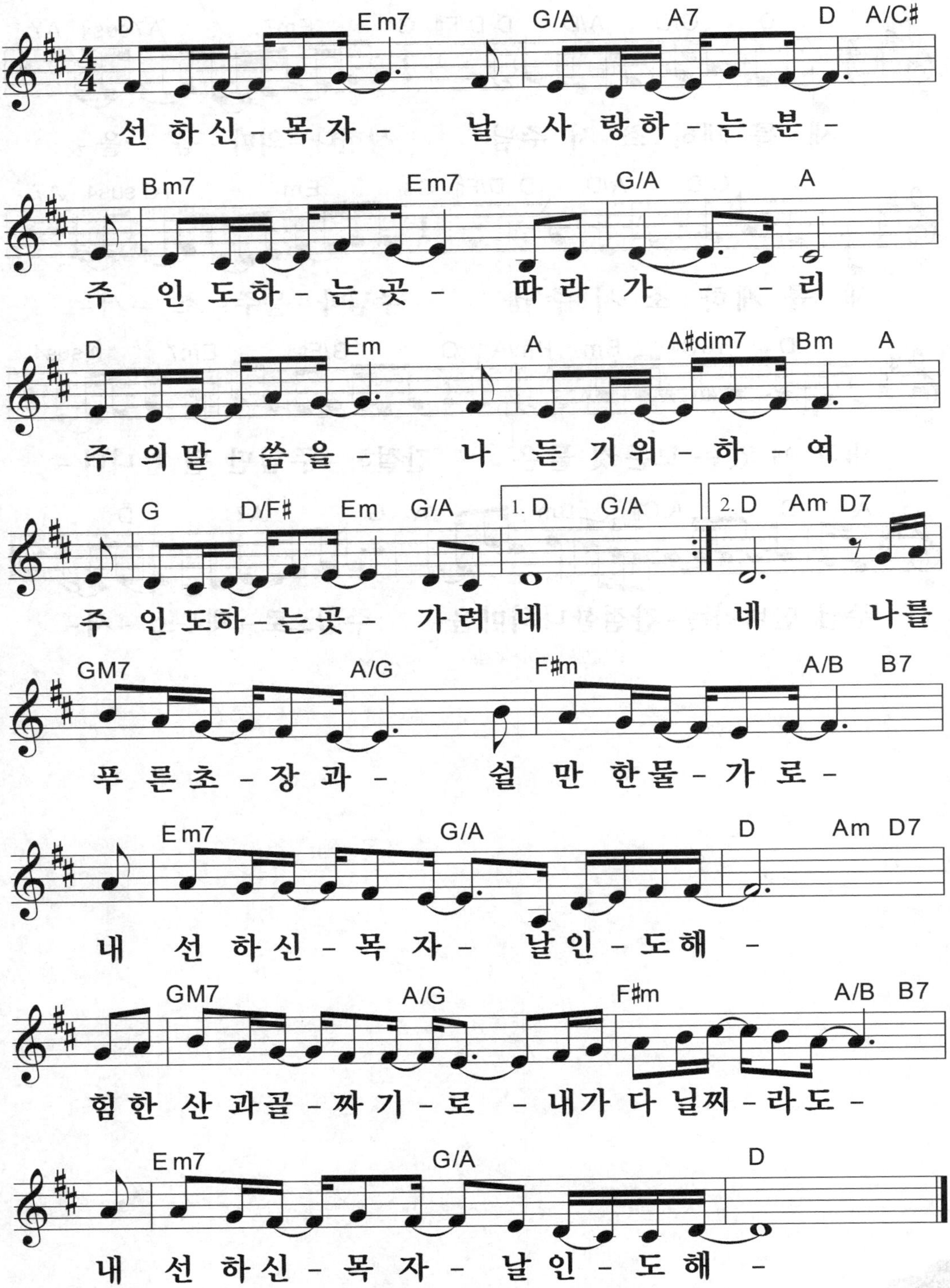

D Em7 G/A A7 D A/C#
선 하 신 - 목 자 - 날 사 랑 하 - 는 분 -
Bm7 Em7 G/A A
주 인 도 하 - 는 곳 - 따 라 가 - - 리
D Em A A#dim7 Bm A
주 의 말 - 씀 을 - 나 듣 기 위 - 하 - 여
G D/F# Em G/A 1. D G/A 2. D Am D7
주 인 도 하 - 는 곳 - 가 려 네 네 나 를
GM7 A/G F#m A/B B7
푸 른 초 - 장 과 - 쉴 만 한 물 - 가 로 -
Em7 G/A D Am D7
내 선 하 신 - 목 자 - 날 인 - 도 해 -
GM7 A/G F#m A/B B7
험 한 산 과 골 - 짜 기 - 로 - 내 가 다 닐 찌 - 라 도 -
Em7 G/A D
내 선 하 신 - 목 자 - 날 인 - 도 해 -

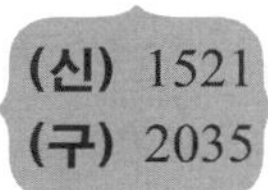

신실하게 진실하게

(Let me be faithful)

Stephen Hah

D A/C♯ Bm /A G E/G♯ A7

신실하게 - 진실하게 - 거룩하게살게하소 서

D A/C♯ Bm /A G A7 D

신실하게 - 진실하게 - 거룩하게살게하소 서

D A/C♯ Bm /A G E/G♯ A7

하 나 님 - - - 나의 마음 - 만져 주소서 -
하 나 님 - - - 나의 기도 - 들어 주소서 -

D A/C♯ Bm /A G A7 D

하 나 님 - - - 나의 영혼 새롭게하소 서
하 나 님 - - - 주의 길로 인도 - 하소 서

메들리

• 말씀하시면 (121) • 밤이나 낮이나 (124) • 주 찬양합니다 (157)

131 신사도행전

(이 땅 위에)

(신) 1119
(구) 1997

김사랑

신 사도행전

메들리

• 말씀 앞에서 (119) • 부흥 2000 (125) • 불 같은 성령 임하셔서 (126)

132

신실한 나의 하나님

(Faithful One)

Brian Doerksen

(구) 1709

아름답게 하리라

133

(지금 우리가 주님 안에)

곽상엽

134 아침 안개 눈 앞 가리듯

(신) 1420
(구) 1617

(언제나 주님께 감사해)

김성은 사 & 이유정 곡

아침안개눈앞가리 듯 나의 약한믿음의심쌓일 때 부드
빗줄기에바위패이 듯 나의 작은소망사라져갈 때 고요

럽게다가온주의음 성 아무 것도염려하지마 라
하게들리는주의음 성 내가

너 를사랑하노 라 외로움과방황속에 서

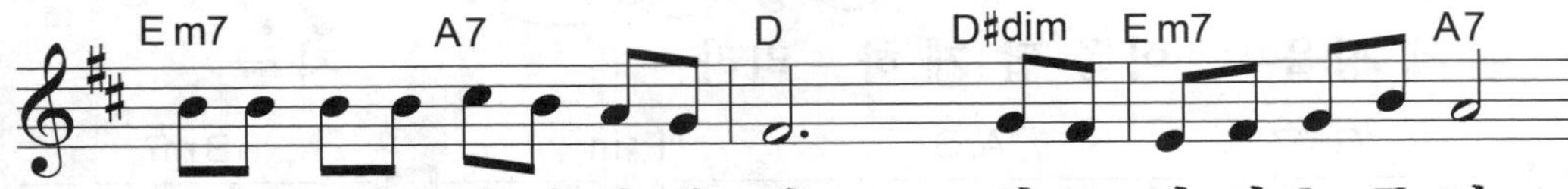

주님앞에나아갈때 에 위로 하시는주님

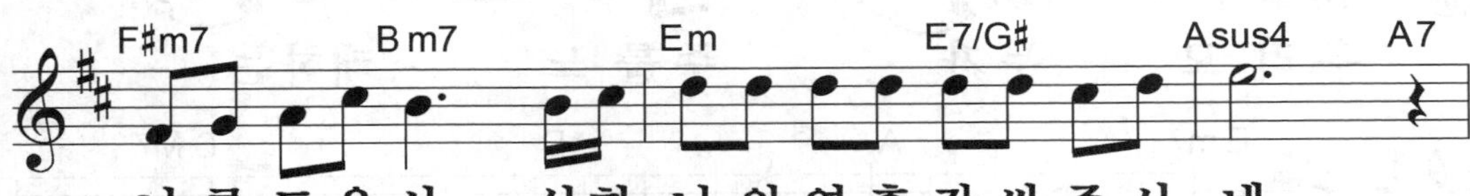

나를도우사 상한 나의영혼감싸주시 네

십자가의보 혈로 써 주의 크신사랑알게하셨 네

주 님께감사하리 라 언제 나 주님께감사 해

메들리
• 감사해요 주님의 사랑 (89) • 주 찬양합니다 (157) • 평안을 너에게 주노라 (174)

아침에 나로 주의

박명선

D D7/C Em A A/C#

아- 침 에 나로 주-의 -인자한 말 씀 을 듣게

Dsus4 D7 G G#dim D/A B7

하소서 내가 주 를 의 뢰합 니-다 나의

Em A7 G/D D G G#dim

다닐길을인도하소 서 내가 내 영 혼 을-

D/A B7 Em A7 G/D D

주 -께 내영 혼을주께드립니- 다 -

메들리

• 베드로의 고백 (123) • 새롭게 하소서 (128) • 아침 안개 눈 앞 가리듯 (134)

136

알 수 없는 힘

(나에겐 알 수 없는 힘)

메들리 • 고백 (94) • 두렵지 않아 (114) • 선하신 목자 (129)

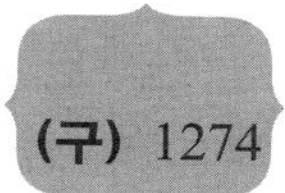

(구) 1274

영광을 주께

137

(영광 영광 영광 어린 양 / Glory to the lamb)

Larry Dempsey

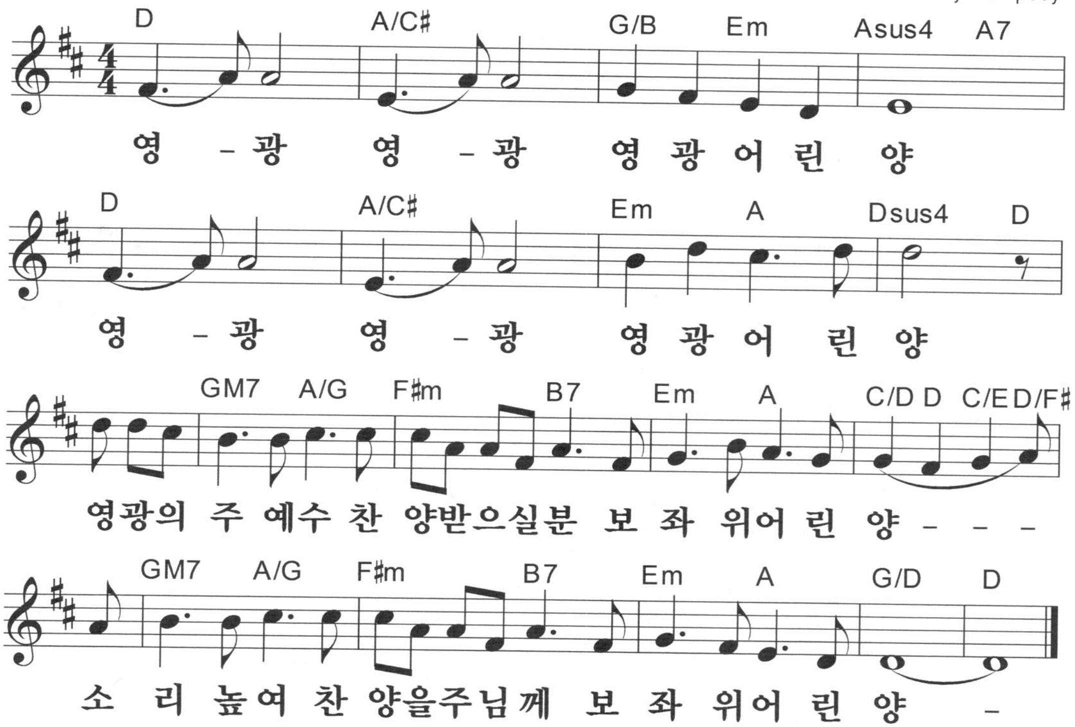

D A/C♯ G/B Em Asus4 A7
영 -광 영 -광 영 광 어 린 양
D A/C♯ Em A Dsus4 D
영 -광 영 -광 영 광 어 린 양
GM7 A/G F♯m B7 Em A C/D D C/E D/F♯
영광의 주 예수 찬 양받으실분 보 좌 위어 린 양 - - -
GM7 A/G F♯m B7 Em A G/D D
소 리 높여 찬 양을주님께 보 좌 위어 린 양 -

메들리

• 밤이나 낮이나 (124) • 신실하게 진실하게 (130) • 영광의 주 이름 높이세 (138)

138 영광의 주 이름 높이세

(God of glory we exalt Your name)

David Fellingham

D Em F#m Bm GM7

영 광 의 －주이름 높 이 세 전 능

C#7 F#m A7/E D

의 －왕되신 주 － 우 리정 성－ 바 쳐 －경배하

G Gm D Em A7 D

며 섬 기 리 주의이 름 찬 양하 리 －빛나는

Bm F#m Em

빛나는 보－좌－ 다스리 시－는－ 영 원한

보 좌 －다 스 리 시 는 －영 원 한 왕

Em A Bm

－나의－－하 나 님 － 능력의 말－씀－

－나 의 하 나 님 －능 력 의 말 씀 －자 유 주

F#m Em A7 D

자유주 시－네－ 넘치는 사 랑주－하나 님 －

시 네 －넘 치 는 사 랑 －주 하 나 님 －

(신) 1533
(구) 1133

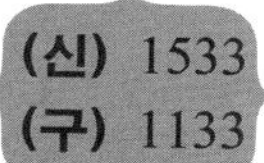

영원한 사랑

(눈으로 사랑을 그리지 말아요)

김민식

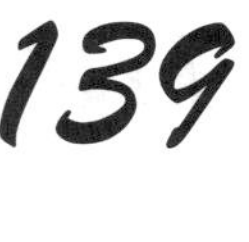

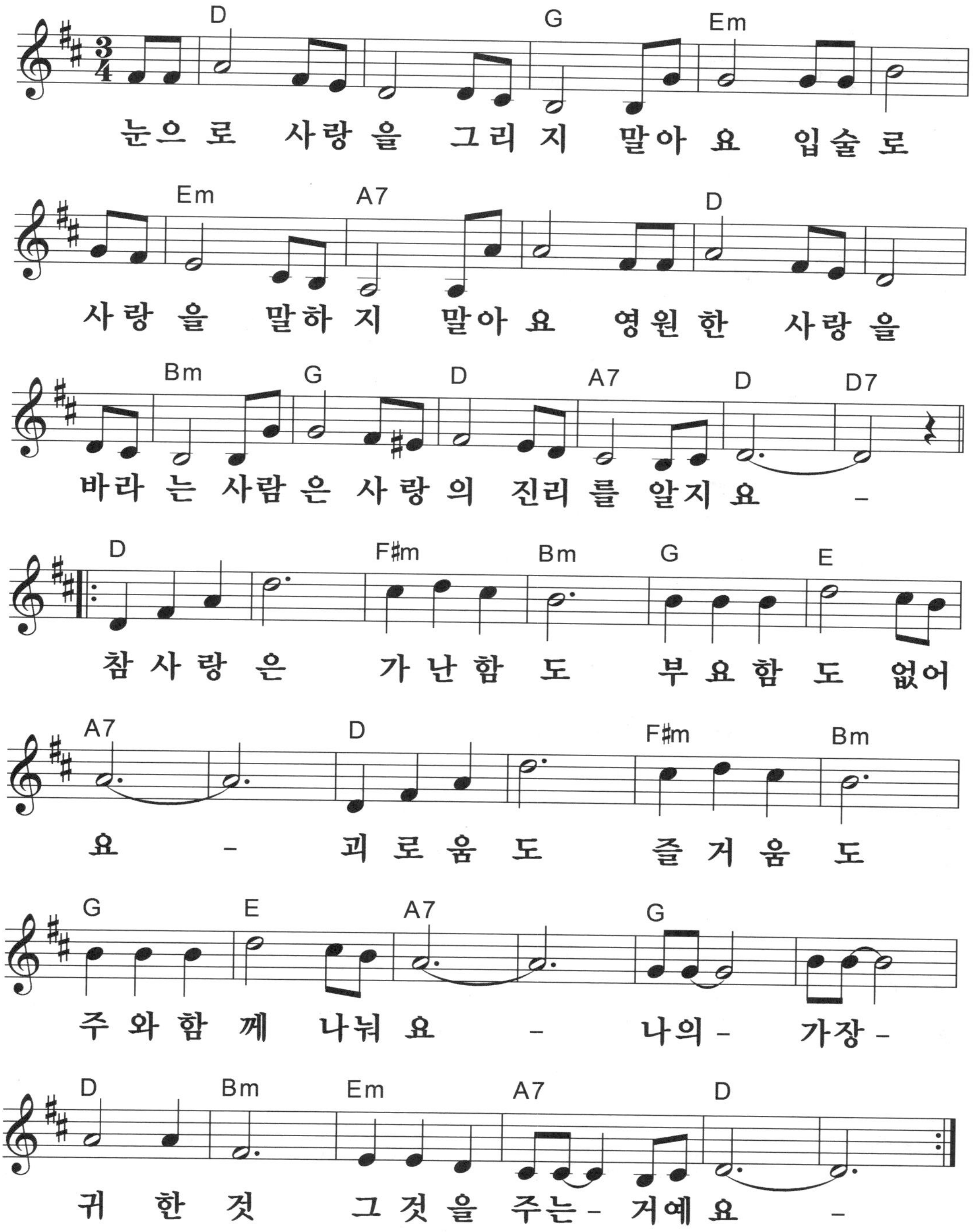

D G Em
눈으로 사랑을 그리지 말아요 입술로
Em A7 D
사랑을 말하지 말아요 영원한 사랑을
Bm G D A7 D D7
바라는 사람은 사랑의 진리를 알지요 –
D F#m Bm G E
참사랑은 가난함도 부요함도 없어
A7 D F#m Bm
요 – 괴로움도 즐거움도
G E A7 G
주와함께 나눠요 – 나의– 가장–
D Bm Em A7 D
귀한것 그것을 주는– 거예요 –

메들리
• 사랑의 주님이 (127) • 새롭게 하소서 (128) • 이와 같은 때엔 (151)

140 예수 늘 함께 하시네

(고단한 인생길)

소진영

D　B m7　G　A7　A7sus4　A7

고단한인생길- 힘겨운오늘도- - 예- 수 내마음아시 네
하루를살아도- 기쁨으로가리- - 예- 수 늘함께하시 네

D　B m7　G　A7　1.D　G/D　A/D

지나간아픔도- 마주할세상도- - 예- 수 내마음아시 네
후회도염려도- 온전히맡기리- - 예- 수 늘함께하시

2.D　G/B　A/C♯　D　F♯m7　G　D/F♯

네 믿음의 눈들어 주를보리 이 또 한지나가-리라

D/E　E7　G/A　D　F♯m7　B m7　G　G/A

- 주어진내삶의 시간속에 주의 뜻알게하소

1.D　2.D　D/C　A/B　E

서 서 믿음의 눈들어 주

G♯m7　A　E/G♯　E/F♯　F♯7　A/B

를보리 이 또 한지나가-리라 - 주어진

E　G♯m7　C♯m7　A　A/B　E

내삶의 시간속에 주의 뜻알게하소 서

메들리

• 밤이나 낮이나 (124)　• 오직 예수 뿐이네 (146)　• 지극히 높으신 주 (169)

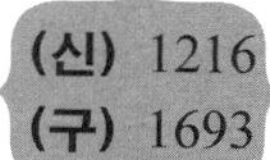

예수 이름이 온 땅에

김화랑

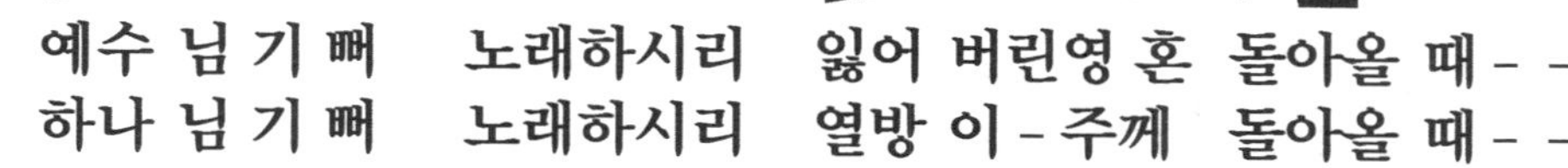

메들리

• 내 증인 되리라 (13) • 오라 우리가 (145) • 주 다스리네 (155)

142 예수 하나님의 공의

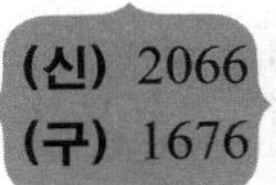

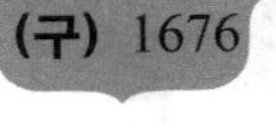

(This kingdom)

(신) 2066
(구) 1676

Geoff Bullock

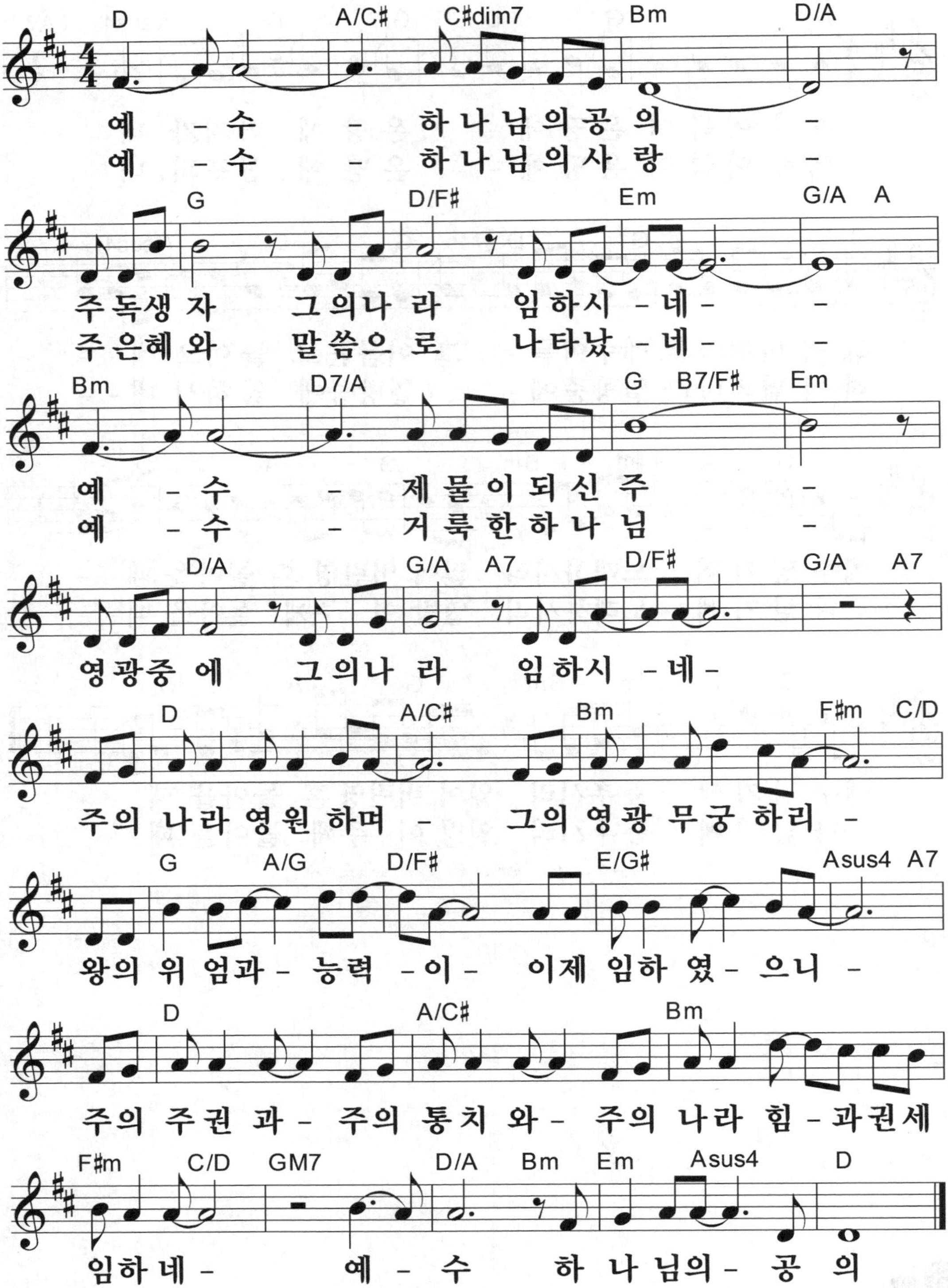

D A/C# C#dim7 Bm D/A
예 - 수 - 하나님의공의 -
예 - 수 - 하나님의사랑 -
G D/F# Em G/A A
주독생자 그의나라 임하시 - 네 - -
주은혜와 말씀으로 나타났 - 네 - -
Bm D7/A G B7/F# Em
예 - 수 - 제물이되신주 -
예 - 수 - 거룩한하나님 -
D/A G/A A7 D/F# G/A A7
영광중에 그의나라 임하시 - 네 -
D A/C# Bm F#m C/D
주의 나라 영원하며 - 그의 영광 무궁하리 -
G A/G D/F# E/G# Asus4 A7
왕의 위 엄과 - 능력 - 이 - 이제 임하 였 - 으니 -
D A/C# Bm
주의 주권 과 - 주의 통치 와 - 주의 나라 힘 - 과권세
F#m C/D GM7 D/A Bm Em Asus4 D
임하네 - 예 - 수 하 나 님의 - 공 의

(신) 1537
(구) 832

오 나의 자비로운 주여

(Spirit song)

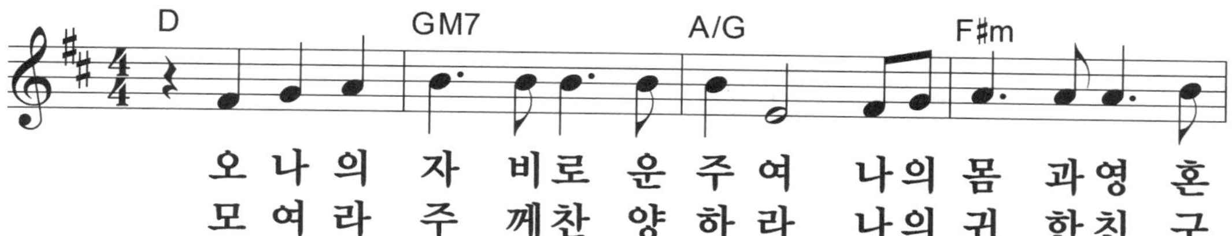

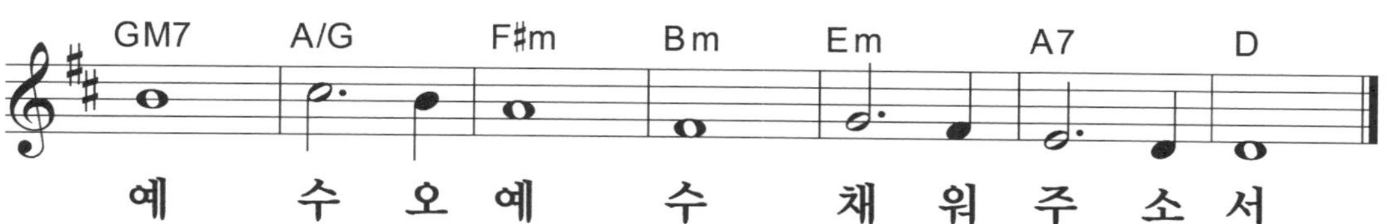

메들리

- 신실하게 진실하게 (130)
- 아침 안개 눈 앞 가리듯 (134)
- 아침에 나로 주의 (135)

144 오늘 집을 나서기 전

(신) 1941
(구) 1096

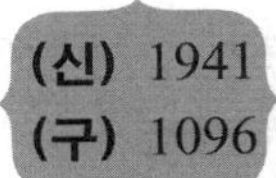

M. A. Kidder & W. O. Perkins

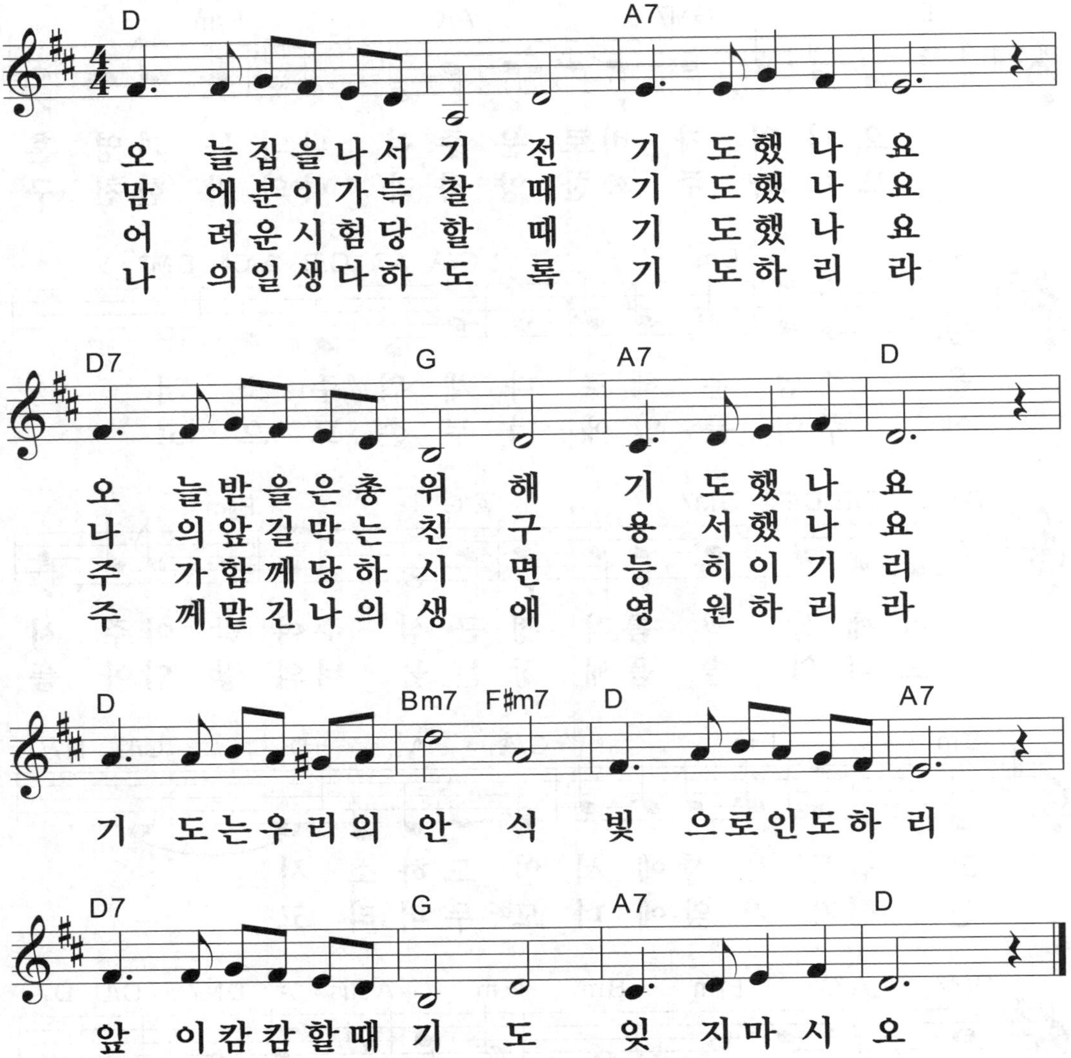

D A7
오 늘집을나서 기 전 기 도했나 요
맘 에분이가득 찰 때 기 도했나 요
어 려운시험당 할 때 기 도했나 요
나 의일생다하 도 록 기 도하리 라
D7 G A7 D
오 늘받을은총 위 해 기 도했나 요
나 의앞길막는 친 구 용 서했나 요
주 가함께당하 시 면 능 히이기 리
주 께맡긴나의 생 애 영 원하리 라
D Bm7 F#m7 D A7
기 도는우리의 안 식 빛 으로인도하 리
D7 G A7 D
앞 이캄캄할때 기 도 잊 지마시 오

메들리 • 신실하게 진실하게 (130) • 아침에 나로 주의 (135) • 오늘 (230)

(신) 1627
(구) 1586

오라 우리가

(Come and let us go)

Bill Quigley & Mary Anne Quigley

메들리

• 내 증인 되리라 (13) • 예수 이름이 온 땅에 (141) • 주 다스리네 (155)

146 오직 예수 뿐이네

(은혜 아니면 살아갈 수가 없네)

소진영

메들리 • 밤이나 낮이나 (124) • 예수 늘 함께 하시네 (140) • 지극히 높으신 주 (169)

(신) 1465
(구) 1901

오직 주의 사랑에 매여

고형원

메들리
- 말씀하시면 (121)
- 신실하게 진실하게 (130)
- 전심으로 (154)

148 옥합을 깨뜨려

(신) 1498
(구) 613

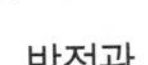

(내게 있는 향유 옥합)

박정관

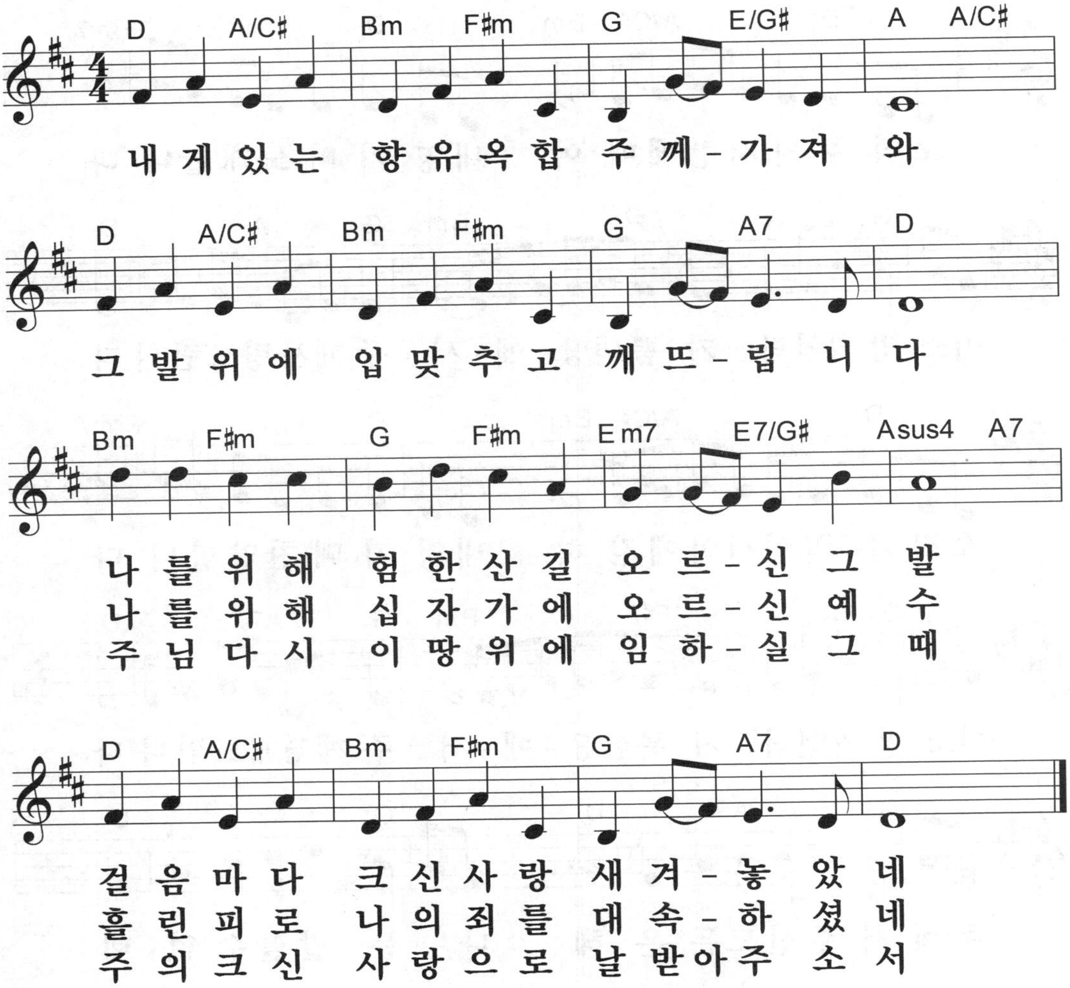
D A/C# Bm F#m G E/G# A A/C#
내 게 있 는 향 유 옥 합 주 께 - 가 져 와
D A/C# Bm F#m G A7 D
그 발 위 에 입 맞 추 고 깨 뜨 - 립 니 다
Bm F#m G F#m Em7 E7/G# Asus4 A7
나 를 위 해 험 한 산 길 오 르 - 신 그 발
나 를 위 해 십 자 가 에 오 르 - 신 예 수
주 님 다 시 이 땅 위 에 임 하 - 실 그 때
D A/C# Bm F#m G A7 D
걸 음 마 다 크 신 사 랑 새 겨 - 놓 았 네
흘 린 피 로 나 의 죄 를 대 속 - 하 셨 네
주 의 크 신 사 랑 으 로 날 받 아 주 소 서

메들리

• 주 찬양합니다 (157) • 나의 부르심 (200) • 성령의 불로 (221)

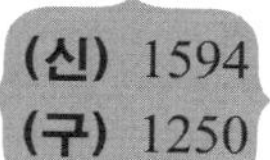

(신) 1594
(구) 1250

우리 모일때 주 성령 임하리 149

(As we gather)

Michael Fay & Thomas W. Coomes

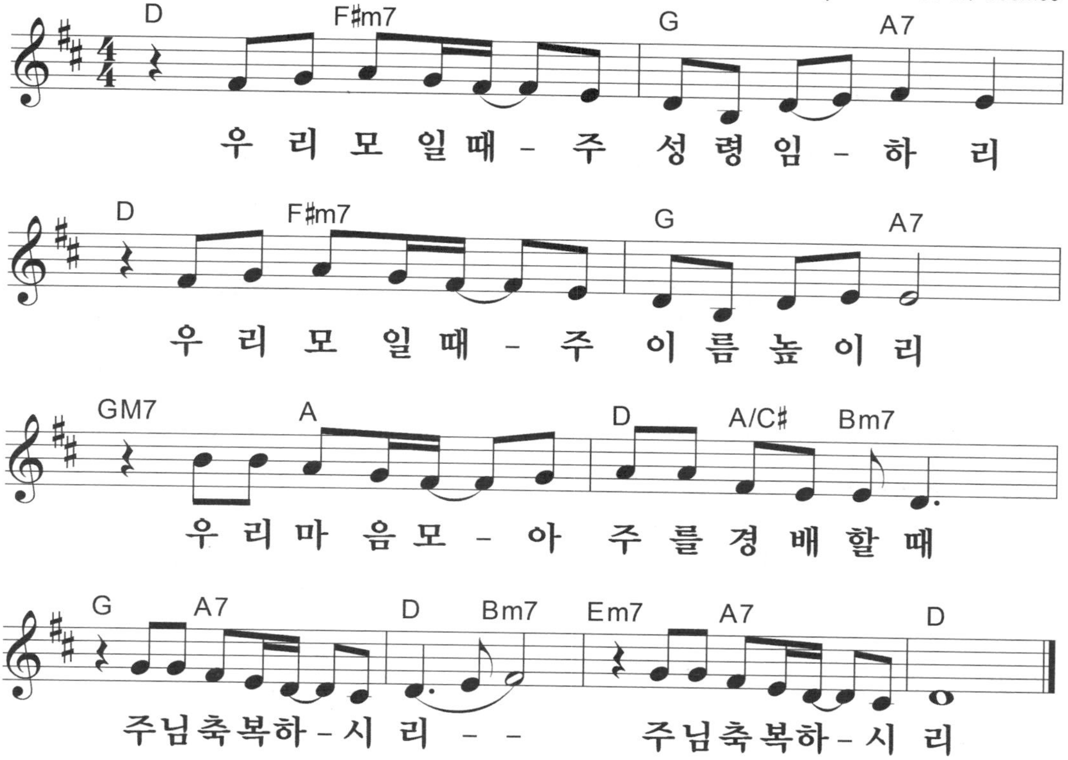

D F♯m7 G A7
우리모일때 - 주 성령임 - 하 리
D F♯m7 G A7
우리모일때 - 주 이름높이리
GM7 A D A/C♯ Bm7
우리마음모 - 아 주를경배할때
G A7 D Bm7 Em7 A7 D
주님축복하 - 시 리 - - 주님축복하 - 시 리

메들리 • 사랑의 주님이 (127) • 신실하게 진실하게 (130) • 아름답게 하리라 (133)

150

은혜

(은혜로다 주의 은혜)

윤석주

메들리

• 나 무엇과도 주님을 (96) • 나 오직 주를 (97) • 하나님의 은혜 (177)

(신) 1596
(구) 621

이와 같은 때엔

(In moments like these)

메들리

• 사랑의 주님이 (127) • 주 찬양합니다 (157) • 주의 사랑을 주의 선하심을 (166)

152 임하소서

(주님의 성령 지금 이곳에)

(신) 1249
(구) 1699

송정미 & 최덕신

메들리

• 임마누엘 (55) • 예수 늘 함께 하시네 (140) • 주님 이곳에 (160)

죄 없으신 주 독생자 153

(Lamb of God)

Twilla Paris

죄없으 신 주독생 자 하나님보 좌를떠- 나
겸손하 신 왕주예 수 사람들은 조롱했- 네
죽어야 할 이죄인 을 주님께로 이끄셨- 네

죄악된땅 에오셨네 세상죄 지신어 린 양
우리를사 랑하신주 십자가 에못박 았 네
주지팡이 막대기로 어린양 인도하 시 네

오-어-린- 양 귀한어 린 양 주님을사 랑합니- 다

주보혈- 로 씻으소 서 예수님 귀한어 린 - 양
주의양 되게하 소 - 서

메들리

• 임마누엘 (55) • 예수 하나님의 공의 (142) • 지극히 높으신 주 (169)

154 전심으로

(신) 2087
(구) 2093

(주님 손에 맡겨 드리리 / With all I am)

Reuben Morgan

전심으로

메들리 • 감사해요 주님의 사랑 (89) • 말씀하시면 (121) • 오직 주의 사랑에 매여 (147)

155 주 다스리네

(The Lord Reigns)

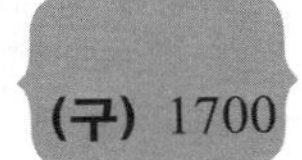

Dan Stradwick

주 다 -스리네 - 주 다 -스리네 -

주 다 -스리네 - 온땅기 뻐해 - 온땅기 뻐해

- 온땅기 뻐해 - 만백성기뻐하 라

- 주다스리 네 - 주 네 -

주 님 나 라임 -했네 모 든 적 불태 -우네

악 한 세 력은 녹 네 주 님의임재앞 - 에

주님의임재앞 - 에 - 주 네 -

O.T. : The Lord Reigns / O.W. : Dan Stradwick
O.P. : Universal Music – Brentwood Benson Publ. / S.P. : Universal Music Publishing Korea, CAIOS

메들리 • 예수 이름이 온 땅에 (141) • 오라 우리가 (145) • 주님께 영광을 (161)

(신) 1528
(구) 1630

주 이름 큰 능력 있도다

156

(There is power in the name of Jesus)

메들리

• 예수 이름이 온 땅에 (141) • 주 다스리네 (155) • 주님께 영광을 (161)

157 주 찬양합니다

(신) 1161
(구) 1246

(Ich lobe meninen Gott)

Cl. Fraysse Bergese

메들리
• 마음의 예배 (118) • 예수 하나님의 공의 (142) • 찬양의 제사 드리며 (171)

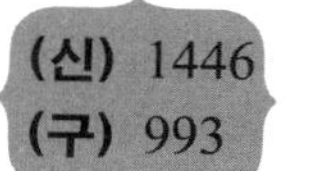

주님 나를 부르셨으니

윤용섭

내모 든 정 성 내모 든 정 성 주만 위 해바칩니 다
이몸 바 쳐 서 이몸 바 쳐 서 주만 따 라가렵니 다
소리 높 여 서 소리 높 여 서 주만 찬 양하렵니 다

메들리

• 신실하게 진실하게 (130) • 오직 주의 사랑에 매여 (147) • 주님 내게 오시면 (159)

159

주님 내게 오시면

(세상 부귀 안일함과)

(신) 1055
(구) 986

윤용섭

D Em Bm E A7

세 상 부 귀 안 일 함 과 세 상 근 심 하 다 가
세 상 일 에 얽 매 여 서 세 상 일 만 하 다 가
지 금 까 지 내 가 한 일 주 님 께 서 보 시 고

D Em D A7 D

주 님 나 를 찾 으 시 면 어 떻 게 만 날 까
주 님 나 를 부 르 시 면 어 떻 게 만 날 까
훗 - 날 에 나 를 보 며 무 어 라 하 실 까

D Bm7 A

주 님 내 게 오 시 면 나 어 찌 대 할 까

D D7 E7 A7

멀 리 방 황 하 던 - 나 불 - 쌍 한 이 죄 인

D Em Bm A7

이 제 주 만 생 각 하 며 세 상 근 심 버 리 고
이 제 주 만 생 각 하 며 세 상 권 세 버 리 고
이 제 주 만 생 각 하 며 세 상 영 광 버 리 고

D Em A7 D

두 손 들 고 눈 물 로 써 주 만 따 라 가 오 리 다
오 직 주 만 바 라 보 며 주 만 따 라 가 오 리 다
십 자 가 를 내 가 지 고 주 만 따 라 가 오 리 다

(신) 1074
(구) 1828

주님 이곳에

160

고형원

D F#m G Em7 A7
주님 이곳에 주님 이곳에 우리 와함께 함께 하시네 -
상한 심령을 위로 하시며 병든 우리몸 고쳐 주시네 -
D GM7 A7 Bm7 G D/A A7 D
나의 몸과맘 경배 드 리 네 주님 이곳에 계시 네
결박 을끊고 자유 주 시 네 주님 이곳에 계시 네

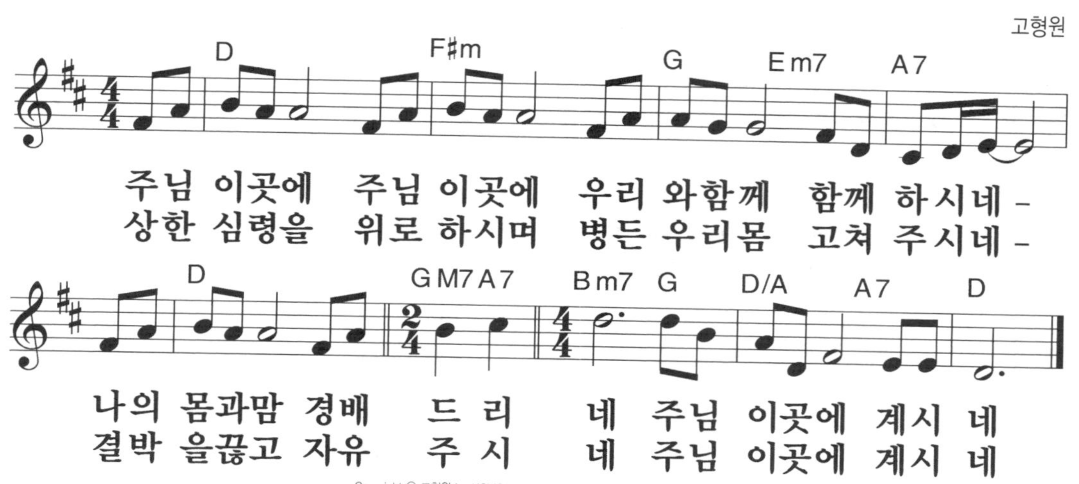

(신) 1191
(구) 641

주님께 영광을

161

최덕신

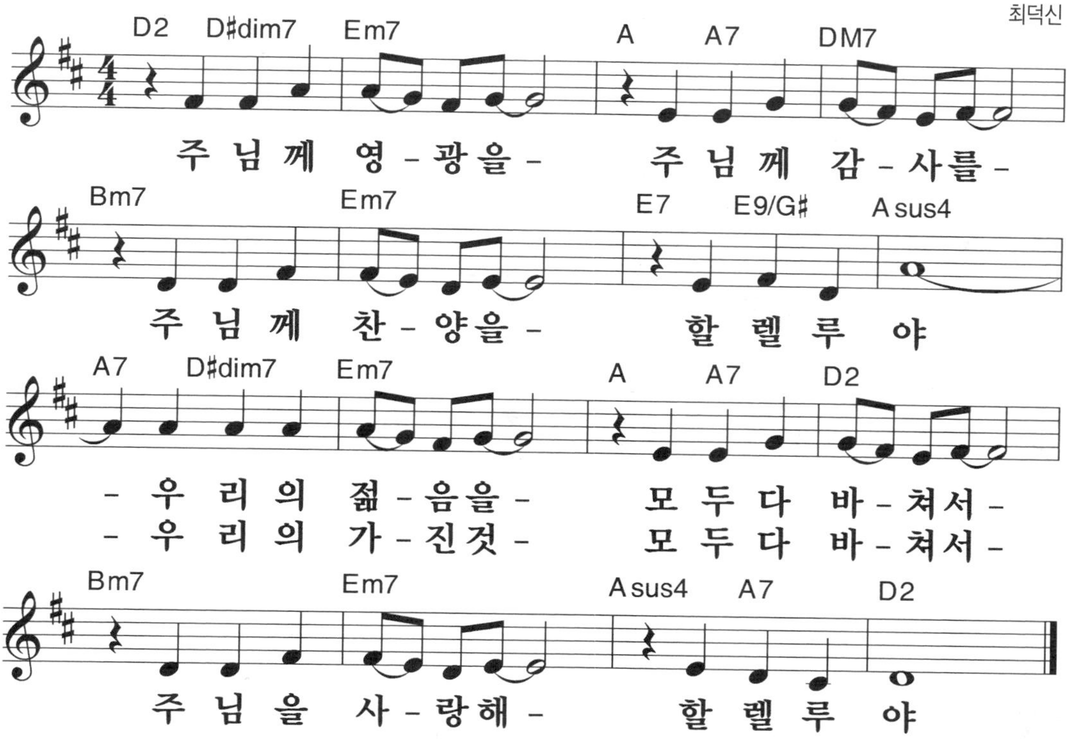
D2 D#dim7 Em7 A A7 DM7
주 님 께 영 - 광 을 - 주 님 께 감 - 사 를 -
Bm7 Em7 E7 E9/G# Asus4
주 님 께 찬 - 양 을 - 할 렐 루 야
A7 D#dim7 Em7 A A7 D2
- 우 리 의 젊 - 음 을 - 모 두 다 바 - 쳐 서 -
- 우 리 의 가 - 진 것 - 모 두 다 바 - 쳐 서 -
Bm7 Em7 Asus4 A7 D2
주 님 을 사 - 랑 해 - 할 렐 루 야

162 주님만을 섬기리

(나의 맘 속에 온전히)

(신) 1757
(구) 971

김보훈

메들리

• 주 찬양합니다 (157) • 주의 사랑을 주의 선하심을 (166) • 찬양의 제사 드리며 (171)

(신) 1413

주님은 너를 사랑해

메들리 • 사랑의 주님이 (127) • 선하신 목자 (129) • 이와 같은 때엔 (151)

164 주여 이땅을 고쳐 주소서

(Oh Lord, Come To Restore)

Stephen Hah

메들리

• 땅 끝에서 (115) • 부흥 2000 (125) • 오직 주의 사랑에 매여 (147)

주여 작은 내 소망을

조일상

메들리

• 나를 받으옵소서 (100) • 나의 맘 받으소서 (103) • 땅 끝에서 (115)

166 주의 사랑을 주의 선하심을

(신) 1623
(구) 1679

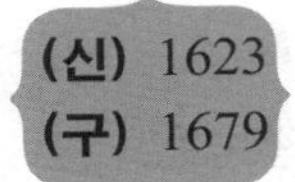

(Think about His love)

Walt Harrah

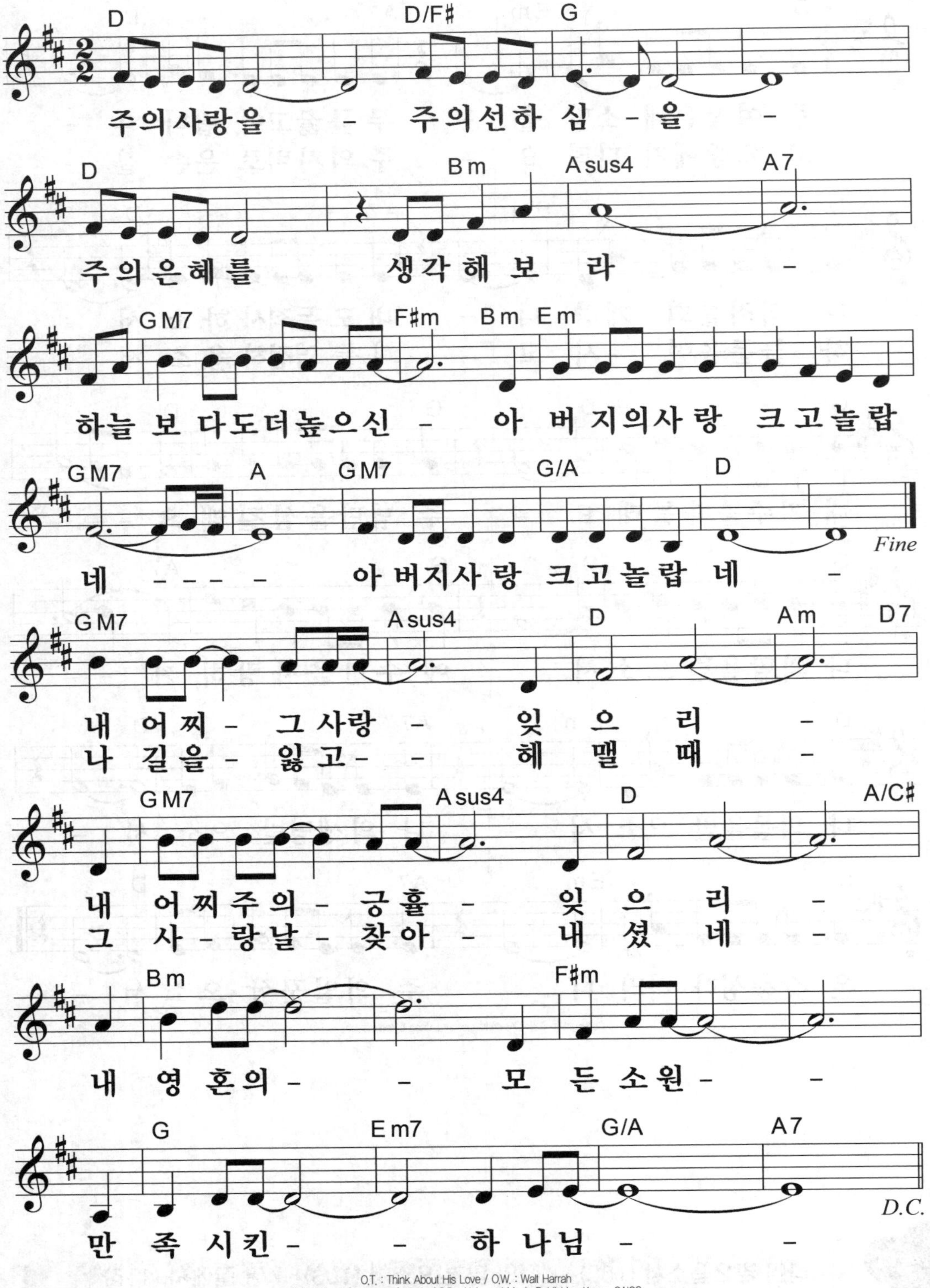

D D/F# G
주의사랑을 - 주의선하 심 -을 -
D Bm Asus4 A7
주의은혜를 생각해보 라 -
GM7 F#m Bm Em
하늘 보 다도더높으신 - 아 버 지의사랑 크고놀랍
GM7 A GM7 G/A D
네 - - - - 아 버지사랑 크고놀랍 네 -
Fine
GM7 Asus4 D Am D7
내 어찌 - 그 사랑 - 잊 으 리 -
나 길을 - 잃고 - - 헤 맬 때 -
GM7 Asus4 D A/C#
내 어찌주의 - 긍휼 - 잊 으 리 -
그 사 - 랑날 - 찾아 - 내 셨 네 -
Bm F#m
내 영 혼의 - - 모 든 소원 - -
G Em7 G/A A7
만 족 시킨 - - 하 나님 - -
D.C.

(신) 1499
(구) 619

주의 인자는 끝이 없고

(The steadfast love of the Lord)

Edith McNeill

메들리

• 이와 같은 때엔 (151) • 주 찬양합니다 (157) • 주의 사랑을 주의 선하심을 (166)

168 주의 은혜라

(내 평생 살아온 길)

손경민

주의 은혜라

메들리

• 오직 예수 뿐이네 (146) • 은혜 (150) • 하나님의 은혜 (177)

169

지극히 높으신 주

(소망 없고 빛도 없는 / King of Kings)

Jason Ingram, Scott Ligertwood & Brooke Ligertwood

D/F# G A D

소망없 -고 빛도 없-는 어두운 - 세상을- 하나님

D/F# G A D

-이사-랑하-사 우리에 -게오-셨네- 예언하

D/F# G A D

-신약-속대-로 말씀이 -육신-되어- 하늘영

D/F# G A D

-광버-리시-고이땅으 -로오-셨네 -

D G Bm Asus A

찬 양 하 세 우 리 주 삼 위 일 체 하 나 님

D G Bm G A D

지 극 히 높 으 신 주 영 원 토 록 찬 양 합 니 다

D D/F# G A D

주-가 -지으-신모-든세상을-구원-하-려- 영광의

부활하 -신그-아침- 닫힌무-덤열-리-고- 죽임당

D/F# G A D

-주예-수님-이 죽음을 -택하-셨-네- 그-고

-한어-린양- 죽음을 -이기-셨-네- 생명의

지극히 높으신 주

D/F♯ G A D
-통속-에서-도 주의뜻 -기억-하-사- 길을잃
-길되-시는- 그리스 -도를-통-해- 아버지
D/F♯ G 1. A D
-은우-리위-해 십자가 -를지-셨네 -
-께오-는자- 모두회
2. A D D/F♯ G
-복되-리라- 주가세 -우신-교회- 성령이
A D D/F♯ G
-이끄-시네- 영원한 -주의-복음- 무-너지
A D D/F♯ G
-지않-으리- 주의보 -혈로-인해- 나는자
A D D/F♯ G A
-유케-됐네- 예수의 -사랑-으로- 새-생명 -을얻-었네
D G Bm7 Asus A
- 찬양하세 우리주 삼위일체 하나님
D G Bm7 G A D
지극히높 으신주 영원토록찬양 합 니 다

170 주의 자비가 내려와

(신) 1581
(구) 1672

(Mercy is falling)

David Ruis

메들리

• 늘 노래해 (112) • 영광의 주 이름 높이세 (138) • 주 다스리네 (155)

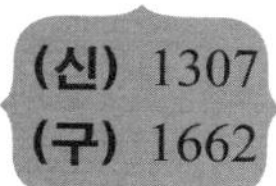

(신) 1307
(구) 1662

찬양의 제사 드리며

(주의 이름 안에서 / We bring the sacrifice of praise)

Kirk Carroll Dearman

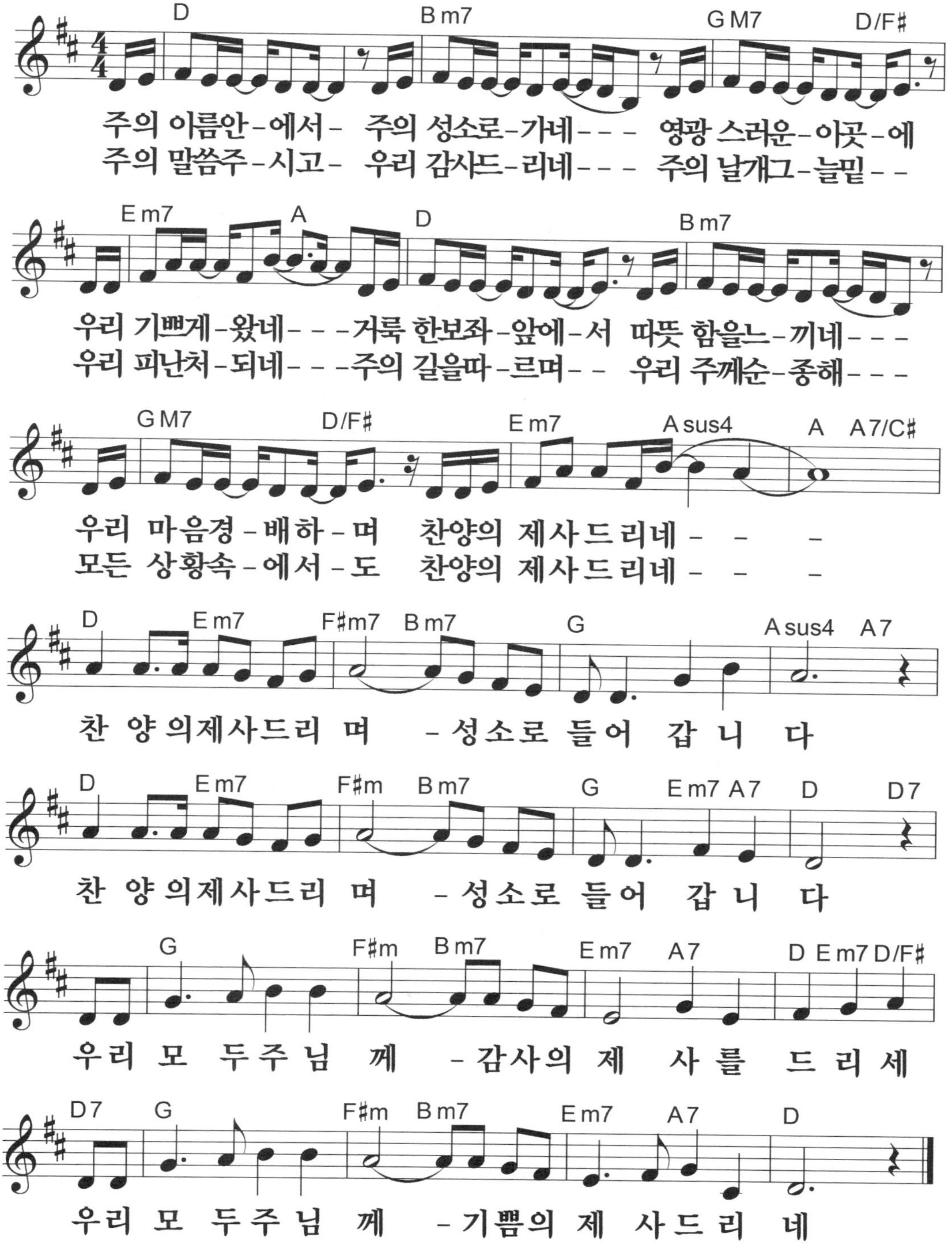

D Bm7 GM7 D/F#
주의 이름안-에서- 주의 성소로-가네--- 영광 스러운-이곳-에
주의 말씀주-시고- 우리 감사드-리네--- 주의 날개그-늘밑--
Em7 A D Bm7
우리 기쁘게-왔네---거룩 한보좌-앞에-서 따뜻 함을느-끼네---
우리 피난처-되네---주의 길을따-르며-- 우리 주께순-종해---
GM7 D/F# Em7 Asus4 A A7/C#
우리 마음경-배하-며 찬양의 제사드리네- - -
모든 상황속-에서-도 찬양의 제사드리네- - -
D Em7 F#m7 Bm7 G Asus4 A7
찬 양 의제사드리 며 -성소로 들어 갑 니 다
D Em7 F#m Bm7 G Em7 A7 D D7
찬 양 의제사드리 며 -성소로 들어 갑 니 다
G F#m Bm7 Em7 A7 D Em7 D/F#
우리 모 두주님 께 -감사의 제 사 를 드 리 세
D7 G F#m Bm7 Em7 A7 D
우리 모 두주님 께 -기쁨의 제 사드 리 네

172

축복의 사람

(신) 1131
(구) 2058

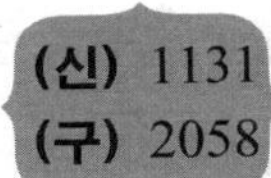

(주께 힘을 얻고)

설경욱

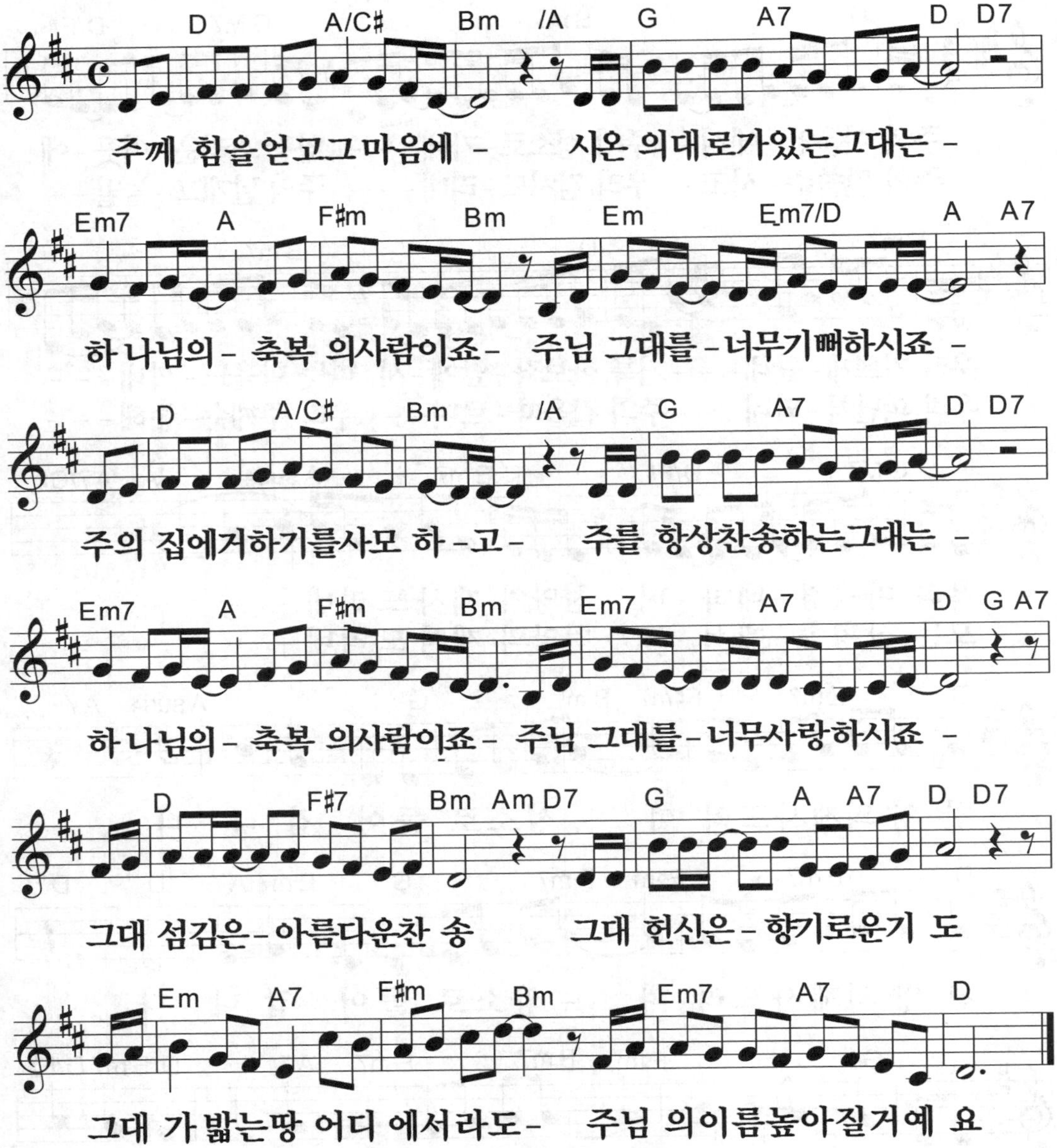

D A/C# Bm /A G A7 D D7
주께 힘을얻고그 마음에 - 시온 의대로가있는그대는 -
Em7 A F#m Bm Em Em7/D A A7
하 나님의 - 축복 의사람이죠 - 주님 그대를 - 너무기뻐하시죠 -
D A/C# Bm /A G A7 D D7
주의 집에거하기를사모 하 - 고 - 주를 항상찬송하는그대는 -
Em7 A F#m Bm Em7 A7 D G A7
하 나님의 - 축복 의사람이죠 - 주님 그대를 - 너무사랑하시죠 -
D F#7 Bm Am D7 G A A7 D D7
그대 섬김은 - 아름다운찬 송 그대 헌신은 - 향기로운기 도
Em A7 F#m Bm Em7 A7 D
그대 가 밟는땅 어디 에서라도 - 주님 의이름높아질거예 요

메들리

• 당신을 향한 노래 (21) • 야곱의 축복 (38) • 당신은 사랑받기 위해 (113)

(신) 1470
(구) 1173

친구의 고백

173

(아름다웠던 지난 추억들)

권희석

174 평안을 너에게 주노라

(신) 1618
(구) 1191

(My peace I give unto you)

Keith Routlege

* | 사랑

메들리
• 감사해요 주님의 사랑 (89) • 사랑의 주님이 (127) • 이와 같은 때엔 (151)

(신) 1275
(구) 1031

평화의 노래

175

(나 어느날 괴로워서)

노문환

176 하나님의 세계

(참 아름다운 곳이라)

홍이삭

하나님의 세계

Em7 A G D/F♯ Em A

솜 - 씨 깊 도 - 다 나는

D D/A♯ Bm7 D/F♯ G D/F♯

계속걸 - 어갑니다 수없이넘어 - 져도 - 사람 들의방 - 향과 - 는 조금

Em7 Asus4 Am7 G D/F♯ E/G♯

다르다 - 해도 - 내가 가는길 - 이주 - 가가 - 르 쳐준길 - 이니 - 이곳

G A Bm7 D/F♯ Em7 Asus4 D

은바로 - 이곳 은바로 - 이곳 은바로 주님 의세계라 -

177 하나님의 은혜

(나를 지으신 이가)

(신) 1539
(구) 2212

조은아 & 신상우

(신) 1462
(구) 758

할 수 있다 해 보자

178

(할 수 있다 하면 된다)

윤용섭

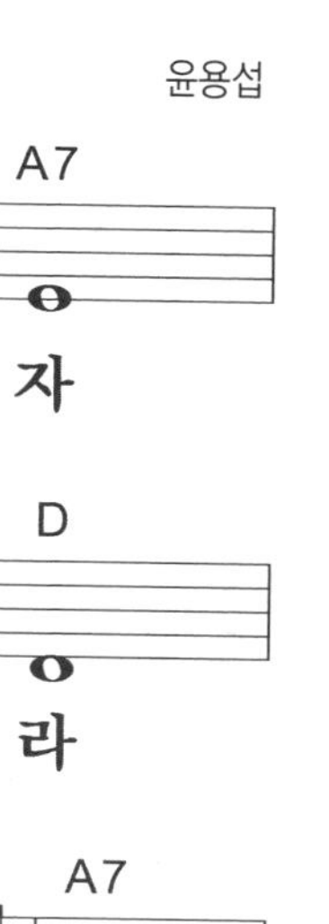

할 수 있 다 하면된다 해 보 - 자

믿는자에게 능치못함이 없 으 리 라

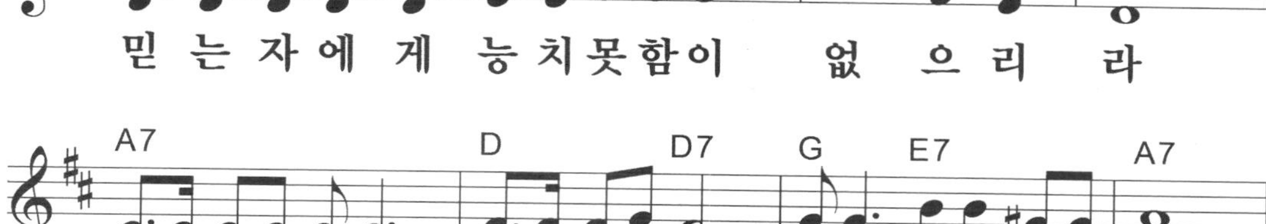

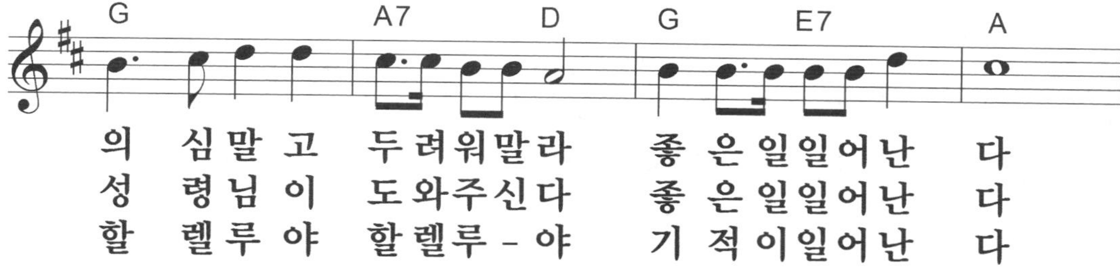

메들리

• 할 수 있다 하신 이는 (81) • 늘 노래해 (112) • 두렵지 않아 (114)

179 호흡이 있는 자마다

(하늘의 해와 달들아)

(신) 1990
(구) 631

김세영

D F♯m/C♯ Bm /A

하 늘의 – 해 와 달 – 들아 – –
산과 – 넓 은 푸른바다 – –

G D Em7 A7

소 리 높 여 찬 양 하 – 여라 – –
모 두 주 를 찬 양 하 – 여라 – –

D F♯m/C♯ Bm /A

나 팔 소리 – 비 파와수금으로 – –
호 흡 이 – – 있 는 – 자 – 마다 – –

G A7 1.D G/A 2. D7

춤 추 – 며 찬 양 하 – 여라 – 험한 –
여 호 와를 찬 양 하 – 여라

GM7 A/G F♯m7 Bm7

세 상 모든 사 람 들아 주 를 찬양하라 –

G A7 D C/D D7

살 아 계 신 나 의 하 나 님을 – –

GM7 A/G F♯m7 Bm7

세 상 모든 사 람 들아 주 를 찬양하라 –

호흡이 있는 자마다

메들리

• 예수 이름이 온 땅에 (141) • 오라 우리가 (145) • 주의 자비가 내려와 (170)

180

행복

(화려하지 않아도)

손경민

메들리
• 감사 (87) • 은혜 (150) • 축복의 사람 (172)

(신) 1779
(구) 1003

길

181

(오늘도 하룻길)

182 너의 푸른 가슴 속에

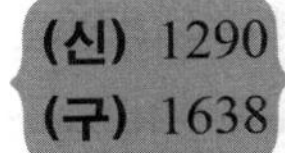

고형원

Bm GM7 A D F#

너 의푸른가슴 - 속 에 십자가 의 - 흔적있다 면
너 의뛰는가슴 - 속 에 하늘의 불 - 타고있다 면

Bm F#m G A Bm A

주 위해이제일 - 어 나 너의 믿음 주께보 - 이 라
그 나라그영광 - 위 에 너의 삶을 주께드 - 려 라

D A/C# G/B A

오 랫동안 - 꿈꿔왔 던 그 나 라 이 제곧오 - 도 록

D A/C# G/B F#sus4 F#7

우리주의 - 은혜의 강 - 이땅 휩쓸며 - 흐르도 록

G D/F# Em Bm

하나 님의눈물을 - 가진자 일어나 - - 주님 을 따 르라 -

G D/F# Em F#m Bm

너의 십자가지고 - 주님을 따르면 - - 온세 상 주 영광보 - 겠 네

Fine

Bridge

Bm F#m G A7 Bm

너 의삶을불태워 주를섬겨라 - 주의 영 광 나타나 - 겠 네

Bm F#m G A7 Bm

오 래황폐한이땅 꽃을피워라 - 주의 향 기 가득하 - 겠 네

D.C.

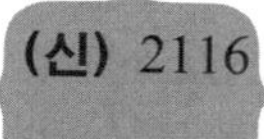

난 지극히 작은 자

(십자가의 전달자)

민호기 & 전영훈

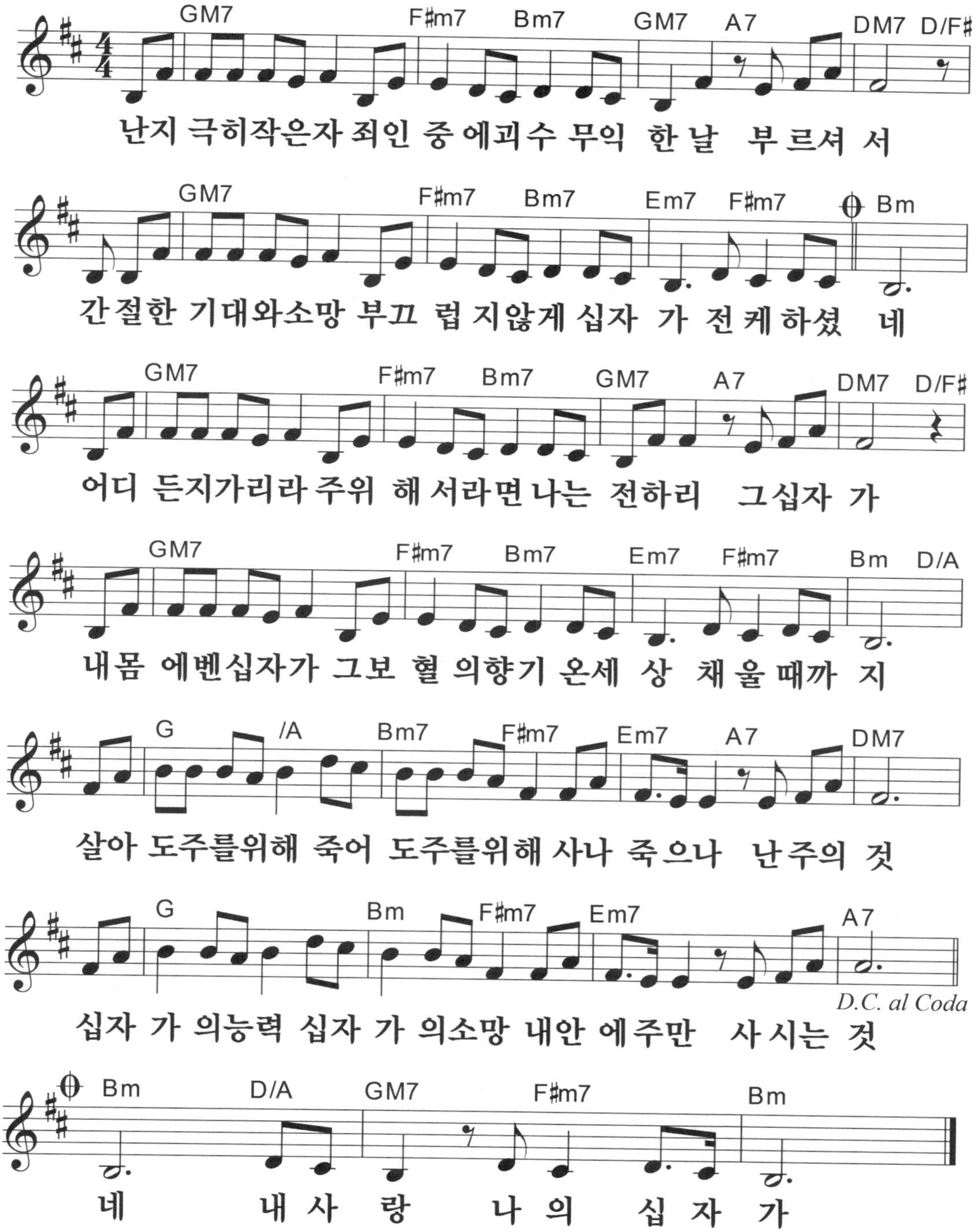

난지 극히작은자 죄인 중 에괴수 무익 한 날 부르셔 서

간절한 기대와소망 부끄 럽 지않게 십자 가 전 케 하셨 네

어디 든지가리라 주위 해 서라면 나는 전하리 그십자 가

내몸 에벤십자가 그보 혈 의향기 온세 상 채 울 때까 지

살아 도주를위해 죽어 도주를위해 사나 죽으나 난주의 것

십자 가 의능력 십자 가 의소망 내안 에주만 사 시는 것

D.C. al Coda

네 내 사 랑 나 의 십 자 가

메들리

• 사명 (84) • 말씀하시면 (121) • 오직 주의 사랑에 매여 (147)

184 너의 가는 길에

(신) 1104
(구) 1670

(파송의 노래)

고형원

참빛

(참 빛 곧 세상에 와서)

장진숙

186

감사함으로

(여호와를 즐거이 불러)

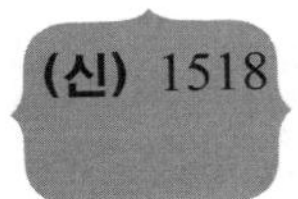

심종호

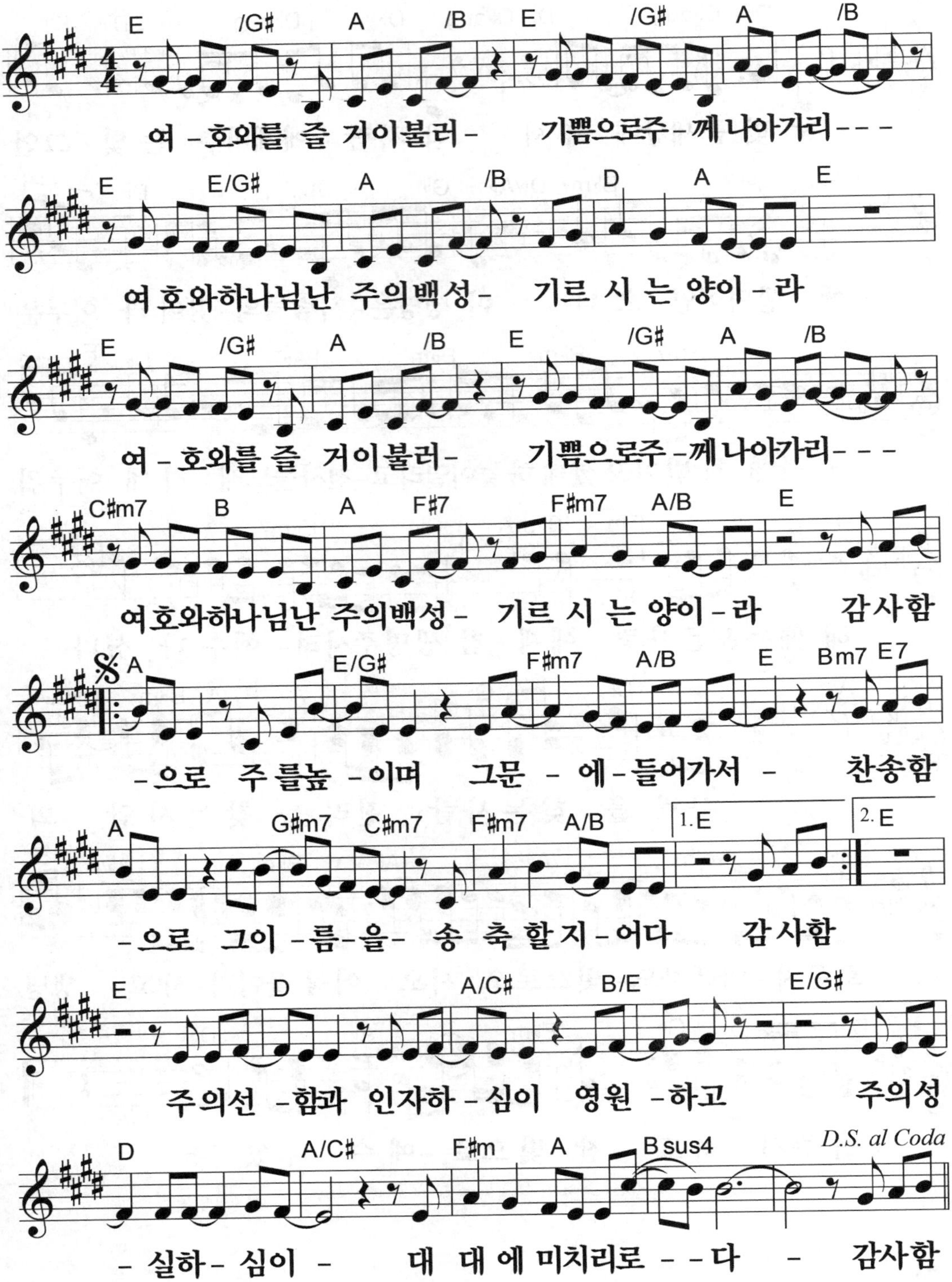

여 - 호와를 즐 거이불러 - 기쁨으로주 - 께나아가리 - - -

여호와하나님난 주의백성 - 기르 시 는 양이 - 라

여 - 호와를 즐 거이불러 - 기쁨으로주 - 께나아가리 - - -

여호와하나님난 주의백성 - 기르 시 는 양이 - 라 감사함

- 으로 주 를높 - 이며 그문 - 에 - 들어가서 - 찬송함

- 으로 그이 - 름 - 을 - 송 축 할 지 - 어다 감사함

주의선 - 함과 인자하 - 심이 영원 - 하고 주의성

- 실하 - 심이 - 대 대 에 미치리로 - - 다 - 감사함

D.S. al Coda

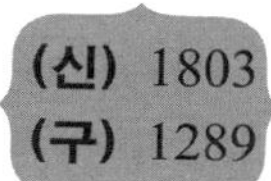

감사함으로 그 문에 들어가며 187

(He has made me glad)

Leona Von Brethorst

메들리 • 나의 발은 춤을 추며 (199) • 내가 어둠 속에서 (211) • 주님께 감사드리라 (244)

188 공감하시네

(혼자서만 세상을 사는듯이)

김강현

메들리
• 오직 예수 뿐이네 (146) • 하나님의 은혜 (177) • 나를 향한 주의 사랑 (197)

(구) 1205

그사랑

(당신은 알고 있나요)

정현섭

메들리

• 나를 향한 주의 사랑 (197) • 내 이름 아시죠 (209) • 주를 향한 나의 사랑을 (246)

190

그 피가

(주님이 가신 길)

이권희

그 피가

메들리
• 사명 (84) • 너는 내 것이라 (110) • 십자가의 전달자 (183)

191 기뻐하며 승리의 노래 부르리

(신) 1677
(구) 663

(We will rejoice)

David Fellingham

기뻐하며 승리의 노래 부르리

메들리
• 나의 발은 춤을 추며 (199) • 내가 어둠 속에서 (211) • 존귀 오 존귀하신 주 (237)

192 기도

(마음이 어둡고)

(신) 1124
(구) 1103

김문영 & 최덕신

메들리

• 기도 (92) • 사랑의 종소리 (218) • 성령의 불로 (221)

길을 만드시는 분

193

(주 여기 운행하시네 / Way maker)

Osinachi Kalu Okoro

194

깊어진 삶을 주께

(은혜로 날 보듬으시고 / Deepened life to You)

이 영 & 권미성

E A/E E/G# C#m7 B/D# E

은혜로- 날보듬으-시고 - 사랑으-로품-어주-셔도 -
따스한- 곁을내어-주신 - 주님앞-에나-아갑-니다 -

1.E B/D# G#7 C#m7 F#m7 B7sus4

내마음-한자락도- 지 키지못-하-는- 이모습-부끄럽습-니다

E A/E B/E 2. E B/D# G#7 C#m7

- 표현못-할긍-휼로- 나 를붙드-시-는-

F#m7 B7sus4 E A/C# B/D# E E/G#

주이름-만바-라봅-니다 - 매일 마주한- 슬픔을견뎌

A E/G# F#m7 B9sus4 Bm7 D/E C#/F

나가며- 주예수의 마음을-닮-아 가네 - 두려

F#m7 Am6 E/B G#7/C C#m7 E/F# F#7 B9sus4 A/C# B/D#

운걸음-마-다- 주가동행하니- 주의지하며-오늘을건네 - 주의

E E/G# A E/G# F#m7 B9sus4 Bm7 D/E C#/F

신실한-소망을깊이담으며- 주예수의풍요를-채-워가네 - 하나

F#m7 Am6 E/B G#7/C C#m7 F#m11 A/B E

님의자-녀-로- 명예 지켜가며-깊어- 진삶을-주께드-리-네 -

(신) 1434
(구) 1092

깨끗이 씻겨야 하리

(부서져야 하리)

김소엽 & 이정림

196 꽃들도

(이 곳에 생명샘 솟아나)

Mebig

메들리 • 예수 이름이 온 땅에 (141) • 땅 끝에서 (115) • 예수 이름 찬양 (225)

(신) 1503
(구) 1904

나를 향한 주의 사랑

197

(산과 바다를 넘어서 / I could sing of Your love forever)

Martin Smith

198 나의 마음을

(Refiner's Fire)

(신) 1606
(구) 1654

Brian Doerksen

메들리

• 나의 부르심 (200) • 나의 주 나의 하나님이여 (202) • 주를 향한 나의 사랑을 (246)

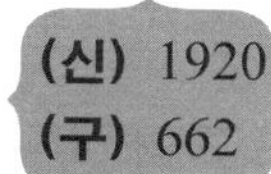
(신) 1920
(구) 662

나의 발은 춤을 추며

메들리

• 기뻐하며 승리의 노래 부르리 (191) • 내가 어둠 속에서 (211) • 존귀 오 존귀하신 주 (237)

200

나의 부르심

(This is my destiny)

(구) 1735

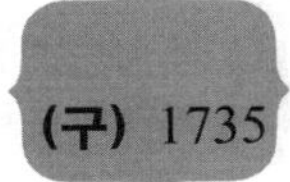

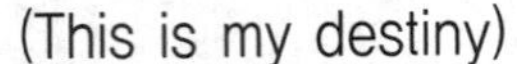

Scott Brenner

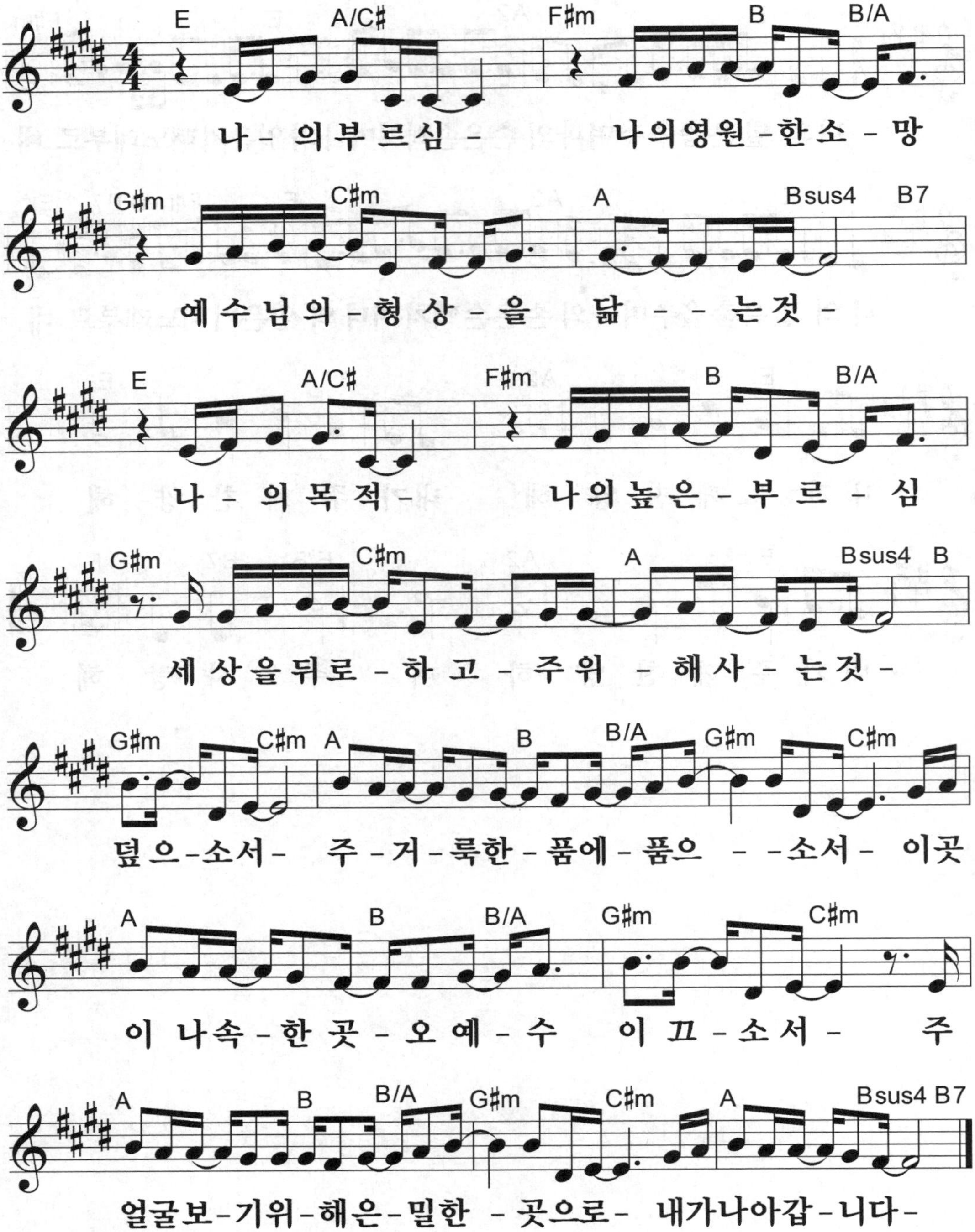

E A/C# F#m B B/A
나 - 의 부 르 심 - 나 의 영 원 - 한 소 - 망
G#m C#m A Bsus4 B7
예 수 님 의 - 형 상 - 을 닮 - - 는 것 -
E A/C# F#m B B/A
나 - 의 목 적 - 나 의 높 은 - 부 르 - 심
G#m C#m A Bsus4 B
세 상 을 뒤 로 - 하 고 - 주 위 - 해 사 - 는 것 -
G#m C#m A B B/A G#m C#m
덮으-소서- 주 - 거 - 룩한 - 품에 - 품으 - -소서- 이곳
A B B/A G#m C#m
이 나속 - 한 곳 - 오 예 - 수 이 끄 - 소 서 - 주
A B B/A G#m C#m A Bsus4 B7
얼굴보-기위-해은-밀한 - 곳으로- 내가나아갑-니다-

메들리

• 나의 마음을 (198) • 나의 주 나의 하나님이여 (202) • 아바 아버지 (226)

나의 예배를 받으소서 201

(오 주님 당신은)

이대귀

202 나의 주 나의 하나님이여

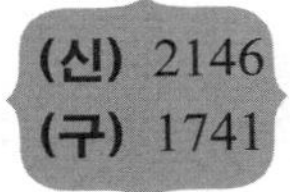

(Adonai, my Lord my God)

Stephen Hah

나의 주 나의하나 님 이여 주 를경배합니 다

주 사 랑하는나의 마 음을 주께서 아시나이 다

깨 뜨 릴옥합내게 없 - 으며 주께드 릴향유없지 만
고 통 속에방황하 는내마음 주 - 께 로갈수없지 만

하 나 님형상대로 날빚으사 새 영 을내게부어 주 소 - 서 나의
저 항 할수 - 없는 그은혜로 주 님 의길을걷게 하 소 - 서 나의

메들리
• 나의 마음을 (198) • 나의 부르심 (200) • 두 손 들고 찬양합니다 (214)

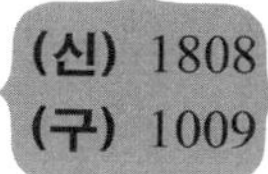

날마다 숨쉬는 순간마다 203

(Day by day)

Carolina Sandell &
Oscar Ahnfelt (Arr. Brentwood Benson Music Publications)

날마 다 숨쉬는순간 마 다 내앞 에 어려운일보 네
날마 다 주님내곁에 계 셔 자비 로 날감싸주시 네
인생 의 어려운순간 마 다 주의 약 속생각해보 네

주님 앞 에이몸을맡 길 때 슬픔 없 네두려움없 네
주님 앞 에이몸을맡 길 때 힘주 시 네위로함주 네
내맘 속 에믿음잃지 않 고 말씀 속 에위로를얻 네

주님 의 그자비로운 손 길 항상 좋 은것주시도 다
어린 나 를품에안으 시 사 항상 평 안함주시도 다
주님 의 도우심바라 보 며 모든 어 려움이기도 다

사랑 스 레아픔과기 쁨 을 수고 와 평화와안식 을
내가 살 아숨을쉬는 동 안 살피 신 다약속하셨 네
흘러 가 는순간순간 마 다 주님 약 속새겨봅니 다

메들리

• 두 손 들고 찬양합니다 (214) • 빛 되신 주 (216) • 주를 향한 나의 사랑을 (246)

204 내 갈급함

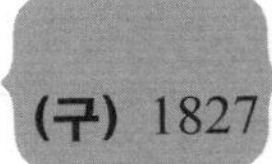

윤주형

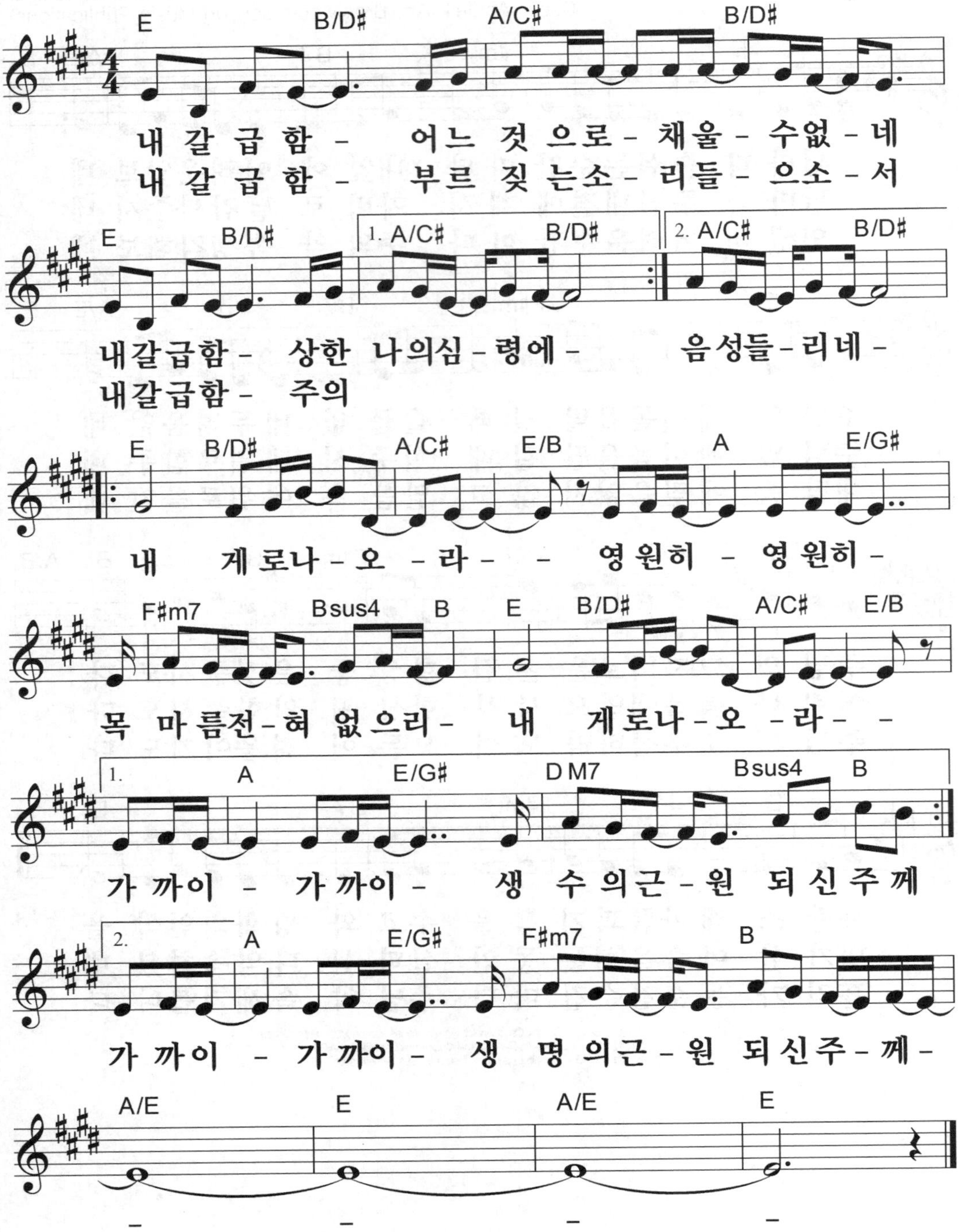

E B/D♯ A/C♯ B/D♯

내 갈 급 함 - 어느 것 으로 - 채울 - 수없 - 네
내 갈 급 함 - 부르 짖 는소 - 리들 - 으소 - 서

E B/D♯ 1. A/C♯ B/D♯ 2. A/C♯ B/D♯

내갈급함 - 상한 나의심 - 령에 - 음성들 - 리네 -
내갈급함 - 주의

E B/D♯ A/C♯ E/B A E/G♯

내 계로나 - 오 - 라 - - 영 원히 - 영 원히 -

F♯m7 Bsus4 B E B/D♯ A/C♯ E/B

목 마름전 - 혀 없으리 - 내 계로나 - 오 - 라 - -

1. A E/G♯ D M7 Bsus4 B

가 까이 - 가 까이 - 생 수 의근 - 원 되 신 주 께

2. A E/G♯ F♯m7 B

가 까이 - 가 까이 - 생 명 의근 - 원 되 신주 - 께 -

A/E E A/E E

- - - -

메들리

• 나의 마음을 (198) • 내 주 같은 분 없네 (210) • 주의 찬송 세계 끝까지 (251)

(신) 2113
(구) 2241

내 마음을 가득 채운

(Here I am again)

Tommy Walker

내마음을가득채운 주향한찬양과사랑 어떻게표현할수
수많은멜로디와 찬양들을드렸지만 다시고백하기원

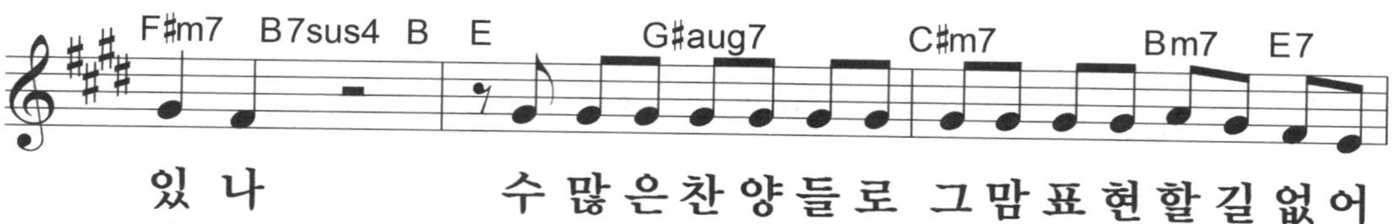

있 나 수 많 은 찬 양 들 로 그 맘 표 현 할 길 없 어
하 네 주 님 은 나 의 사 랑 삶 의 중 심 되 시 오 니

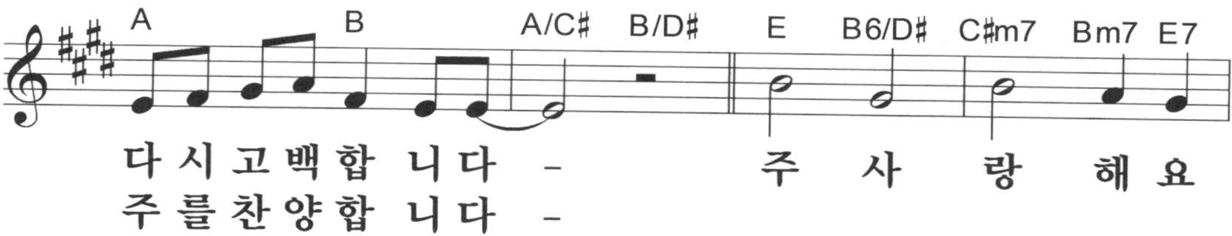

다 시 고 백 합 니 다 - 주 사 랑 해 요
주 를 찬 양 합 니 다 -

온 맘 다 하 여 말 로 다 - 할 수 - 없 어 - 오 주

사 랑 해 요 찬 양 받 아 주 소 서 - -

주님사랑다시고백 하는새날주심감사 해 - - 요 -
주님사랑다시고백 하는찬양주심감사 해 - - 요 -

메들리

• 나의 마음을 (198) • 내 갈급함 (204) • 내 주 같은 분 없네 (210)

206 내 삶은 주의 것

(주님 내 길을 잘 아시고)

내 삶은 주의 것

메들리

• 말씀하시면 (121) • 길을 만드시는 분 (193) • 깊어진 삶을 주께 (194)

207 내 영이 주를 찬양합니다

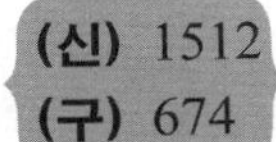

정종원

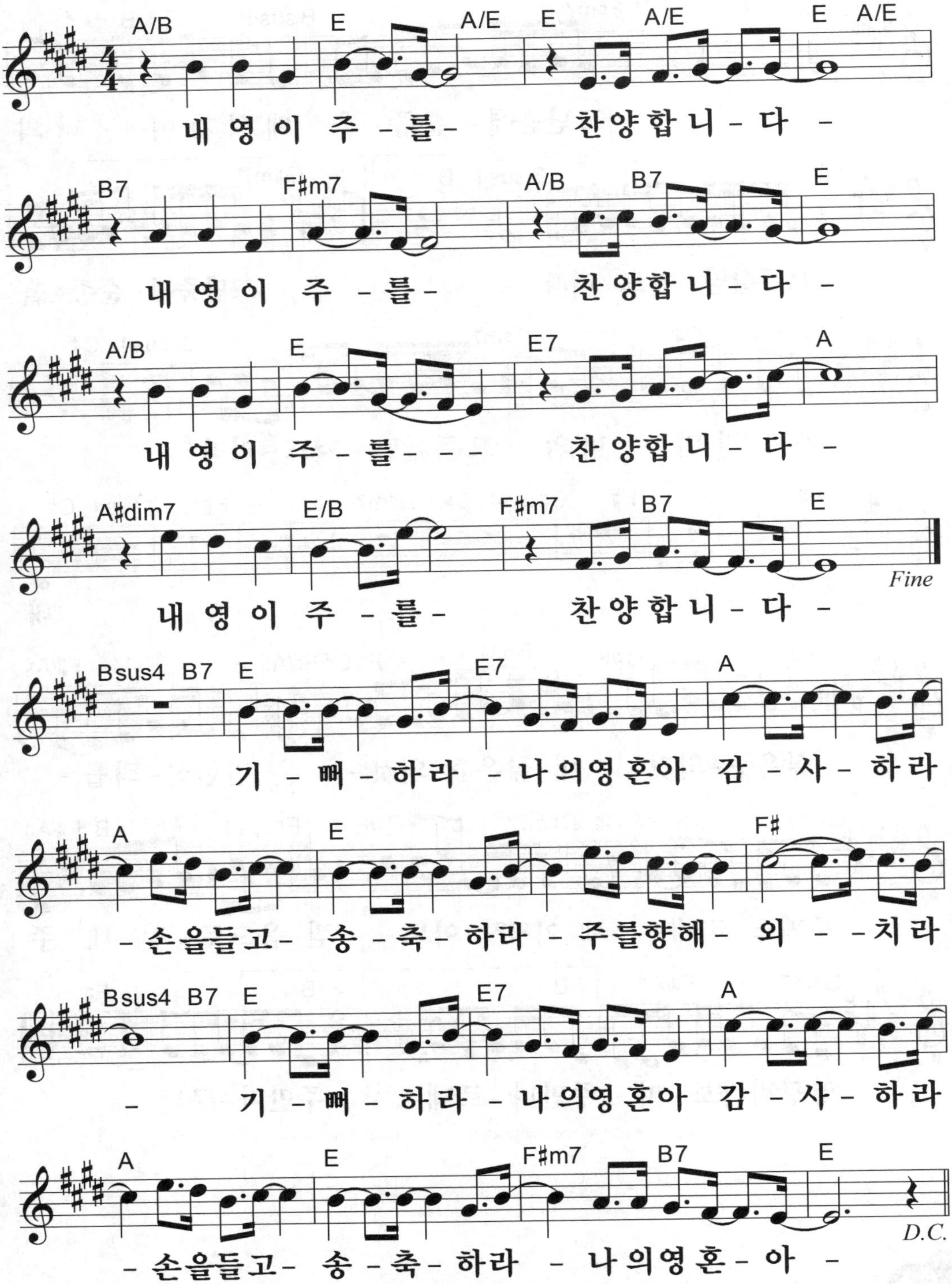

A/B E A/E E A/E E A/E

내영이 주 - 를 - 찬양합니 - 다 -

B7 F♯m7 A/B B7 E

내영이 주 - 를 - 찬양합니 - 다 -

A/B E E7 A

내영이 주 - 를 - - - 찬양합니 - 다 -

A♯dim7 E/B F♯m7 B7 E

내영이 주 - 를 - 찬양합니 - 다 -

Fine

Bsus4 B7 E E7 A

기 - 뻐 - 하라 - 나의영혼아 감 - 사 - 하라

A E F♯

- 손을들고 - 송 - 축 - 하라 - 주를향해 - 외 - - 치라

Bsus4 B7 E E7 A

- 기 - 뻐 - 하라 - 나의영혼아 감 - 사 - 하라

A E F♯m7 B7 E

- 손을들고 - 송 - 축 - 하라 - 나의영혼 - 아 -

D.C.

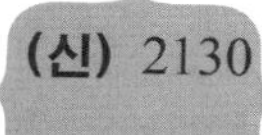

내 영혼은 안전합니다

(내 아버지 그 품 안에서)

전은주

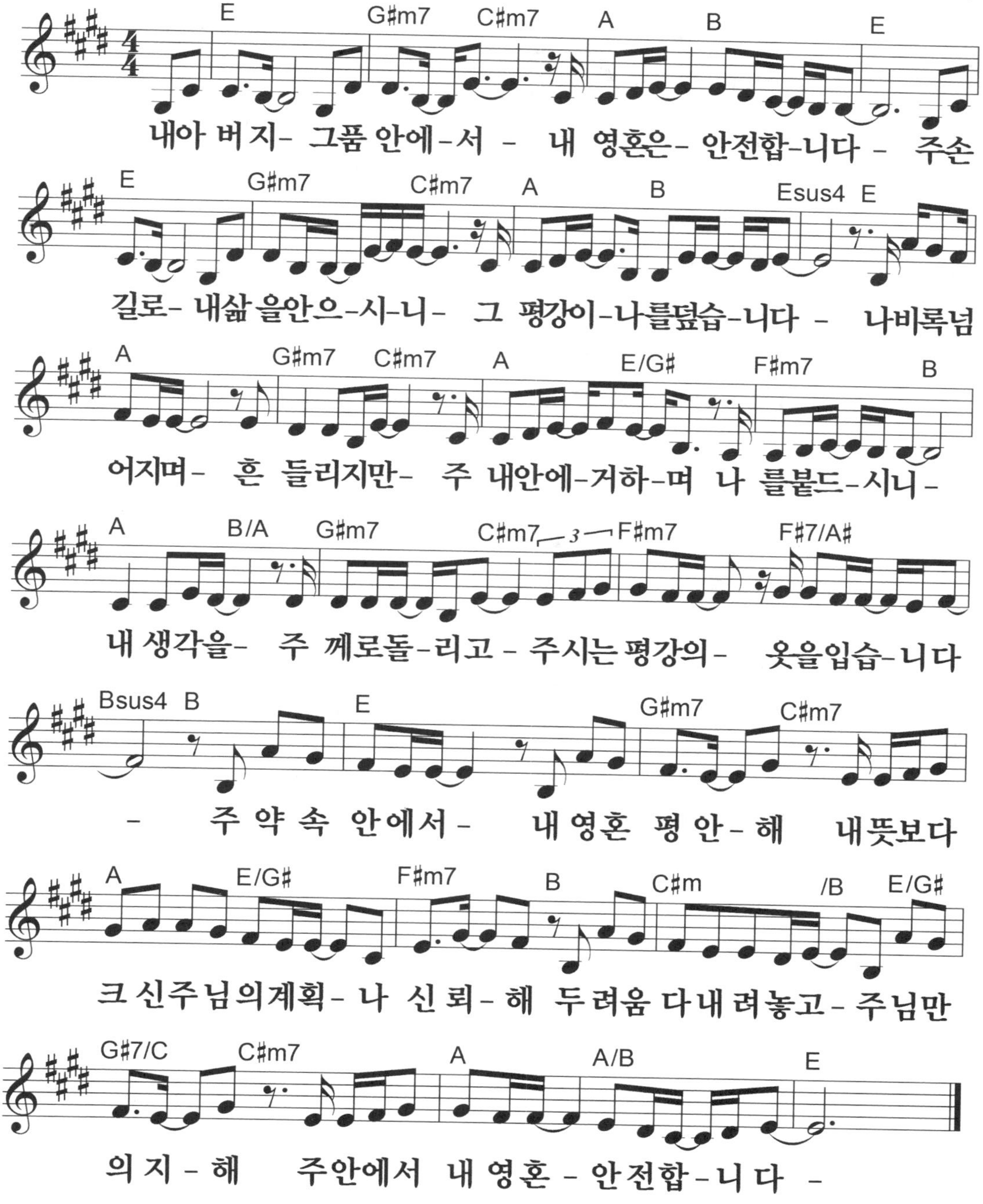

E G#m7 C#m7 A B E

내아 버지- 그품 안에-서 - 내 영혼은- 안전합-니다 - 주손

E G#m7 C#m7 A B Esus4 E

길로- 내삶을안으-시-니- 그 평강이-나를덮습-니다 - 나비록넘

A G#m7 C#m7 A E/G# F#m7 B

어지며- 흔 들리지만- 주 내안에-거하-며 나 를붙드-시니-

A B/A G#m7 C#m7 3 F#m7 F#7/A#

내 생각을- 주 께로돌-리고 - 주시는평강의- 옷을입습-니다

Bsus4 B E G#m7 C#m7

- 주 약 속 안에서- 내영혼 평 안-해 내뜻보다

A E/G# F#m7 B C#m /B E/G#

크 신주님의계획- 나 신 뢰- 해 두려움 다내려놓고- 주님만

G#7/C C#m7 A A/B E

의 지 - 해 주안에서 내 영혼 - 안전합-니 다 -

메들리

• 나의 피난처 예수 (7) • 나의 마음을 (198) • 내 주 같은 분 없네 (210)

209

내 이름 아시죠

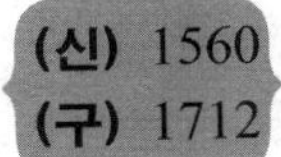

(나를 지으신 주님 / He knows My Name)

Tommy Walker

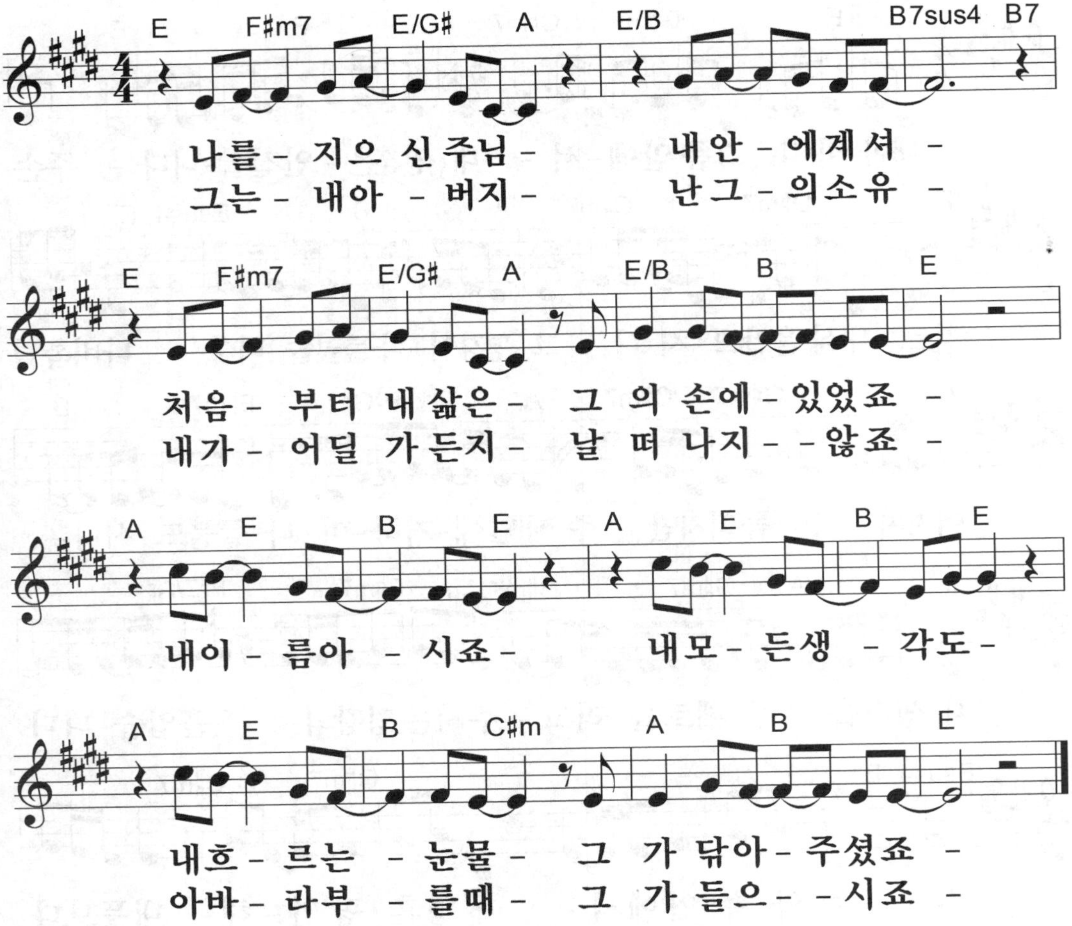

E F#m7 E/G# A E/B B7sus4 B7

나를 - 지으 신주님 - 내안 - 에계셔 -
그는 - 내아 - 버지 - 난그 - 의소유 -

E F#m7 E/G# A E/B B E

처음 - 부터 내 삶은 - 그 의 손에 - 있었죠 -
내가 - 어딜 가든지 - 날 떠 나지 - - 않죠 -

A E B E A E B E

내이 - 름아 - 시죠 - 내모 - 든생 - 각도 -

A E B C#m A B E

내흐 - 르는 - 눈물 - 그 가 닦아 - 주셨죠 -
아바 - 라부 - 를때 - 그 가 들으 - - 시죠 -

메들리 • 나를 향한 주의 사랑 (197) • 내 주 같은 분 없네 (210) • 주의 찬송 세계 끝까지 (251)

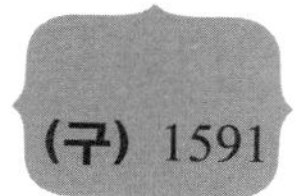

(구) 1591

내 주 같은 분 없네

210

(There's no one like You)

Eddie Espinosa

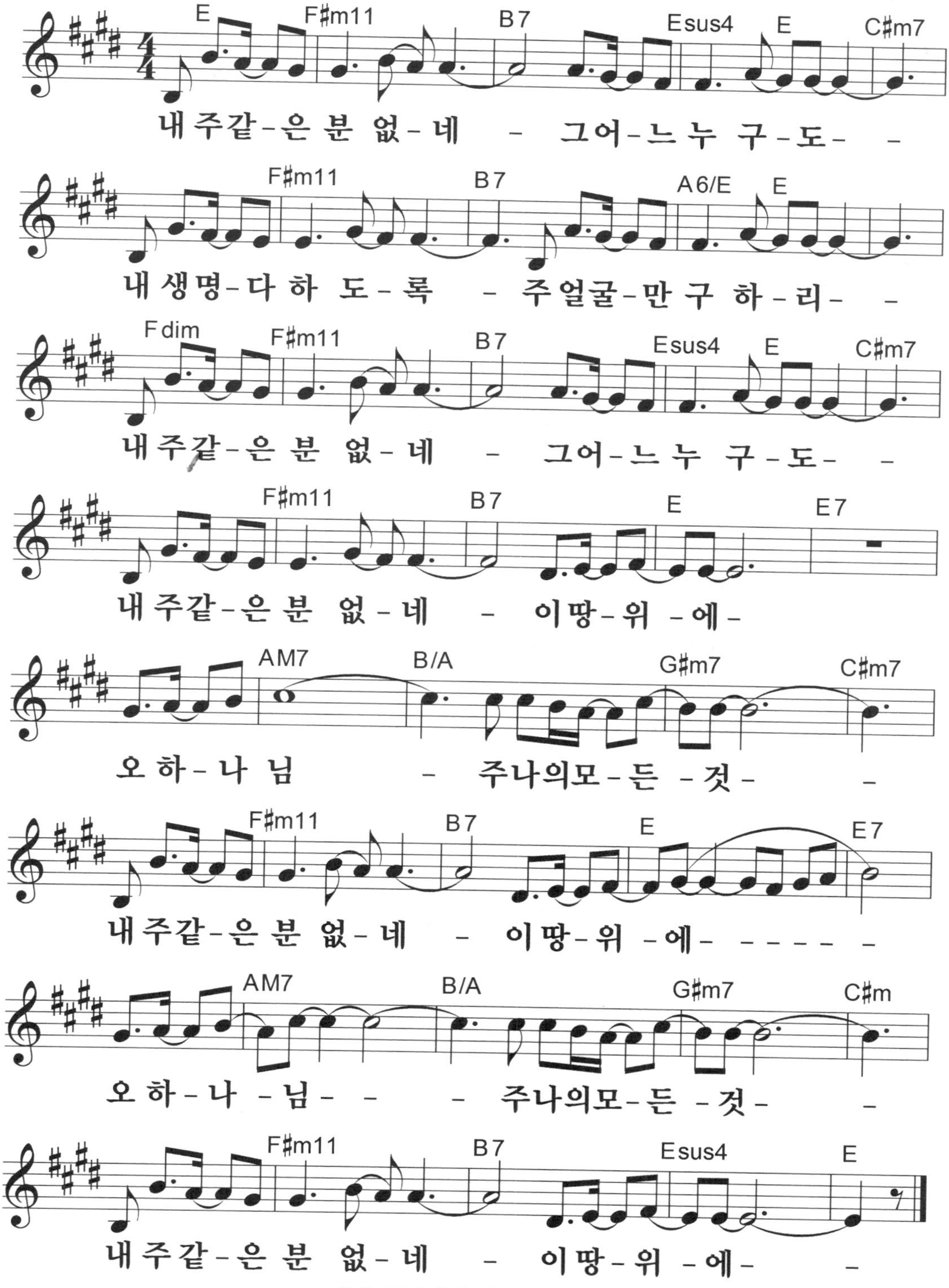

E F#m11 B7 Esus4 E C#m7
내주같-은분 없-네 - 그어-느누 구-도- -
F#m11 B7 A6/E E
내생명-다하 도-록 - 주얼굴-만구 하-리- -
Fdim F#m11 B7 Esus4 E C#m7
내주같-은분 없-네 - 그어-느누 구-도- -
F#m11 B7 E E7
내주같-은분 없-네 - 이땅-위 -에-
AM7 B/A G#m7 C#m7
오하-나 님 - 주나의모-든 -것- -
F#m11 B7 E E7
내주같-은분 없-네 - 이땅-위 -에- - - - - -
AM7 B/A G#m7 C#m
오하-나 -님- - - 주나의모-든 -것- -
F#m11 B7 Esus4 E
내주같-은분 없-네 - 이땅-위 -에- -

211 내가 어둠 속에서

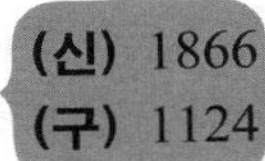

문경일

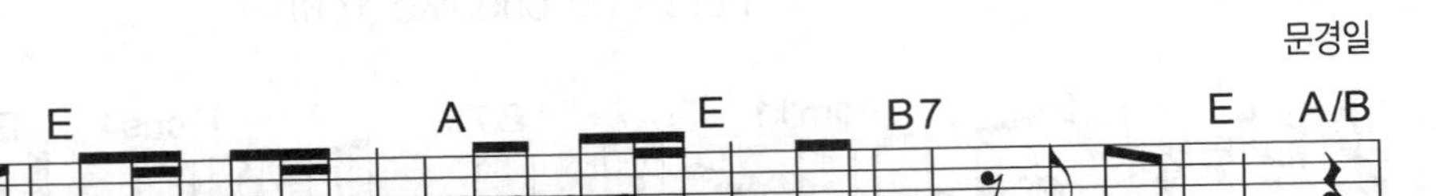

내가 어둠 - 속에서 - 헤맬때에도 - 주님 은 함께계 셔
내가 은밀한곳에서 - 기도할때도 - 주님 은 함께계 셔
힘이 없고 - 연약한 - 사람들에게 - 주님 은 함께계 셔

내가 시험 - 당하여 - 괴로 - 울때도 - 주님 은 함께계 셔
내가 아무도모르게 - 선한일할때도 - 주님 은 함께계 셔
세상 모든 - 형제와 - 자매 - 들에게 - 주님 은 함께계 셔

기뻐찬양하네 할렐루 할렐루야 할렐 루 할렐루야

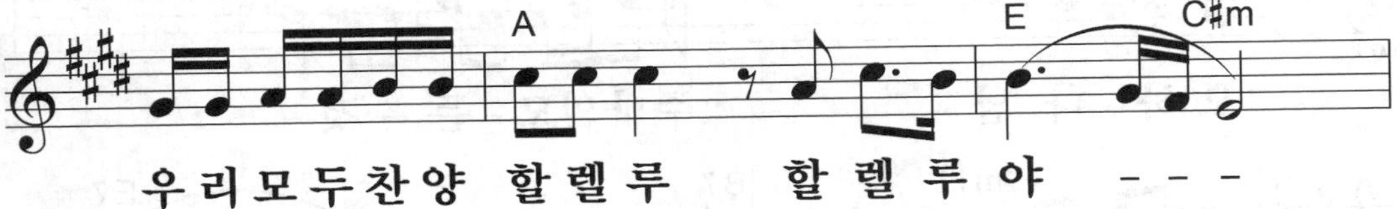

우리모두찬양 할렐루 할렐루야 - - -

주님 나 와 함 께 계 시 네 -

메들리 • 나를 향한 주의 사랑 (197) • 빛 되신 주 (216) • 존귀 오 존귀하신 주 (237)

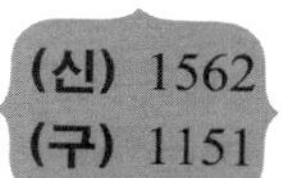

너는 시냇가에 심은

박윤호

메들리

• 그사랑 (189) • 축복의 통로 (250) • 축복합니다 주님의 사랑으로 (253)

다시 한번

(예수님 그의 희생 기억할 때 / Once Again)

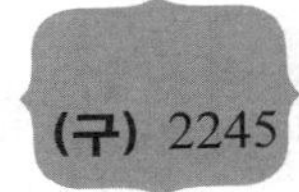

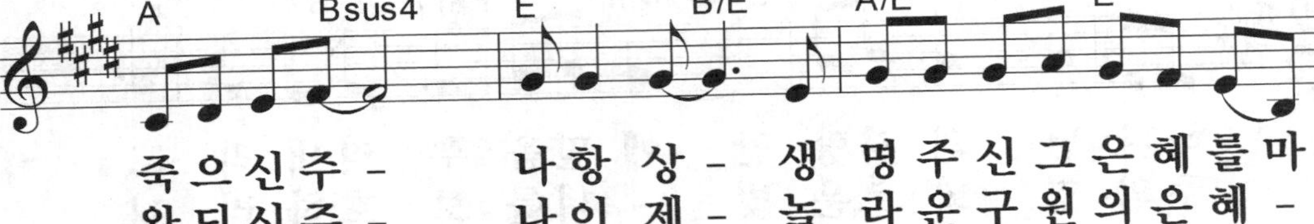

메들리
• 내 마음을 가득 채운 (205) • 빛 되신 주 (216) • 성령의 불로 (221)

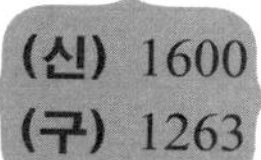

두 손 들고 찬양합니다

214

(I lift my hands)

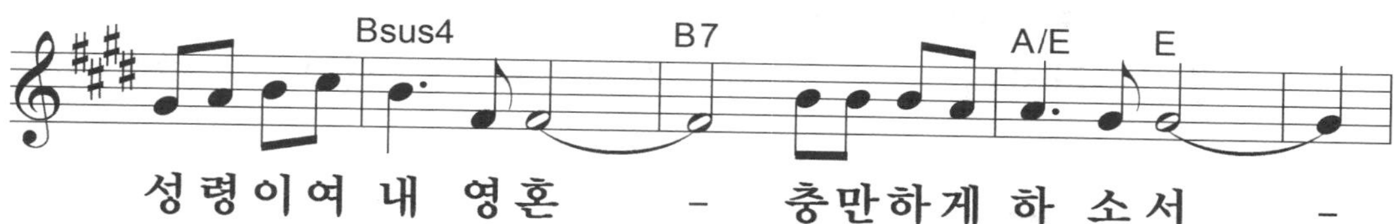

메들리

• 나의 마음을 (198) • 나의 부르심 (200) • 날마다 숨쉬는 순간마다 (203)

215 두려운 마음 가진 자여

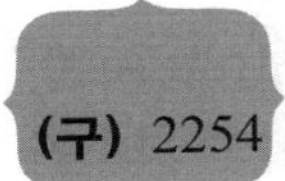

(He will come and save you)

Bob Fitts & Gary Sadler

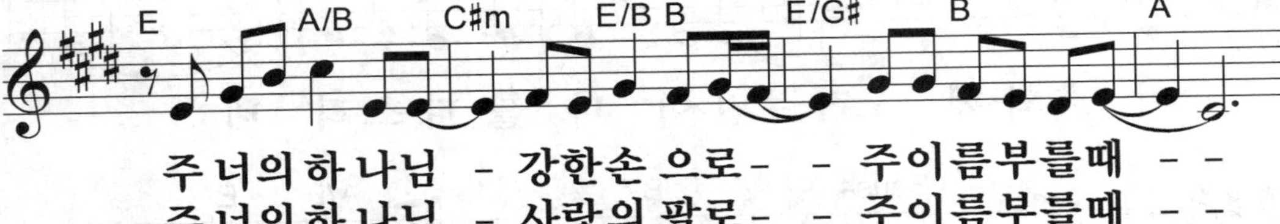

메들리 • 다시 한번 (213) • 빛 되신 주 (216) • 주님께 감사드리라 (244)

(신) 1669
(구) 1765

빛 되신 주

(Here I am to Worship)

Tim Hughes

빛 되신주 어둠 가 운데비추사 내 눈보게 하소 -서-
만 유의주 높임 을 받으소-서 영 광중에 계신 -주-

예 배하는 선한 마 음주시-고 산 소망이 되시 -네-
겸 손하게 이땅 에 임하신-주 높 여찬양 하리 -라-

나주를경배 하 리 엎드려절 하 며 고백해주 나 의 하 나 님

- 오 사랑스런 주님 존귀한예 수 님 아름답고 놀라우신주 -

다알수 - 없네- 주의 -은혜- 내죄 - 위한 - 주십

-자 가 -다알수 -자 가- 나 주를경배

메들리

• 두 손 들고 찬양합니다 (214) • 두려운 마음 가진 자여 (215) • 주 예수 나의 당신이여 (243)

217 바라봅니다

(완전한 사랑)

최선용, 김진호 & 김진호

바라봅니다

메들리

• 하나님의 은혜 (177) • 내 영혼은 안전합니다 (208) • 다시 한번 (213)

218 사랑의 종소리

(주께 두 손 모아)

(신) 1130
(구) 1125

김석균

주께 두손모아 비나니 크신 은총베푸사
주께 두손모아 비나니 크신 은총베푸사

밝아 오는이 – 아 침을 환히 비춰주소서
주가 예비하신동 산에 항상 있게하소서

오 – 주 우리모든 허물을 보혈의피로씻기어
오 – 주 우리맘에 새빛이 어두움밝게하시어

하 – 나 님사랑 안에서행복 을 – 갖게하소서
진 – 리 의말씀 안에서늘순 종 – 하게하소서

서 – 로 믿음안에서 서 – 로 소망가운데
서 – 로 참아주면서 서 – 로 감싸주면서

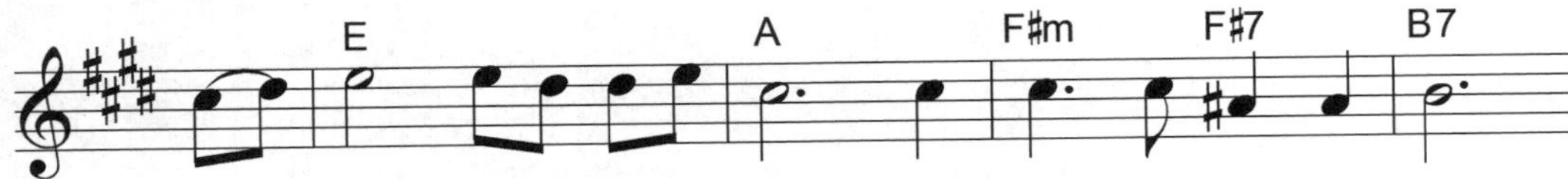

서 – 로 사랑안에서 손 잡 고가는길
서 – 로 사랑하면서 주 께 로가는길

메들리
• 오늘 (230) • 빛 되신 주 (216) • 주 예수 나의 당신이여 (243)

(신) 1622

예수 가장 귀한 그 이름 219

(The sweetest name of all)

Tommy Coomes

예수 가장 귀한그 - 이름 예수 언제나 기도들 - 으사
예수 찬양 하기원 - 하네 예수 처음과 나중되 - 시는
예수 왕의 왕이되 - 신주 예수 당신의 끝없는 - 사랑

오 예수 나의손 잡아주시는 가장 귀한 귀한그 - 이 름
오 예수 날위해 고통당하신 가장 귀한 귀한그 - 이 름
오 예수 목소리 높여찬양해 가장 귀한 귀한그 - 이 름

메들리

• 내 주 같은 분 없네 (210) • 예수 이름 찬양 (225) • 아바 아버지 (226)

220 선한 능력으로

(주 선한 능력으로)

Bonhoeffer Dietrich & Siegfried Rietz

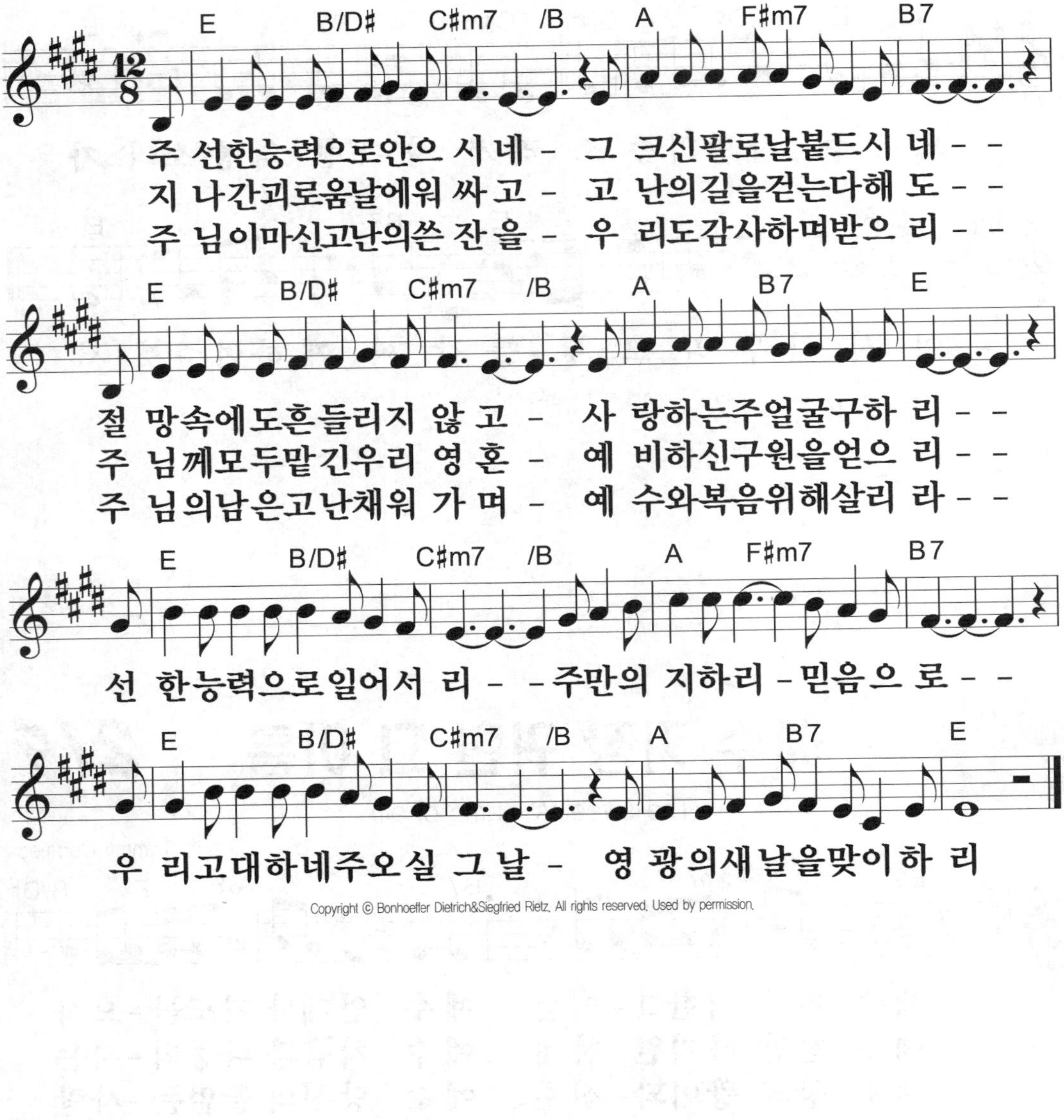

E B/D# C#m7 /B A F#m7 B7

주 선한능력으로안으 시 네 – 그 크신팔로날붙드시 네 – –
지 나간괴로움날에워 싸 고 – 고 난의길을걷는다해 도 – –
주 님이마신고난의쓴 잔 을 – 우 리도감사하며받으 리 – –

E B/D# C#m7 /B A B7 E

절 망속에도흔들리지 않 고 – 사 랑하는주얼굴구하 리 – –
주 님께모두맡긴우리 영 혼 – 예 비하신구원을얻으 리 – –
주 님의남은고난채워 가 며 – 예 수와복음위해살리 라 – –

E B/D# C#m7 /B A F#m7 B7

선 한능력으로일어서 리 – – 주만의 지하리 – 믿음으 로 – –

E B/D# C#m7 /B A B7 E

우 리고대하네주오실 그 날 – 영 광의새날을맞이하 리

메들리

• 다시 한번 (213) • 내 삶은 주의 것 (206) • 바라봅니다 (217)

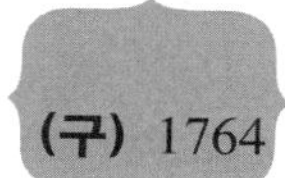

성령의 불로

(예수님 목 마릅니다 / Holy Spirit Fire)

Scott Brenner

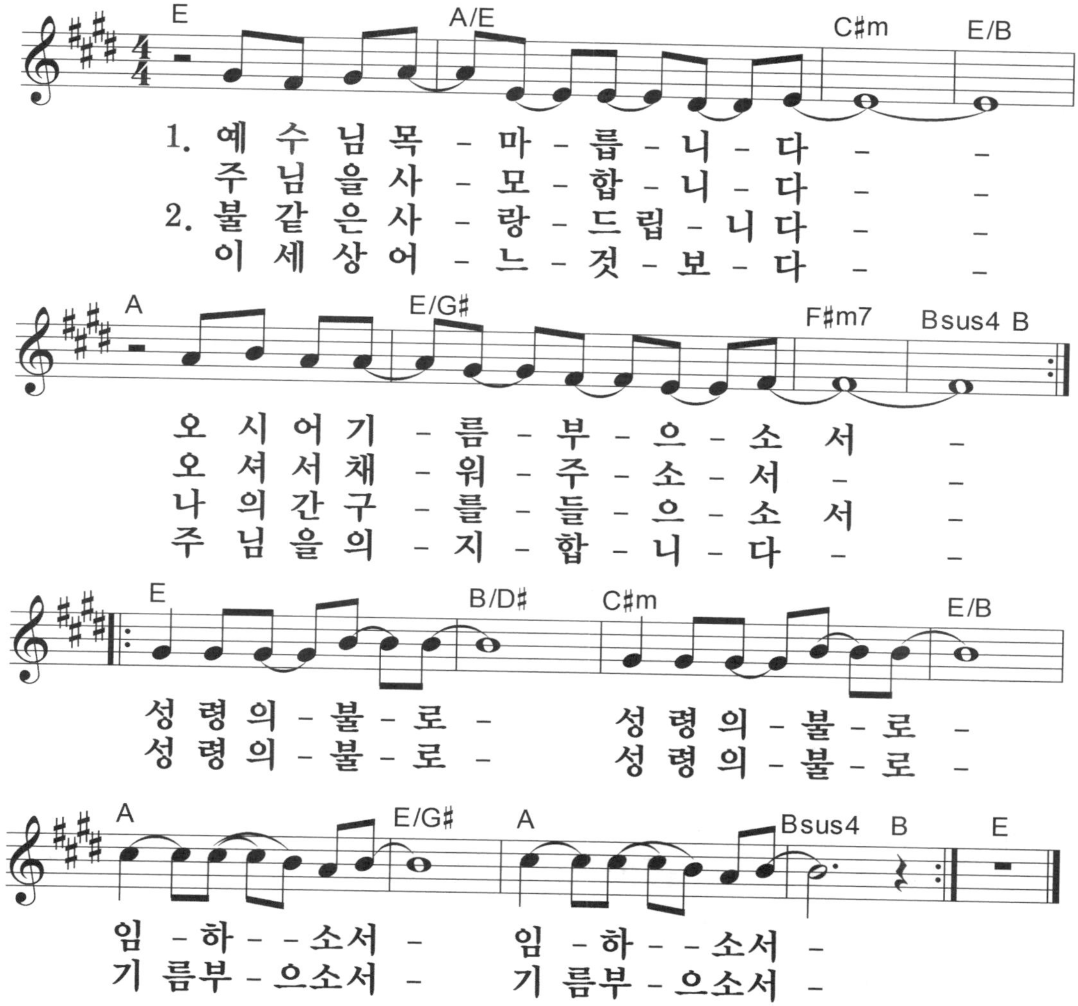

E A/E C#m E/B

1\. 예 수 님 목 - 마 - 릅 - 니 - 다 - -
주 님 을 사 - 모 - 합 - 니 - 다 - -
2\. 불 같 은 사 - 랑 - 드 립 - 니 다 - -
이 세 상 어 - 느 - 것 - 보 - 다 - -

A E/G# F#m7 Bsus4 B

오 시 어 기 - 름 - 부 - 으 - 소 서 -
오 셔 서 채 - 워 - 주 - 소 - 서 - -
나 의 간 구 - 를 - 들 - 으 - 소 서 -
주 님 을 의 - 지 - 합 - 니 - 다 - -

E B/D# C#m E/B

성 령 의 - 불 - 로 - 성 령 의 - 불 - 로 -
성 령 의 - 불 - 로 - 성 령 의 - 불 - 로 -

A E/G# A Bsus4 B E

임 - 하 - - 소서 - 임 - 하 - - 소서 -
기 름부 - 으소서 - 기 름부 - 으소서 -

메들리 • 나의 마음을 (198) • 나의 부르심 (200) • 내 주 같은 분 없네 (210)

222 손을 높이 들고

(Praise Him on the trumpet)

(신) 1380
(구) 665

John Kennett

메들리

• 기뻐하며 승리의 노래 부르리 (191) • 내 영이 주를 찬양합니다 (207) • 해 뜨는데 부터 (259)

시선

(내게로부터 눈을 들어)

223

224

시편 139편

(나보다 나를 잘 아시는 주님 / Psalm 139)

주민정

시편 139편

(구) 1126

예수 이름 찬양

225

(Praise the name of Jesus)

Roy Hicks Jr

메들리
• 나의 마음을 (198) • 두 손 들고 찬양합니다 (214) • 예수 가장 귀한 그 이름 (219)

226 아바 아버지

(신) 1545
(구) 2258

김길용

메들리
• 두 손 들고 찬양합니다 (214) • 성령의 불로 (221) • 주의 찬송 세계 끝까지 (251)

(신) 1333
(구) 1279

에바다

(어두워진 세상 길을)

고상은

228

예수 피를 힘입어

(주의 보좌로 나아 갈때에)

양재훈

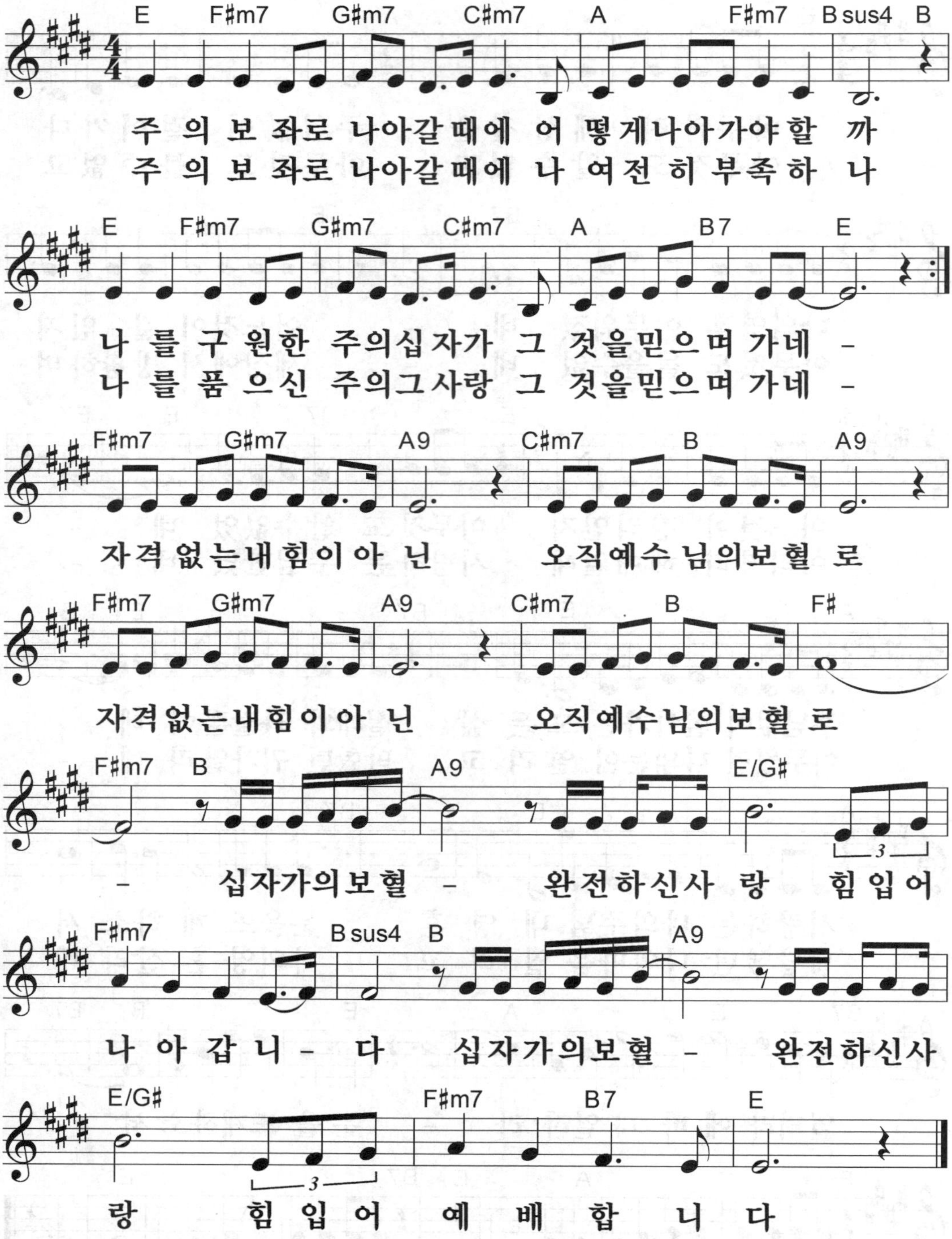

E F#m7 G#m7 C#m7 A F#m7 B sus4 B

주 의 보 좌로 나아갈 때에 어 떻게나아가야할 까
주 의 보 좌로 나아갈 때에 나 여전 히 부족하 나

E F#m7 G#m7 C#m7 A B7 E

나 를 구 원한 주의십자가 그 것을믿으며 가네 -
나 를 품 으신 주의그사랑 그 것을믿으며 가네 -

F#m7 G#m7 A9 C#m7 B A9

자격 없는내 힘이아 닌 오직예수 님의보혈 로

F#m7 G#m7 A9 C#m7 B F#

자격없는내힘이아 닌 오직예수님의보혈 로

F#m7 B A9 E/G#

- 십자가의보혈 - 완전하신사 랑 힘입어

F#m7 B sus4 B A9

나 아 갑 니 - 다 십자가의보혈 - 완전하신사

E/G# F#m7 B7 E

랑 힘 입 어 예 배 합 니 다

메들리

• 선한 능력으로 (220) • 시선 (223) • 시편 139편 (224)

(신) 1558
(구) 1056

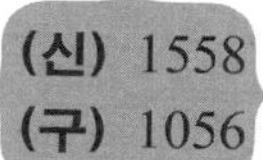

예수님이 좋은걸

이광무

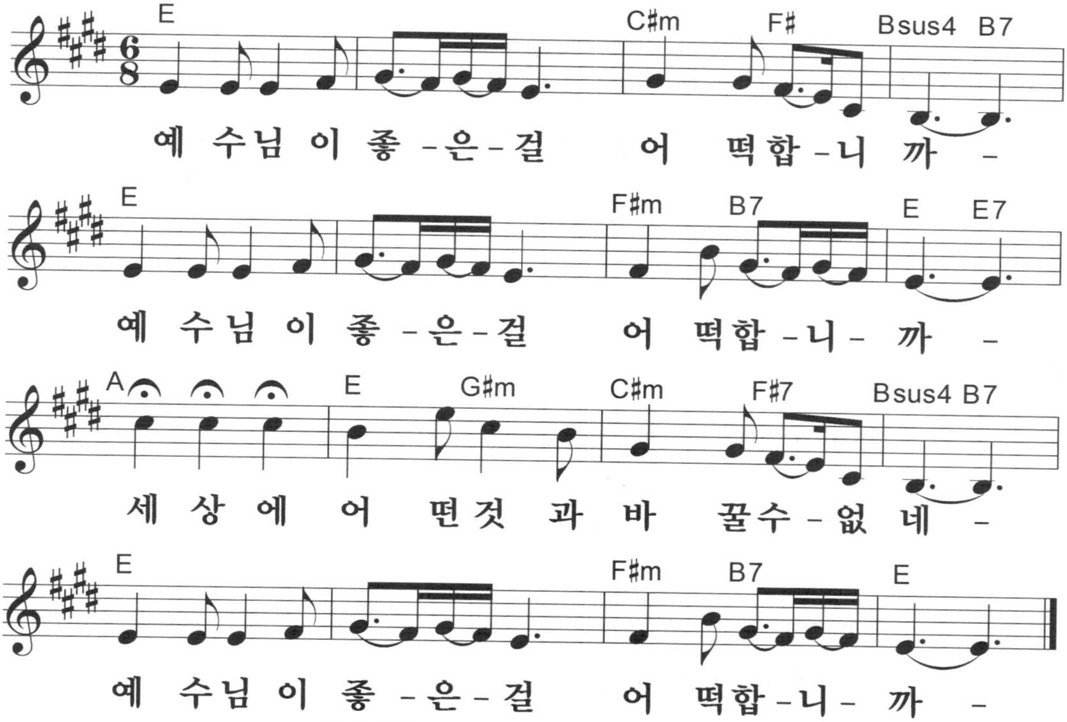

E C#m F# Bsus4 B7
예 수님 이 좋 -은-걸 어 떡합-니 까 -
E F#m B7 E E7
예 수님 이 좋 -은-걸 어 떡합-니- 까 -
A E G#m C#m F#7 Bsus4 B7
세 상 에 어 떤것 과 바 꿀수-없 네 -
E F#m B7 E
예 수님 이 좋 -은-걸 어 떡합-니- 까 -

메들리

• 위대하고 강하신 주님 (235) • 일어나 걸어라 (236) • 좋은 일이 있으리라 (239)

230 오늘

(신) 1385
(구) 1846

(오늘 내가 미워한 사람이 있고)

김석균

오늘 – 내 – 가미워한 사람이있고 오늘 – 나 – 와다 – 툰
오늘 – 나 – 의마음은 재물이있고 오늘 – 나 – 의생각은
오늘 – 하루의시작은 기도로하고 오늘 – 말씀의은혜로

사 – 람있으며 오늘 – 내 – 가시기한 사 람있 – 으니
자녀에있으며 오늘 – 나 – 의발길은 세 상향했으니
하 – 루를살고 오늘 – 내입이하나님 찬 양을 – 하면

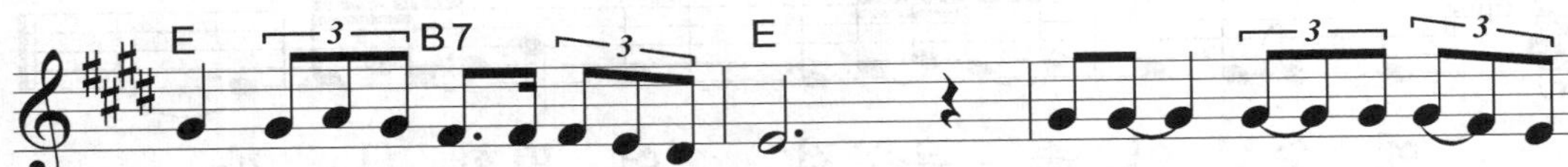

난 주님을사 랑안한사 람 나를 – 미워한사람을
난 주님을사 랑안한사 람 나의 – 생각은항 – 상
난 주님의사 랑받을사 람 나의 – 형 – 제에 – 게

용서 – 못했고 내게 – 화 – 낸사람을 이 – 해못했고
주님을앞섰고 나의 – 찬양은항 – 상 빈마음이 없고
사랑을베풀고 나의 – 이 – 웃에 – 게 복음을전하고

나를 – 시기한사람을 싫 – 어했 – 으니 난주님을사랑 – 안한사
나의 – 생활은언제나 감사를잊었으니 난주님을사랑 – 안한사
나의 – 자녀를위하여 기 – 도를 – 하면 난주님의사랑 – 받을사

E E7 A E
람 매일 - 이렇게 - 살아 가 면서
람 매일 - 이렇게 - 살아 가 면서
람 매일 - 이렇게 - 살아 간 다면
A B7 E
입술론 - 주님을사 - 랑 한다하니 난 - 참으로
입술론 - 주님을사 - 랑 한다하니 난 - 참으로
주님의 - 신실한청지기 될것이니 주 여 내삶을
A E B7 E
행함이없는사람 주님을 - 사 랑 안한사 람
믿음이없는사람 주님을 - 사 랑 안한사 람
인 - 도하 - 소서 주님의 - 제 자 되렵니 다

231 왕의 지성소에 들어가

(신) 1511
(구) 2278

(Come into the King's chambers)

Daniel Gardner

메들리 • 날마다 숨쉬는 순간마다 (203) • 두 손 들고 찬양합니다 (214) • 주의 위엄 이곳에 (248)

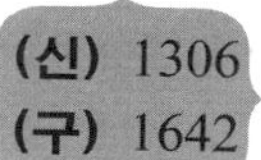

우리 함께 기도해

고형원

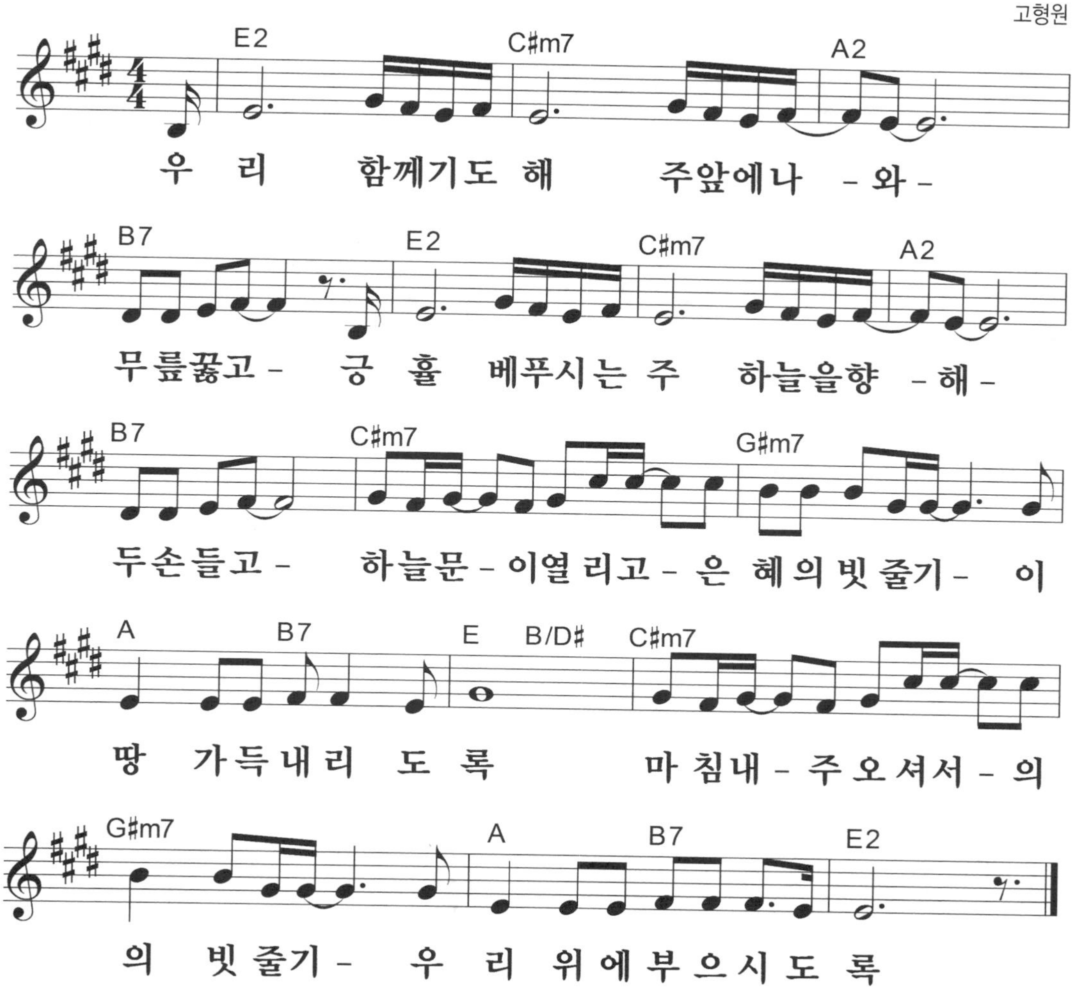

E2 C#m7 A2

우 리 함께기도 해 주앞에나 -와-

B7 E2 C#m7 A2

무릎꿇고- 긍 휼 베푸시는 주 하늘을향 -해-

B7 C#m7 G#m7

두손들고- 하늘문-이열리고-은 혜의빗줄기- 이

A B7 E B/D# C#m7

땅 가득내리 도 록 마 침내-주오셔서-의

G#m7 A B7 E2

의 빗줄기- 우 리 위에부으시도 록

메 들 리

• 나의 부르심 (200) • 성령의 불로 (221) • 원하고 바라고 기도합니다 (234)

233 우리 함께 기뻐해

(Let us rejoice and be glad)

(신) 1676
(구) 1574

Gary Hansen

메들리 • 기뻐하며 승리의 노래 부르리 (191) • 손을 높이 들고 (222) • 위대하고 강하신 주님 (235)

원하고 바라고 기도합니다 234

(이 세상을 살아가는 동안에)

민호기, 이현임, 김요셉 & 민호기

E F#m7 E F#m7 F#mM7/F B sus4 B7

이세상을살아가는 동안에 - 나의힘을의지할수 없으니 -
주의길을걸어가는 동안에 - 세상의것의지할수 없으니 -

G#m7 C#/F F#m7 A m6 E/B B7 E

기도하고낙심하지 말것은- 주께서 - 참소망이 - 되심이 - 라 -
감사하고낙심하지 말것은- 주께서 - 참기쁨이 - 되심이 - 라 -

A/B E /D# C#m7 F#m7 /E A/B

하나님의 꿈이 - 나의비전이되고 예수님의성품이나의인격이되고

G#m7 C#/F F#m7 A m6 E/G# B7/F# A/E E

성령 님의권능이 - 나의능력이되길-원하고-바라고-기도합니다-

메들리

• 나의 피난처 예수 (7) • 선한 능력으로 (220) • 시선 (223)

235 위대하고 강하신 주님

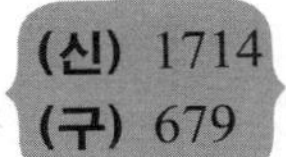

(Great and Mighty is the Lord our God)

Mariene Bigley

위 대 하 - 고 강 하 신 주 님 - 우 리 주 하 나 님

위 대 하 - 고 강 하 신 주 님 - 우 리 주 하 나 님

깃 발 을 높 이 들 고 흔 들 며 - 왕 께 찬 양 해

위 대 하 - 고 강 하 신 주 님 - 우 리 주 하 나 님 - - - - -

위 대 하 - 고 강 하 신 주 님 - 우 리 주 하 나 님

메들리
• 내 영이 주를 찬양합니다 (207) • 손을 높이 들고 (222) • 존귀 오 존귀하신 주 (237)

(신) 1081
(구) 1016

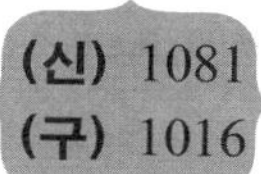

일어나 걸어라

(나의 등 뒤에서)

최용덕

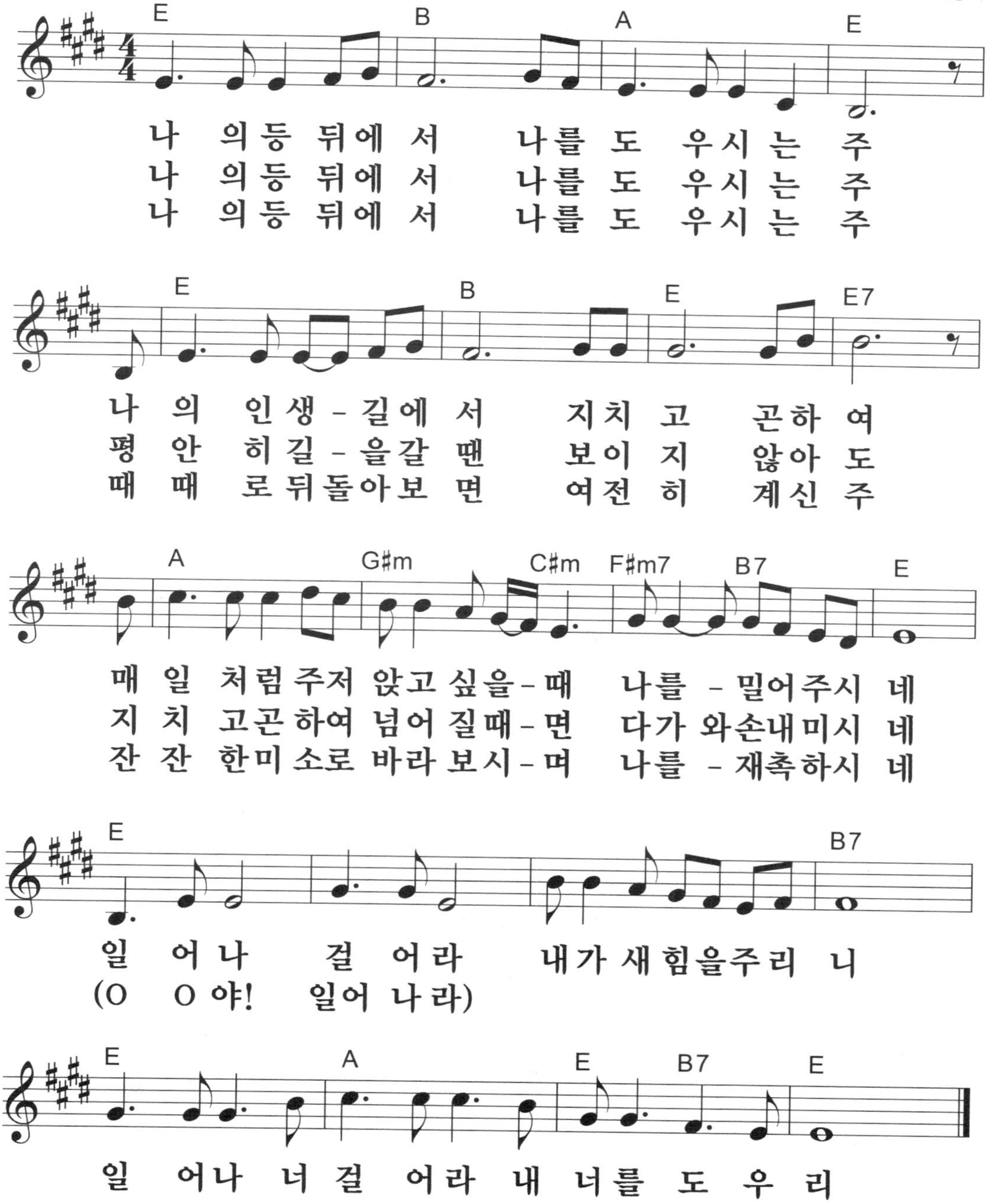

E B A E
나 의등 뒤에 서 나를 도 우시는 주
나 의등 뒤에 서 나를 도 우시는 주
나 의등 뒤에 서 나를 도 우시는 주
E B E E7
나 의 인생 – 길에 서 지치 고 곤하 여
평 안 히길 – 을갈 땐 보이 지 않아 도
때 때 로뒤돌아보 면 여전 히 계신 주
A G#m C#m F#m7 B7 E
매 일 처럼주저 앉고 싶을 – 때 나를 – 밀어주시 네
지 치 고곤하여 넘어 질때 – 면 다가 와손내미시 네
잔 잔 한미소로 바라 보시 – 며 나를 – 재촉하시 네
E B7
일 어나 걸 어라 내가 새힘을주리 니
(O O 야! 일어 나라)
E A E B7 E
일 어나 너 걸 어라 내 너를 도 우 리

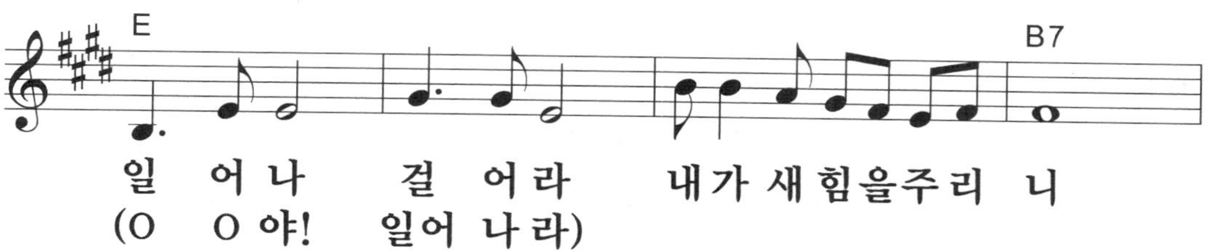

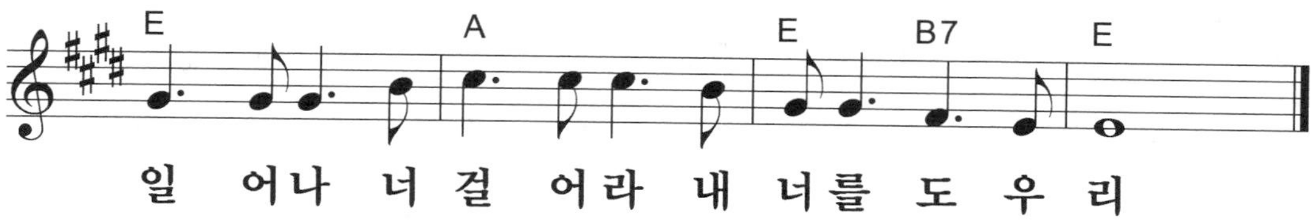

메들리
• 예수님이 좋은 걸 (229) • 위대하고 강하신 주님 (235) • 좋은 일이 있으리라 (239)

237 존귀 오 존귀하신 주

(Worthy is the Lord)

(신) 1673
(구) 671

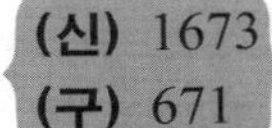

Mark Kinzer

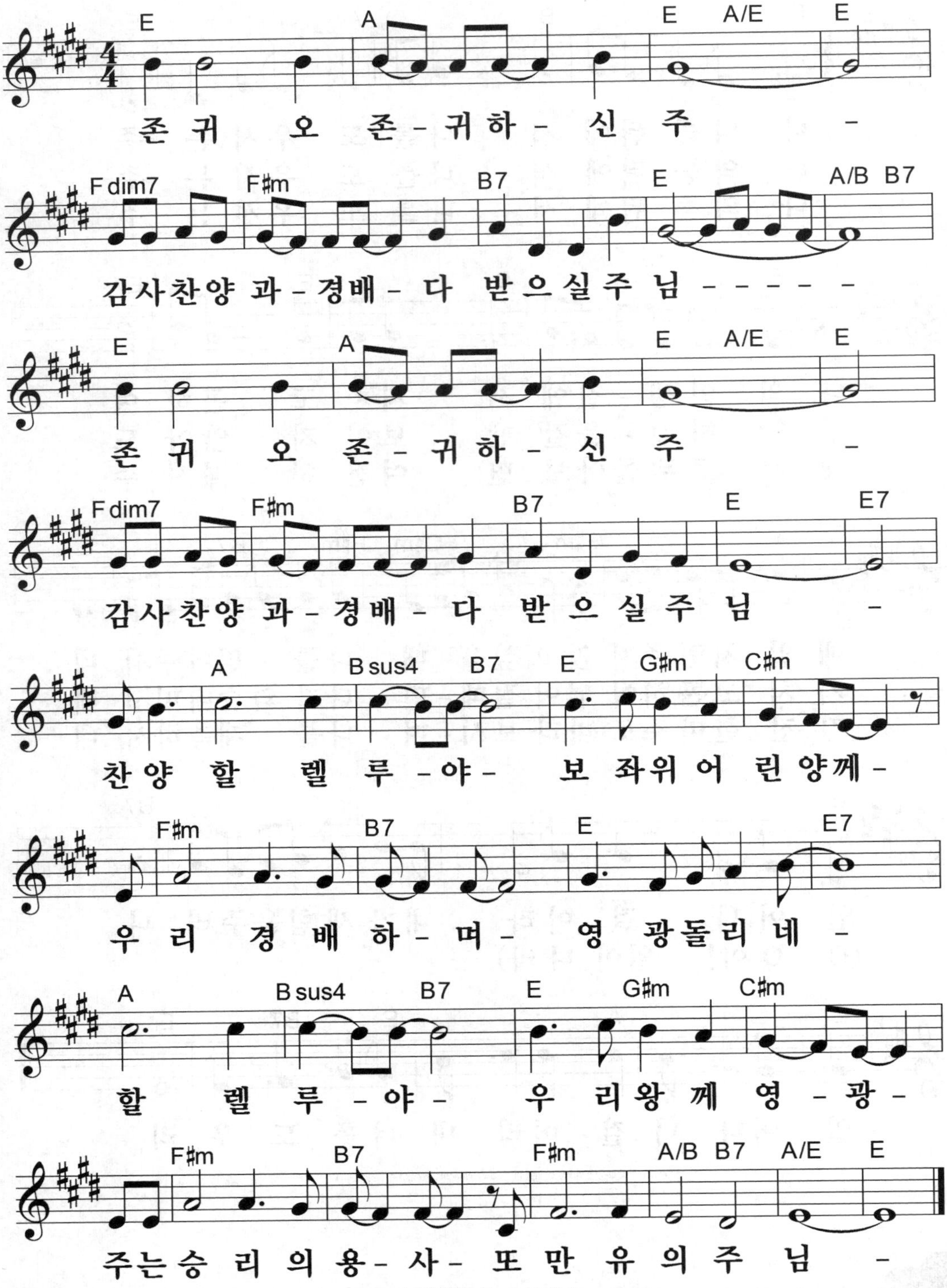

E A E A/E E
존 귀 오 존 – 귀 하 – 신 주 –
F dim7 F♯m B7 E A/B B7
감사찬양 과 – 경배 – 다 받으실주 님 – – – – –
E A E A/E E
존 귀 오 존 – 귀 하 – 신 주 –
F dim7 F♯m B7 E E7
감사찬양 과 – 경배 – 다 받 으 실 주 님 –
A B sus4 B7 E G♯m C♯m
찬 양 할 렐 루 – 야 – 보 좌위 어 린 양께 –
F♯m B7 E E7
우 리 경 배 하 – 며 – 영 광돌리 네 –
A B sus4 B7 E G♯m C♯m
할 렐 루 – 야 – 우 리왕 께 영 – 광 –
F♯m B7 F♯m A/B B7 A/E E
주는승 리 의 용 – 사 – 또 만 유 의 주 님 –

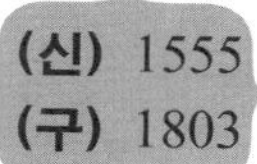

좋으신 하나님

(You are good)

Israel Houghton

E EM7 E7 A/E

좋으- 신하나-님 인자-와자비-영 원-히- -

A B/A C/A D/A

각나-라족속-과 백성-방언 세상-모든세-대 영원-토록주

E B D A/C#

경 배-해- 할렐루- -야 할 -렐루- -야주

E/G# B D 1. A

경 배 - 해 - 주하나-님 - 주

2. D Em Em CM7

You are - good - *Fine* You are - good - All the time

Em CM7 E

- All the time - You are - good - *D.C.*

메들리

• 두 손 들고 찬양합니다 (214) • 예수 가장 귀한 그 이름 (219) • 아바 아버지 (226)

239 좋은 일이 있으리라

(하나님을 아버지라 부르는 자는)

(신) 1911
(구) 1281

오관석 & 한태근

메들리

• 예수님이 좋은 걸 (229) • 위대하고 강하신 주님 (235) • 일어나 걸어라 (236)

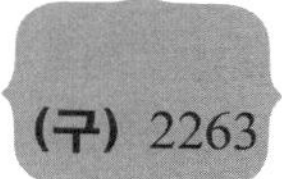

주 앞에 엎드려

(I will bow to You)

Pete Episcopo

E B/D# C#m E/G# A B7

주 앞에엎 - 드려 경배합 - 니다 - 오직 - 주께

E A/C# B/D# E B/D# C#m E/G#

- 주 경배합 - 니다 다른신 - 아닌

A B7 E F#m

- 오직 - 주께 - 나의모 - 든 - 우 상 - 들 -

E/G# A E/G# B A/C# B/D#

나 의 - 보 좌 - 모 두 - 다 내 - 려 - 놓고 -

E B/D# C#m E/G# A B7 E

주 앞에엎 - 드려 경배합 - 니다 - 오직 - 주께 -

메들리

• 나의 부르심 (200) • 두 손 들고 찬양합니다 (214) • 주의 위엄 이곳에 (248)

241

주 예수 오셔서

(For Those Tears I Died)

(신) 1769
(구) 1010

Marsha J. Stevens

E7 A E
어 둠 에 헤 맬 때 흘 리 던 네 눈 물 -
E B7 E
그 - 눈 물 을 - 위 해 내 가 죽 었 노 라 -

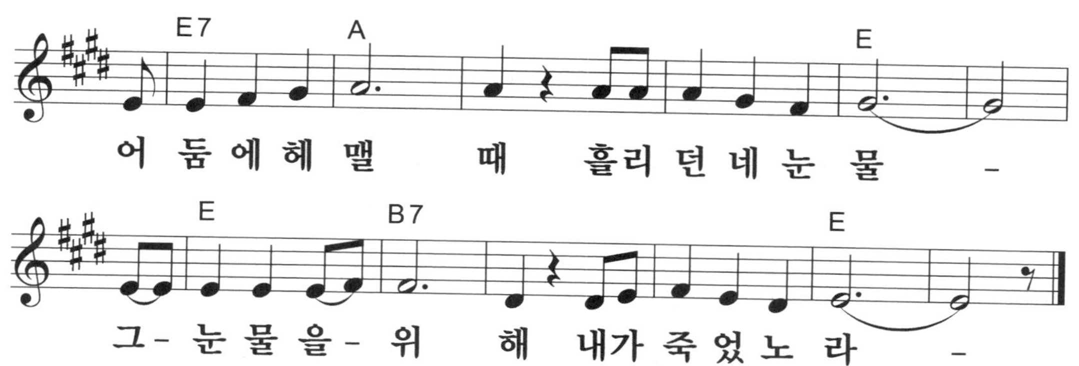

(신) 1630
(구) 1141

주는 평화

242

(He is our peace)

Kandela Groves

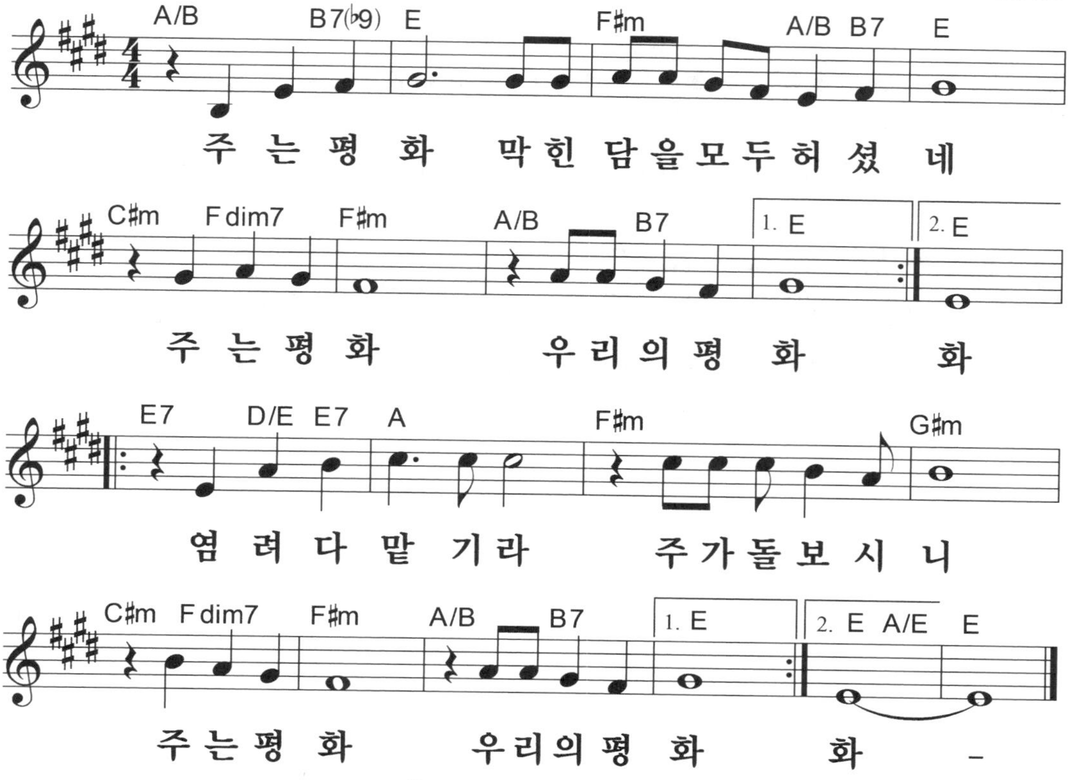
A/B B7(♭9) E F♯m A/B B7 E
주 는 평 화 막 힌 담 을 모 두 허 셨 네
C♯m Fdim7 F♯m A/B B7 1. E 2. E
주 는 평 화 우 리 의 평 화 화
E7 D/E E7 A F♯m G♯m
염 려 다 맡 기 라 주 가 돌 보 시 니
C♯m Fdim7 F♯m A/B B7 1. E 2. E A/E E
주 는 평 화 우 리 의 평 화 화 -

243 주 예수 나의 당신이여

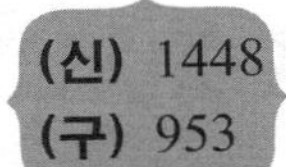

(빛이 없어도)

빛이 없어도 환하게 다가오시는주예 수 나의 - 당신이 여
나는 없어도 당신이 곁에계시면나는 언 제나 - 있습니 다

음성이 없어도 똑똑히 들려주시는 주예 수 나의 - 당신이 여
나 - 는 있어도 당신이 곁에없으면 나는 언 제나 - 없습니 다

당신이 있음으로 나도있 고 - 당신의 노래가머묾으로

나는부를수있어요주 여 - 꽃처럼 향기나는 - 나의 생 활이아니어 도

나는 당 신 이좋을수 밖에없어요 주예 수 나의당 신이 여

메들리 • 깨끗이 씻겨야 하리 (195) • 아바 아버지 (226) • 오늘 (230)

주님께 감사드리라

(For the Lord is Good)

Billy Funk

245 주님을 따르리라

(세상 향락에 젖어서)

김석균

메들리 • 말씀하시면 (121) • 나의 예배를 받으소서 (201) • 날마다 숨쉬는 순간마다 (203)

(신) 1543
(구) 1807

주를 향한 나의 사랑을

(Just let me say)

L Geoff Bullock

주를향 한 나의 사 랑을 주께 고 백하게 하소 서
부드러 운 주의 속 삭임 나의 이 름을부 르시 네
온맘으 로 주를 바 라며 나의 사 랑고백 하리 라

아름다 운 주의그늘아래 살 며 주를 보 게하 소 서
주의능 력 주의영광을보 이 사 성령 을 부으 소 서
나를향 한 주님의그크신 사 랑 간절 히 알기 원 해

주님 의 말씀 선포 될 때에 땅과 하늘 진동 하리 니
메마 른 곳거 룩해 지 도록 내가 주를 찾게 하소 서
주의 은 혜로 용서 하 시고 나를 자녀 삼아 주셨 네

나의사 랑 고백 하 리 라 나의 구주 나의 친 구
내모든 것 주께 드 리 리 나의 구주 나의 친 구
나의사 랑 고백 하 리 라 나의 구주 나의 친 구

메들리 • 그사랑 (189) • 나를 향한 주의 사랑 (197) • 내 이름 아시죠 (209)

247 주의 긍휼로

(Lord have mercy on us)

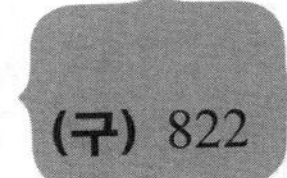

Graham Kendrick

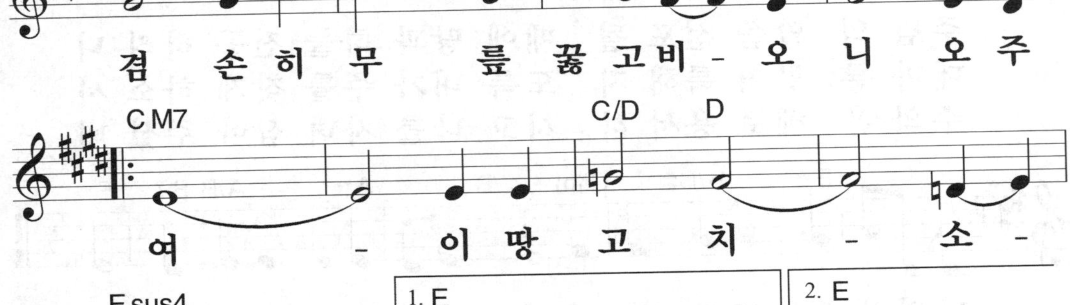

메들리 • 예수 하나님의 공의 (142) • 나의 부르심 (200) • 내 주 같은 분 없네 (210)

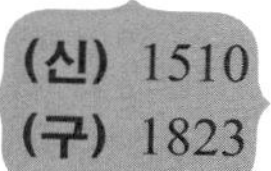

주의 위엄 이곳에

248

(주님 계신 곳에 나가리 / Awesome in this place)

Dave Billington

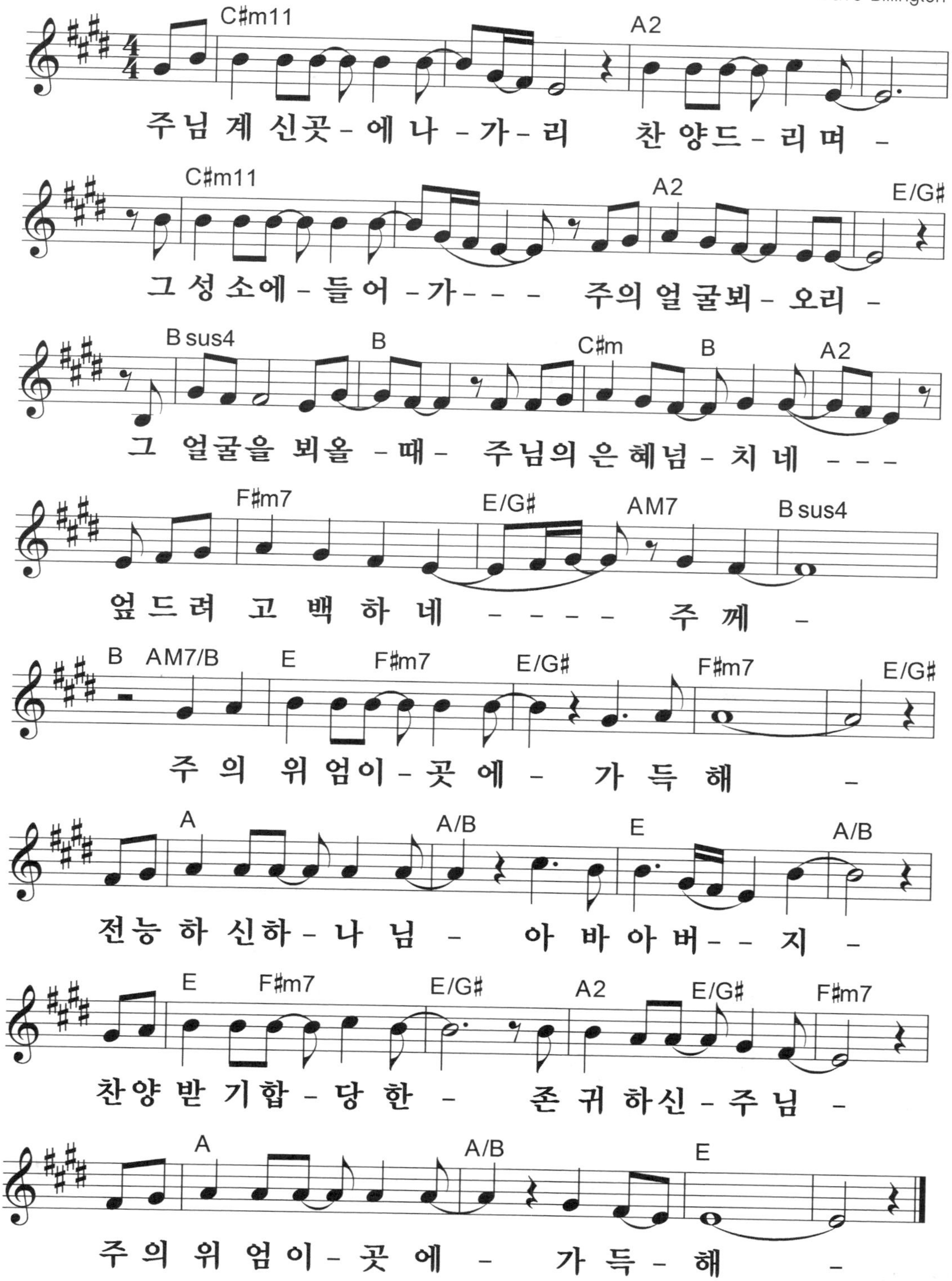

주님 계 신곳 - 에 나 - 가 - 리 찬 양드 - 리며 -

그 성 소에 - 들 어 - 가 - - - 주의 얼 굴뵈 - 오리 -

그 얼굴을 뵈올 - 때 - 주님의 은 혜넘 - 치 네 - - -

엎 드 려 고 백 하 네 - - - - 주 께 -

주 의 위 엄이 - 곳 에 - 가 득 해 -

전능 하 신하 - 나 님 - 아 바 아 버 - - 지 -

찬양 받 기합 - 당 한 - 존 귀 하신 - 주님 -

주 의 위 엄 이 - 곳 에 - 가 득 - 해 -

249 진리의 성령

(우리에게 밝은 빛을 비추는)

윤석주

메들리 • 성령이 오셨네 (29) • 다시 한번 (213) • 성령의 불로 (221)

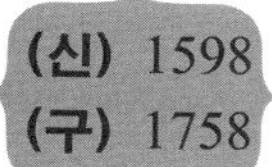

축복의 통로

250

(당신은 하나님의 언약안에)

이민섭

메들리

• 그사랑 (189) • 너는 시냇가에 (212) • 축복합니다 주님의 사랑으로 (253)

251 주의 찬송 세계 끝까지

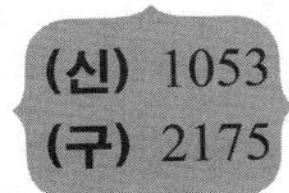

(전심으로 주 찬양)

고형원

메들리
• 나의 마음을 (198) • 두 손 들고 찬양합니다 (214) • 왕의 지성소에 들어가 (231)

(신) 1839
(구) 678

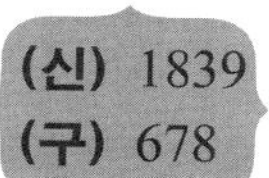

찬송하라 여호와의 종들아 252

(Come bless the Lord)

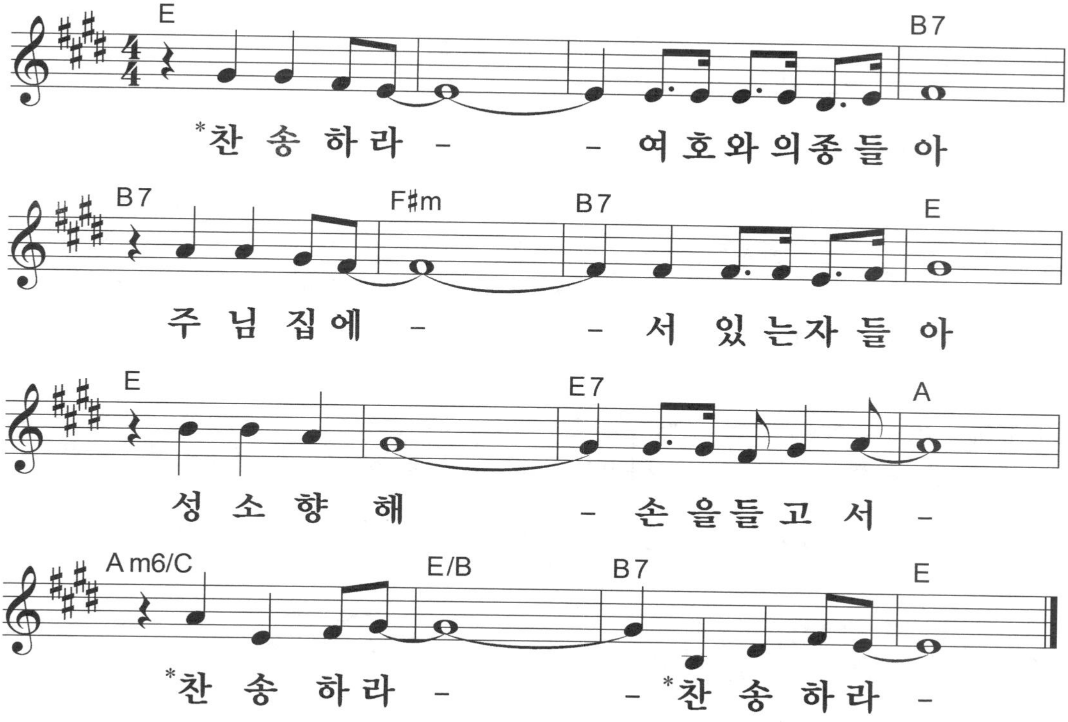

E B7
*찬 송 하 라 - - 여 호 와 의 종 들 아
B7 F♯m B7 E
주 님 집 에 - - 서 있 는 자 들 아
E E7 A
성 소 향 해 - 손 을 들 고 서 -
A m6/C E/B B7 E
*찬 송 하 라 - - *찬 송 하 라 -

* 기뻐
감사
기도

메들리

• 내 영이 주를 찬양합니다 (207) • 존귀 오 존귀하신 주 (237) • 해 뜨는데 부터 (259)

253 축복합니다 주님의 이름으로

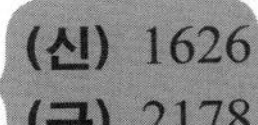

메들리

• 그사랑 (189) • 너는 시냇가에 (212) • 우리 함께 기뻐해 (233)

(신) 1406
(구) 668

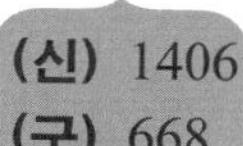

크신 주께 영광돌리세

(Great is the Lord)

Robert Ewing

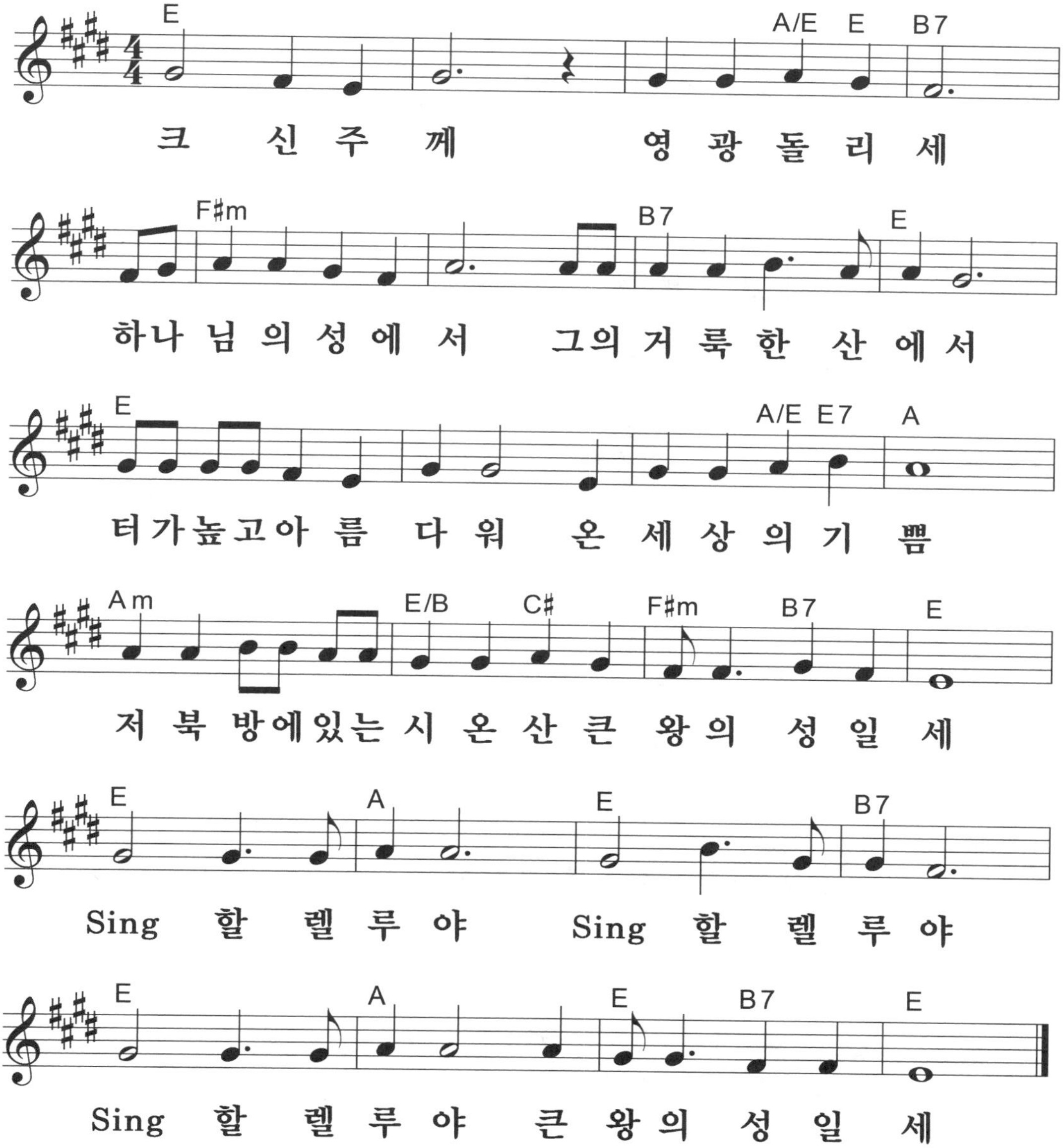
E A/E E B7
크 신 주 께 영 광 돌 리 세
F#m B7 E
하나 님 의 성 에 서 그의 거 룩 한 산 에 서
E A/E E7 A
터가높고아 름 다 워 온 세 상 의 기 쁨
Am E/B C# F#m B7 E
저 북 방에있는 시 온 산 큰 왕 의 성 일 세
E A E B7
Sing 할 렐 루 야 Sing 할 렐 루 야
E A E B7 E
Sing 할 렐 루 야 큰 왕 의 성 일 세

메들리
• 내 영이 주를 찬양합니다 (207) • 존귀 오 존귀하신 주 (237) • 해 뜨는데 부터 (259)

255 하나님 눈길 머무신 곳

정유성

메들리
• 나의 마음을 (198) • 두 손 들고 찬양합니다 (214) • 하나님은 너를 지키시는 자 (256)

(신) 1217
(구) 1658

하나님은 너를 지키시는 자 256

정성실

메들리

• 날마다 숨쉬는 순간마다 (203) • 내 이름 아시죠 (209) • 내 주 같은 분 없네 (210)

257 한몸

(너는 너라서 좋고)

장진숙

메들리 • 당신은 사랑받기 위해 (113) • 축복의 사람 (172) • 축복합니다 주님의 사랑으로 (253)

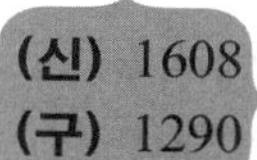

할렐루야 전능하신 주께서 258

(Hallelujah our God reigns)

Dale Mary Garratt

할렐루-야 전능하신 주께서 다스리네

할렐루-야 전능하신 주께서 다스리네

모두 함께 기뻐해 주님께 모든 영광 돌리세

할렐루-야 전능하신 주께서 다스리네

메들리 • 예수 이름이 온 땅에 (141) • 주 다스리네 (155) • 우리 함께 기뻐해 (233)

259 해뜨는 데부터

(From the rising of the sun)

(신) 1556
(구) 666

Paul S. Deming

메들리 • 내 영이 주를 찬양합니다 (207) • 손을 높이 들고 (222) • 크신 주께 영광 돌리세 (254)

확정 되었네

정종원

E
C#m
확 정 되 었- 네 - 나 - 의마 음 은 주 님- 께
C#m
A
B
- 마 - 음을열 어 찬 양하 기 - 원하 네 - -
E
C#m
확 정 되 었- 네 - 나 - 의마 음 은 그 누 구- 도
C#m
A
B
E
Fine
- 바 - 꿀수 없네 영 원히- 찬 양하 리- 라 - -
G#m
C#7
내 슬 픔 을 - 기 쁨 으- 로 - 바 꾸 셨 네 - 주 님 이-
F#m
Am
B7
내 근 심 을- 찬 송 으 로 - 만 드 셨 네 -
G#
C#
내 평 생 에- 사 는- 날 - 동 안 - 에 - 주 님 을-
F#
B7
D.C.
나 높 이- - 찬 양 하 리 - -

261

가시

(어느 날 내 삶 속에)

장진숙

(신) 1151
(구) 1297

내가 너를 도우리라

(세상 일에 실패 했어도)

김석균

263 넘지 못할 산이 있거든

(신) 1467
(구) 1075

메들리

• 오늘 (230) • 주 예수 나의 당신이여 (243) • 내가 너를 도우리라 (262)

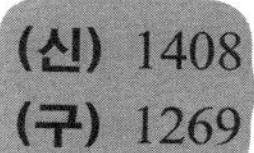

탕자의 눈물

(가시관을 쓰신 예수)

김석균

가시관 을쓰신 예 수날오 라 부르실때 에
어찌할 꼬이내 죄 를어찌 다 용서받을 까
넓고큰 길가기 보 다가시 밭 길을택하 리

방탕한 길못버 리 -고 세상 길 로만 향했 네
두손모 아참회 하 -니 흐르 는 눈물 뿐이 라
하늘영 광사모 하 -며 주님 가 신길 가오 리

사랑하 -는 내아 들 아부르 시 는내아버 지
골고다 -의 보혈 의 피무거 운 짐벗기시 어
아버지 -여 나에 게 도십자 가 들려주소 서

눈어두 워보지 못 하니내죄 가 너무큼이 라
천국백 성되게 하 시니그사 랑 값을길없 네
땅끝까 지증거 하 리다주님 사 랑전하리 다

메들리

• 주님 내게 오시면 (159) • 내가 너를 도우리라 (262) • 나의 아버지 (265)

265

나의 아버지

(아버지 불러만 봐도)

(신) 1500
(구) 1704

채수련 & 김동국

(신) 1390
(구) 1784

어머니 성경책

(어느 길 가에 서 있는)

김석균

267 갈보리 십자가의 주님을

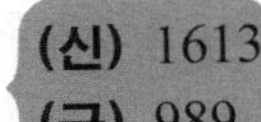

김석완

F C7

갈보리 - 십자가의 주님을 - 바라볼 때
우리에 - 게민음과 소망을 - 주 - 시 며
우리의 - 모든간구 응답해 - 주 - 시 며

F B♭ F C7 F

하나님 - 크신사랑 너무나 - 고마워라
사랑으 - 로세상을 이기게 - 하 - 셨 네
기도의 - 은혜로써 충만케 - 채우시네

B♭ F C7

예수님 - 의십자가 이제는 - 나도지고

F C7 F

이생명 - 다바쳐서 주님을 - 따르리라

메들리 • 거룩하신 하나님 (268) • 그의 생각 (273) • 은혜의 강가로 (321)

(신) 1615
(구) 712

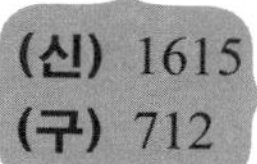

거룩하신 하나님

(Give thanks)

Henry Smith

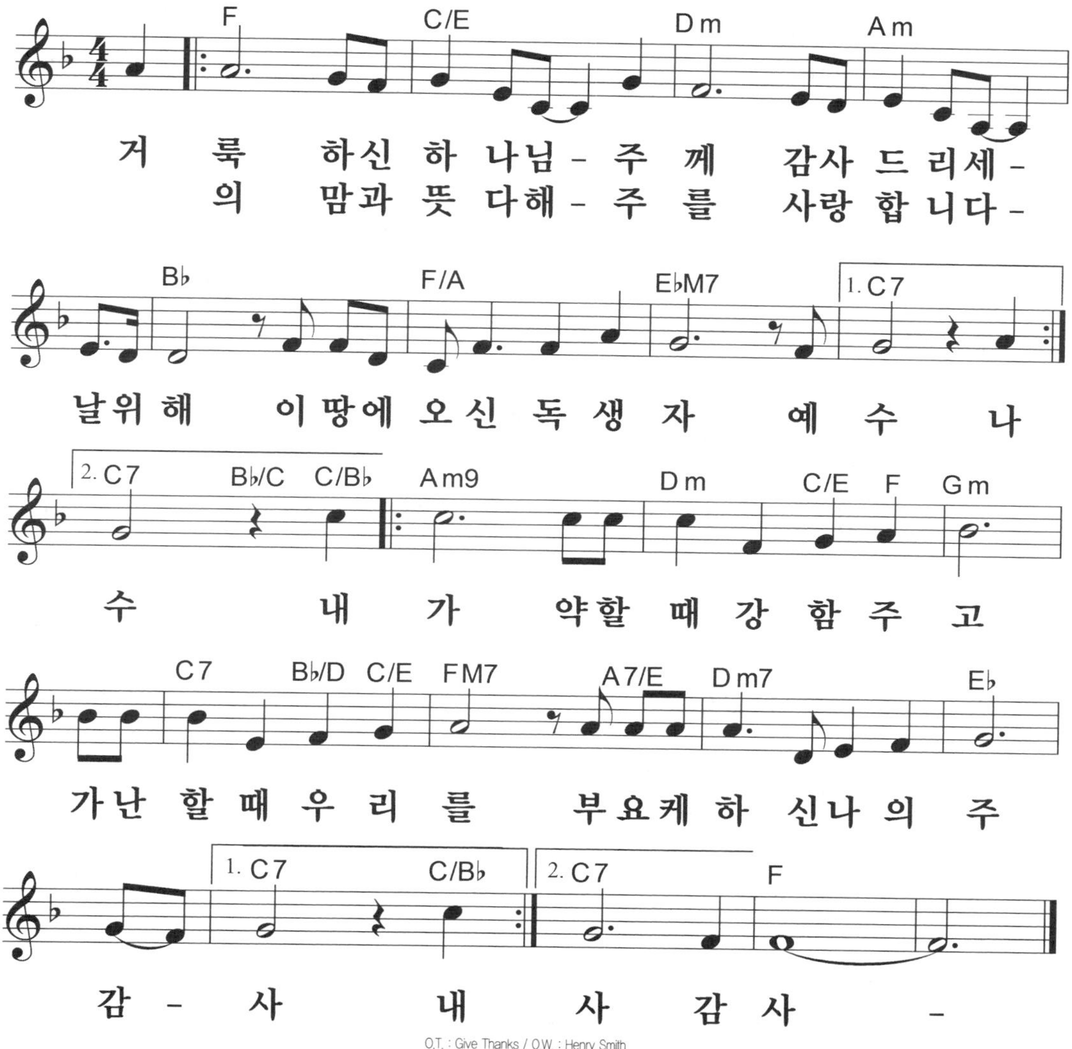

F C/E Dm Am
거 룩 하신 하 나님 - 주 께 감사 드 리세 -
의 맘과 뜻 다해 - 주 를 사랑 합 니다 -
B♭ F/A E♭M7 1. C7
날위해 이 땅에 오신 독 생 자 예 수 나
2. C7 B♭/C C/B♭ Am9 Dm C/E F Gm
수 내 가 약할 때 강 함 주 고
C7 B♭/D C/E FM7 A7/E Dm7 E♭
가난 할 때 우 리 를 부요케 하 신나 의 주
1. C7 C/B♭ 2. C7 F
감 - 사 내 사 감 사 -

메들리
• 예수 하나님의 공의 (142) • 아버지 사랑합니다 (298) • 예배합니다 (304)

269 광야를 지나며

(왜 나를 깊은 어둠속에)

장진숙

광야를 지나며

메들리
• 구원의 기쁨 (270) • 나의 간절한 기대와 (278) • 내려놓음 (280)

270 구원의 기쁨

(나 이제 주님을 알았으니)

추정엽

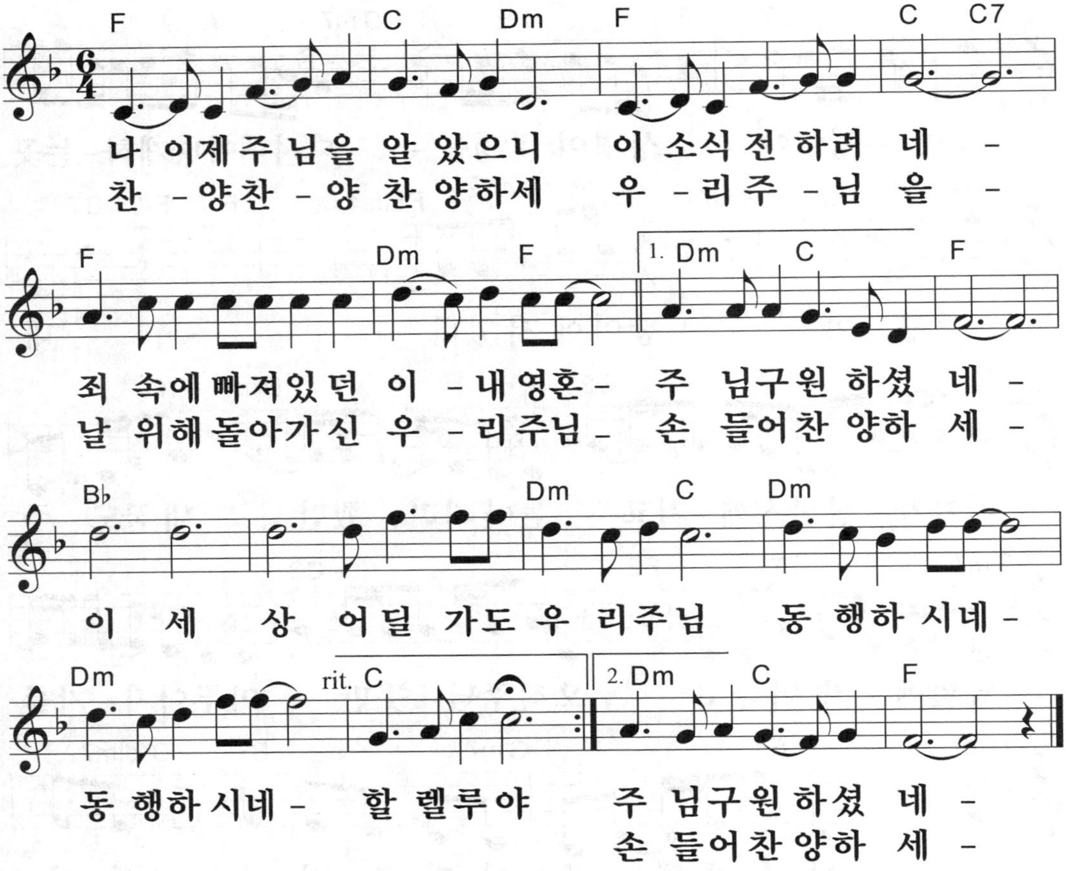

F C Dm F C C7

나 이제주님을 알 았으니 이 소식전하려 네 –
찬 –양찬 –양 찬 양하세 우 –리주 –님 을 –

F Dm F 1. Dm C F

죄 속에빠져있던 이 –내영혼– 주 님구원하셨 네 –
날 위해돌아가신 우 –리주님– 손 들어찬양하 세 –

B♭ Dm C Dm

이 세 상 어딜 가도 우 리주님 동 행하 시네–

Dm rit. C 2. Dm C F

동 행하 시네– 할 렐루야 주 님구원하셨 네 –
손 들어찬양하 세 –

메들리 • 예수님이 좋은 걸 (229) • 광야를 지나며 (269) • 만족함이 없었네 (285)

그 아무도 내게

F FM7 B♭/F
그아무도 - 내게 마음주지 - 않 을 때 - 에 -
Gm F
나의마음 - 모두 이해하신 - 주 - 님 -
F FM7 3 B♭ Gm
그아무도 - 나의눈물 - 모 를 때
F FM7 C7 F F7
나의눈물 - 닦아 주신나의 - 예 수 님
B♭ Am7 Dm7 Gm7 C7 F E♭/F F
당신 - 은나의 구 세 - 주 진실 - 한내 친 구
B♭ Am7 Dm7 G9
내맘 과영혼 - 어루 만지 - 고 - 내게새삶주신 주
Gm B♭/C C B♭ Am7 Dm7 Gm7 C7 3
님 - - - - 당신 은나 의 사 - 랑 영원 한내 친
Dm F FM7 Gm7/C F
구 나의마음다해 - 사랑하리 - 주 님 을

272

그래도

(네가 나를 떠나가도)

송명희 & 신상우

B♭/F F C/E Dm7 B♭ B♭/C

네 가 나 를 - 떠 나 가 도 - 그 래 도 - 나 는

B♭/F F C/E Dm7 B♭/D♭C B♭/F F C/E Dm7 B♭m/D♭

너 를 - 떠 나 지 않 - 으 며 네 가 나 를 - 버 려 도 - 그 래 도 - 나 는

F/C Gm/C 1. Gm/F F B♭/C 2. Gm/F F F♯dim7

너 를 버 리 지 - 아 니 하 리 라 - 네 가 하 리 라 - 네 가

Gm C F E♭ D D7 Gm B♭/C

나 를 - 사 랑 하 지 않 아 도 - 그 래 도 - 나 는 너 를 - 사 랑 - 하

F E E7 Am Am/G

며 네 가 지 은 죄 많 으 나 - 그 래 도 - 나

F Dm F/G G F/C C Bm7(♭5) E/G♯

는 너 를 용 서 하 리 라 - 네 가 천 하 고 - 미 련 하

Am C/G F D7/F♯ G F/G G

나 그 래 도 - 나 는 너 를 받 으 - 리 라 네 가

F/C C C7/B♭ F/A Ddim/A♭ C/G F/G C/G G C

천 하 고 - - 미 련 하 나 - - 나 는 너 를 받 으 - 리 라

(신) 2134
(구) 1936

그의 생각

(하나님은 너를 만드신 분* 요엘에게)

274

끝없는 사랑

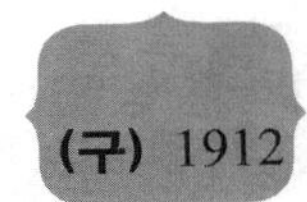

(하늘보다 높은 주의 사랑 / Unendind Love)

Scott Brenner

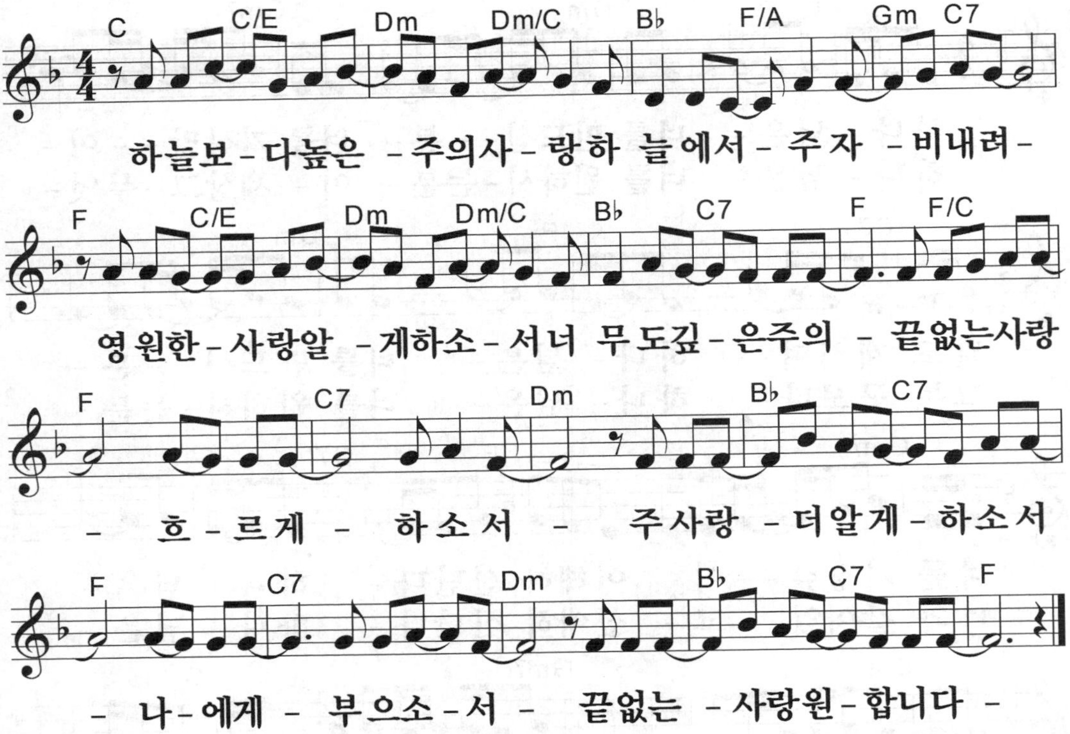

C C/E Dm Dm/C B♭ F/A Gm C7

하늘보-다높은 -주의사-랑하 늘에서-주자 -비내려-

F C/E Dm Dm/C B♭ C7 F F/C

영원한-사랑알 -게하소-서너 무도깊-은주의 - 끝없는사랑

F C7 Dm B♭ C7

- 흐-르게 - 하소서 - 주사랑 -더알게-하소서

F C7 Dm B♭ C7 F

- 나-에게 - 부으소-서 - 끝없는 -사랑원-합니다 -

메들리

• 그의 생각 (273) • 끝나지 않은 예배 (275) • 들풀에 깃든 사랑 (283)

끝나지 않은 예배

(주님의 그 사랑)

김영표

276 나 주의 믿음 갖고

(신) 1896
(구) 981

(I just keep trusting the Lord)

John W. Peterson

메들리

• 나는 믿음으로 (98) • 만족함이 없었네 (285) • 성령 받으라 (292)

나는 예배자입니다

(나는 하나님을 예배하는)

송세라 & 전종혁

메들리

• 진리의 성령 (249) • 나의 간절한 기대와 (278) • 예배합니다 (304)

278 나의 간절한 기대와

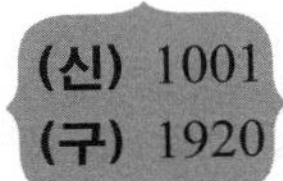

(신) 1001
(구) 1920

채한성

F C/E Dm7 Am7
나 의간절한 기대와 소망을따라
B♭ F/A Gm7 B♭/C C
아 무일에도 부끄럽지 않게 하소서
F C/E Dm7 Cm7 E♭/F
오 직전과같이 지금도 담대하 여
B♭ F/A Gm7 C F
나 의모습에서 주만 보게하소 서
Fine
E♭/F B♭ C/B♭ Am7 Dm7
이 것이나 에 게서– –
Gm7 C F E♭/F F
주 님만사 는 것이니 –
B♭ C/B♭ Am7(♭5) D7
나 의생명 이 끝나도 –
Gm7 E♭ B♭/C C
기 쁨이되 게 하소서 –
D.C.

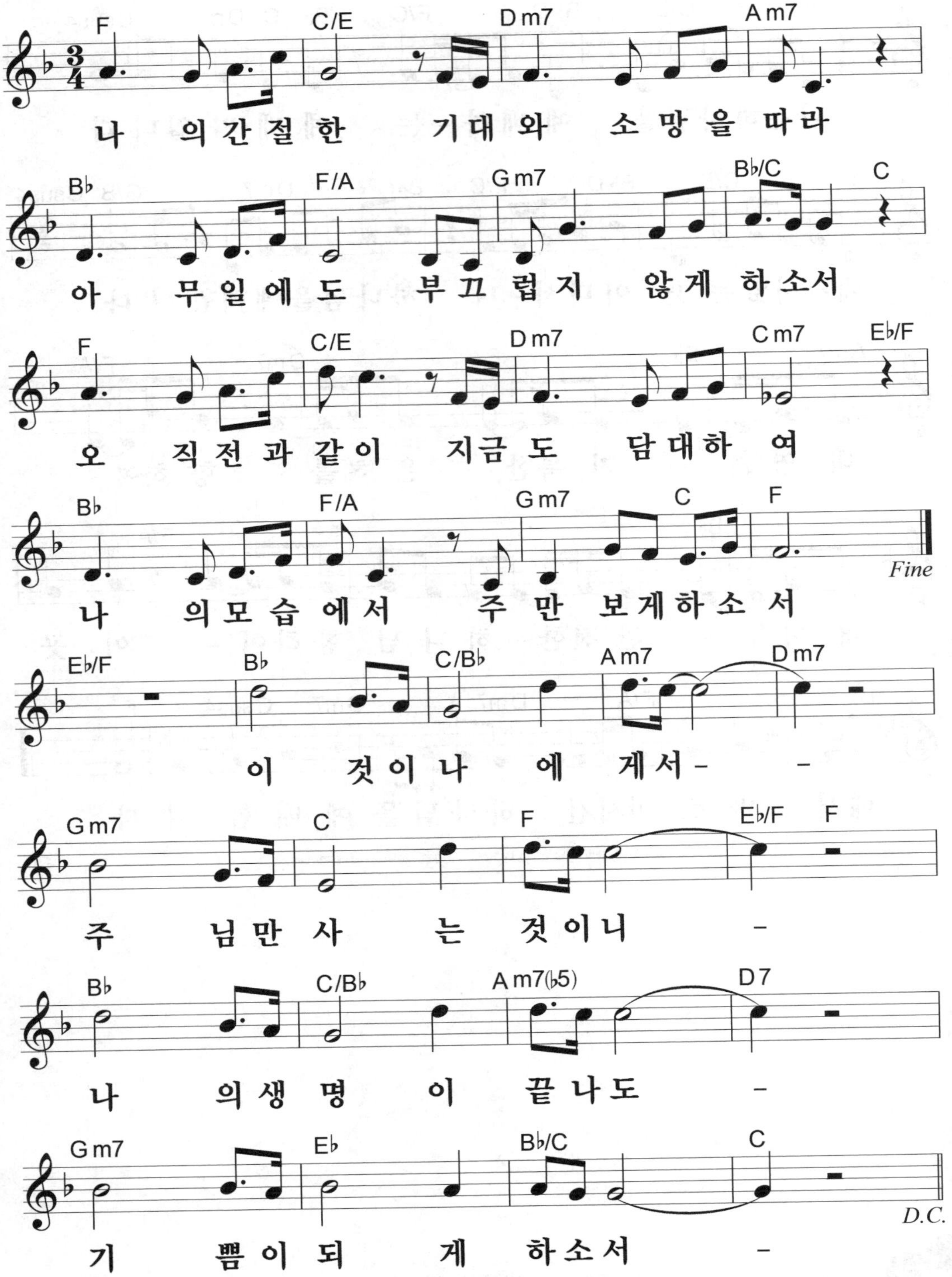

(신) 2081
(구) 1517

나의 모습 나의 소유

(I offer my life)

Claire Cloninger & Don Moen

280

내려놓음

(나를 버리고 그의 길을 가는 것)

이권희

내려놓음

Dm Am7 Gm7 C7 F Gm7 F/A
나를향한그사랑 - 온땅을 - 덮고 - 나를주님의길로 - 인
B♭ G/B C7sus4 F C/E D.S. al Fine
도해주 - 시네 - - 그사 랑그사랑 - 그사

281 너는 내 것이라

(신) 1105
(구) 1664

(너는 부유해도 가난해도)

송명희 & 최덕신

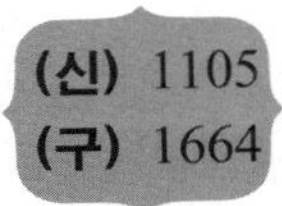

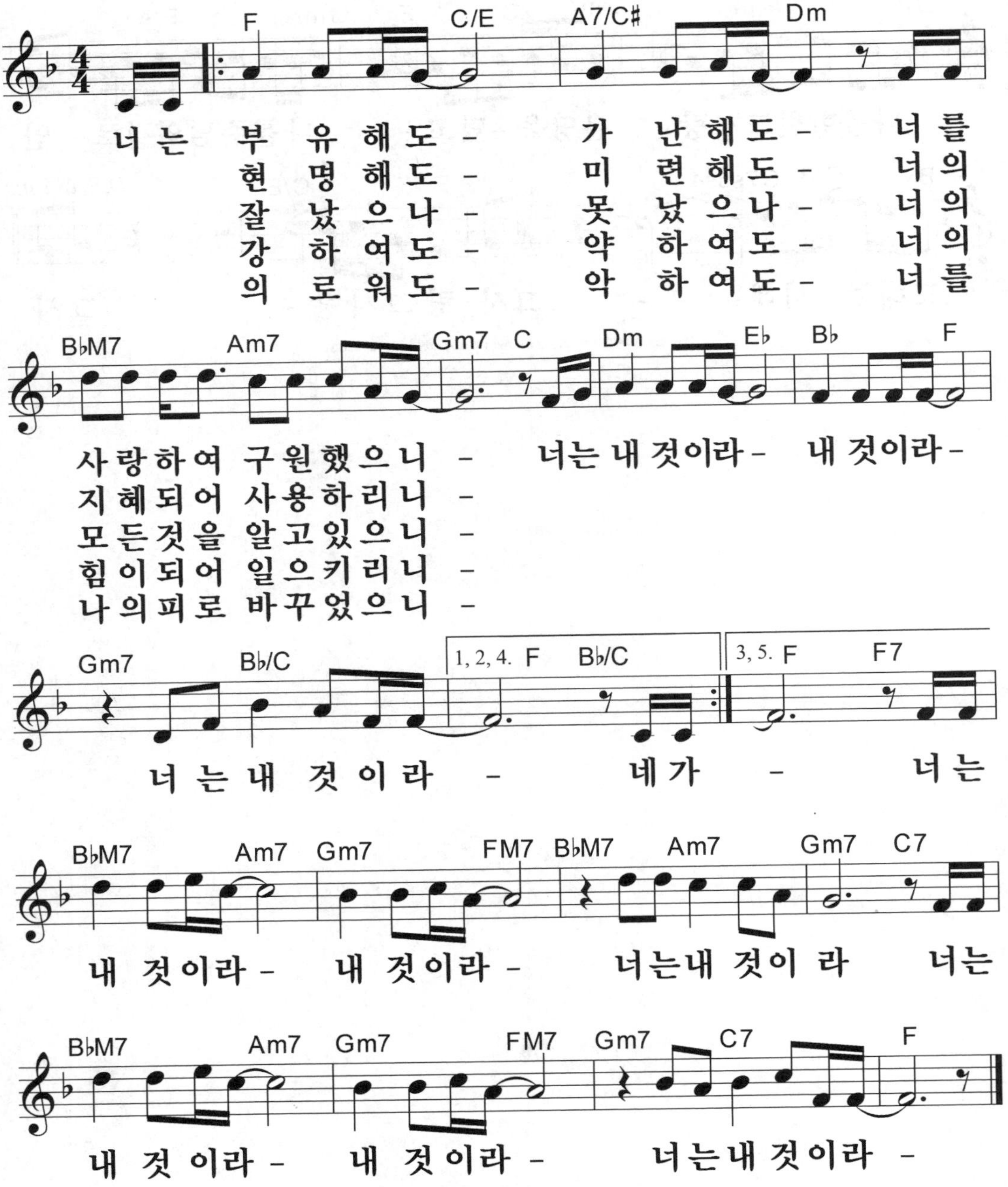

F C/E A7/C♯ Dm
너는 부 유 해도 - 가 난해도 - 너를
현 명 해도 - 미 련해도 - 너의
잘 났 으나 - 못 났으나 - 너의
강 하 여도 - 약 하여도 - 너의
의 로 워도 - 악 하여도 - 너를
B♭M7 Am7 Gm7 C Dm E♭ B♭ F
사랑하여 구원했으니 - 너는 내 것이라 - 내 것이라 -
지혜되어 사용하리니 -
모든것을 알고있으니 -
힘이되어 일으키리니 -
나의피로 바꾸었으니 -
Gm7 B♭/C 1, 2, 4. F B♭/C 3, 5. F F7
너는내 것이라 - 네가 - 너는
B♭M7 Am7 Gm7 FM7 B♭M7 Am7 Gm7 C7
내 것이라 - 내 것이라 - 너는내 것이 라 너는
B♭M7 Am7 Gm7 FM7 Gm7 C7 F
내 것 이라 - 내 것이라 - 너는내 것이라 -

메들리
• 그래도 (272) • 들풀에 깃든 사랑 (283) • 은혜의 강가로 (321)

(신) 1052
(구) 1220

눈물의 참회록

282

(지금껏 내가 한 일이)

김석균

F Am7 Gm C7 F
지금 껏 내가 한일 이 주를 위 한일이었는 지
한평 생 주를 위하 여 변함 없 이살 - 겠다 던
오늘 도 복음 을들 고 쉼 - 없 이다 - 녔지 만

B♭ F C C7 F
지나 간 세 월 돌 이켜 주님 앞 에아 - 룁니 다
베드 로 같 은 믿 음이 내게 도 - 있었습니 다
성령 의 불 같 은 인도 믿음 없 이전했습니 다

C7 F B♭ Gm G7 C7
이한 몸 주를 - 위하 여 목숨 버 린다 - 했으 나
그러 나 지금내맘속 엔 허영 과 교만 - 만있 고
육신 의 곤고함더하 여 복음 의 사명약했으 니

F F7 B♭ G C7
주의영 광 - 뒤로하 고 나의 자 랑앞세웠으 니
주님지 신 - 십자가 는 짐이 된 다벗었습니 다
아버지 여 - 연약한 종 어찌 해 야하 - 오리 까

F Am Gm C7 F
내가 가 는이 길 이 주를 위 한것 보 다
내가 가 는이 길 이 주를 위 한것 보 다
내가 가 는이 길 이 영광 의 길이 라 면

B♭ F C7 F
예수 이 름만 파 - 는 가룟 유 다와같습니 다
율법 만 앞세 우 - 는 바리 새 인과같습니 다
바울 과 같은 믿음 을 내게 도 허락 - 하소 서

283 들풀에 깃든 사랑

(구) 1018

(오늘 피었다 지는)

노진규

메들리

• 거룩하신 하나님 (268) • 그래도 (272) • 끝 없는 사랑 (274)

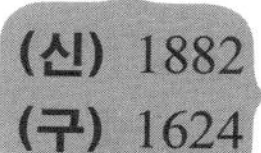

(신) 1882
(구) 1624

마음이 상한 자를

284

(He binds the broken-hearted)

Stacy Swalley

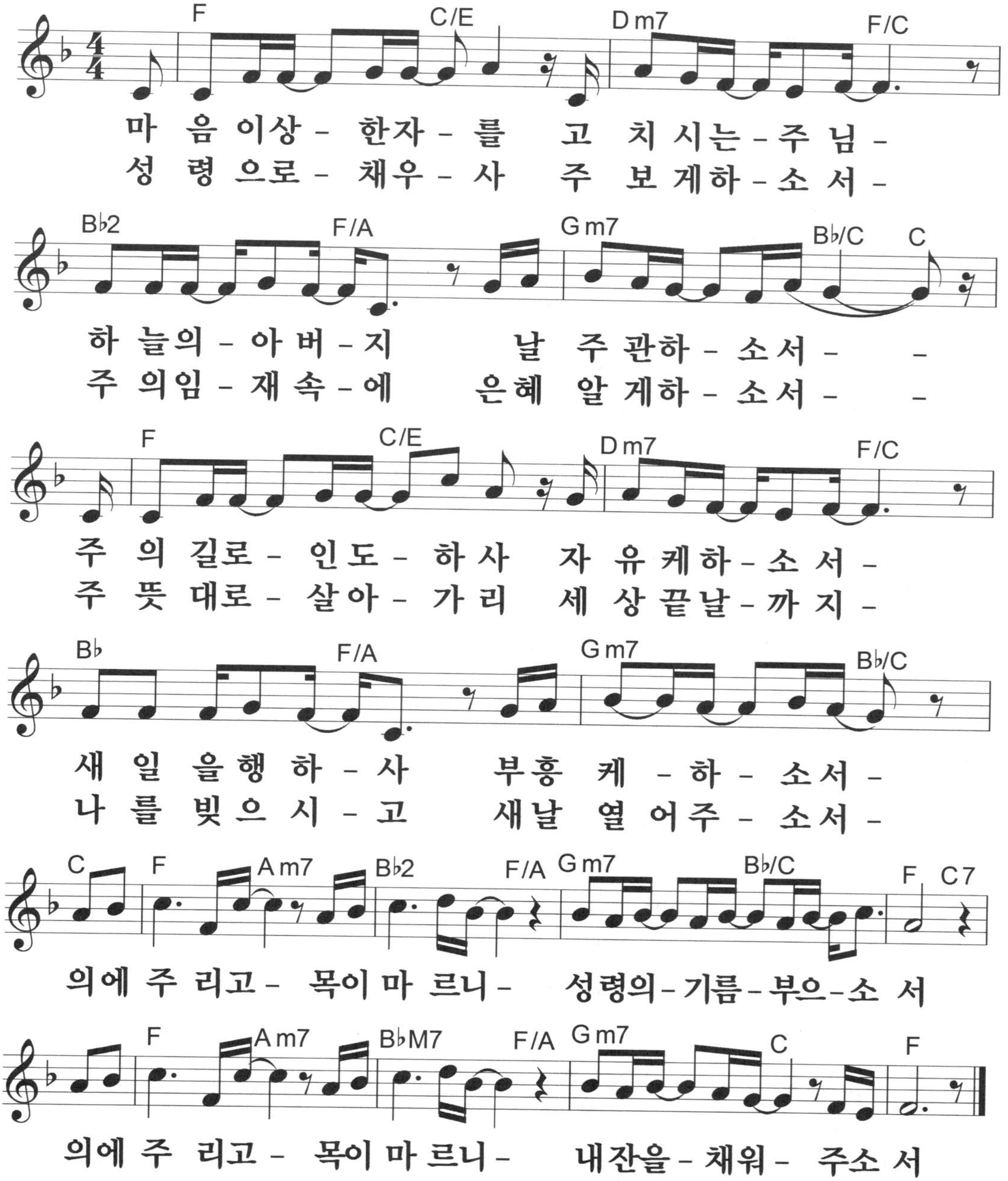

F C/E Dm7 F/C
마 음 이상 - 한자 - 를 고 치 시는 - 주 님 -
성 령 으로 - 채우 - 사 주 보 게하 - 소 서 -
B♭2 F/A Gm7 B♭/C C
하 늘의 - 아 버 - 지 날 주 관하 - 소 서 - -
주 의임 - 재 속 - 에 은혜 알 게하 - 소 서 - -
F C/E Dm7 F/C
주 의 길로 - 인 도 - 하 사 자 유 케하 - 소 서 -
주 뜻 대로 - 살아 - 가 리 세 상끝날 - 까 지 -
B♭ F/A Gm7 B♭/C
새 일 을행 하 - 사 부흥 케 - 하 - 소서 -
나 를 빛으 시 - 고 새날 열 어주 - 소서 -
C F Am7 B♭2 F/A Gm7 B♭/C F C7
의에 주 리고 - 목이 마 르니 - 성령의 - 기름 - 부으 - 소 서
F Am7 B♭M7 F/A Gm7 C F
의에 주 리고 - 목이 마 르니 - 내잔을 - 채워 - 주소 서

메들리

• 아버지 사랑합니다 (298) • 오직 믿음으로 (310) • 온 맘 다해 (311)

285

만족함이 없었네

(신) 1037
(구) 926

(사람을 보며 세상을 볼 땐)

최영택

(신) 1686
(구) 2147

밀알

(세상을 구원하기 위해)

천관웅

메들리

• 나의 모습 나의 소유 (279) • 불 속에라도 들어가서 (288) • 주님만 사랑하리 (333)

287

부르신 곳에서

(따스한 성령님)

(신) 1597
(구) 2256

메들리

• 주님 내가 주의 장막을 (296) • 예배합니다 (304) • 오늘 이 곳에 계신 성령님 (309)

(신) 1176
(구) 1172

불 속에라도 들어가서

288

(죄악된 세상을 방황하다가)

최수동 & 김민식

289

사랑송

(주님께서 주시는 그 사랑으로)

조효성

F /E Dm Bb C

주 님 께 서 주 시 는 그 사 랑 으로 -

F F#dim Gm C7

당 신 을 사 랑 합 니 다 -

F /E Dm Bb C

주 님 께 서 주 시 는 그 축 복 으로 -

F F#dim Gm C7 F F7

당 신 을 축 복 합 니 다 -

Bb C7 F Am/E Dm

형 제 의 삶 속 에 주 영 광 나 타 날 때 에

Gm C7(+9) F

주 님 의 나 라 가 임 하 리 -

F#dim Gm C F A7/E Dm

자 매 의 삶 속 에 주 사 랑 나 타 날 때 에

Gm C F

주 님 의 구 원 이 임 하 리 -

사명선

290

(난 죽어도)

메들리
• 부르신 곳에서 (287) • 삶의 작은 일에도 (297) • 아버지 사랑합니다 (298)

291

성도의 노래

(환난 가난과 고난)

전은주

(신) 1690
(구) 680

성령 받으라

292

최원순

성령받으라 성령받으라 예수내게말씀하셔 서 –
평안있으라 평안있으라 예수내게말씀하셔 서 –
구원받으라 구원받으라 예수내게말씀하셔 서 –
축복받으라 축복받으라 예수내게말씀하셔 서 –

성령받으라 성령받으라 예수내게말씀하셔 서
평안있으라 평안있으라 예수내게말씀하셔 서
구원받으라 구원받으라 예수내게말씀하셔 서
축복받으라 축복받으라 예수내게말씀하셔 서

할 렐 루 야 성령받았네 나는성 – 령받았 네
할 렐 루 야 평안해졌네 나는평 – 안해졌 네
할 렐 루 야 구원받았네 나는구 – 원받았 네
할 렐 루 야 축복받았네 나는축 – 복받았 네

할 렐 루 야 성령받았네 나는성 – 령받았 네
할 렐 루 야 평안해졌네 나는평 – 안해졌 네
할 렐 루 야 구원받았네 나는구 – 원받았 네
할 렐 루 야 축복받았네 나는축 – 복받았 네

메들리

• 만족함이 없었네 (285) • 성령 충만으로 (293) • 성령의 불길 (294)

293 성령 충만으로

성령충만으로 성령충만으로 뜨겁게뜨겁게
말씀충만으로 말씀충만으로 새롭게새롭게
은사충만으로 은사충만으로 강하게강하게
할렐루야아멘 할렐루야아멘 우리 ○○교회

성령충만으로 성령충만으로 뜨겁게뜨겁게
말씀충만으로 말씀충만으로 새롭게새롭게
은사충만으로 은사충만으로 강하게강하게
할렐루야아멘 할렐루야아멘 우리 ○○교회

성령충만으로 권능받-아 땅끝까지전파 하리라
말씀충만으로 거듭나-서 주뜻대로살아 가리라
은사충만으로 체험얻-어 죄악세상이겨 나가리
성령충만으로 뜨거웁-게 말씀충만으로 새롭게

성령충만으로 권능받-아 증인이되리라
말씀충만으로 거듭나-서 새사람되리라
은사충만으로 체험얻-어 이세상이기리
은사충만으로 체험얻-어 주의일하리라

메들리 • 나 주의 믿음 갖고 (276) • 성령 받으라 (292) • 성령의 불길 (294)

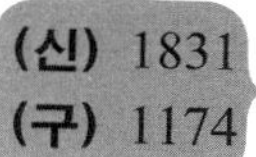

(신) 1831
(구) 1174

성령의 불길

(참참참 피 흘리신)

김용기

F Gm Gm7 A
참참참 피-흘리신 예수의사랑안에서
참참참 들-려오는 구원의큰종소리에
Gm B♭ F/C C7 F
주님의 십자가따라 생명을바치겠느냐
복음을 전파하려면 희생을각오하느냐
F B♭ F B♭ F C C7
복음의 불길오른다 다같이일어나거라
구원은 성도들의것 진리로거두리로다
B♭ F C C7 F
영광의 주님의나라 다같이참여하여라
우리는 천국에가서 영생의꽃이되리라
F Dm B♭ C7
성령의성령의불길 성령불이야 성령의성령의불길 성령불이야
B♭ F 1.Gm7 C 2.Gm C7 F
온천하 세계만방에 퍼치자성령의불 길 퍼치자성령의불 길

메들리

• 만족함이 없었네 (285) • 성령 받으라 (292) • 성령 충만으로 (293)

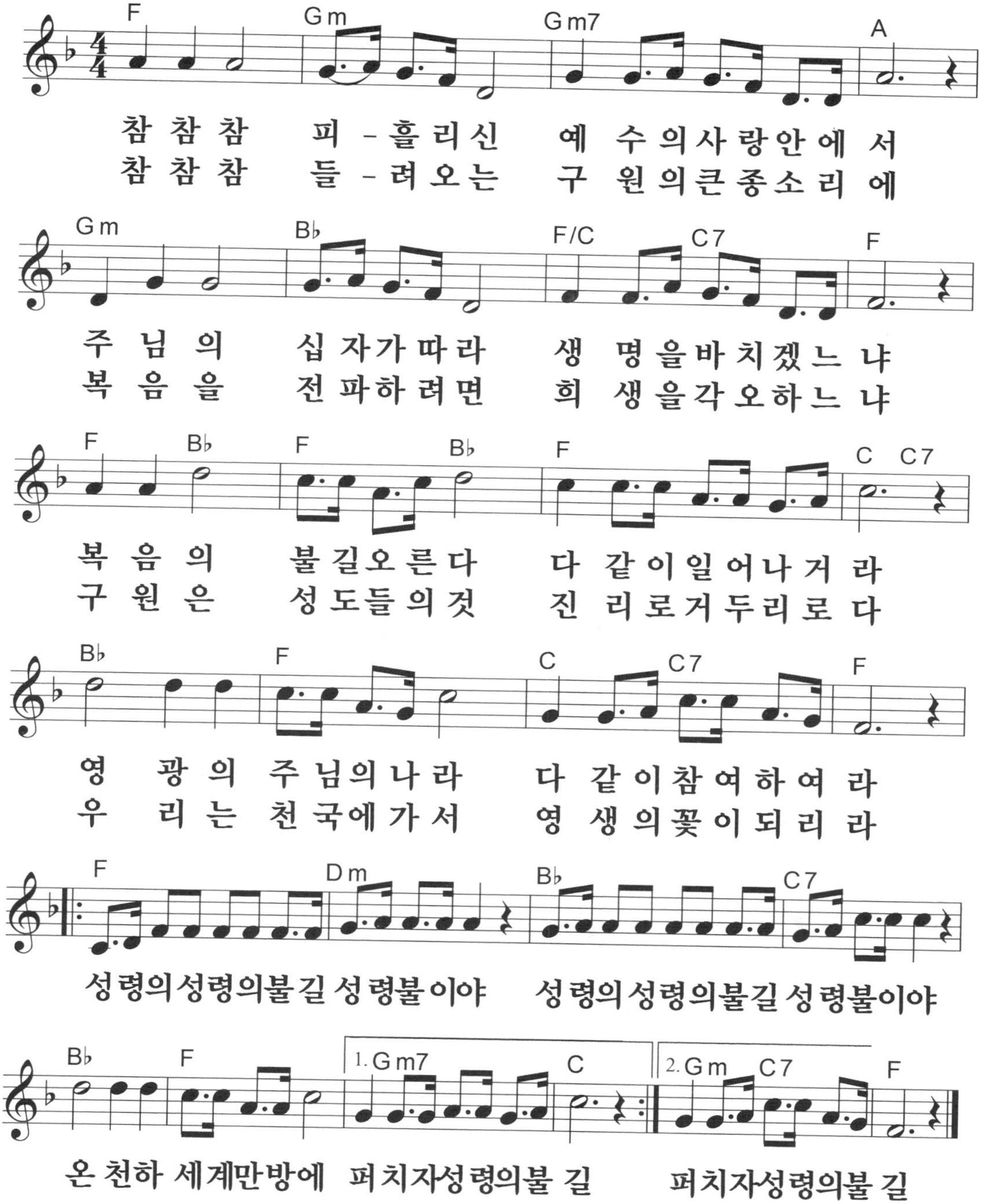

295

세 개의 못

(그때 그 무리들이)

(신) 1944
(구) 869

메들리 • 갈보리 십자가의 (267) • 십자가로 갑니다 (299) • 슬픔 걱정 가득 차고 (300)

소원

(주님 내가 주의 장막을)

전은주

메들리

• 성도의 노래 (291) • 오늘 이 곳에 계신 성령님 (309) • 온 맘 다해 주 사랑하라 (312)

297 소원

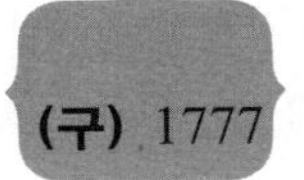

(삶의 작은 일에도)

한웅재

F C2/E Dm F/C B♭2 F/A

삶의작 - 은일 - 에도 - 그맘을알 - 기원 - 하네 - 그길 - 그

Gm B♭/C F C2/E Dm F/C

좁은길 - 로가 - 기원 - 해 나의작 - 음을 - 알고 - 그분의크 - 심을 - 알며

B♭2 F/A Gm B♭/C F B♭M7 F/A C

- 소망 - 그 깊은길 - 로가 - 기원 - 하네 -

Gm7 B♭M7/C C7 Dm Am7

저 높이솟 - 은산 - 이되 - 기보 - 다 여기

Dm Am7 Dm

오름직 - 한동 - 산이 - 되길 - 내 가는길 - 만비 - 추기 - 보다

Am7 B♭2 G B♭/C C7

- 는 누군 가 의길 - 을비 - 춰준 - 다면 -

F C2/E Dm F/C B♭2 F/A

내가노 - 래하 - 듯이 - 또내가애 - 기하 - 듯이 - 살길 - 난

메들리

- 밀알 (286)
- 사명선 (290)
- 아버지 사랑합니다 (298)

(구) 1756

아버지 사랑합니다 298

(Father, I Love You)

Scott Brenner

아 버 지 - 사랑합 니 다 - 아 버 지 - 경 배 합 니 다 -
예 수 님 - 사랑합 니 다 - 예 수 님 - 경 배 합 니 다 -
성 령 님 - 사랑합 니 다 - 성 령 님 - 경 배 합 니 다 -

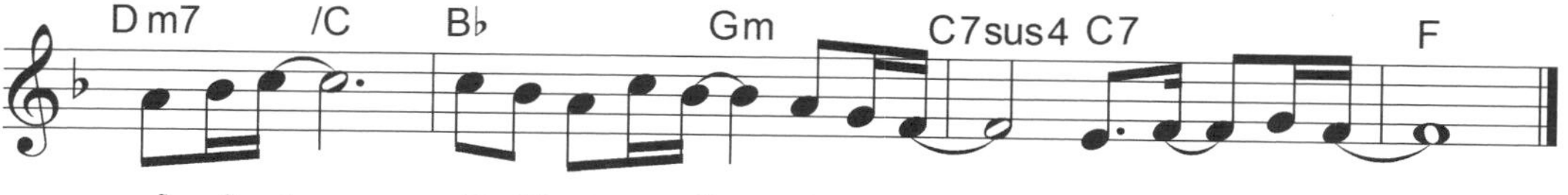

아 버 지 - 채 워 주 소 서 - 당 신 의 - 사 랑 - 으 로 -
예 수 님 - 채 워 주 소 서 - 당 신 의 - 사 랑 - 으 로 -
성 령 님 - 채 워 주 소 서 - 당 신 의 - 사 랑 - 으 로 -

메들리

• 아바 아버지 (226) • 들풀에 깃든 사랑 (283) • 주님만 사랑하리 (333)

299 십자가로 갑니다

(날 대신하여 지신 십자가로 / I Come To The Cross)

Bill Batstone & Robert C. Somma

메들리 • 갈보리 십자가의 (267) • 세 개의 못 (295) • 슬픔 걱정 가득 차고 (300)

(신) 1651
(구) 957

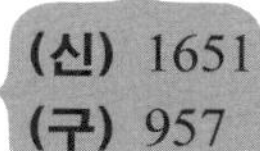

슬픔 걱정 가득 차고

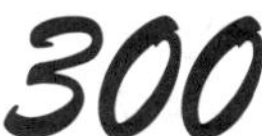

(갈보리 / Burdens Are Lifted At Calvary)

John M. Moore

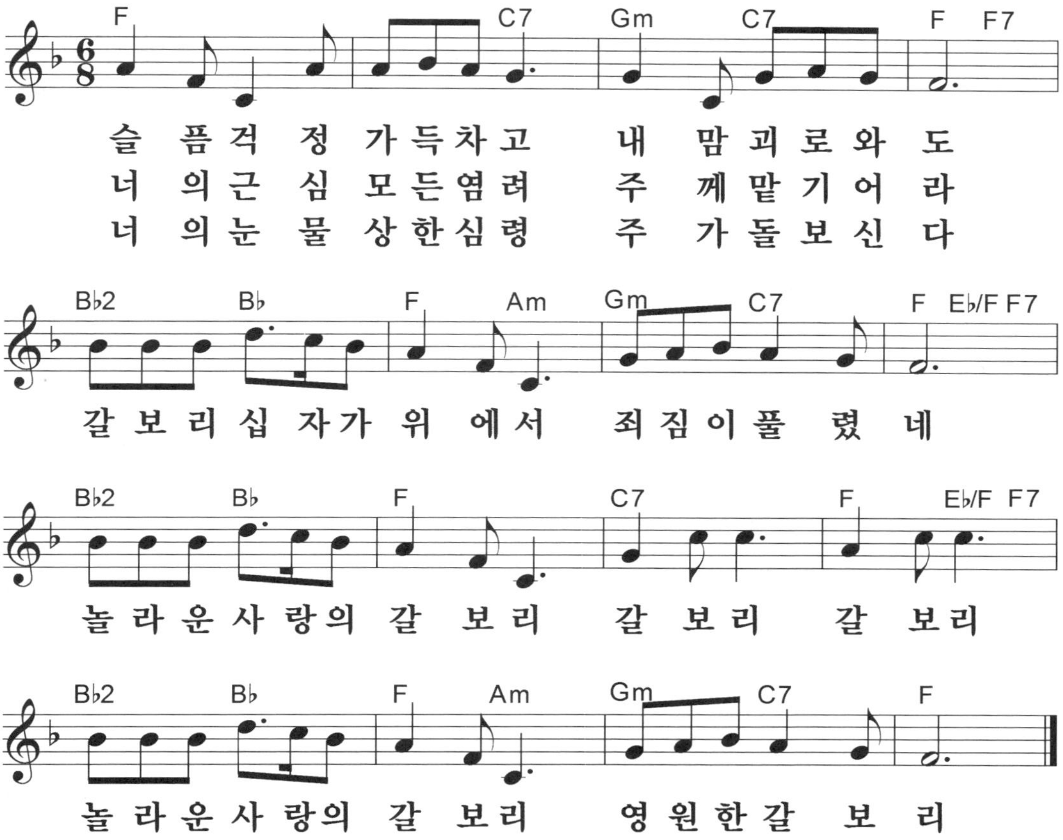

F C7 Gm C7 F F7
슬 픔 걱 정 가 득 차 고 내 맘 괴 로 와 도
너 의 근 심 모 든 염 려 주 께 맡 기 어 라
너 의 눈 물 상 한 심 령 주 가 돌 보 신 다
B♭2 B♭ F Am Gm C7 F E♭/F F7
갈 보 리 십 자 가 위 에 서 죄 짐 이 풀 렸 네
B♭2 B♭ F C7 F E♭/F F7
놀 라 운 사 랑 의 갈 보 리 갈 보 리 갈 보 리
B♭2 B♭ F Am Gm C7 F
놀 라 운 사 랑 의 갈 보 리 영 원 한 갈 보 리

메들리

• 갈보리 십자가의 (267) • 세 개의 못 (295) • 십자가로 갑니다 (299)

301 여호와의 유월절

(지극히 높은 주님의)

조영준

(신) 1320
(구) 841

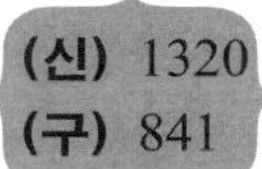

열어 주소서

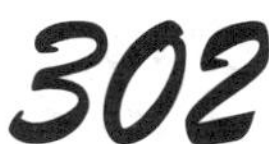

송명희 & 최덕신

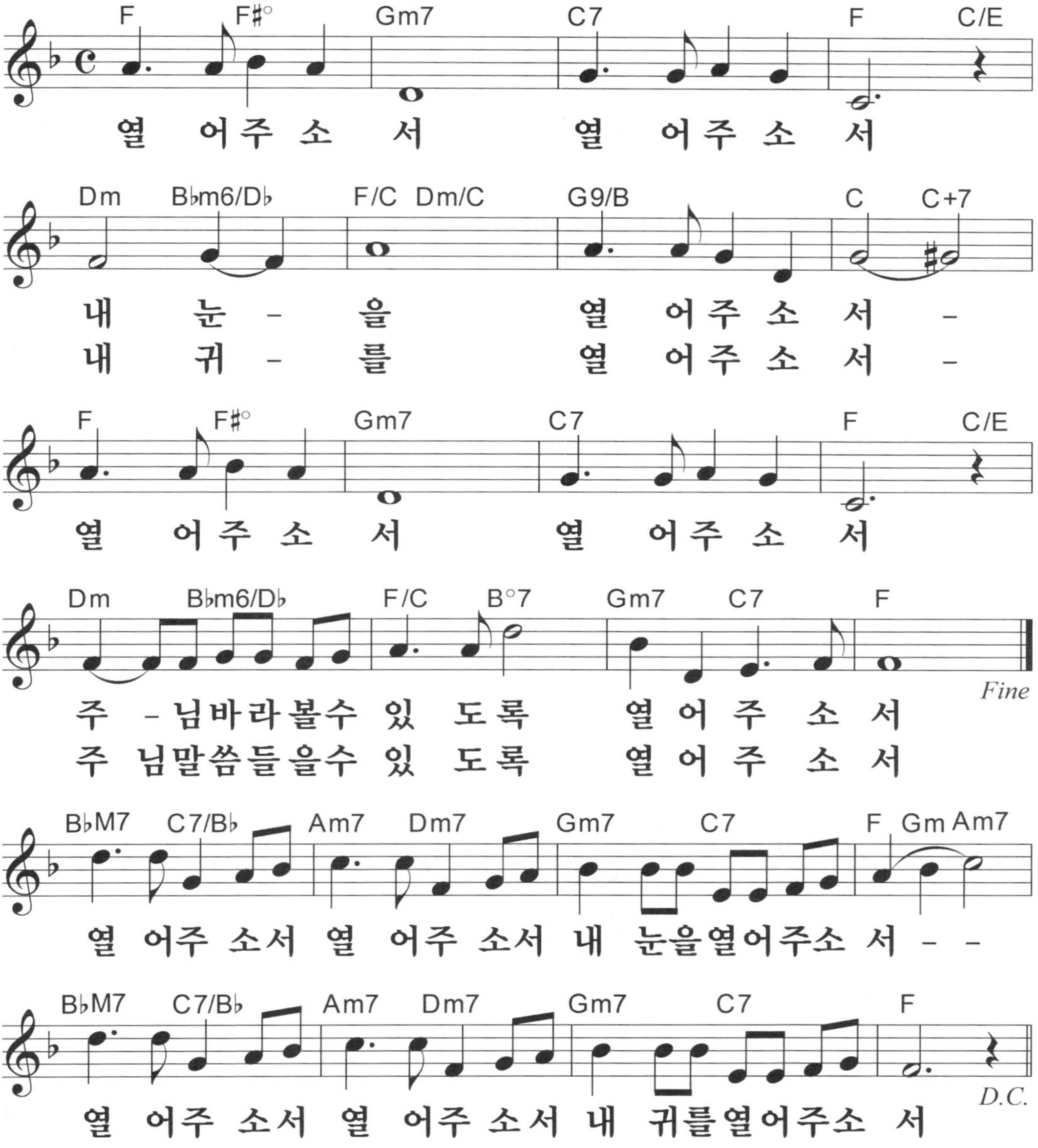

F F#° Gm7 C7 F C/E
열 어주 소 서 열 어주 소 서
Dm B♭m6/D♭ F/C Dm/C G9/B C C+7
내 눈 – 을 열 어주 소 서 –
내 귀 – 를 열 어주 소 서 –
F F#° Gm7 C7 F C/E
열 어주 소 서 열 어주 소 서
Dm B♭m6/D♭ F/C B°7 Gm7 C7 F
주 –님바라볼수 있 도록 열 어 주 소 서
주 님말씀들을수 있 도록 열 어 주 소 서
Fine
B♭M7 C7/B♭ Am7 Dm7 Gm7 C7 F Gm Am7
열 어주 소서 열 어주 소서 내 눈을열어주소 서 – –
B♭M7 C7/B♭ Am7 Dm7 Gm7 C7 F
열 어주 소서 열 어주 소서 내 귀를열어주소 서
D.C.

메들리
• 내 주 같은 분 없네 (210) • 아버지 사랑합니다 (298) • 온 맘 다해 (311)

303 영원하신 나의 목자

(나를 사랑하시는 주님)

(신) 1286
(구) 1703

안철호

메들리

• 아버지 사랑합니다 (298) • 온 맘 다해 (311) • 예수 예수 예수 (305)

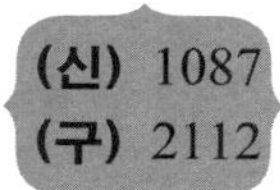

(신) 1087
(구) 2112

예배합니다

304

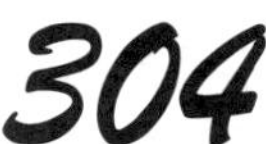

(완전하신 나의 주 / I Will Worship You)

Rose Lee

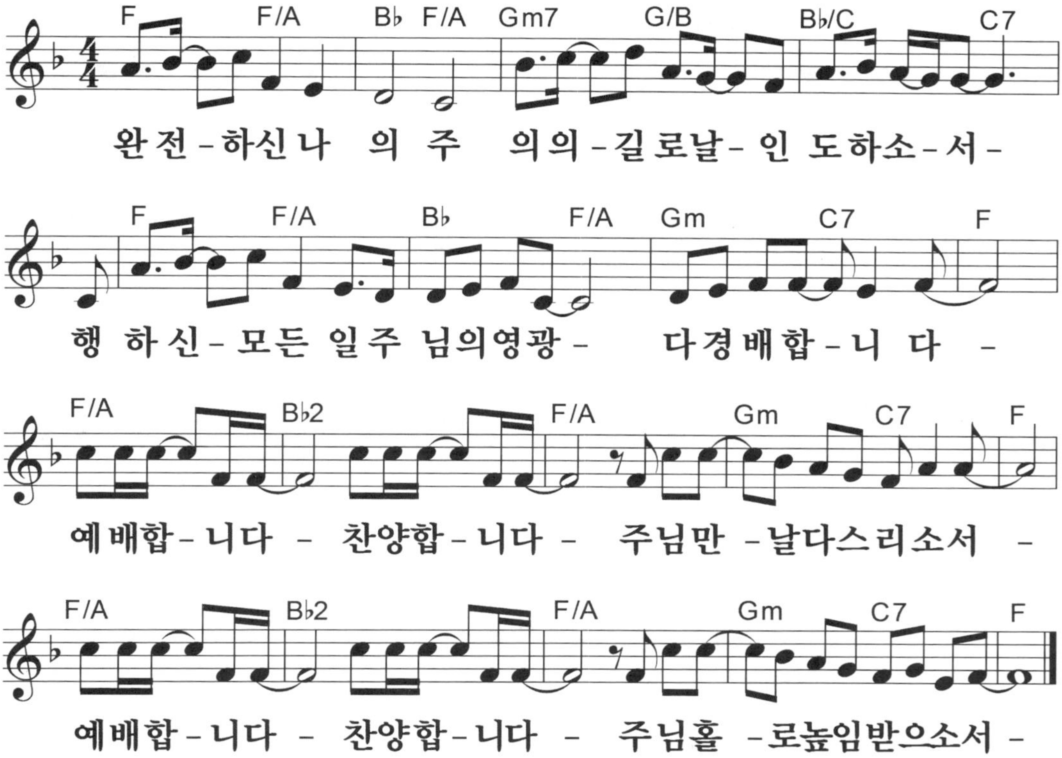

F F/A B♭ F/A Gm7 G/B B♭/C C7
완 전 - 하 신 나 의 주 의 의 - 길 로 날 - 인 도 하 소 - 서 -
F F/A B♭ F/A Gm C7 F
행 하 신 - 모 든 일 주 님 의 영 광 - 다 경 배 합 - 니 다 -
F/A B♭2 F/A Gm C7 F
예 배 합 - 니 다 - 찬 양 합 - 니 다 - 주 님 만 - 날 다 스 리 소 서 -
F/A B♭2 F/A Gm C7 F
예 배 합 - 니 다 - 찬 양 합 - 니 다 - 주 님 홀 - 로 높 임 받 으 소 서 -

메 들 리

• 거룩하신 하나님 (268) • 아버지 사랑합니다 (298) • 주를 찬양하며 (335)

305

예수 예수 예수

(주님을 사랑하는 기쁨을)

배지완

F C/E D m7 F/C

주님을 – 사랑하 – 는기쁨을 – 그즐거움 – 을빼앗기

B♭ C sus4 F C/E

– 지않– 게 – 하소– 서 주님을 – 사랑하 – 는 기쁨을

D m7 F/C B♭ C sus4

– 그즐거움 – 을빼앗기 – 지않– 게– 하 소 서– – 예 수

𝄋 F C/E D m7 F/C B♭ C sus4

– 예수– 예수 – 예수 – 주님을 – 사랑합니 – 다 – 예수

F C/E D m7 F/C B♭ C 1, 3. F 2. F

– 예수– 예수 – 예수 – 주님을 – 사랑합–니다 – 예수 –

last time Fine

F C/E D m7 F/C B♭

호– – –산–나– 호– – –산–나– 어 서 오셔 서

C sus4C F C/E D m7 F/C B♭

–(우리왕–) 호– – –산–나– 호– – –산–나– 어서오셔서

C sus4 F sus4 C/E D m7 F/C B♭ B♭/C

– 우리왕 –

D.C.

예수 예수 예수

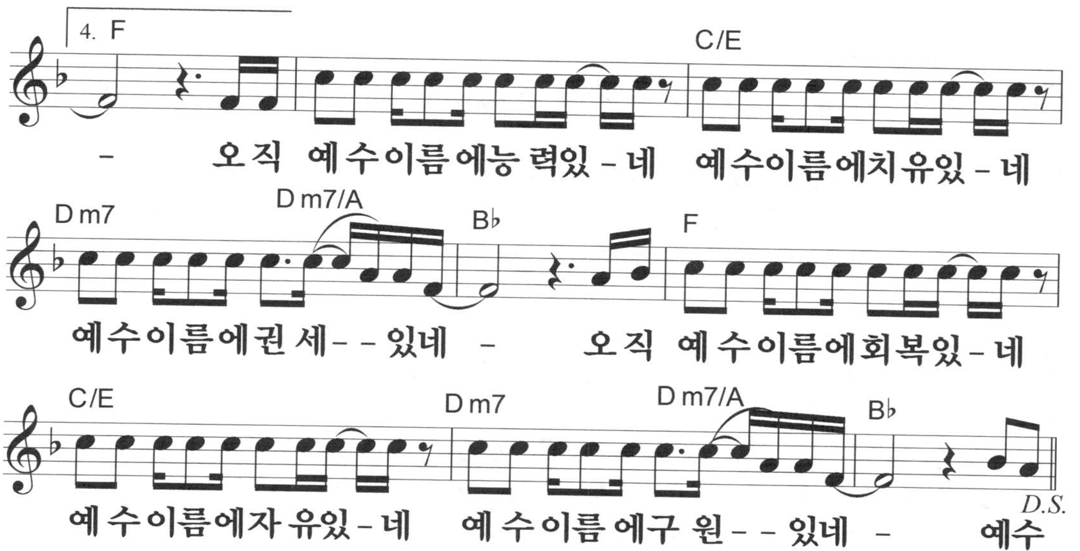

메들리
• 여호와의 유월절 (301) • 영원하신 나의 목자 (303) • 주 여호와 능력의 주 (324)

306 예수 이름으로

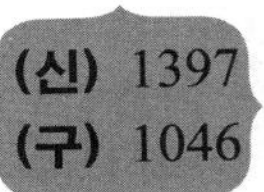

Maori Origin

F Bb F C

예수이름으로 예수이름으로 승리를얻었네
예수님을따라 예수님을따라 어디든가리라
예수이름으로 예수이름으로 마귀는쫓긴다

C7 F

예수이름으로 예수이름으로 승리를얻었네
예수님을따라 예수님을따라 언제고살리라
예수이름으로 예수이름으로 병마는쫓긴다

Bb F C7 F

예수 이름으로 나아갈-때 우리앞에누가 서리요
예수 님을따라 나아갈-때 밝은태양빛이 비치고
예수 이름으로 나아갈-때 누가나를괴롭 히리요

Bb F C7 F

예수 이름으로 나아갈-때 승리를얻었네
예수 님을따라 살아갈-때 밝은내일있네
예수 이름으로 기도할-때 마귀는쫓긴다

메들리

• 나 주의 믿음 갖고 (276) • 성령 받으라 (292) • 성령 충만으로 (293)

예수께 가면

307

(짐이 무거우냐 / Reach Out to Jesus)

Ralph Carmichael

308 예수는 나의 영광

정종원

예수는 - 나의 영 - 광 - 또 예수는 - 나의 소 망 내
안에계신주 - 닮기원하네 - 주님 닮기를 - 원하네 -
예수는 - 나의 전 - 부 - 예수는 - 나의 보 배 내
안에오셔서 - 생명되셨네 - 언 제나 - 새힘을주시네 -
예 수 - 나의모든능 - - 력 - 예 수 -
나의모든기 - - 쁨 - 예 수 - 나의모든소 - - 망 - 예 -
나의귀한생 - - 명 - 내게있는전 - - 부 -
수 - - - - - 예 - 수 - 수 - - 나의 주

메들리
• 여호와의 유월절 (301) • 예수 예수 예수 (305) • 주 나의 모든 것 (327)

오늘 이 곳에 계신 성령님

309

전은주, 박보람 & 전은주

메들리

• 성도의 노래 (291) • 주님 내가 주의 장막을 (296) • 주님만 사랑하리 (333)

310 오직 믿음으로

(세상 흔들리고)

(신) 1211
(구) 1692

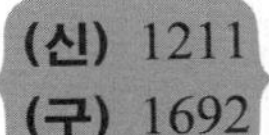

고형원

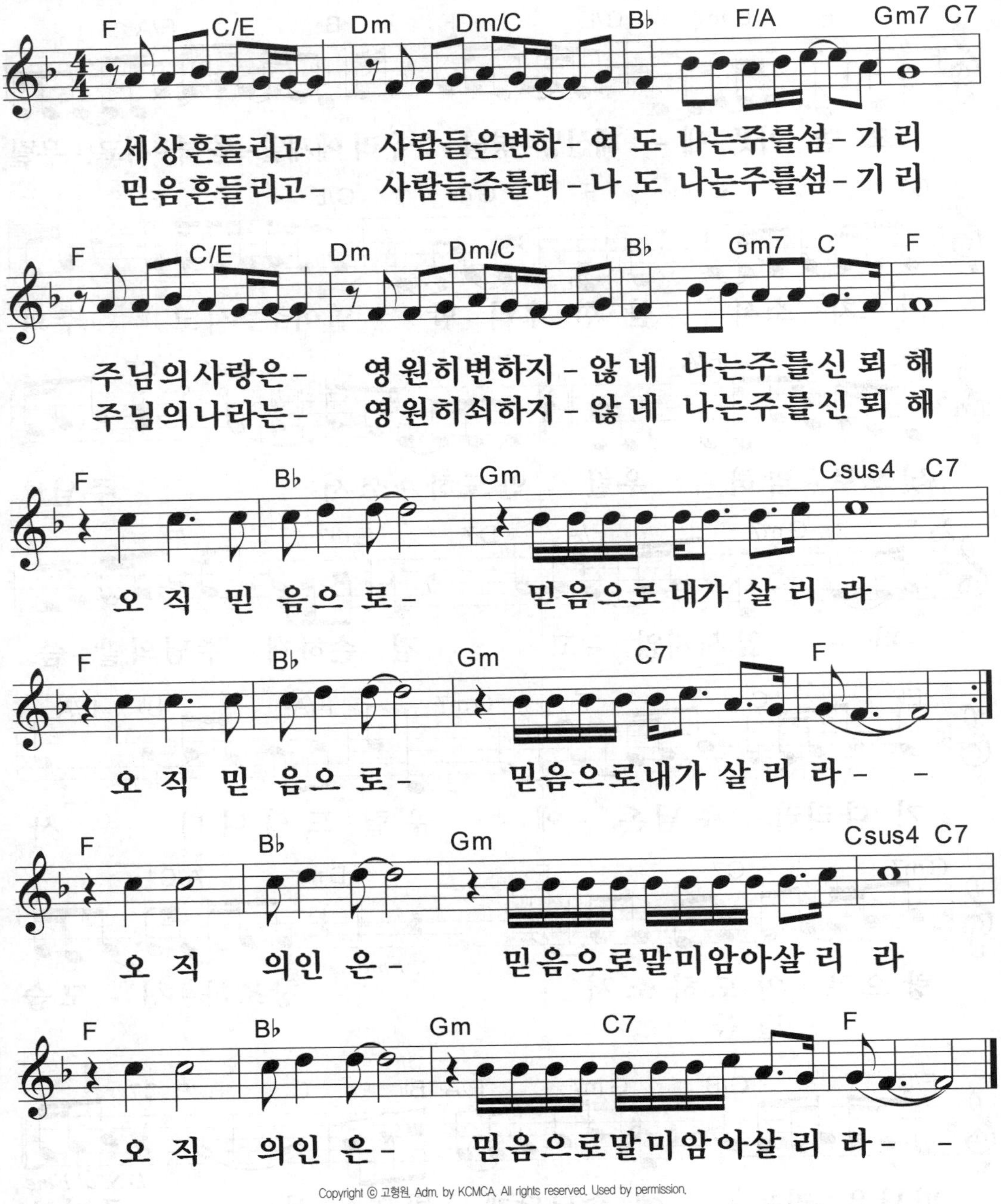

F C/E Dm Dm/C B♭ F/A Gm7 C7
세상흔들리고- 사람들은변하-여 도 나는주를섬-기 리
믿음흔들리고- 사람들주를떠-나 도 나는주를섬-기 리
F C/E Dm Dm/C B♭ Gm7 C F
주님의사랑은- 영원히변하지-않네 나는주를신뢰 해
주님의나라는- 영원히쇠하지-않네 나는주를신뢰 해
F B♭ Gm Csus4 C7
오 직 믿 음으 로- 믿음으로내가 살 리 라
F B♭ Gm C7 F
오 직 믿 음으 로- 믿음으로내가 살 리 라- -
F B♭ Gm Csus4 C7
오 직 의인 은- 믿음으로말미암아살 리 라
F B♭ Gm C7 F
오 직 의인 은- 믿음으로말미암아살 리 라- -

메들리

• 예배합니다 (304) • 온 맘 다해 (311) • 주님만 사랑하리 (333)

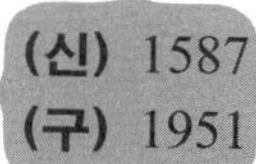

온 맘 다해

(주님과 함께하는 / With all my heart)

Babbie Mason

주 님과함께하는 이 고요한-시-간 주 님의보좌앞에
나 염려하잖아도 내 쓸것아-시-니 나 오직주의얼굴

내 마음을-쏟-네 모든것아시는주님 께 감출것없네
구 하게하-소-서 다 이해할수없을때라 도 감사하며

내 맘과정성다해 주 바라나-이- 다
날 마다순종하며 주 따르오-리- 다

온맘다해 사랑합니다- 온맘다해 주알기 원하네

내모든삶 당신것이니- 주만섬기-리 온맘다해

메들리

• 성도의 노래 (291) • 오늘 이 곳에 계신 성령님 (309) • 온 맘 다해 주 사랑하라 (312)

312 온 맘 다해 주 사랑하라

(You shall love the Lord)

Jimmy Owens

온 맘 다 해주 - 사랑 - 하 - 라 -

생 명 다 해주 - 사랑 - 하 - 라 -

뜻 을 다 하여 - 사랑 - 하라 - - 온맘 다

해 생명 다 해 주 사 랑해 - -

- 주 사 랑 해 - - 요 존 귀 하신 - 주님 -

주 사 랑 해 - 요 큰 일 행하 - 셨네 -

주 사 랑 해 - - 요 더 욱 사 랑해 -

온맘 다 해 생명 다 해 주 사 랑 해 -

(신) 1776
(구) 706

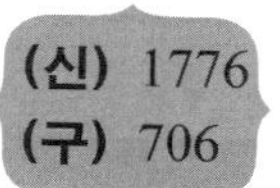

왕이신 나의 하나님

(PSALM 145)

Stephen Hah

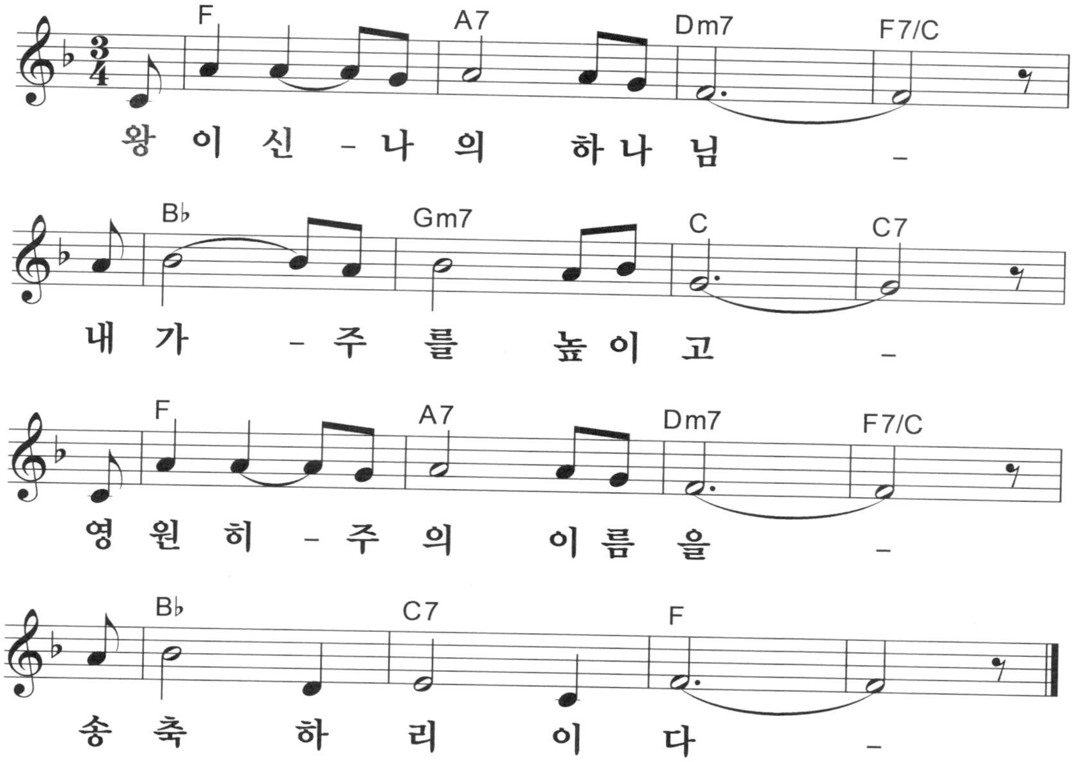

F
A7
Dm7
F7/C
왕 이 신 - 나 의 하 나 님 -
B♭
Gm7
C
C7
내 가 - 주 를 높 이 고 -
F
A7
Dm7
F7/C
영 원 히 - 주 의 이 름 을 -
B♭
C7
F
송 축 하 리 이 다 -

메들리
• 마음이 상한 자를 (284) • 아버지 사랑합니다 (298) • 왕이신 하나님 높임을 받으소서 (316)

314 왕 되신 주 앞에 나 나아갑니다

(구) 2204

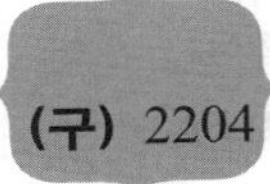

(햇살보다 밝게 빛나는 / Offering)

Paul Baloche

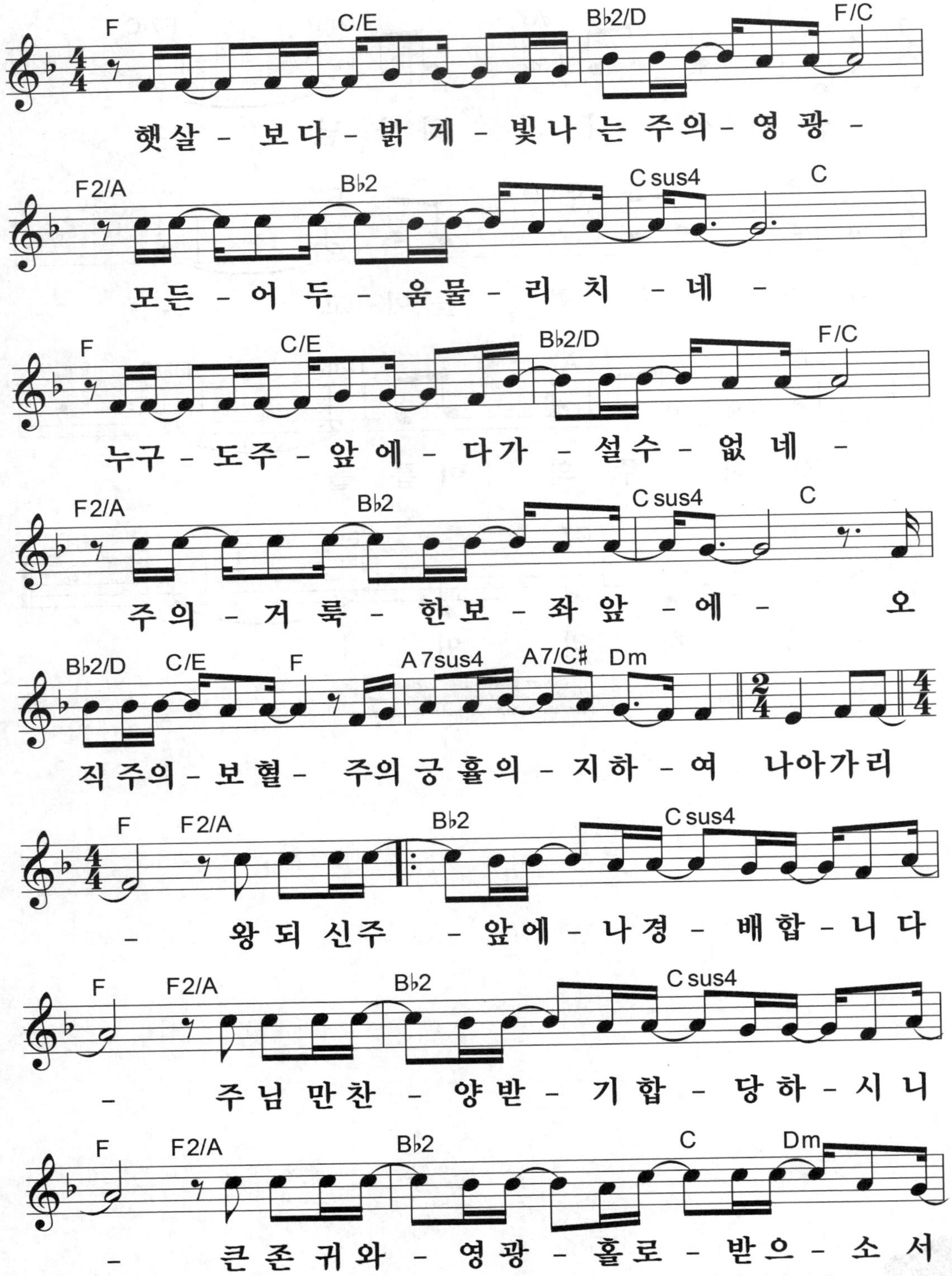

F C/E B♭2/D F/C
햇살 - 보다 - 밝게 - 빛나는 주의 - 영광 -
F2/A B♭2 C sus4 C
모든 - 어두 - 움물 - 리치 - 네 -
F C/E B♭2/D F/C
누구 - 도주 - 앞에 - 다가 - 설수 - 없네 -
F2/A B♭2 C sus4 C
주의 - 거룩 - 한보 - 좌앞 - 에 - 오
B♭2/D C/E F A 7sus4 A7/C♯ Dm
직주의 - 보혈 - 주의긍휼의 - 지하 - 여 나아가리
F F2/A B♭2 C sus4
- 왕되신주 - 앞에 - 나경 - 배합 - 니다
F F2/A B♭2 C sus4
- 주님만찬 - 양반 - 기합 - 당하 - 시니
F F2/A B♭2 C Dm
- 큰존귀와 - 영광 - 홀로 - 받으 - 소서

이제는 내게

315

(No Condemnation)

Charles F. Monroe

316 왕이신 하나님 높임을 받으소서

(He is exalted)

(신) 1610
(구) 704

Twila Paris

메들리 • 아버지 사랑합니다 (298) • 왕이신 나의 하나님 (313) • 주를 찬양하며 (335)

(신) 1469
(구) 1182

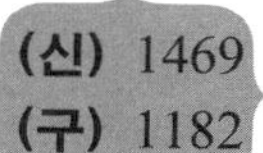

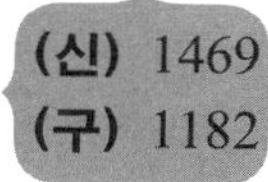

요한의 아들 시몬아

권희석

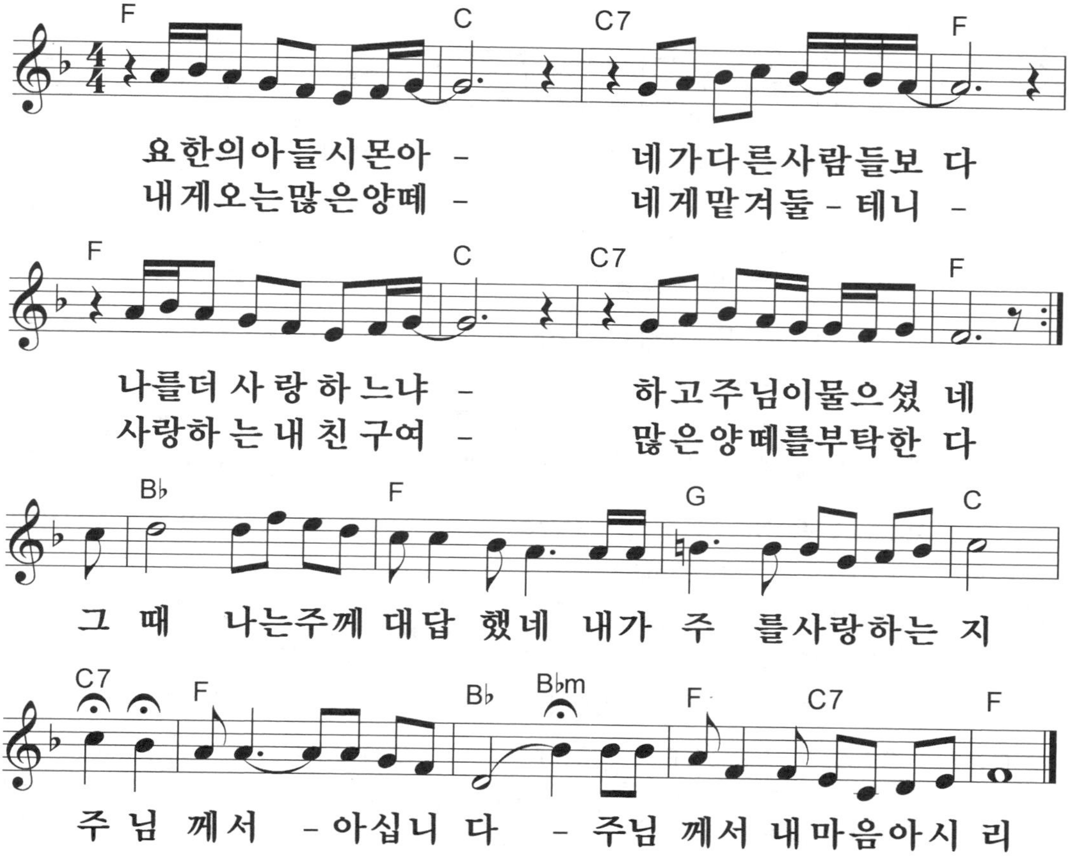

F C C7 F
요한의아들시몬아 - 네가다른사람들보 다
내게오는많은양떼 - 네게맡겨둘 - 테니 -
F C C7 F
나를더 사 랑 하 느냐 - 하고주님이물으셨 네
사랑하 는 내 친 구여 - 많은양떼를부탁한 다
B♭ F G C
그 때 나는주께 대답 했네 내가 주 를사랑하는 지
C7 F B♭ B♭m F C7 F
주 님 께서 - 아십니 다 - 주님 께서 내마음아시 리

메들리

- 주의 긍휼로 (247)
- 왕 되신 주 앞에 나 나아갑니다 (314)
- 요게벳의 노래 (318)

318

요게벳의 노래

(작은 갈대 상자)

염평안, 최에스더 & 염평안

요게벳의 노래

메들리
• 하나님의 은혜 (177) • 성도의 노래 (291) • 예수 예수 예수 (305)

319 우리는 주의 백성이오니

(신) 1872
(구) 698

(We are Your people)

메들리
• 예수 하나님의 공의 (142) • 오직 믿음으로 (310) • 우린 쉬지 않으리 (320)

우린 쉬지 않으리

(Knocking On The Door Of Heaven)

메들리

• 삶의 작은 일에도 (297) • 오직 믿음으로 (310) • 우리는 주의 백성이오니 (319)

321

은혜의 강가로

(신) 1976
(구) 2161

(내 주의 은혜 강가로)

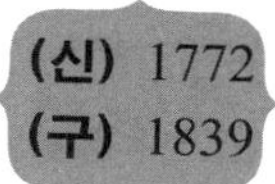

(신) 1772
(구) 1839

이 땅에 오직 주 밖에 없네 322

정종원

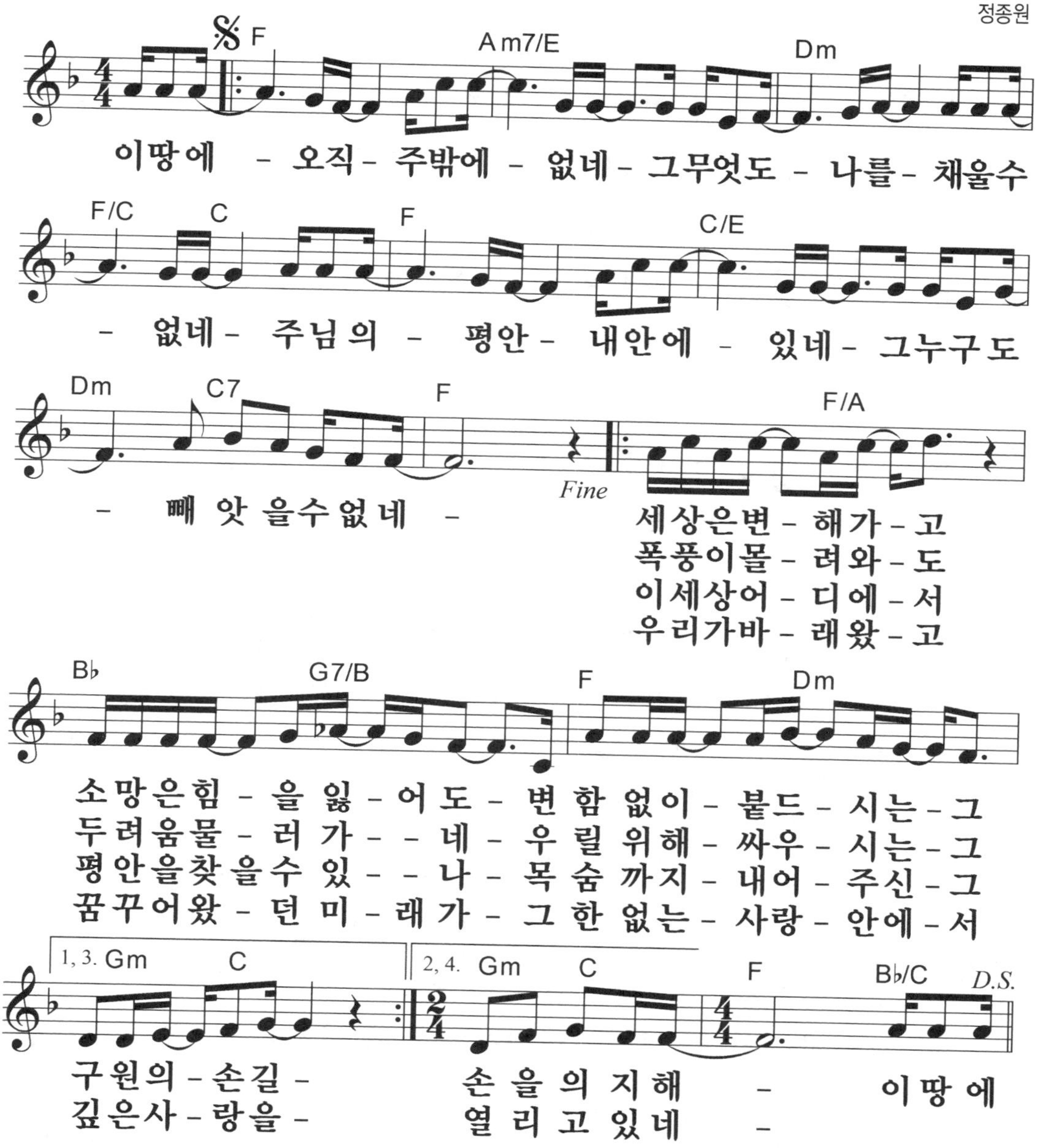

F Am7/E Dm
이땅에 - 오직 - 주밖에 - 없네 - 그무엇도 - 나를 - 채울수
F/C C F C/E
- 없네 - 주님의 - 평안 - 내안에 - 있네 - 그누구도
Dm C7 F F/A
- 빼 앗 을수없네 -
Fine
세상은변 - 해가 - 고
폭풍이몰 - 려와 - 도
이세상어 - 디에 - 서
우리가바 - 래왔 - 고
B♭ G7/B F Dm
소망은힘 - 을 잃 - 어 도 - 변 함 없이 - 붙드 - 시는 - 그
두려움물 - 러 가 - - 네 - 우 릴 위해 - 싸우 - 시는 - 그
평안을찾을수 있 - - 나 - 목 숨 까지 - 내어 - 주신 - 그
꿈꾸어왔 - 던 미 - 래가 - 그 한 없는 - 사랑 - 안에 - 서
1, 3. Gm C 2, 4. Gm C F B♭/C D.S.
구원의 - 손길 - 손 을 의 지 해 - 이 땅 에
깊은사 - 랑을 - 열 리 고 있 네 -

메들리
• 예수 가장 귀한 그 이름 (219) • 아버지 사랑합니다 (298) • 왕 되신 주 앞에 나 나아갑니다 (314)

323 이런 교회 되게 하소서

(진정한 예배가 숨쉬는 교회)

김인식

F Gm B♭ C C#dim Dm G/B
진정 한 예배가 숨쉬는교회 주님 이주인되시

Gm C F Gm B♭ C B♭ B♭/C
는교회 – 믿음 의기도가 쌓이는교회 최고 의 찬 양을드리

Fsus4 F B♭/C F Gm B♭ C C#dim Dm G/B
는 교회 – 말씀이 살 – 아 움 직이는교회 성도 의 사 랑이넘치

Gm C F Gm B♭ C B♭m B♭/C
는 교회 – 섬김 과 헌신이 기쁨이되어 열매 맺 는아름다운교

Fsus4 F F7 B♭ C/B♭ F E♭/F F B♭ C F E♭/F
회 주님 의 마음닮아 서 이웃 을 사랑하는교 회 주님

B♭ C/B♭ Am D Gm G/B B♭/C C
의 – 영광을위해 서 빛되신 주 님 전하는교 회 사랑

F Gm B♭ C C#dim Dm G/B Gm C
의 불꽃이 활짝피어나 날마 다 사 랑에빠지 는 교회 – 주께

F Gm B♭ C B♭m B♭/C Fsus4 F
서 사 – 랑 하는 우리교회가 이런 교 회되게하소서 –

(신) 1566
(구) 1231

주 여호와 능력의 주 324

(I am the God that health Thee)

Don Moen

F M7
A m7
G m7
B♭/C C7
B♭/F F
C/E

주여호와 - 능력의 - 주 - 내영혼의 - 치 료자

D m
D m7
G m7
G m/C
C7
G m/F F

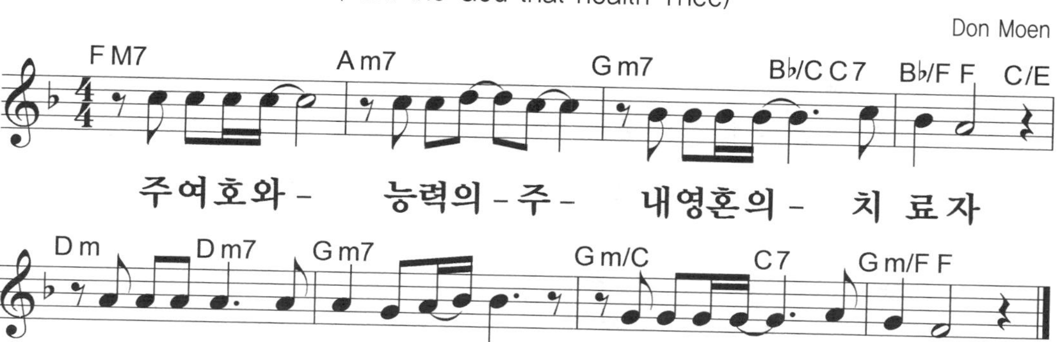

말씀으로 날 고 치시 - 네 주님나의 - 치 료 자

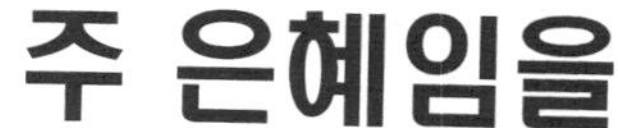

주 은혜임을 325

(주 나의 모습 보네)

정선경 & 소진영

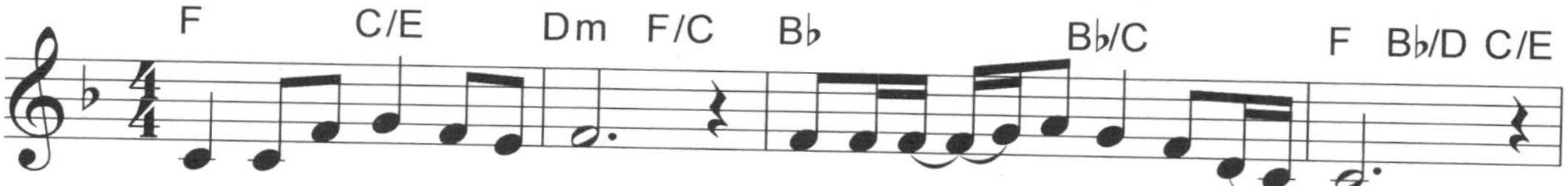

F
C/E
Dm
F/C
B♭
B♭/C
F
B♭/D
C/E

주 나의모습보 네 상한나 - - 의맘 보시 - 네
주 사랑내게있 네 그사랑 - - 이날 채우 - 네

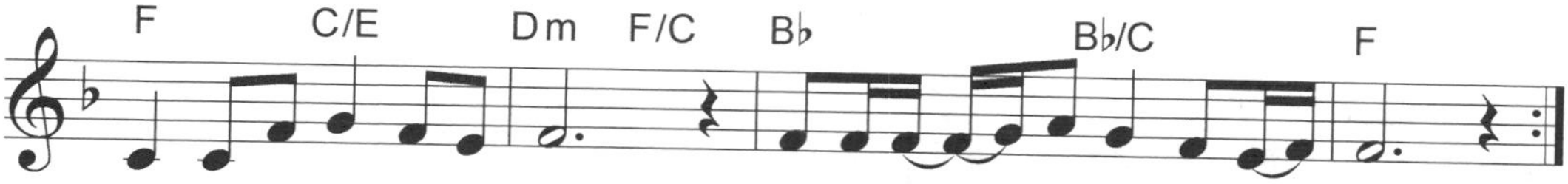

F
C/E
Dm
F/C
B♭
B♭/C
F

주 나의눈물아 네 홀로울 - - 던맘 아시 - 네
주 은혜내게있 네 그은혜 - - 로날 세우 - 네

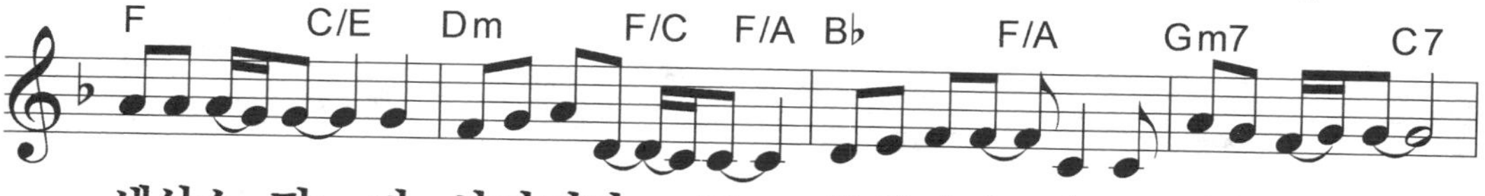

F
C/E
Dm
F/C
F/A
B♭
F/A
Gm7
C7

세상소 - 망 - 다 사라져가 - - 도 - 주의사랑 - 은끝 이없으 - 니 -

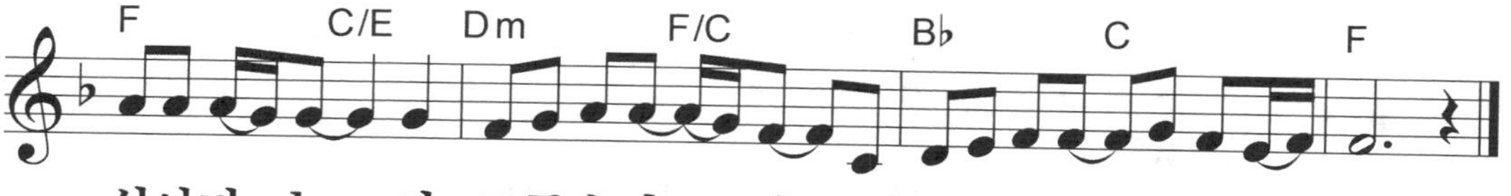

F
C/E
Dm
F/C
B♭
C
F

살아가 - 는 - 이 모든순간 - - 이 - 주 은혜임을 - 나는믿 - 네

326

전부

(내 감은 눈 안에)

최경아 & 유상렬

전부

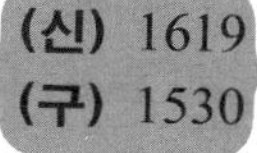

주 나의 모든 것

327

(약할 때 강함 되시네 / You are my all in all)

Dennis Jernigan

• 아버지 사랑합니다 (298) • 온 맘 다해 (311) • 주 임재하시는 곳에 (328)

328 주 임재하시는 곳에

(I love to be in Your presence)

Paul Baloche & ED Kerr

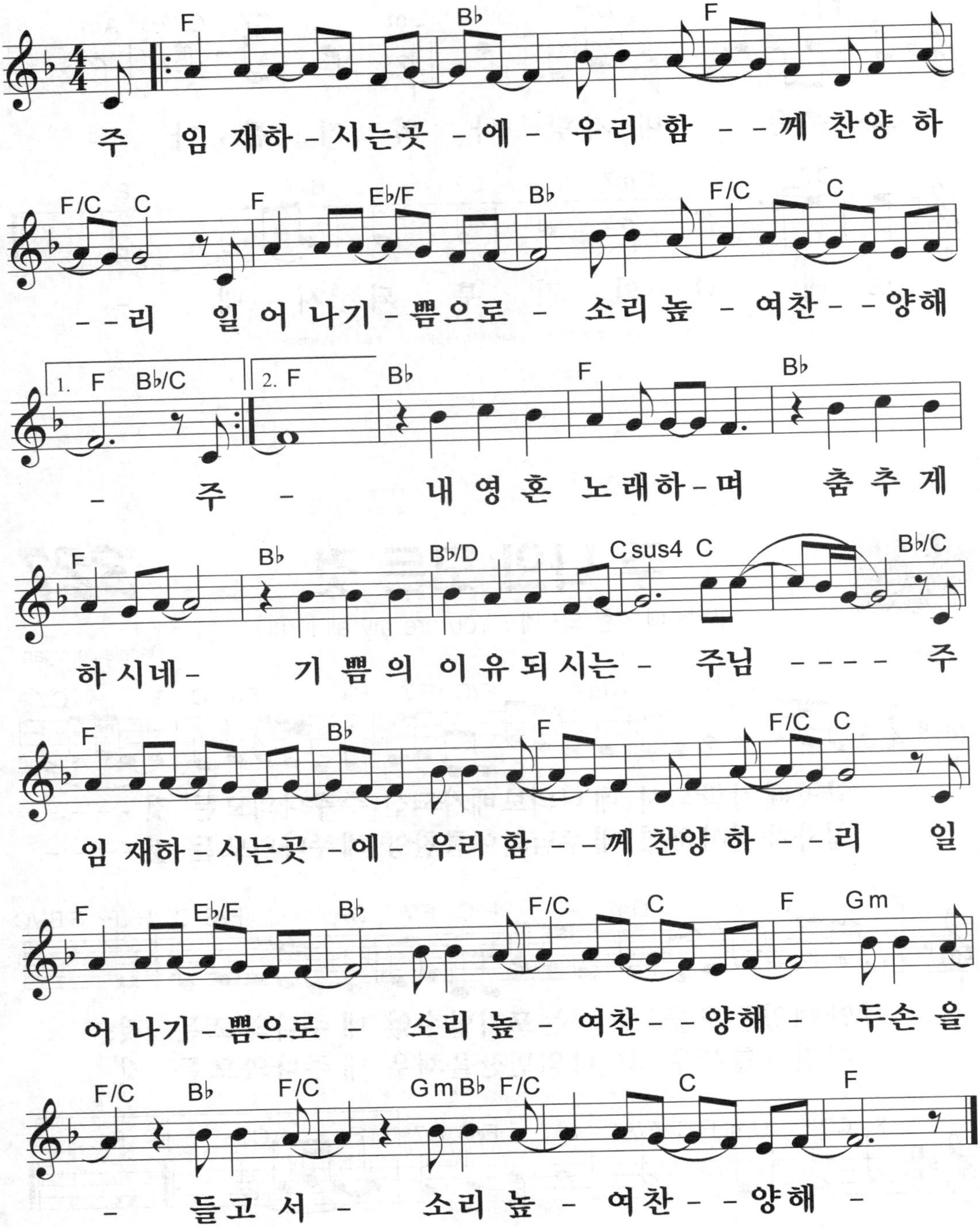

F Bb F
주 임재하-시는곳 -에- 우리 함 - -께 찬양 하

F/C C F Eb/F Bb F/C C
- -리 일 어 나기-쁨으로 - 소리 높 - 여찬- -양해

1. F Bb/C 2. F Bb F Bb
- 주 - 내 영 혼 노래하-며 춤 추 게

F Bb Bb/D Csus4 C Bb/C
하 시 네- 기 쁨 의 이 유 되 시 는 - 주님 - - - - 주

F Bb F F/C C
임 재하-시는곳 -에- 우리 함 - -께 찬양 하 - -리 일

F Eb/F Bb F/C C F Gm
어 나기-쁨으로 - 소리 높 - 여찬- -양해 - 두손 을

F/C Bb F/C Gm Bb F/C C F
- 들고 서 - 소리 높 - 여찬 - -양해 -

메들리 • 오늘 이 곳에 계신 성령님 (309) • 주 은혜임을 (325) • 주 나의 모든 것 (327)

주께서 내 길 예비하시네

조일상
F C7 F
주 께 서 내 길 예 비 하 시 네 –
나 이 제 주 를 따 라 가 려 네 –
나 이 제 겸 손 하 게 살 리 라 –
나 이 제 기 도 하 며 살 리 라 –
나 이 제 진 실 하 게 살 리 라 –
F C7 F F7
주 께 서 내 길 예 비 하 시 네 –
나 이 제 주 를 따 라 가 려 네 –
나 이 제 겸 손 하 게 살 리 라 –
나 이 제 기 도 하 며 살 리 라 –
나 이 제 진 실 하 게 살 리 라 –
B♭ F
이 제 하 루 하 루 를 주 를 위 해 살 리 라
세 상 죄 길 버 리 고 생 명 길 을 찾 았 네
나 의 하 루 하 루 를 주 를 따 라 가 리 라
이 제 하 루 하 루 를 주 를 따 라 가 리 라
나 의 하 루 하 루 를 주 를 따 라 가 리 라
F C7 F
주 께 서 내 길 예 비 하 시 네 –
나 이 제 주 를 따 라 가 려 네 –
나 이 제 겸 손 하 게 살 리 라 –
나 이 제 기 도 하 며 살 리 라 –
나 이 제 진 실 하 게 살 리 라 –

330 주께 가는 길

(주 임재 없는)

F. J. CROSBY, J. MCGRANAHAN & 온맘다해

F C/E B♭/D F/C B♭ F/A

주 임 재없는 - 풍 요로움 - 보다 - 주없이 - 살수없는 - 광

G7 B♭/C F C/E B♭/D F/C

야길가 - 라 네 고 난 이내게 - 유 익이라 -

B♭ C7 1. F C/E Dm7 F/C G/B B♭/C 2. F B♭/C

고난이 - 내게유익이 라 주 라 주께로

F C/E B♭/D F/C B♭ F/A G7 B♭/C

- 가까이 - 주께로 - 가오 니 나의

F F/E♭ B♭/D B♭m6/D♭ F/C B♭/C 1.F C/E Dm F/C G/B

갈 - 길다가 도록 나와 동 - 행하소 서

B♭/C F C/E B♭/D F/C B♭ F/A

광 야 길은 아득 히 보인 - 대 도 주님과 - 함께걷는 - 가

G7 B♭/C F Em7(♭5) A7 Dm7 Cm7 B7♭13

장완전 - 한 길 - 고 난 이내게 유 익이라 -

B♭ F/A Gm7 C7 F B♭/C C/E 2. F B/D♭

고난이 - 내 게 유익이 라 주 께로 서 주 께로

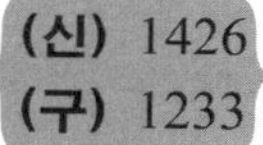

형제의 모습 속에 보이는 331

박정관

메들리
• 한 몸 (257) • 그의 생각 (273) • 주님 사랑 온누리에 (332)

332 주님 사랑 온누리에

(주님의 사랑이 이 곳에)

(신) 1394
(구) 1812

채한성

주 님의사랑이 - 이 곳에가득하기를 - 기도합 - 니 다
님의은총이 - 이 곳에가득하기를 - 기도합 - 니 다

주 님의평화가 - 우 리들가운데 - 에 있기를원합니 다 주 다
주 님의기쁨이 - 우 리들가운데 - 에 있기를원합니

때 로는지치고 - 때 로는곤해도 - 주만을바라보면 서 - - -

세 상의고통이 - 내게닥쳐와도 - 주만을사랑하리라 - -

주 님의축복이 - 이 곳에넘 쳐나기를 - 원 합 - 니 다

주 님의사랑이 - 이 곳에가득하기를 - 기도합 - 니 다

메들리

• 사랑하는 나의 아버지 (28) • 그의 생각 (273) • 주 은혜임을 (325)

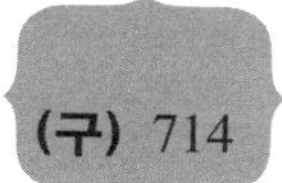

주님만 사랑하리

333

(주님만 주님만 주님만 사랑하리 / It is You)

Pete Sanchez

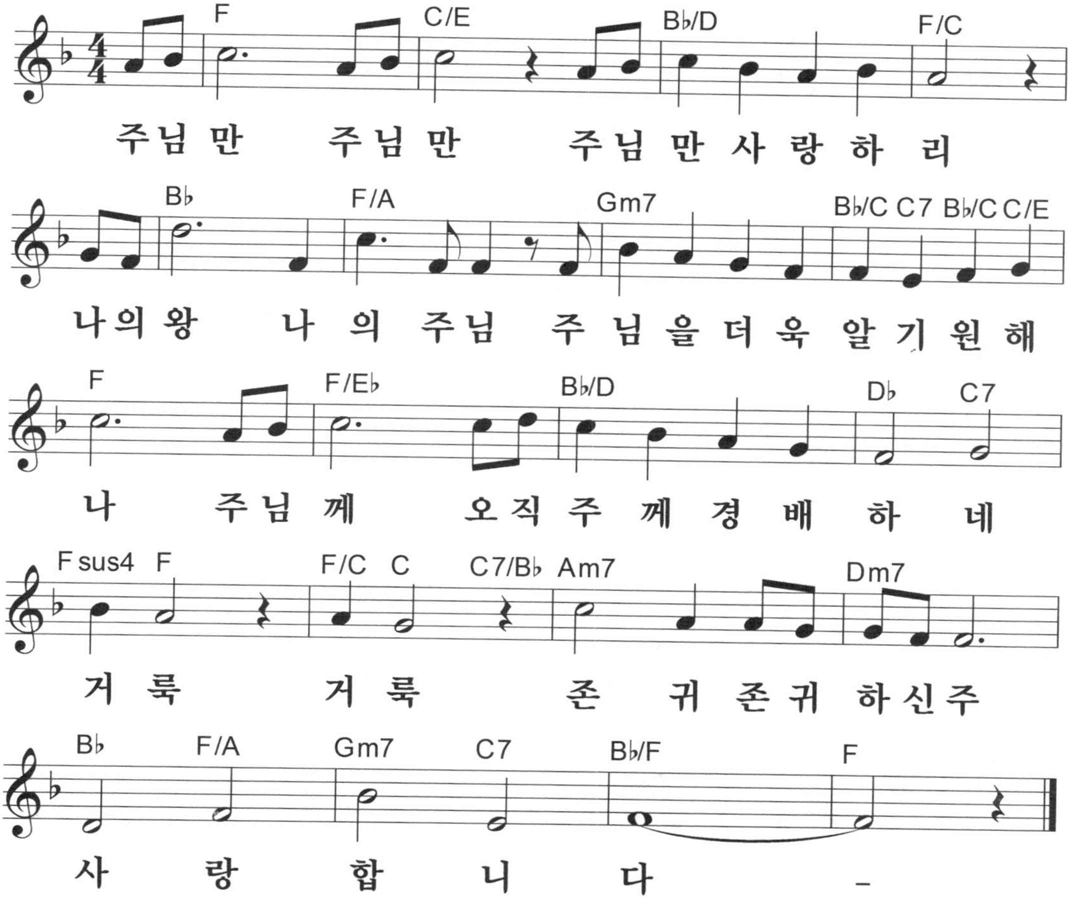

F C/E B♭/D F/C

주님만 주님만 주님만 사랑하리

B♭ F/A Gm7 B♭/C C7 B♭/C C/E

나의왕 나의 주님 주님을 더욱 알기 원해

F F/E♭ B♭/D D♭ C7

나 주님께 오직 주께 경배하네

F sus4 F F/C C C7/B♭ Am7 Dm7

거룩 거룩 존귀 존귀 하신 주

B♭ F/A Gm7 C7 B♭/F F

사랑합니다 –

메들리

• 아버지 사랑합니다 (298) • 예배합니다 (304) • 주를 찬양하며 (335)

334 주님을 더욱 알기 원하네

박철순

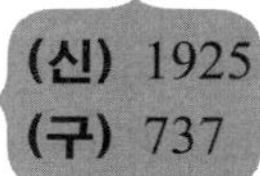

주를 찬양하며 335

(I just want to praise You)

Arthur Tannous

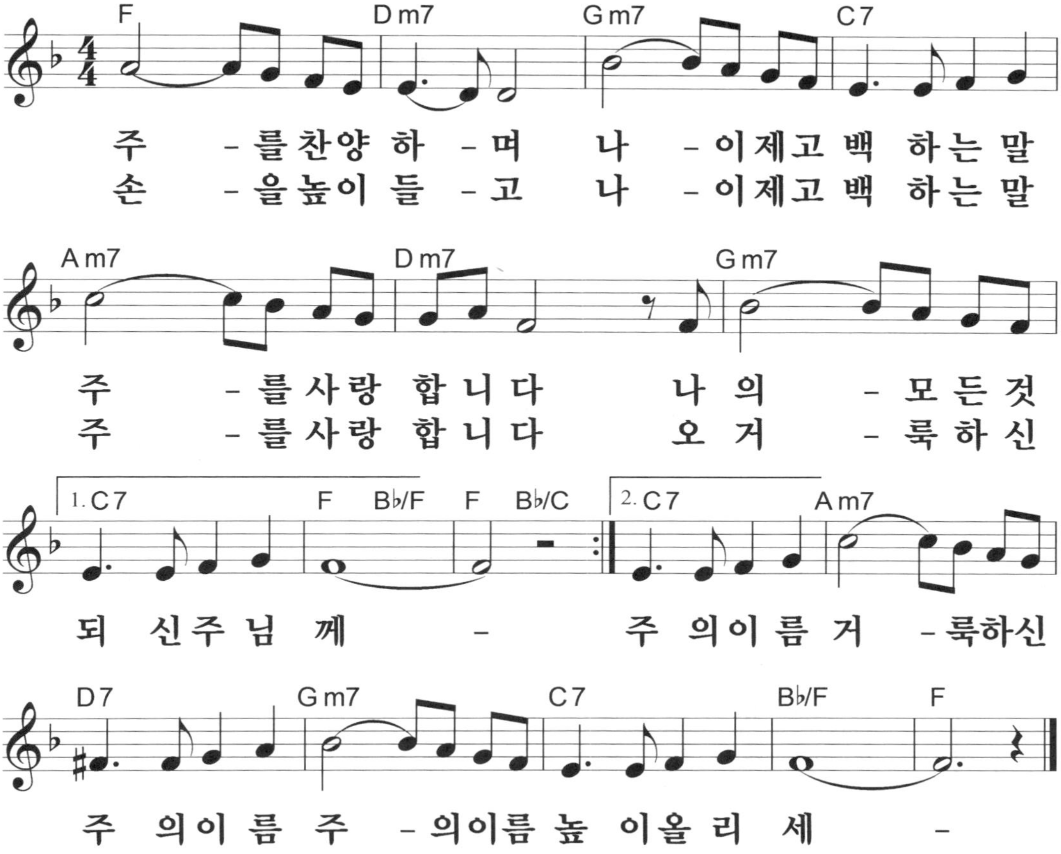

F Dm7 Gm7 C7

주 -를찬양 하 -며 나 -이제고 백 하는 말
손 -을높이 들 -고 나 -이제고 백 하는 말

Am7 Dm7 Gm7

주 -를사랑 합 니 다 나 의 -모 든 것
주 -를사랑 합 니 다 오 거 -룩 하 신

1. C7 F B♭/F F B♭/C 2. C7 Am7

되 신주님 께 - 주 의이 름 거 -룩하신

D7 Gm7 C7 B♭/F F

주 의이 름 주 -의이름 높 이올 리 세 -

메들리
• 거룩하신 하나님 (268) • 온 맘 다해 주 사랑하라 (312) • 주님만 사랑하리 (333)

336 포도나무

(신) 1753
(구) 934

(예수님은 생명의 참 포도나무)

최영일 & 김두완

메들리

• 주님 이곳에 (160) • 예수 가장 귀한 그 이름 (219) • 세 개의 못 (295)

(신) 1273
(구) 2156

회복시키소서

337

(잃어버린 나의 눈물을)

338 고난이 유익이라

(네 짐이 무겁고)

(신) 1341
(구) 1640

채수련 & 김동국

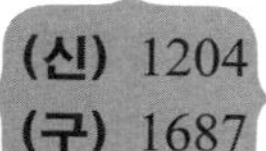

(신) 1204
(구) 1687

기적의 하나님

(그 어느날 새가 그물에)

김의수 & 김동국

Dm Gm F A7
그 어느날 - 새가 그물에걸림같이 - 내삶속에 덫이임했 - 네
그 어느날 - 아무 예고 - 도 - 없이 - 내삶속에슬픔임했 - 네
Dm Gm F A7 Dm
몸 - 부림쳤지만 - 허우 적거렸지만 - 나는약한자였 었네 -
원 - 인을찾으며 - 애 - 써봤 - 지만 - 나는무력한자 였네 -
Gm F Gm B♭ A7
내 영 혼아 네가 어찌 하여 낙망하며불안하여하는 고
Dm C 3
너는 하나님을바 라라 - 그얼 굴의도우심을 - 인하여
B♭ A7 Dm
내가오히려찬송하리 라 나의 좋으신주님 -
Gm F Em Asus4 A7 Dm
태 - 양을멈추며 - 혈루증을고쳤던주님 - 기적의하나 님
죽은자를살리며 - 모든병을고쳤던주님 - 기적의하나 님
Gm F A7 Dm
능력의하나 님 그는나 를고 쳐 주셨 네

메들리

• 하나님은 실수하지 않으신다네 (78) • 반드시 내가 너를 (340) • 사막에 샘이 넘쳐 흐르리라 (341)

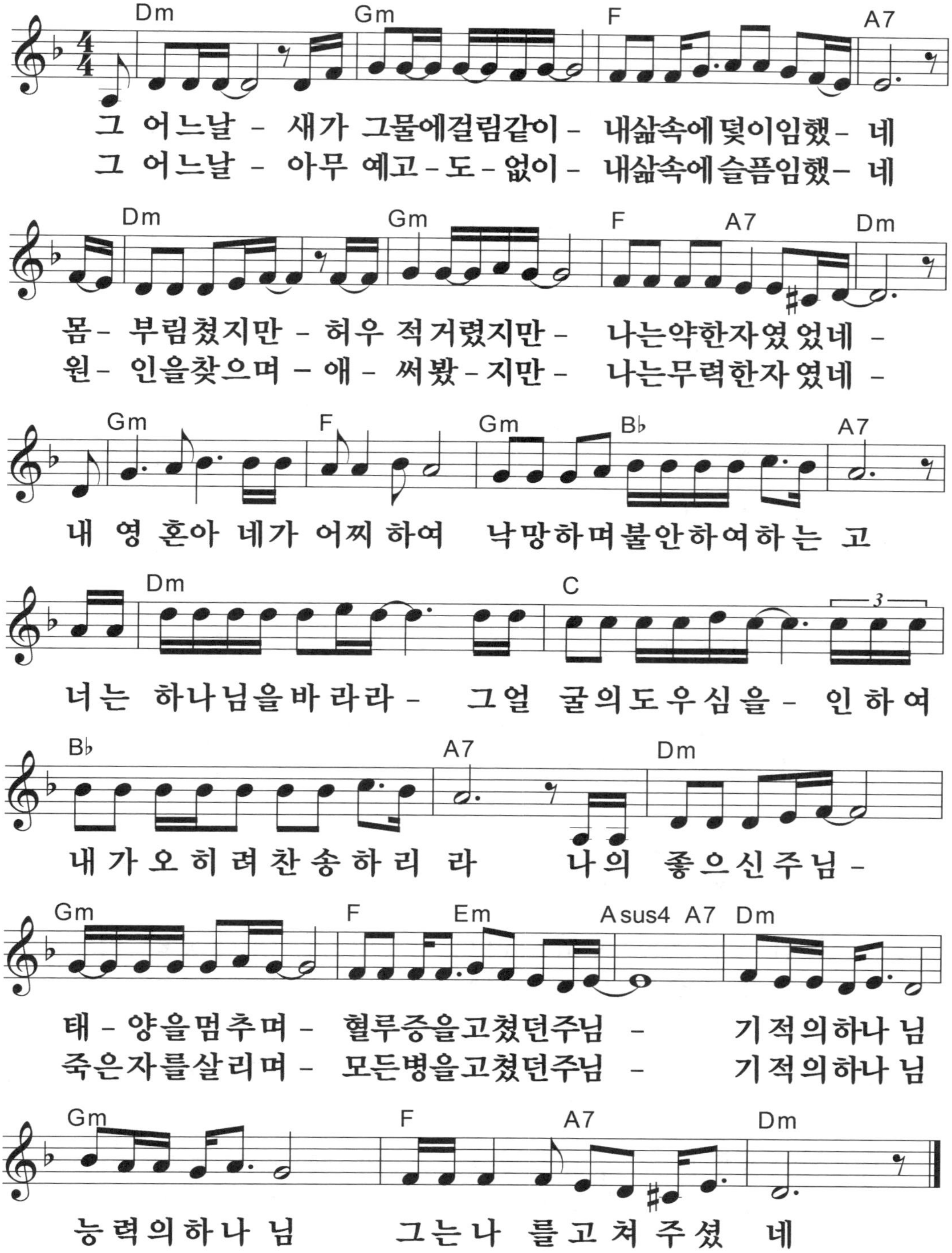

340 반드시 내가 너를

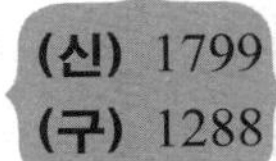

박이순

반 드시내가너를 축복하리라 반 드시내가너를 들어쓰리라

천 지는변 해도 나의약속은 영 원히변치않으 리
세 상의소 망이 사라졌어도 온 전히나를믿으 라

두 려 워 말 라 강 하 고 담 대 하 라 낙 심 하 며 실망치말라
두 려 워 말 라 강 하 고 담 대 하 라 인 내 하 며 부르짖으라

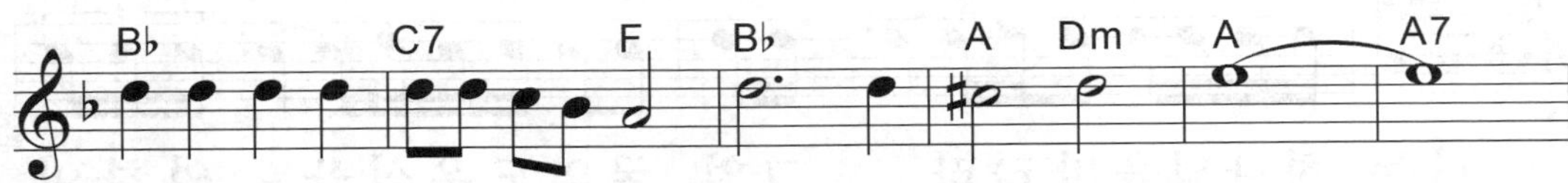

낙 심 하 며 실망치말라 실 망 치 말 라 –
인 내 하 며 부르짖으라 부 르 짖 으 라 –

네 소원이루는날 속히오리니 내 게 영광돌리 리
영 광의그 – 날이 속히오리니 내 게 찬양하리 라

네 소원이루는날 속히오리니 내 게 영광돌리 리
영 광의그 – 날이 속히오리니 내 게 찬양하리 라

메들리

• 사막에 샘이 넘쳐 흐르리라 (341) • 저 성벽을 향해 (342) • 주께서 전진해 온다 (343)

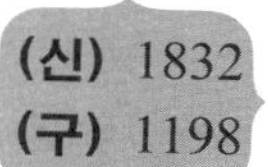

히브리 민요

사막에 샘이넘쳐 흐 르 리 라 사막에꽃이피어 향내내리라
사막에 숲이우거 지 리 - 라 사막에 예쁜새들 노래하리라

주님이 다스리는 그나라가되면은 사막이 꽃동산되 리
주님이 다스리는 그나라가되면은 사막이 낙원되리 라

사 자들이 어린양과뛰놀고 어 린 이 들 함께뒹구는
독 사굴에 어린이가손넣고 장 난 쳐 도 물지않 - 는

참 사랑과 기쁨의그나라가 이 제 속히오리 라
참 사랑과 기쁨의그나라가 이 제 속히오리 라

메들리

• 기적의 하나님 (339) • 반드시 내가 너를 (340) • 우리 주의 성령이 (500)

342 저 성벽을 향해

(신) 1508
(구) 1045

메들리
• 주께서 전진해 온다 (342) • 주님과 담대히 나아가 (344) • 승리하였네 (402)

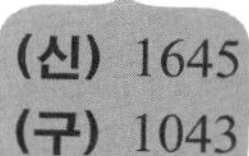

주께서 전진해 온다 343

(For the Lord is marching on)

Bonnie Low

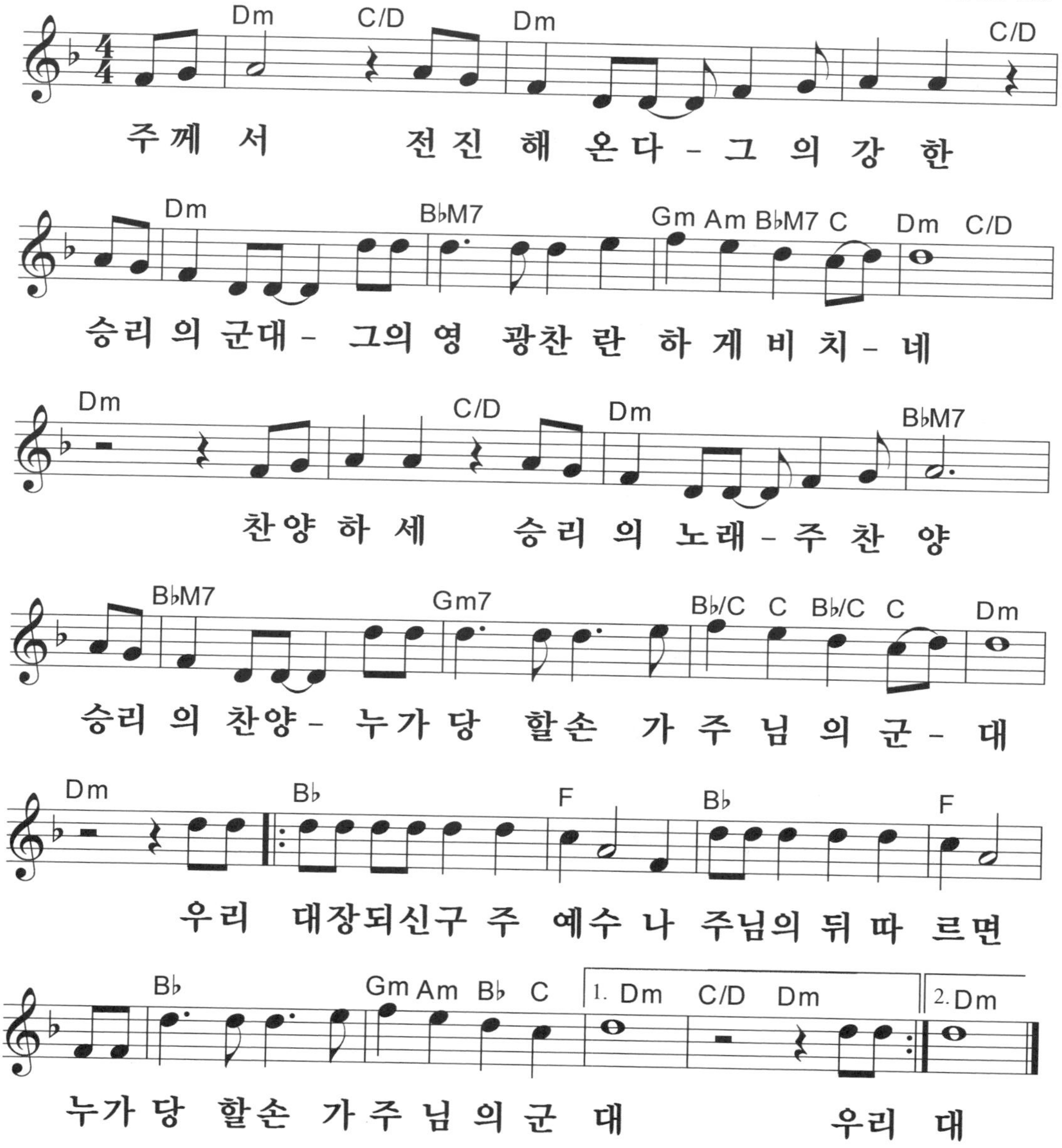

주께서 전진해 온다 - 그의 강한
승리의 군대 - 그의 영 광찬란하게 비치 - 네
찬양하세 승리의 노래 - 주 찬 양
승리의 찬양 - 누가 당 할손 가 주님의 군 - 대
우리 대장되신구주 예수 나 주님의 뒤 따 르면
누가 당 할손 가 주 님의 군 대 우리 대

메들리 • 저 성벽을 향해 (342) • 주님과 담대히 나아가 (344) • 나 기뻐하리 (359)

344 주님과 담대히 나아가

(신) 1612
(구) 1051

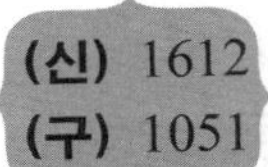

(The victory song)

Dale Mary Garratt

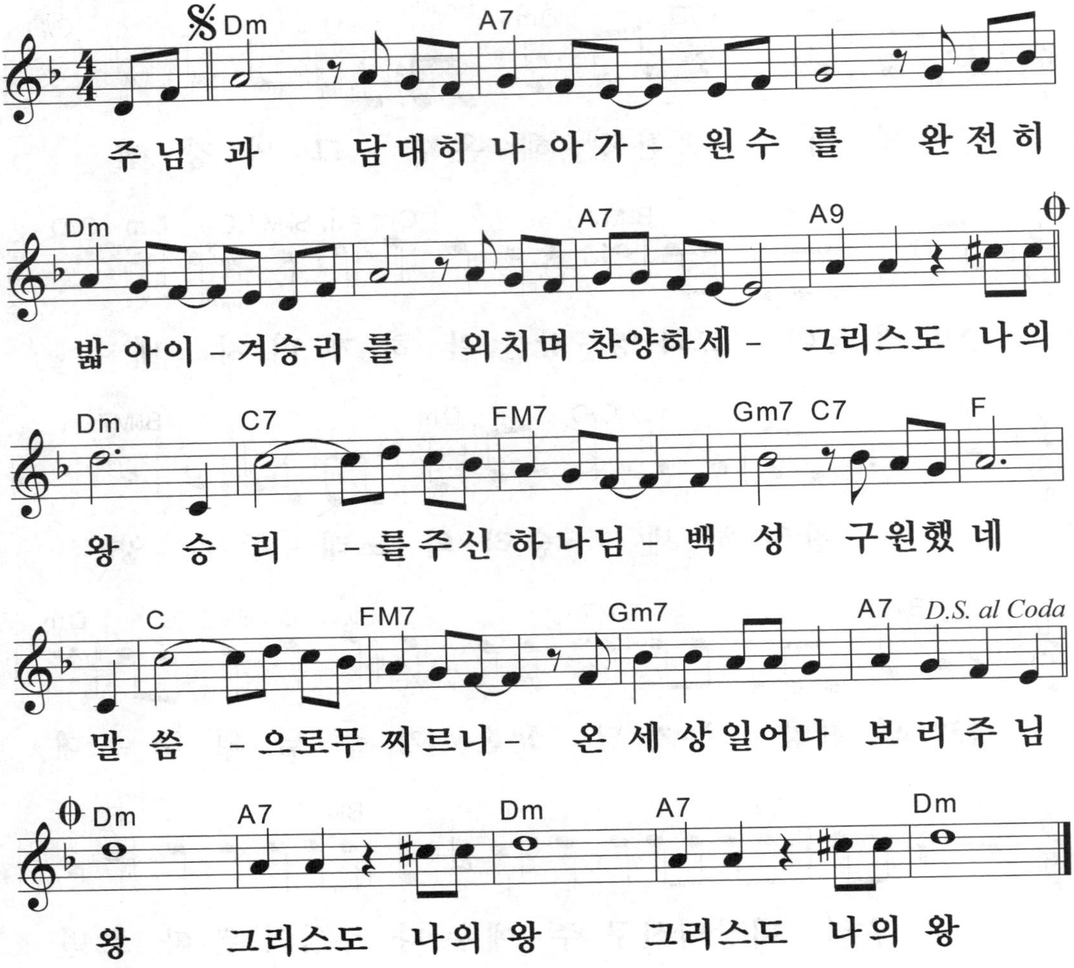

Dm A7
주님과 담대히나아가- 원수를 완전히
Dm A7 A9
밟아이-겨승리를 외치며 찬양하세- 그리스도 나의
Dm C7 FM7 Gm7 C7 F
왕 승리 -를주신하나님- 백성 구원했네
C FM7 Gm7 A7 D.S. al Coda
말씀 -으로무찌르니- 온세상일어나 보리주님
Dm A7 Dm A7 Dm
왕 그리스도 나의왕 그리스도 나의왕

메들리
• 반드시 내가 너를 (340) • 저 성벽을 향해 (342) • 주께서 전진해 온다 (343)

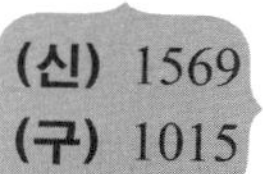

감사해

(Thank You, Lord)

Dan Burgess

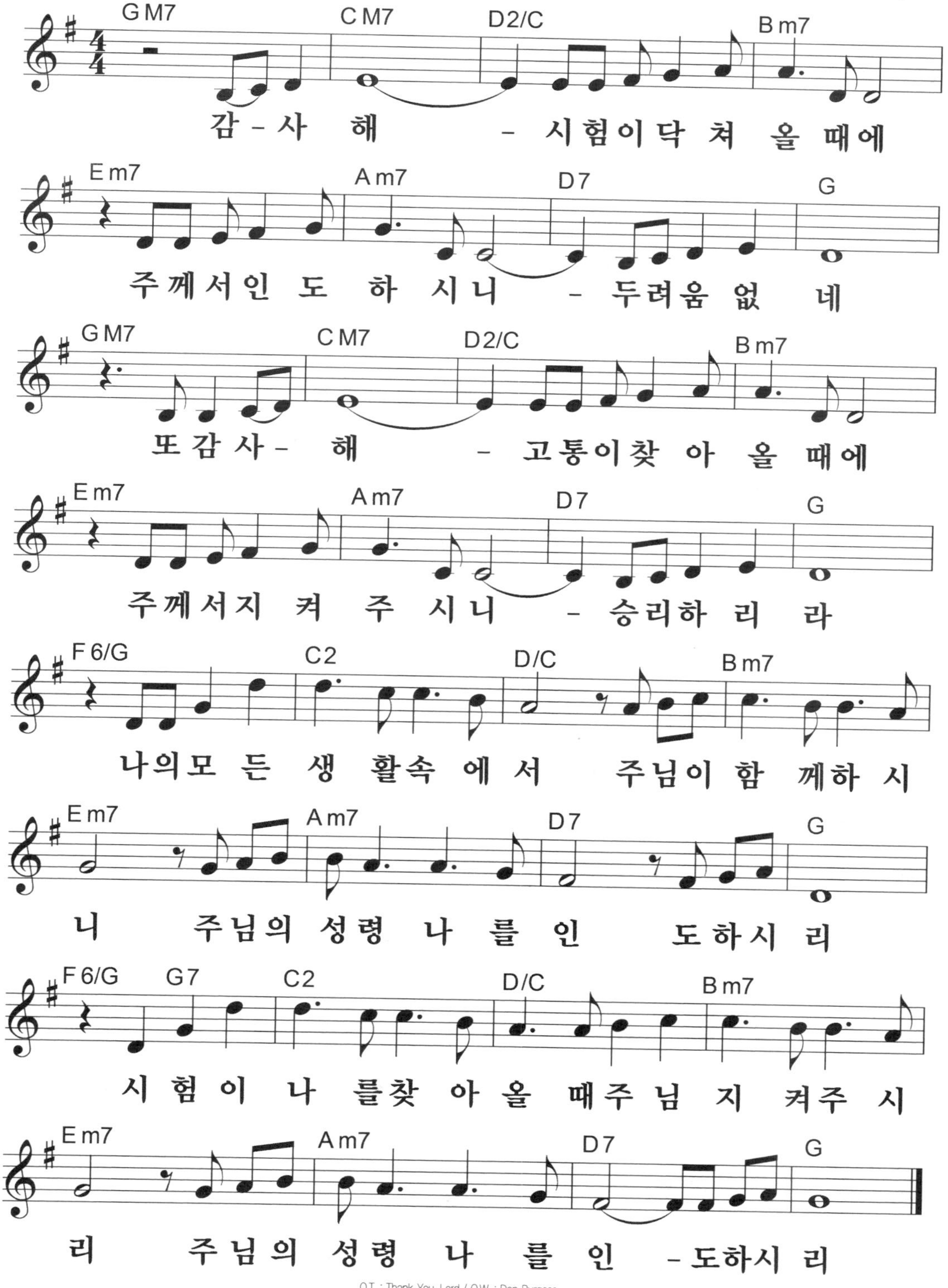

GM7 CM7 D2/C Bm7
감 - 사 해 - 시험이닥 쳐 올 때에

Em7 Am7 D7 G
주께서인 도 하 시니 - 두려움 없 네

GM7 CM7 D2/C Bm7
또감 사 - 해 - 고통이찾 아 올 때에

Em7 Am7 D7 G
주께서지 켜 주 시니 - 승리하 리 라

F6/G C2 D/C Bm7
나의모 든 생 활속 에 서 주님이 함 께하 시

Em7 Am7 D7 G
니 주님의 성령 나 를 인 도하시 리

F6/G G7 C2 D/C Bm7
시 험 이 나 를찾 아 올 때주 님 지 켜주 시

Em7 Am7 D7 G
리 주님의 성령 나 를 인 - 도하시 리

346 가장 높은곳에서

현지혜 & 주민정

가장 높은 곳에서

메들리
• 주 임재하시는 곳에 (328) • 주를 찬양하며 (335) • 경배하리 주 하나님 (348)

347 겟세마네 동산에서

(신) 1549
(구) 864

경배하리 주 하나님 348

(I worship You, Almighty God)

Sondra Corbett-Wood

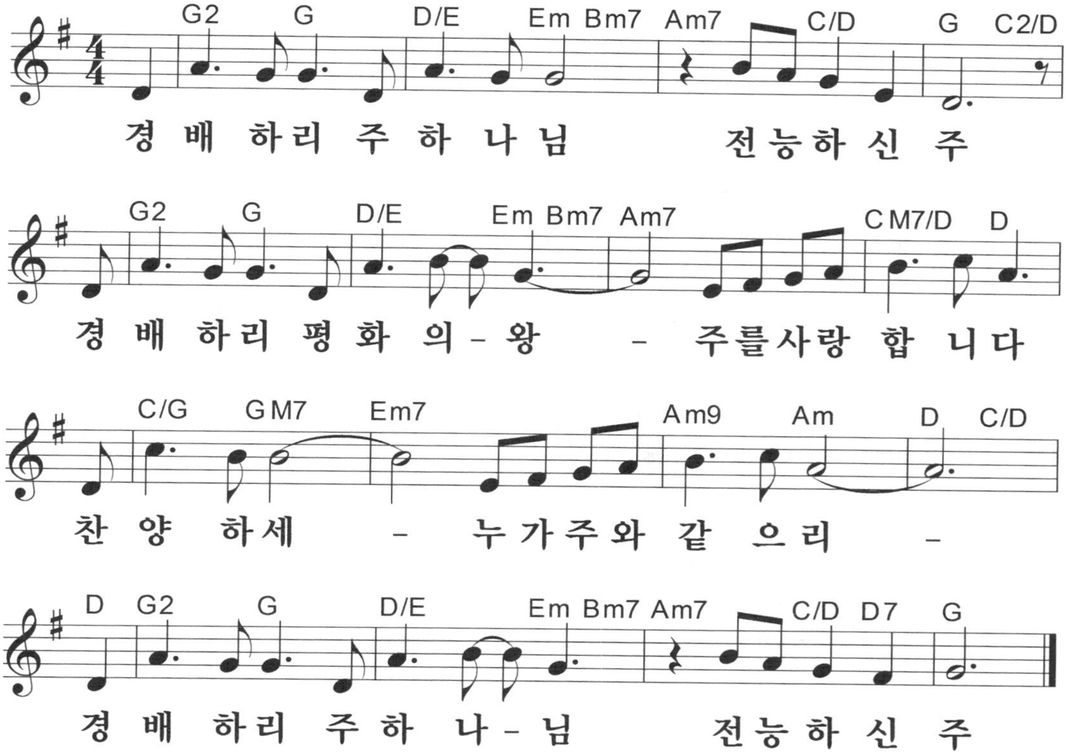

G2 G D/E Em Bm7 Am7 C/D G C2/D

경 배 하리 주 하 나 님 전능하 신 주

G2 G D/E Em Bm7 Am7 CM7/D D

경 배 하리 평 화 의 - 왕 - 주를사랑 합 니 다

C/G GM7 Em7 Am9 Am D C/D

찬 양 하세 - 누가주와 같 으 리 -

D G2 G D/E Em Bm7 Am7 C/D D7 G

경 배 하리 주하 나 - 님 전능하 신 주

메들리

• 가장 높은 곳에서 (346) • 당신은 영광의 왕 (374) • 주님과 같이 (598)

349 그 모습 그대로 오시오

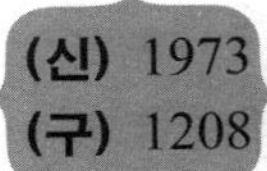

(예수님 십자가에 달리셨네)

김호성

예 수 님 십자가에달리 셨네 – 추악 한 나의죄 때문 에
예 전 엔 어려운일많았 었고 – 괴롬 도 –컸었 습니 다
당 신 은 무엇을–믿고 가나 – 무엇 을 바라며 가는 가
괴 로 운 인생길을다버 리고 – 고통 도 괴롬도 버리 고
당 신 도 이제는다알게 되리 – 예수 님 내짐을 지심 을

예수 님 흘리신 그– 피로 – 나의 죄 눈같이 씻겼 네
지금 의 나의삶 속– 에는 – 기쁨 이 넘치네 넘치 네
고달 픈 인생에 험한 길을 – 예수 님 내짐을 지셨 네
그모 습 그대로 오– 시오 – 예수 님 그대짐 지셨 소
기쁨 이 넘쳐서 찬양 하네 – 생명 을 –주신 주님 께

메들리

• 겟세마네 동산에서 (347) • 경배하리 주 하나님 (348) • 찬송의 옷을 주셨네 (483)

그 사랑

(아버지 사랑 내가 노래해)

박희정

메들리
• 당신은 알고 있나요 (189) • 그 사랑 얼마나 (351) • 나의 하나님 그 크신 사랑 (363)

351

그 사랑 얼마나

(다 표현 못해도)

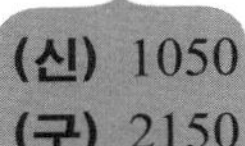

설경욱

다 표현못해도 - 나 표현하리라 - 다 고백못해도 -

나 - 고백하리라 - 다 알수없어도 - 나 알아가리라 -

다 닮지못해도 - 나 - 닮아가리라 - 다 닮아가리라

- 그사 랑 얼마나 - 아름 다운지 - 그사 랑 얼마나 - 날

부요케하 는지 - 그사 랑 얼 마 나 - 크고 놀라운지를 -

그 사 랑 얼 마 나 - 나를 감 격 하 게 하 는 지

메들리

• 아버지 사랑 내가 노래해 (350) • 그럼에도 불구하고 (352) • 나의 하나님 그 크신 사랑 (363)

(신) 2128

그럼에도 불구하고

352

(마음속에 어려움이 있을 때)

조영준

메들리

• 아바 아버지 (226) • 아버지 사랑 내가 노래해 (350) • 그 사랑 얼마나 (351)

353 그리 아니하실지라도

(신) 1006
(구) 768

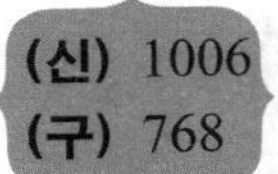

안성진

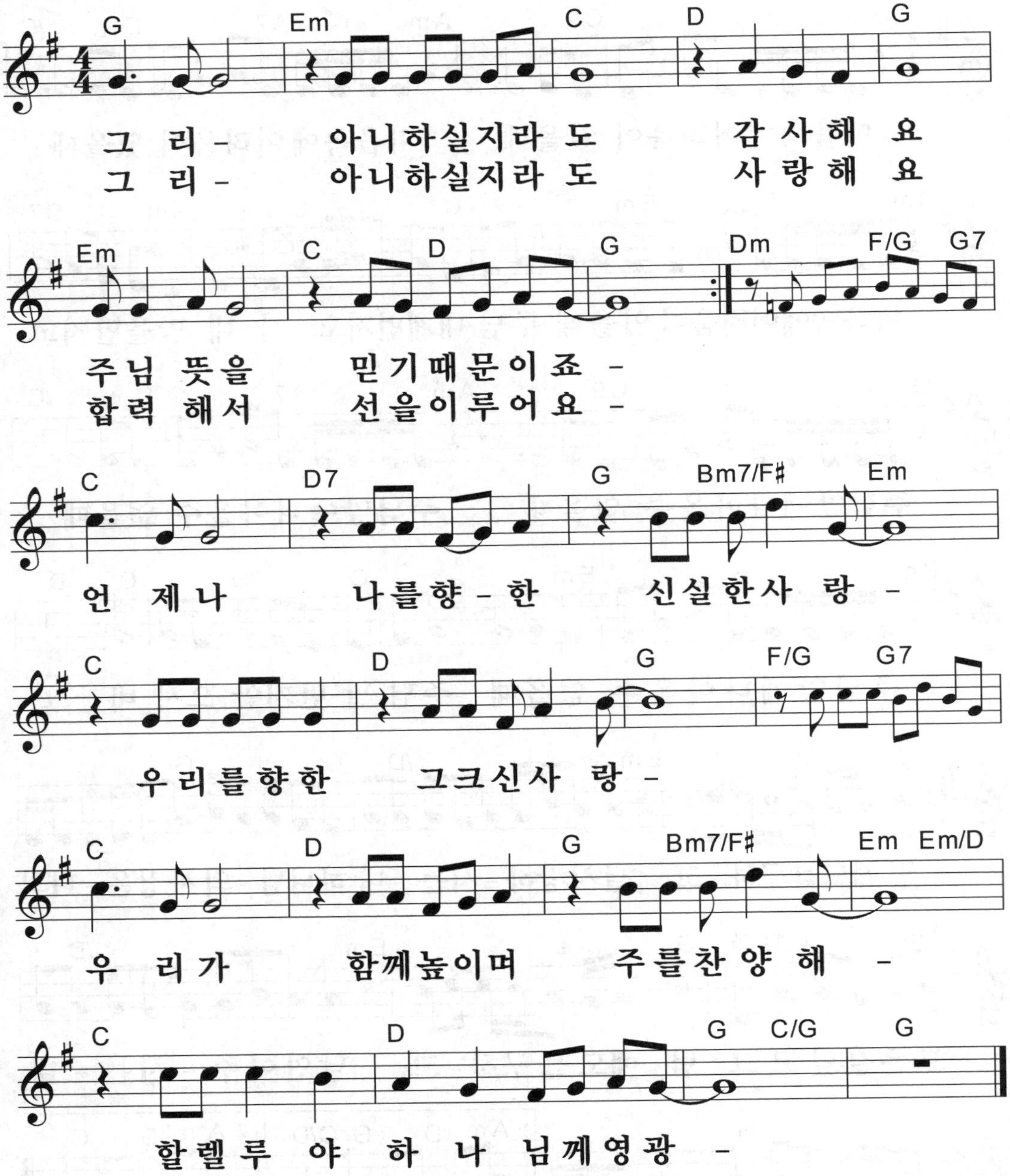

G Em C D G
그 리 - 아니하실지라 도 감 사 해 요
그 리 - 아니하실지라 도 사 랑 해 요
Em C D G Dm F/G G7
주님 뜻을 믿기때문이죠 -
합력 해서 선을이루어요 -
C D7 G Bm7/F♯ Em
언 제 나 나를향 - 한 신실한사 랑 -
C D G F/G G7
우리를향한 그크신사 랑 -
C D G Bm7/F♯ Em Em/D
우 리 가 함께높이며 주를찬 양 해 -
C D G C/G G
할렐루 야 하 나 님께영광 -

메들리 • 기뻐하며 왕께 노래 부르리 (356) • 나 기뻐하리 (359) • 주 우리 아버지 (458)

(신) 1895
(구) 1108

기도하자 우리 마음 합하여 354

메들리
• 승리는 내 것일세 (401) • 승리하였네 (402) • 예수 안에서 (421)

355 기도할 수 있는데

(신) 1072
(구) 1099

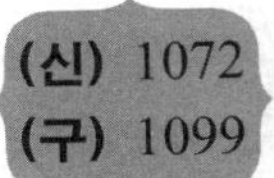

고광삼

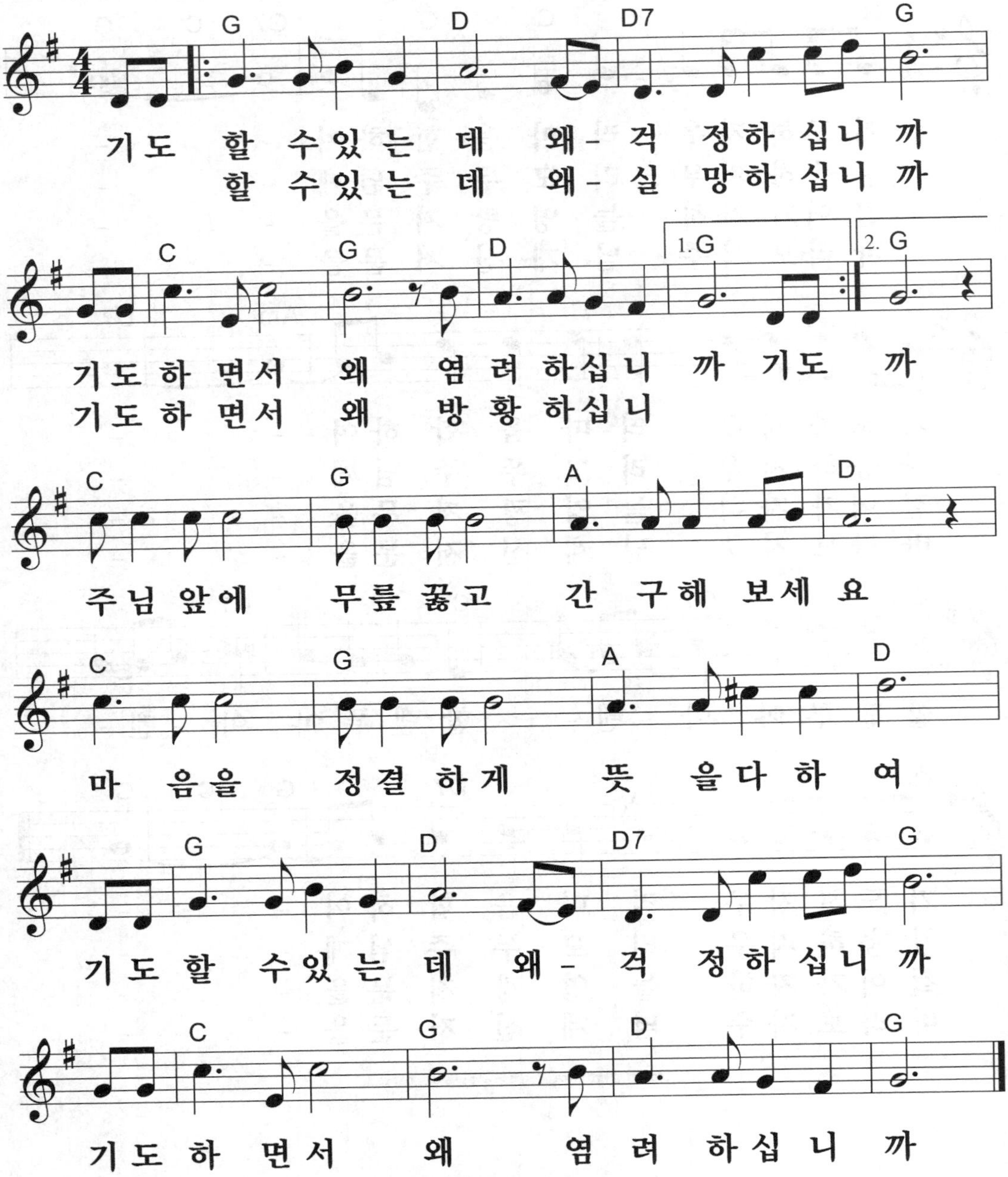
G D D7 G
기도 할 수있는 데 왜- 걱 정하 십니 까
할 수있는 데 왜- 실 망하 십니 까
C G D 1.G 2. G
기도하 면서 왜 염 려 하십니 까 기도 까
기도하 면서 왜 방 황 하십니
C G A D
주님 앞에 무릎 꿇고 간 구해 보세 요
C G A D
마 음을 정결 하게 뜻 을다 하 여
G D D7 G
기도 할 수있는 데 왜- 걱 정하 십니 까
C G D G
기도하 면서 왜 염 려 하 십니 까

메들리 • 깨끗한 손 주옵소서 (358) • 낮엔 해처럼 밤엔 달처럼 (366) • 보라 너희는 두려워 말고 (387)

(신) 1670
(구) 767

기뻐하며 왕께 노래 부르리 356

(Shout for joy and sing)

David Fellingham

기 뻐 하 며 왕 께 노 래 부 르 리 –

소 리 높 여 할 렐 루 야 부 르 리 –

주 님 앞 에 나 와 찬 양 드 리 며 –

우 리 주 님 과 함 – 께 기 뻐 하 리 라 –

나 의 창 조 – 자 나 의 구 원 – 자 –

가 장 귀 한 나 의 예 수 님 – 찬 양 합 니 – 다 –

나 의 치 료 – 자 – 나 의 선 한 목 자 되 – 신 주 –

예 수 나 의 주 찬 양 하 리 –

357

기름 부으심

(주 여호와의 신이)

신상우

기름 부으심

메들리 • 말씀하시면 (121) • 주님 이곳에 (160) • 주 말씀 향하여 (454)

358 깨끗한 손 주옵소서

(무릎 꿇고 엎드리니 / Give us clean hands)

Charlie Hall

메들리
• 경배하리 주 하나님 (348) • 나 주님의 기쁨되기 원하네 (360) • 정결한 맘 주시옵소서 (452)

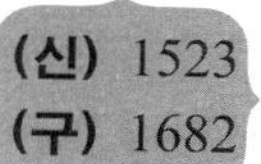

나 기뻐하리

(I will rejoice)

Brent Chambers

나 기뻐하리 - 나 기뻐하리 -

나 기뻐하리 - 나주안 - 에 - 서 - 기뻐하 - 리 - 라 -

- 기뻐하 - 리 - 라 -

1. 원 수가나를 - 무너뜨 - 리려고 - 내 마음에속 - 삭 - 였 - 네 내 영이깨어 - 넘어 지지 않고 나의 믿음의고 - 백이 원수를 - 묶 네 -

2. 환 경에지배 - 를받지 - 않 - 고 - 내 팔의힘과 - 목 - 소 - 리 느 끼는감정 - 과상 관없 이 - 내마 음기뻐하 - 기로 결심을 - 했 네 -

5th time Fine

D.C.

메들리

• 마지막 날에 (375) • 오 이 기쁨 (430) • 일어나 찬양 (450)

360 나 주님의 기쁨되기 원하네

(신) 1550
(구) 1284

(To be pleasing You)

Teresa E. Muller

나주님 - 의기쁨되 - 기 원하네 - 내 마음을 - 새롭게하 - 소 -
겸손히 - 내마음드 - 립 니 - 다 - 나의모 - 든것받으 - 소 -

서 - - 새부대 - 가되 - 게하 - 여 - 주 - 사 - 주
서 - - 나의맘 - 깨끗 - 케씻 - 어 - 주 - 사 - 주

님의빛 - 비추게하 - 소 - 서 - - 내가 원 - - 하는 -
의길로 - 행하게하 - 소 - 서 - -

한 - - 가지 - 주님의 - 기쁨이 되는것 - 내가

원 - - 하는 - 한가 - 지 - - - 주님의 - 기 - 쁨이되는것 - - -

메들리

• 정결한 맘 주시옵소서 (452) • 전능하신 나의 주 하나님은 (589) • 주님과 같이 (598)

(신) 1593
(구) 1988

나의 가는 길

(God will make a way)

Don Moen

G D/F# C/E G/D

나 의 가 - 는 길 - 주 님 인 도 하 - 시 네 - 그 는

C G/B Am7 CM7/D D

보 이 지 - 않 아 도 - 날 위 해 - 일 하 - 시 네 -

G D/F# 3 C/E G/D

주 나 의 - 인 도 - 자 항 상 함 께 하 - 시 네 - 사

C G/B Am7

랑 과 힘 - 베 푸 시 며 - 인 도 하 - 시 네 -

CM7/D G 1. Am D/A C/D D 2. G G/F

인 도 하 - 시 네 - *Fine* 광 야

E♭ F E♭/B♭ B♭

에 길 을 만 드 시 - 고 - 날 인 도 해 사

E♭ F Gsus4 G

막 에 강 - 만 드 - 신 것 - 보 라 -

C D/C 3 Bm B/D# Em

하 늘 과 땅 - 변 해 - 도 주 의 말 씀 영 - 원 히 - 내

C D Bsus4/E E B7sus4/F#

삶 속 에 - 새 일 을 행 - 하 리 - - *D.C.*

362

나를 통하여

(지금 서 있는 이 곳에서)

이권희

G C/G D/G G D/F#

지금 서있는 - 이곳에서 - 높임 을받으 - 소서 - 내가

Em7 A/C# D C/E D/F#

밟는땅 - 주님의땅 - 이니 - 하늘 이 주의이름 - 높이

G E/G# Am7 A/C# C/D D

올리 - 며 - 넓은 바다 - 가 - 주를 노래 - 해 -

G /B C G/B Am7 D G F/A G/B

모든만물주를경배해 모든입술주를찬양해

C D/C Bm7 B7/D# Em7 Am7 G/B C

천 지를만드신 - 만 물의통 - 치자 - 높임 을 받으소서

D G /B C G/B

- 내평생에 주의이름높이며 - 어느

Am7 D G D/F# Em7 D/F#

곳에서 - 든지 - 주님을 예배하 - 리라 - 내 가 밟는모든땅 - 아

G E/G# Am7 G/B C D C/D

버지 - 의 - 영광 이 - 선포되야 - 하리 - 찬양하

나를 통하여

메들리 • 나 주님의 기쁨되기 원하네 (360) • 나의 가는 길 (361) • 주 말씀 향하여 (454)

363 나의 하나님 그 크신 사랑

(신) 1611
(구) 1736

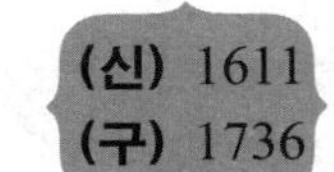

유상렬

G2 B7/F♯ Em9 Em/D Am/C Am7
나 의 하나님 - 그 크 - 신사랑 - 나의 마음속에 - 언제나
Dsus4 D7 G2 B7/F♯ Em9 Em/D
- 슬픈 눈물지을때 - 나의 힘이되시는 - 나의
Am/C D7 G C/D G2 B7/F♯
영원하신 - 하나님 - 나의 구원의반석 - 나의
Em9 Em/D Am/C Am7 Dsus4 D7
생명의주인 - 나의 사 - 랑의 - 노 - 래 - 실패
G2 B7/F♯ Em9 Em/D Am/C Am7
하여지칠때 - 나의 위로되시는 - 나의 하나님을 - 찬양해
G B7 Em Em7 C2 Am7
- 세월 이 지나도 변치않으리 - 내 가 - 주를 - 사랑하는
G/D D7 Am D7 B7 E
마 - - 음 즐 거운날이나 - 때론 슬픈날이나 - 모두
외 로운밤이나 - 험한 골짜기라도 - 나의

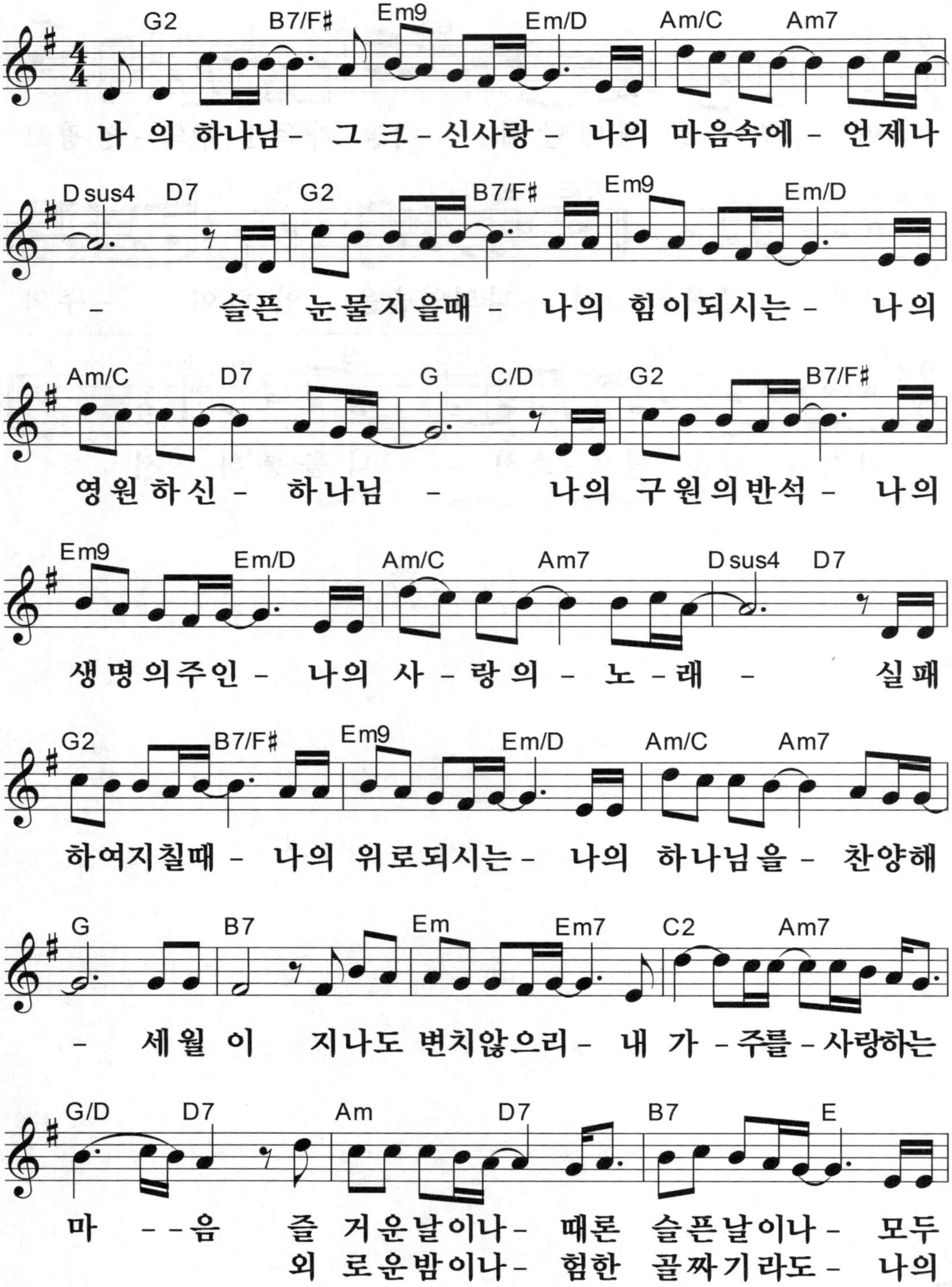

나의 하나님 그 크신 사랑

메들리

• 그 사랑 얼마나 (351) • 나 주님의 기쁨되기 원하네 (360) • 사랑합니다 나의 예수님 (391)

날 사랑하신

(신) 1383
(구) 1331

박철순

G Em Am D
날사랑하신 - 주님 의 그 큰 사 랑 으로 -
G Em Am D
내안에계 신 - 예수 님 의 그 사 랑 으로 -
C D G Em
당 신 을 사 랑 합 니 다 - - - - - -
C D G F/G G7
당 신 을 축 복 합 니 다 -
Am7 D G Em
나 의 힘 으 로 - 당신을 사 랑할 - 수 없 - 네 -
Am7 D Bm E
나의가진 모 - 든 것 - 으로 당신을축복할 - 수 없 - 지만
Am D Bm E
주님이주 - 신 - 크고도 놀 라우 신 - 그 사랑으로
Am 1. D G 2. D G
당 신 을 사 랑 합 니 다 - 축 복 합 니 다 -

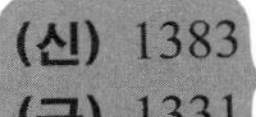

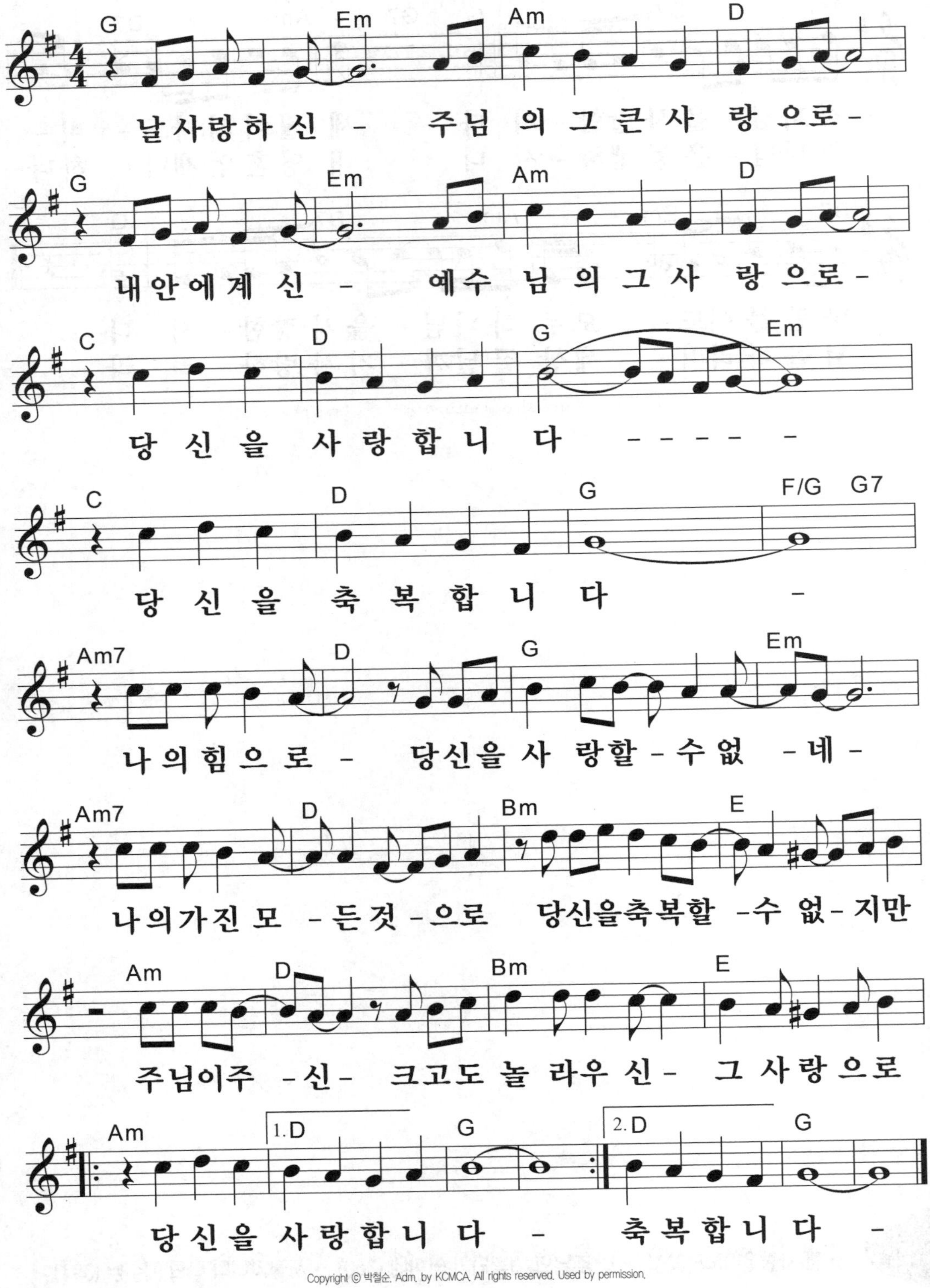

날 향한 계획

(내 앞에 주어진)

365

김준영 & 임선호

366 낮엔 해처럼 밤엔 달처럼

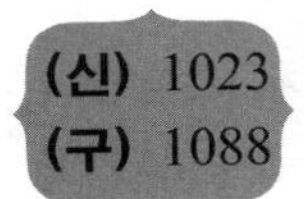

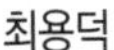

낮 엔해처럼 밤 엔달처 럼 그렇 게 살 순없을 까 –
예 수님처럼 바 –울처 럼 그렇 게 살 순없을 까 –

욕 심도없이 어둔 세 상비추 어온전 히남을 위해살듯 이 –
남 을위하 여 당신 들 의온몸 을온전 히 버리 셨던것처 럼 –

나 의일생 에 꿈 이있다 면 이땅 에빛과 소금되 어 –
주 의사랑 은 베 푸는사 랑 값없 이 거저 주는사 랑 –

가 난한영 혼 지 친영혼을 주님 께 인도 하고픈 데 –
그 러나나 는 주 는것보다 받는 것 더욱 좋아하 니 –

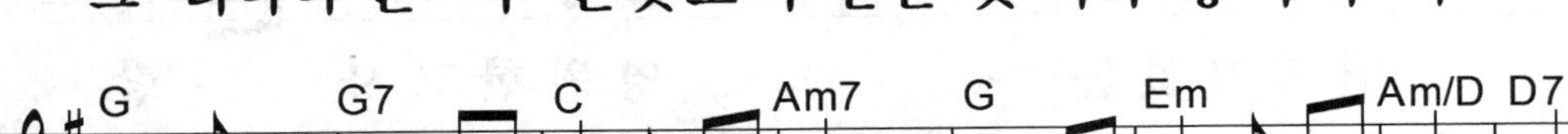

나 의욕심이 나의못 난자아 가 언제나 –커다 란짐되 어 –
나 의입술은 주님닮 은듯하 나 내맘은 –아직 도추하 여 –

나 를짓눌러 맘을 곤 고케하 니 예수여 나를 도 와주소 서 –
받 을사랑만 계수 하 고있으 니 예수여 나를 도 와주소 서 –

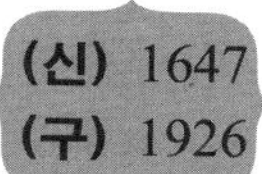

내가 주인 삼은

전승연

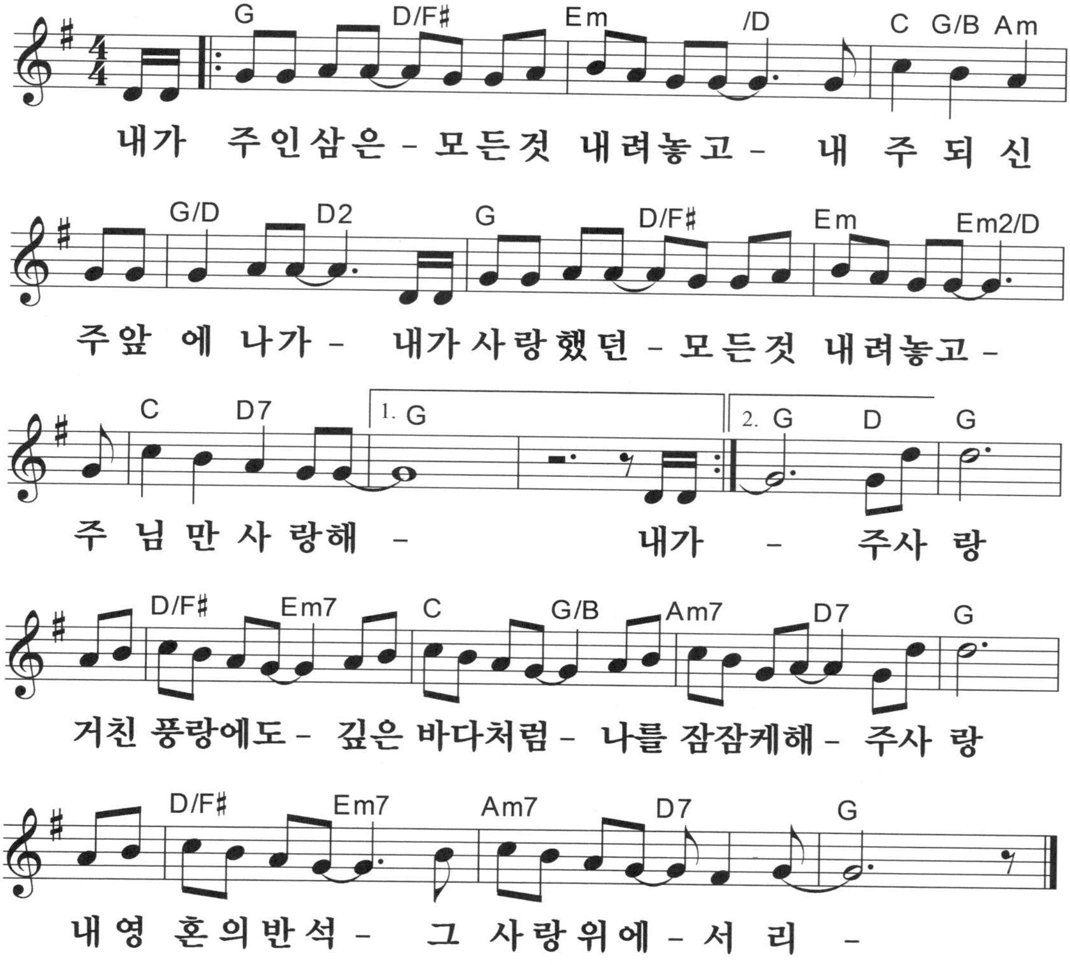

내가 주인삼은 – 모든것 내려놓고 – 내 주 되신

주앞 에 나가 – 내가 사랑했던 – 모든것 내려놓고 –

주 님만 사랑해 – 내가 – 주사 랑

거친 풍랑에도 – 깊은 바다처럼 – 나를 잠잠케해 – 주사 랑

내영 혼의반석 – 그 사랑위에 – 서 리 –

메들리

• 주 나의 모든 것 (327) • 나를 통하여 (362) • 날 사랑하신 (364)

368

내 길 더 잘 아시니

(길을 안다고 / You Know better than I)

David Campbel

내 길 더 잘 아시니

메들리 • 그럼에도 불구하고 (352) • 나의 가는 길 (361) • 날 향한 계획 (365)

369 내게 강 같은 평화

(신) 1662
(구) 1496

(Peace Like A River)

Tranditional

내게 강 - 같은 평화 내게 강 - 같은 평화
내게 바다같은 사랑 내게 바다같은 사랑
내게 샘 - 솟는 기쁨 내게 샘 - 솟는 기쁨
내게 믿음소망 사랑 내게 믿음소망 사랑

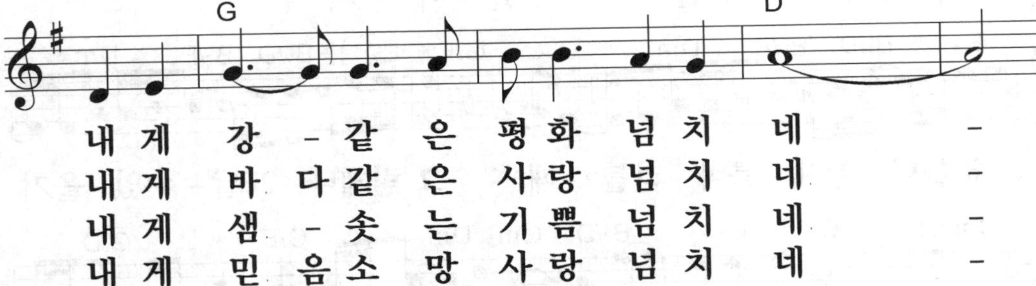

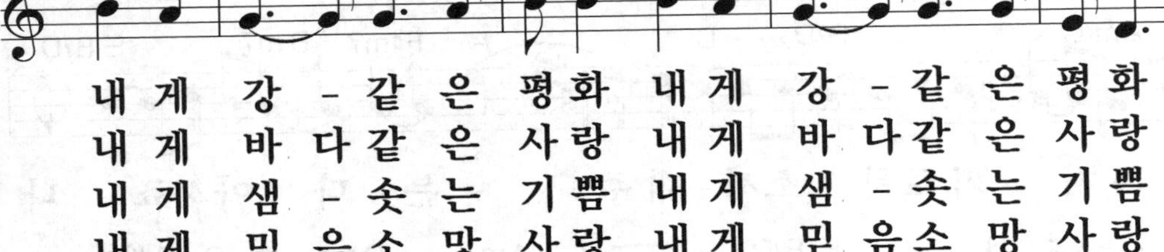

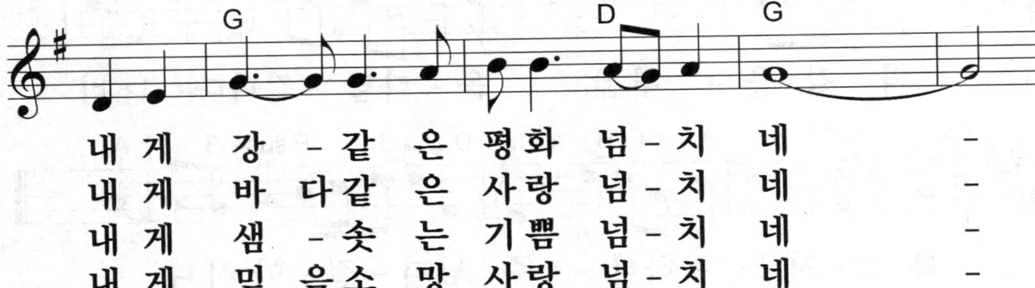

메들리
• 승리는 내 것일세 (401) • 승리하였네 (402) • 오 이 기쁨 (430)

(신) 1860
(구) 858

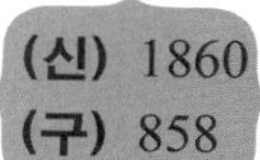

내게로 와서 마셔라

(누구든지 목마르거든)

권재환

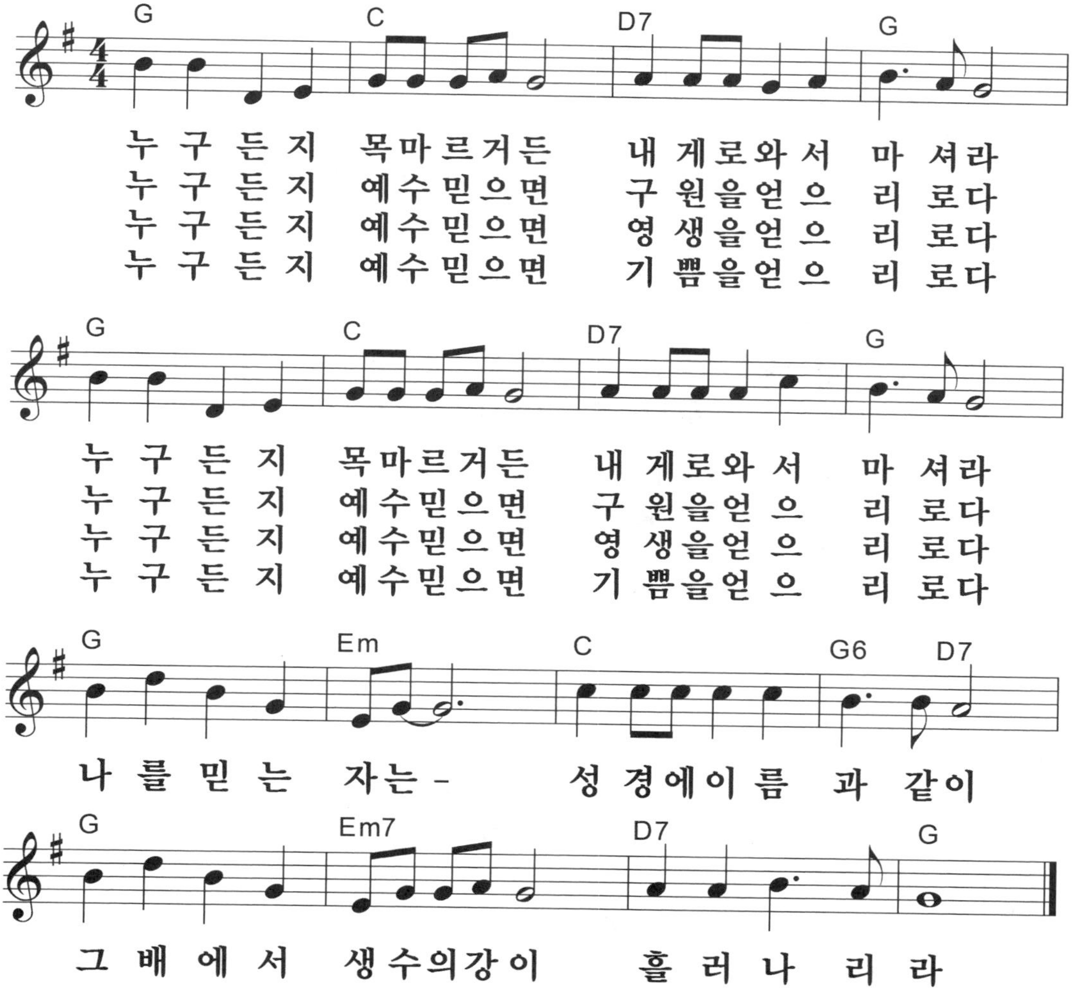

메들리

• 내게 강 같은 평화 (369) • 승리는 내 것일세 (401) • 여호와 이레 (414)

371 누군가 널 위해 기도하네

(신) 1642
(구) 1095

(당신이 지쳐서 / Someone is praying for you)

Lanny Wolfe

당신이 지쳐 서 -기도 할수 없 고 눈물이 빗물 처럼-
당신이 외로 이 -홀로 남았 을 때 당신은 누구 에게-

흘 러내릴때 주님은 아시네당 신 의 약함을
위 로를얻나 주님은 아시네당 신 의 마음을

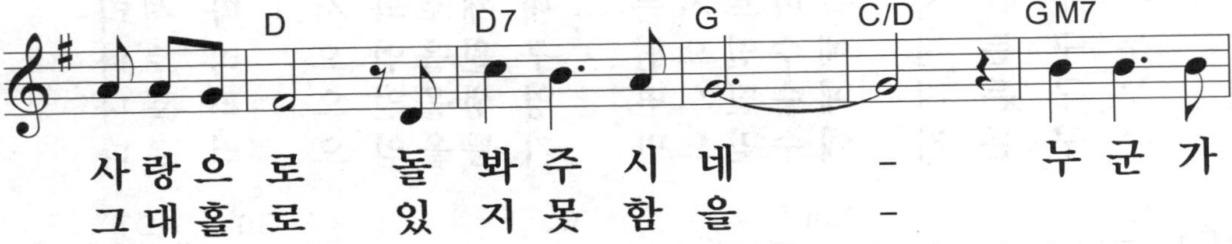

사랑으로 돌 봐주 시 네 - 누군가
그대홀로 있 지못 함 을 -

널-위하여 - 누군 가기-도하네

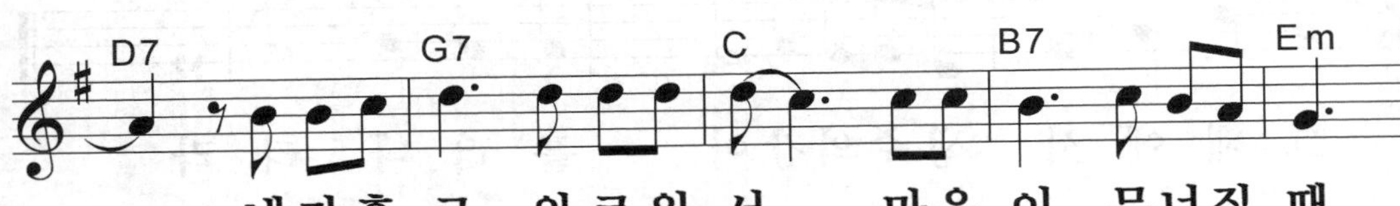

- 네가홀로 외로워서- 마음이 무너질때

누군가 널위- 해 기 도 하 네 -

메들리

• 기도할 수 있는데 (355) • 날 향한 계획 (365) • 낮엔 해처럼 밤엔 달처럼 (366)

(신) 1535
(구) 1216

다 와서 찬양해

372

(Come on and celebrate)

메들리

• 기뻐하며 왕께 노래 부르리 (356) • 나 기뻐하리 (359) • 마지막 날에 (375)

373

달리다굼

(신) 1430
(구) 963

(캄캄한 인생길)

현윤식

달리다굼

메들리
• 기도할 수 있는데 (355) • 낮엔 해처럼 밤엔 달처럼 (366) • 왜 (437)

374 당신은 영광의 왕

(You are the King of glory)

(신) 1699
(구) 742

Mavis Ford

메들리
• 경배하리 주 하나님 (348) • 영원한 생명의 주님 (418) • 찬송의 옷을 주셨네 (483)

(신) 1570
(구) 1625

마지막 날에

이 천

메 들 리

• 성령의 불타는 교회 (397) • 영광 높이 계신 주께 (416) • 주님의 영광 나타나셨네 (469)

376 말씀이 삶으로 삶은 예배로

(생명의 말씀)

이권희

말씀이 삶으로 삶은 예배로

메들리

• 원하고 바라고 기도합니다 (234) • 진리의 성령 (249) • 나를 통하여 (362)

377

멈출 수 없네

(주 날 구원했으니)

심형진

G Em

주날구원했 -으니- 어찌잠잠하 -리 -
주내죄사했 -으니- 어찌잠잠하 -리 -

C G

기 쁨 의- 찬송 드 - 리리
기 쁨 의- 경배 드 - 리리

Am G/B

주 를향-한 - 나 의사-랑 -

C D

멈출수없-네 - 멈출수없-네 -

G Em

나 - 기쁨의춤 추 리 - - 내

1. C D

모든 슬- 픔 바 꾸 셨네 - -

2. C D G

모든 삶- 주안 - 에 - 있네

모든 것 아시는 주님

378

메들리
• 내 길 더 잘 아시니 (368) • 누군가 널 위해 기도하네 (371) • 말씀이 삶으로 삶은 예배로 (376)

379 메마른 뼈들에 생기를

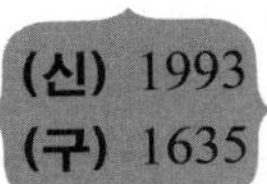

(저 죽어가는 내 형제에게)

고형원

G Em C Am D7

저 죽어가는 – 내형제 에게 – 생명을 주소 서 흑
소망없는 – 텅빈가 슴에 – 새날을 주소 서 고

1. G Em C Am D7

암의권세 – 에매여 – 내일 을빼앗긴 – 저들에 게 저

2. G Em C Am Dsus4

통의멍에 – 에매여 – 신음 하고있는 – 저들에 게

𝄋 D7 G Em C Am D7

– 아버지여 이백 성 다 시 살게하소 서

G Em Em/D C Am Dsus4 D

묶였 던자 자유케되는 영 광 의날을주 – 소 서

G Em Em/D C Am D7

아버지 여 이나라 주 의 것되게하 – 소 서

G B7 Em C D7 Gsus4 G

영원 하 신 하늘아버 지 다 시 섬기게하소 서

Fine

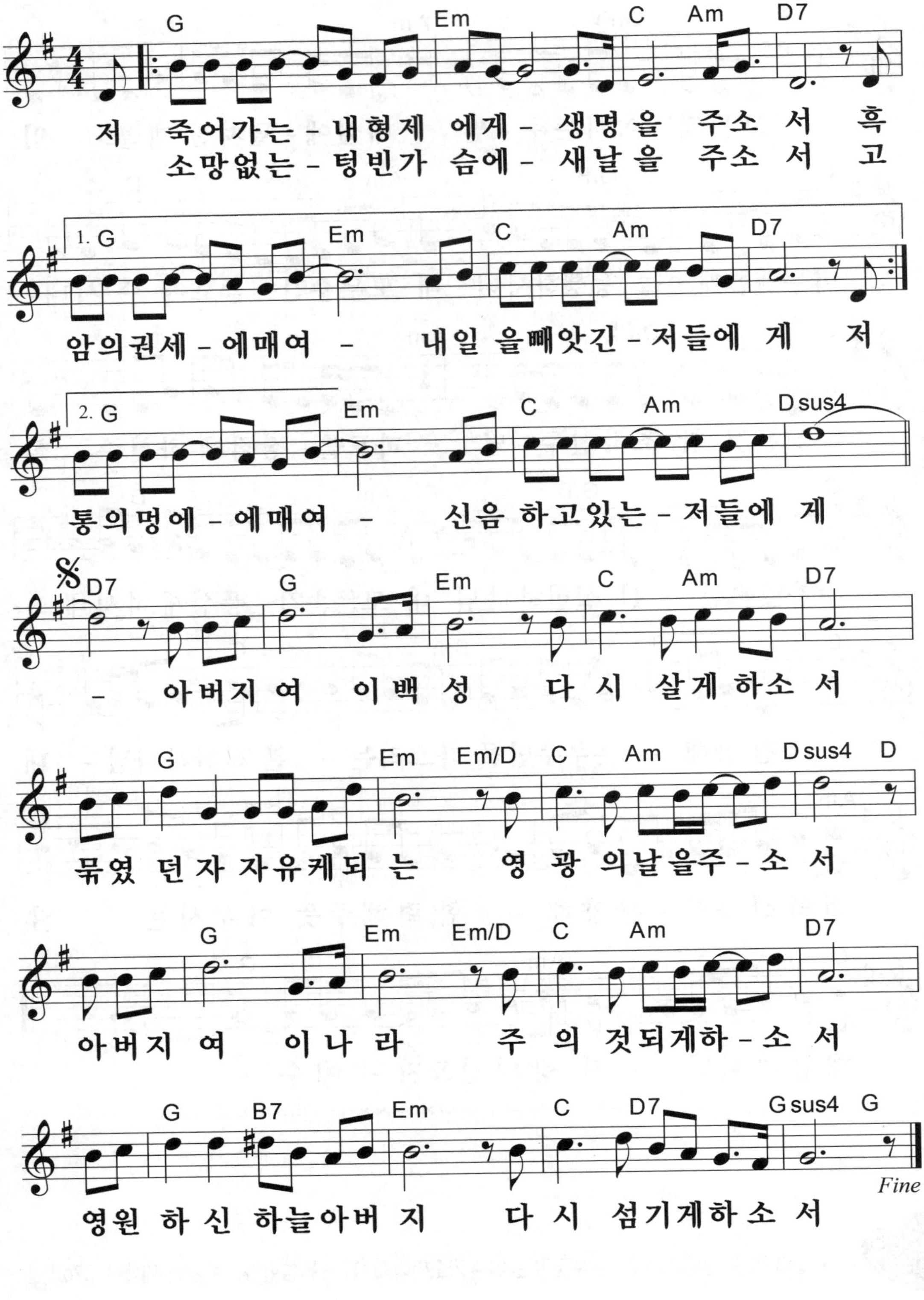

메마른 뼈들에 생기를

메들리

• 우리는 주의 백성이오니 (319) • 모든 민족에게 (380) • 모든 열방 주 볼 때까지 (381)

380

모든 민족에게

(Great awakening)

(신) 2068
(구) 1522

Ray Goudie, Dave Bankhead & Steve Bassett

(신) 1488
(구) 1742

모든 열방 주 볼 때까지

381

(내 눈 주의 영광을 보네)

고형원

382 모든 영광을 하나님께

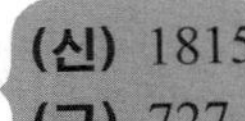

(heavenly Father I appreciate You)

Anonymous

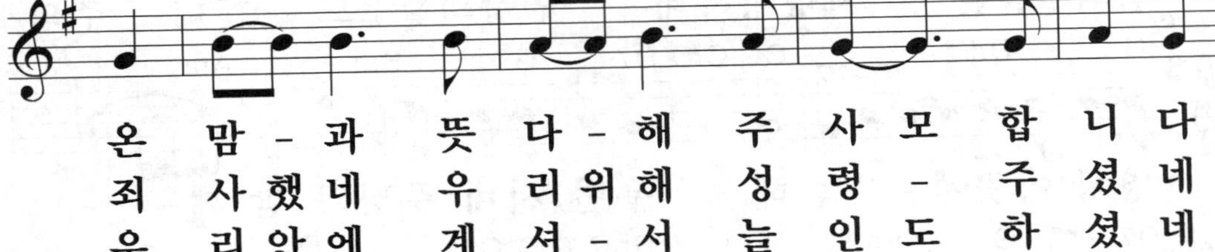

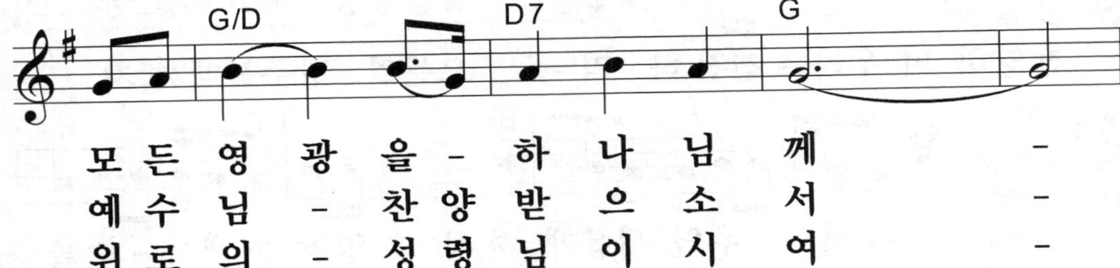

메들리 • 나의 하나님 그 크신 사랑 (363) • 정결한 맘 주시옵소서 (452) • 찬송의 옷을 주셨네 (483)

(신) 1760
(구) 1272

목자의 심정

383

(목마른 사슴이 시냇물 찾 듯)

최훈차

메들리

• 아버지 사랑 내가 노래해 (350) • 그 사랑 얼마나 (351) • 찬송의 옷을 주셨네 (483)

384

물 댄 동산

(주님 너를 항상 인도하시리)

나강후

메들리

• 내 길 더 잘 아시니 (368) • 보라 너희는 두려워 말고 (387) • 바다 같은 주의 사랑 (388)

(신) 1781
(구) 1538

물이 바다 덮음 같이

385

(세상 모든 민족이)

386 믿음의 눈으로 보라

(너는 무엇을 보았길래)

주숙일

G D7 G

너는 무 엇을 보았 길 래 그렇게도놀 라 느 - 냐
너는 무 었을 보았 길 래 그렇게도즐 거 워 하 냐

G D7 G

너는 무슨소리 들었길 래 근심속에빠 졌 느 - 냐
너는 무슨소리 들었길 래 발걸음이가 벼 우 - 냐

G Am D7 G

믿 음의 눈을 떠 라 믿 음의 귀를 열 어라
주 님의 음성 듣 고 담 대히 나서 는 자는

G C G D7 G

세상 모 든풍 파 를 믿음 의 눈으 로 보 라
주의 권 능의 팔 로 언제 나 지 - 켜 주 리

메들리 • 나 주님의 기쁨되기 원하네 (360) • 물 댄 동산 (384) • 영원한 생명의 주님 (418)

보라 너희는 두려워 말고

이연수

G2 Bm7 C Dsus4 D
보 라 너희는 두려워말고 - 보 라 너희를 인도한나를 -

G2 Bm7 C Dsus4 D7
보 라 너희는 지치지말고 - 보 라 너희를 구원한나를 -

C G/B Am9 D Bm7 Em7
너 희를 치던 적은 어디있느냐 - 너희 를억누르던 - 원수는

C D7 G2 Bm7 Em7
어디있느냐 - 보 라 하나님 구원을 - 보 라

Dm G7 C2 C Cm/E♭
하나님 능력을 - 너희를 위해서 싸우시는 -

1. Em A7 Am9 C D7 2. Am9 D7 G
주의손 을보라 보 손 을보라

메들리
• 경배하리 주 하나님 (348) • 모든 민족에게 (380) • 하나님은 우리의 피난처가 되시며 (623)

388 바다 같은 주의 사랑

메들리
• 모든 것 아시는 주님 (378) • 나 주님의 기쁨되기 원하네 (360) • 보혈 (389)

389

보혈

(주의 그 사랑)

이권희

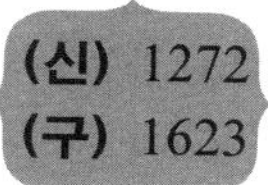

보혈을 지나

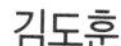

보 혈을지-나- 하나님품으로- 보 혈을지-나-

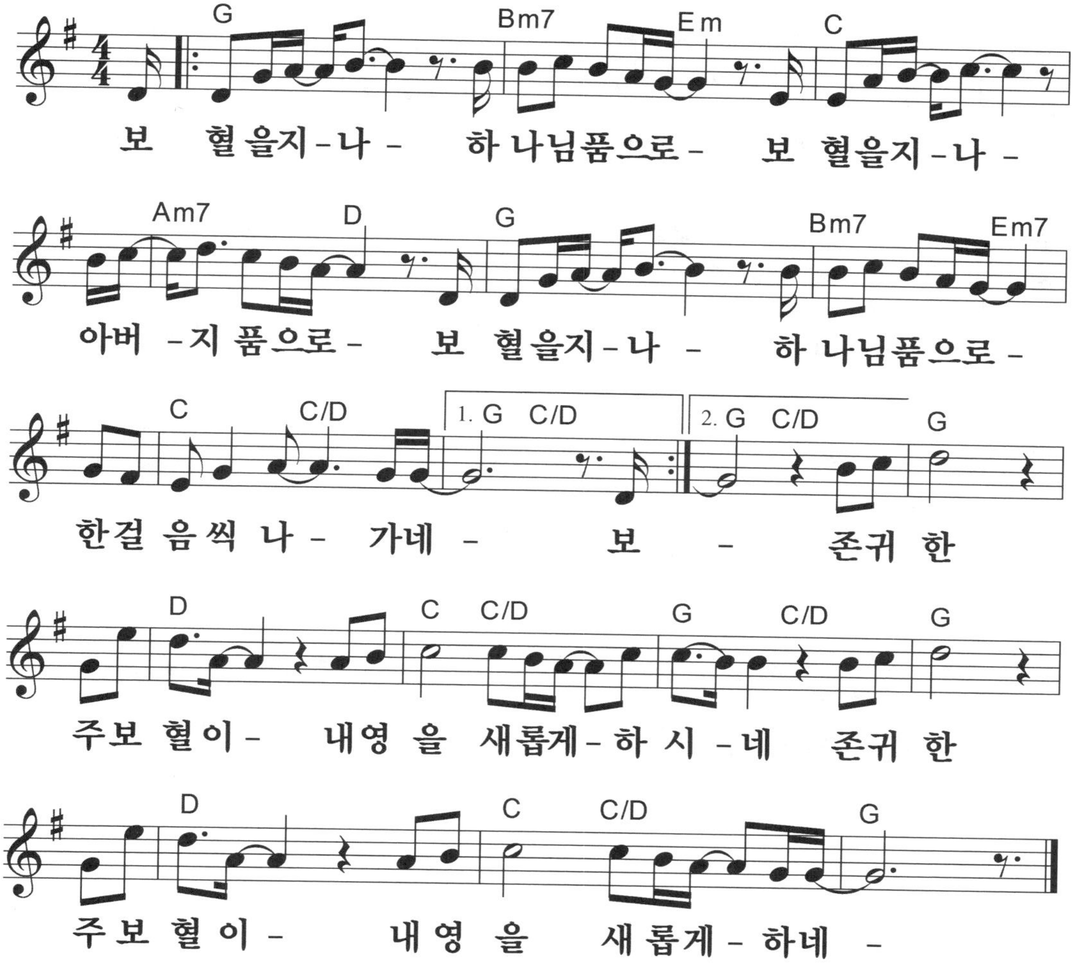

아버-지 품으로- 보 혈을지-나- 하나님품으로-

한걸 음씩 나- 가네- 보 - 존귀 한

주보 혈이- 내영 을 새롭게-하 시-네 존귀 한

주보 혈이- 내영 을 새롭게-하네 -

메들리

• 나 주님의 기쁨되기 원하네 (360) • 내가 주인 삼은 (367) • 주님과 같이 (598)

391 사랑합니다 나의 예수님

(신) 1716
(구) 1616

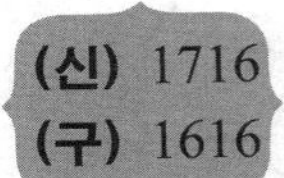

김성수 & 박재윤

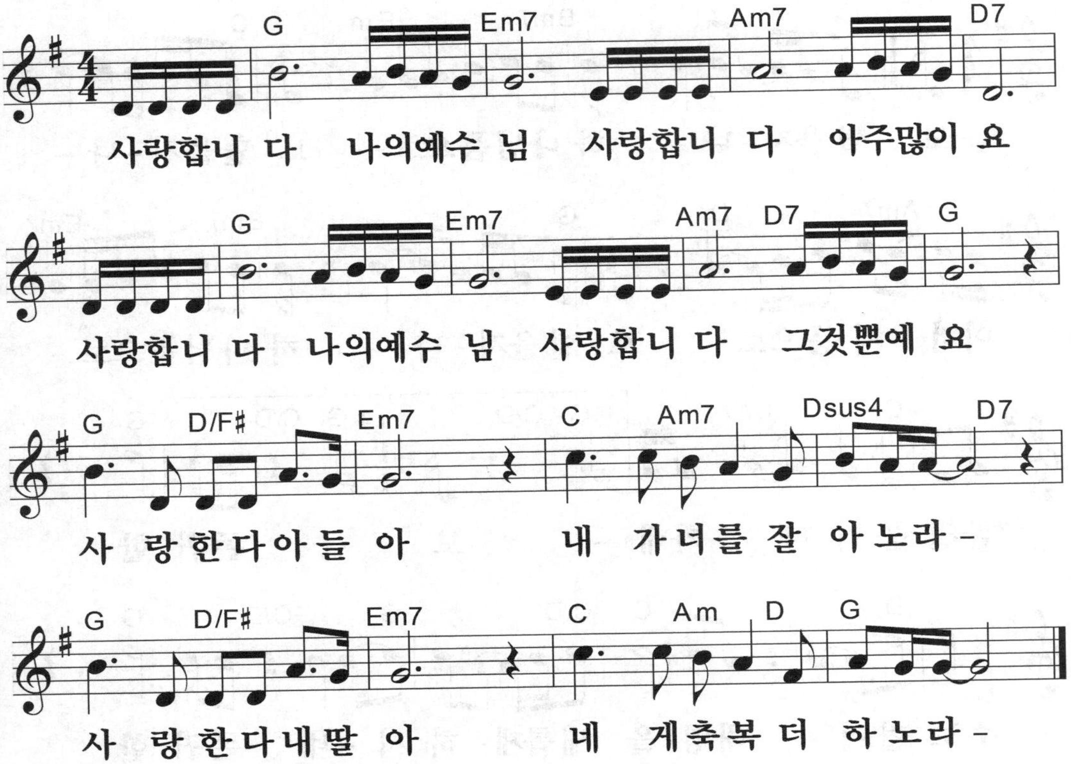

G Em7 Am7 D7
사랑합니 다 나의예수 님 사랑합니 다 아주많이 요
G Em7 Am7 D7 G
사랑합니 다 나의예수 님 사랑합니 다 그것뿐예 요
G D/F# Em7 C Am7 Dsus4 D7
사 랑 한 다 아 들 아 내 가 너 를 잘 아 노 라 -
G D/F# Em7 C Am D G
사 랑 한 다 내 딸 아 네 게 축 복 더 하 노 라 -

메들리 • 그 사랑 얼마나 (351) • 주님은 신실하고 (465) • 찬송의 옷을 주셨네 (483)

살아계신 하나님

최덕신

메들리
• 경배하리 주 하나님 (348) • 오직 주님만 (434) • 하나님께로 더 가까이 (489)

393

삶으로

(세상의 부와)

장진숙

(신) 1708
(구) 850

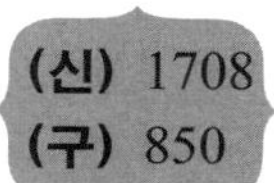

새롭게 하소서

394

(해 아래 새 것이 없나니)

이종용

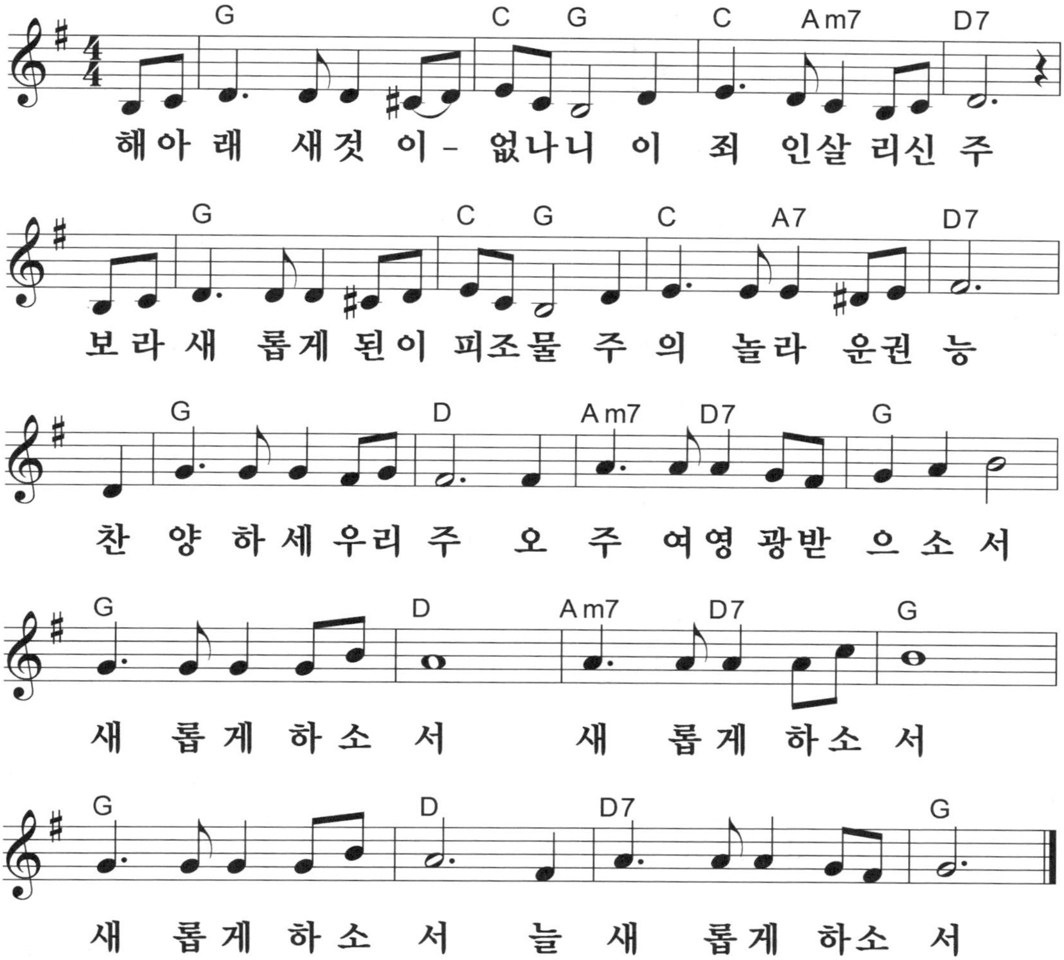
G C G C Am7 D7
해아래 새것 이- 없나니 이 죄 인살리신 주
G C G C A7 D7
보라새 롭게 된이 피조물 주 의 놀라 운권 능
G D Am7 D7 G
찬 양 하세우리 주 오 주 여영 광받 으 소 서
G D Am7 D7 G
새 롭게 하소 서 새 롭게 하소 서
G D D7 G
새 롭게 하소 서 늘 새 롭게 하소 서

메들리

• 먼저 그 나라와 의를 (22) • 나를 향한 주의 사랑 (197) • 낮엔 해처럼 밤엔 달처럼 (366)

395

생명 나무

(갈보리 언덕에 주님의 십자가)

(신) 1167
(구) 1594

메들리
• 갈보리 십자가의 (267) • 십자가로 갑니다 (299) • 겟세마네 동산에서 (347)

(신) 1687
(구) 1553

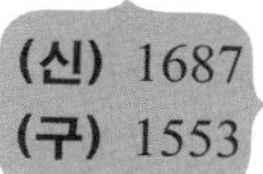

생명 주께 있네

(My life is in You Lord)

Daniel Gardner

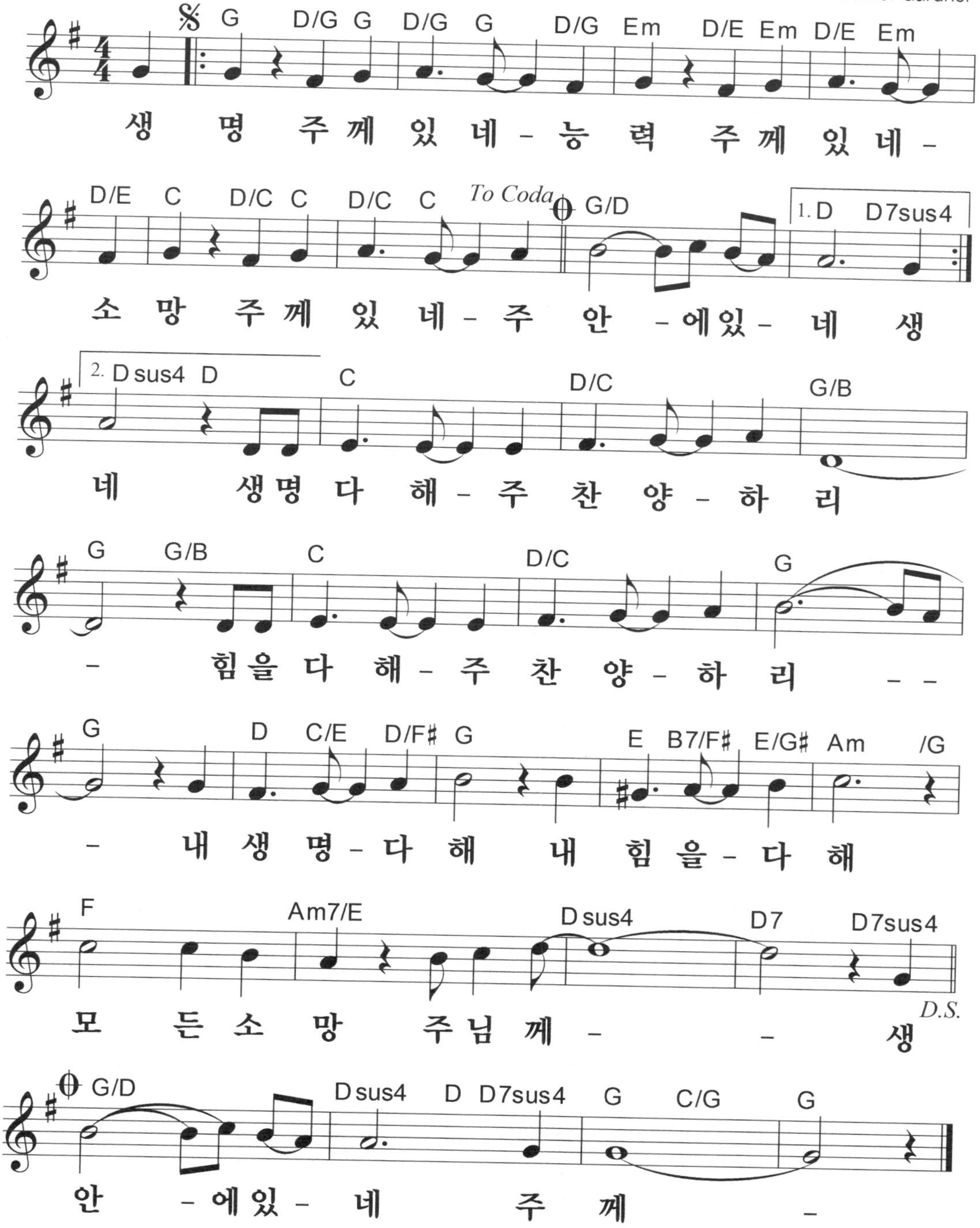

G D/G G D/G G D/G Em D/E Em D/E Em
생 명 주 께 있 네 – 능 력 주 께 있 네 –
D/E C D/C C D/C C To Coda G/D 1. D D7sus4
소 망 주 께 있 네 – 주 안 – 에 있 – 네 생
2. D sus4 D C D/C G/B
네 생 명 다 해 – 주 찬 양 – 하 리
G G/B C D/C G
– 힘 을 다 해 – 주 찬 양 – 하 리 – –
G D C/E D/F# G E B7/F# E/G# Am /G
– 내 생 명 – 다 해 내 힘 을 – 다 해
F Am7/E D sus4 D7 D7sus4
모 든 소 망 주 님 께 – – 생
D.S.
G/D D sus4 D D7sus4 G C/G G
안 – 에 있 – 네 주 께 –

메들리

• 나 기뻐하리 (359) • 다 와서 찬양해 (372) • 호산나 (492)

397 성령의 불타는 교회

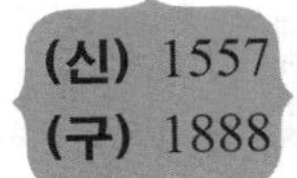

(성령님이 임하시면 / Church on Fire)

Russell Fragar

G7 C7

성령 님이임하시면능력 이나타 나 - 모 - 든것이일어날수

C7 A7 D7 G

있게되죠 - 참 - 선한것이 선한 것이여기일어나 - 네 -

G G7 C7

어두움 - 을 - 물리치는 빛이있 네 - 능 - 력힘입어 난두

C7 A7 D7 G

렵지않네 - 참 - 선한것이 선한 것이여기일어나 - 네 -

G C/G G D/F# Em

성령의 불 타는교 - 회 - 성령의 불꽃임 - 하네 - 온마음

C/G G Am7 D7 CM9 G/B

다 하 여 - 서 주이름 높 이 세 - 우 리 의마 - 음불 - 타네 -

CM9 G/B Am7 D7

그 빛 을전 - 하 기 - 위해 - 사랑 의 불꽃 - 전하 - 세 -

C2 C2/D 1. G 2. G C/G G

주를위한 - 성령의불 - 타는교 - 회 - - 회 -

Words and Music by Russell Fragar

세상이 당신을 모른다하여도 398

메들리

• 모든 것 아시는 주님 (378) • 물 댄 동산 (384) • 바다 같은 주의 사랑 (388)

399 송축해 내 영혼

(해가 뜨는 새아침 / 10,000 reasons(Bless the Lord))

Matt Redman & Jonas Myrin

메들리 • 나 주님의 기쁨되기 원하네 (360) • 다 와서 찬양해 (372) • 찬양하세 (617)

순례자의 노래

(저 멀리뵈는 나의 시온성)

• 주께서 내 길 예비하시네 (329) • 예수 인도하셨네 (423) • 주님 나라 임하시네 (602)

401

승리는 내 것일세

(There is victory for me)

(신) 1544
(구) 1040

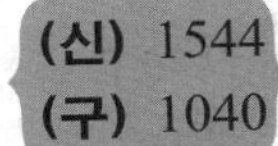

Harry Dixon Loes

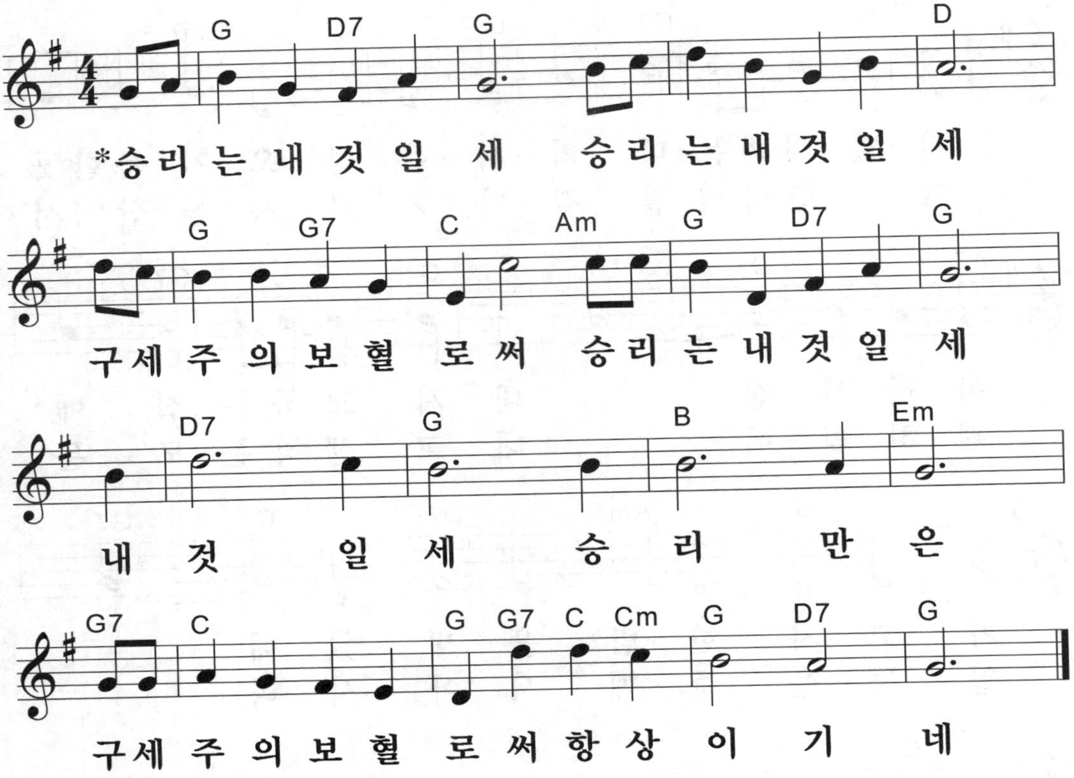

G D7 G D
*승리는 내 것일세 승리는 내 것일세
G G7 C Am G D7 G
구세주의 보혈로써 승리는 내 것일세
D7 G B Em
내 것 일세 승리 만은
G7 C G G7 C Cm G D7 G
구세주의 보혈로써 항상 이기네

* 믿음, 소망, 사랑
구원, 응답, 축복

메들리
• 기도하자 우리 마음 합하여 (354) • 나 기뻐하리 (359) • 승리하였네 (402)

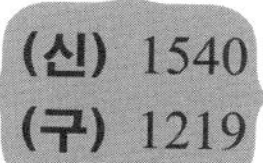

승리하였네

(We have overcome)

Daniel Gardner

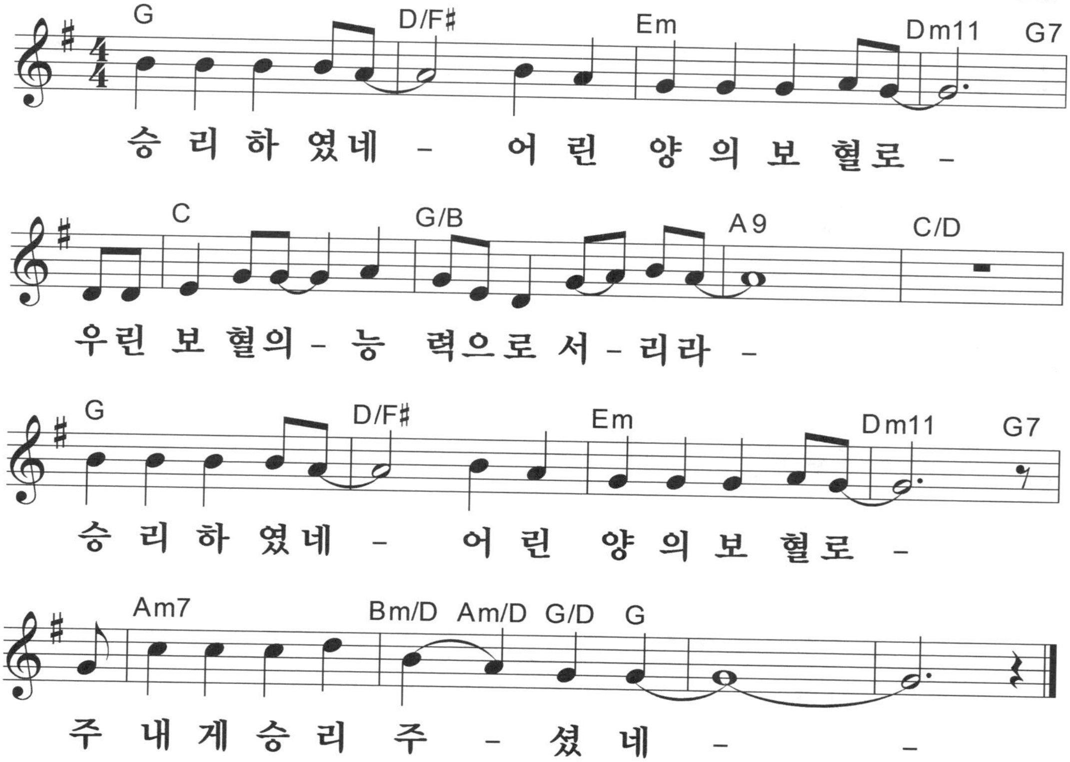

G D/F♯ Em Dm11 G7

승 리 하 였네 - 어 린 양 의 보 혈로 -

C G/B A9 C/D

우린 보 혈의 - 능 력으로 서 - 리라 -

G D/F♯ Em Dm11 G7

승 리 하 였네 - 어 린 양 의 보 혈로 -

Am7 Bm/D Am/D G/D G

주 내 게 승 리 주 - 셨 네 - -

메들리
• 승리는 내 것일세 (401) • 영광 높이 계신 주께 (416) • 영광 주님께 (417)

403

시간을 뚫고

(당신은 시간을 뚫고)

김강현

(신) 1355
(구) 764

시편 57편

404

(오 주여 나의 마음이 / My heart is steadfast)

메들리
• 그리 아니하실지라도 (353) • 일어나 찬양 (450) • 호산나 (492)

405

십자가 그 사랑

(The love of the cross)

Stephen Hah

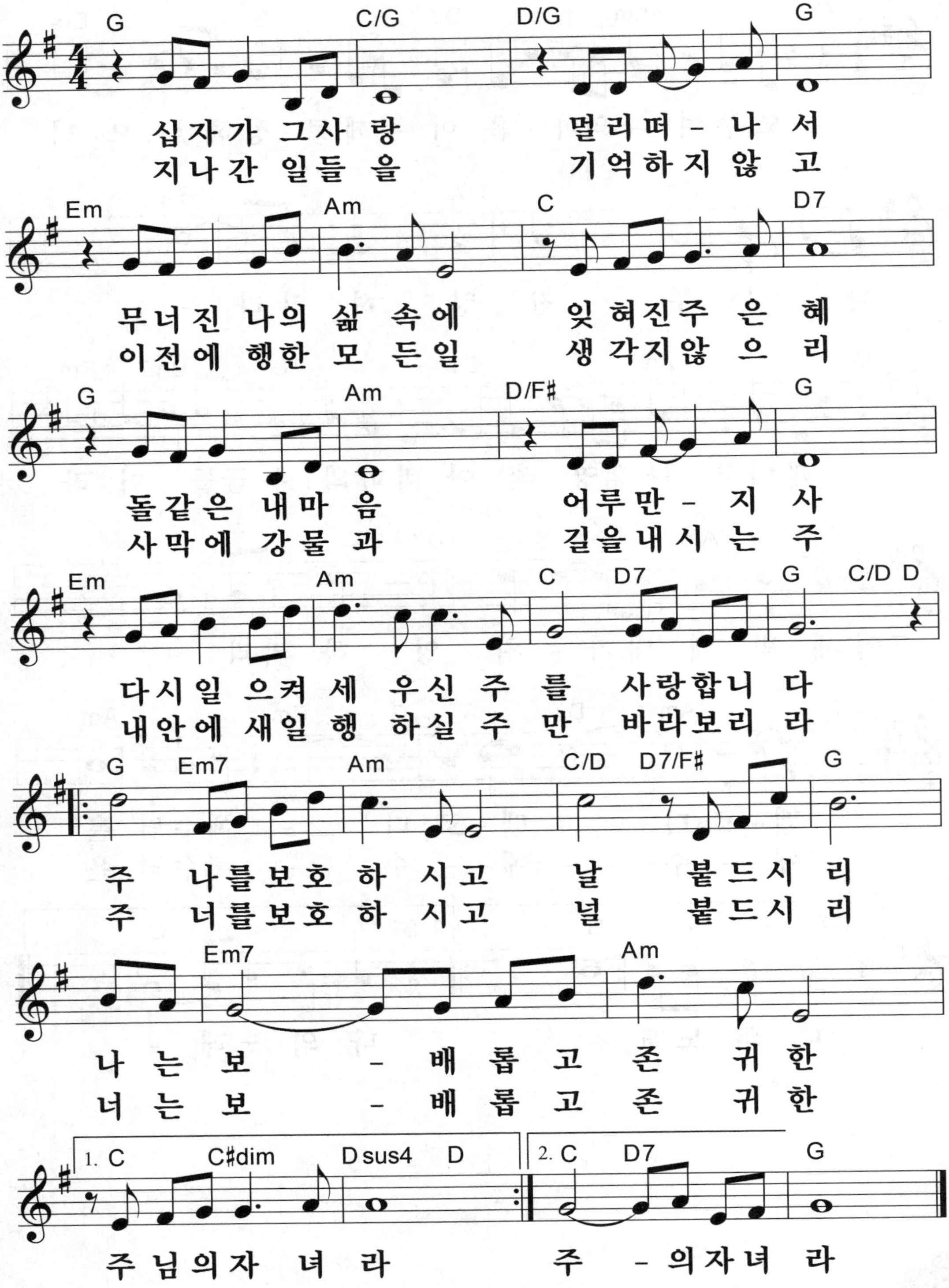

G C/G D/G G

십자가 그사랑 멀리떠-나서
지나간 일들 을 기억하지 않 고

Em Am C D7

무너진 나의 삶 속에 잊혀진주 은 혜
이전에 행한 모 든일 생각지않 으 리

G Am D/F# G

돌같은 내마 음 어루만-지 사
사막에 강물 과 길을내시 는 주

Em Am C D7 G C/D D

다시일 으켜 세 우신 주 를 사랑합니 다
내안에 새일 행 하실 주 만 바라보리 라

G Em7 Am C/D D7/F# G

주 나를보호 하 시고 날 붙드시 리
주 너를보호 하 시고 널 붙드시 리

Em7 Am

나 는 보 - 배 롭 고 존 귀 한
너 는 보 - 배 롭 고 존 귀 한

1. C C#dim Dsus4 D 2. C D7 G

주님의자 녀 라 주 -의자녀 라

(신) 1861
(구) 1242

아름다운 사랑을 나눠요 406

407 아무것도 염려치 말고

(모든 지각에 뛰어나신)

방영섭

메들리

• 기도할 수 있는데 (355) • 보라 너희는 두려워 말고 (387) • 전능하신 나의 주 하나님은 (589)

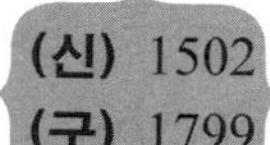

아버지 주 나의 기업 되시네 408

(My delight)

Andy Park

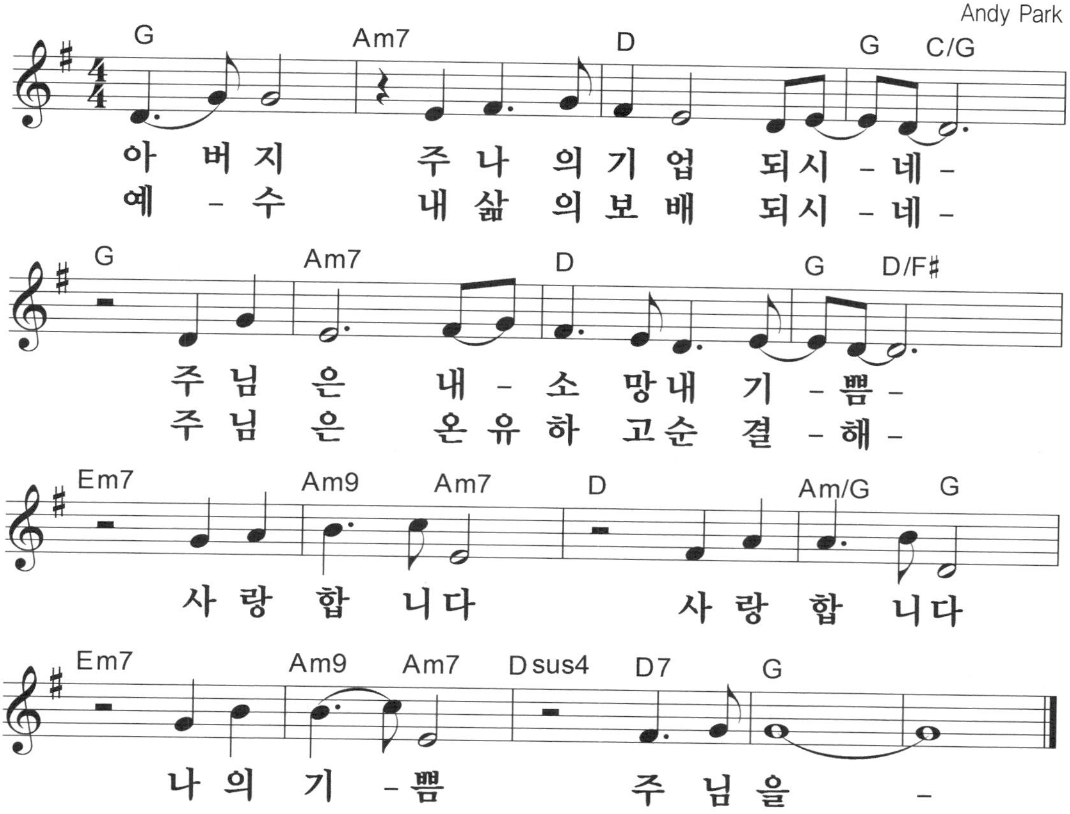

G Am7 D G C/G

아 버 지 주 나 의 기 업 되 시 - 네 -

예 - 수 내 삶 의 보 배 되 시 - 네 -

G Am7 D G D/F♯

주 님 은 내 - 소 망 내 기 - 쁨 -

주 님 은 온 유 하 고 순 결 - 해 -

Em7 Am9 Am7 D Am/G G

사 랑 합 니 다 사 랑 합 니 다

Em7 Am9 Am7 Dsus4 D7 G

나 의 기 - 쁨 주 님 을 -

메들리

• 나의 하나님 그 크신 사랑 (363) • 나 주님의 기쁨되기 원하네 (360) • 사랑합니다 나의 예수님 (391)

409 아침에 주의 인자하심을

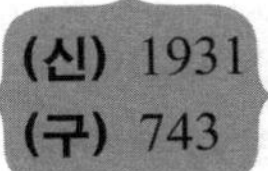

(시편 92편)

(신) 1931
(구) 743

이유정

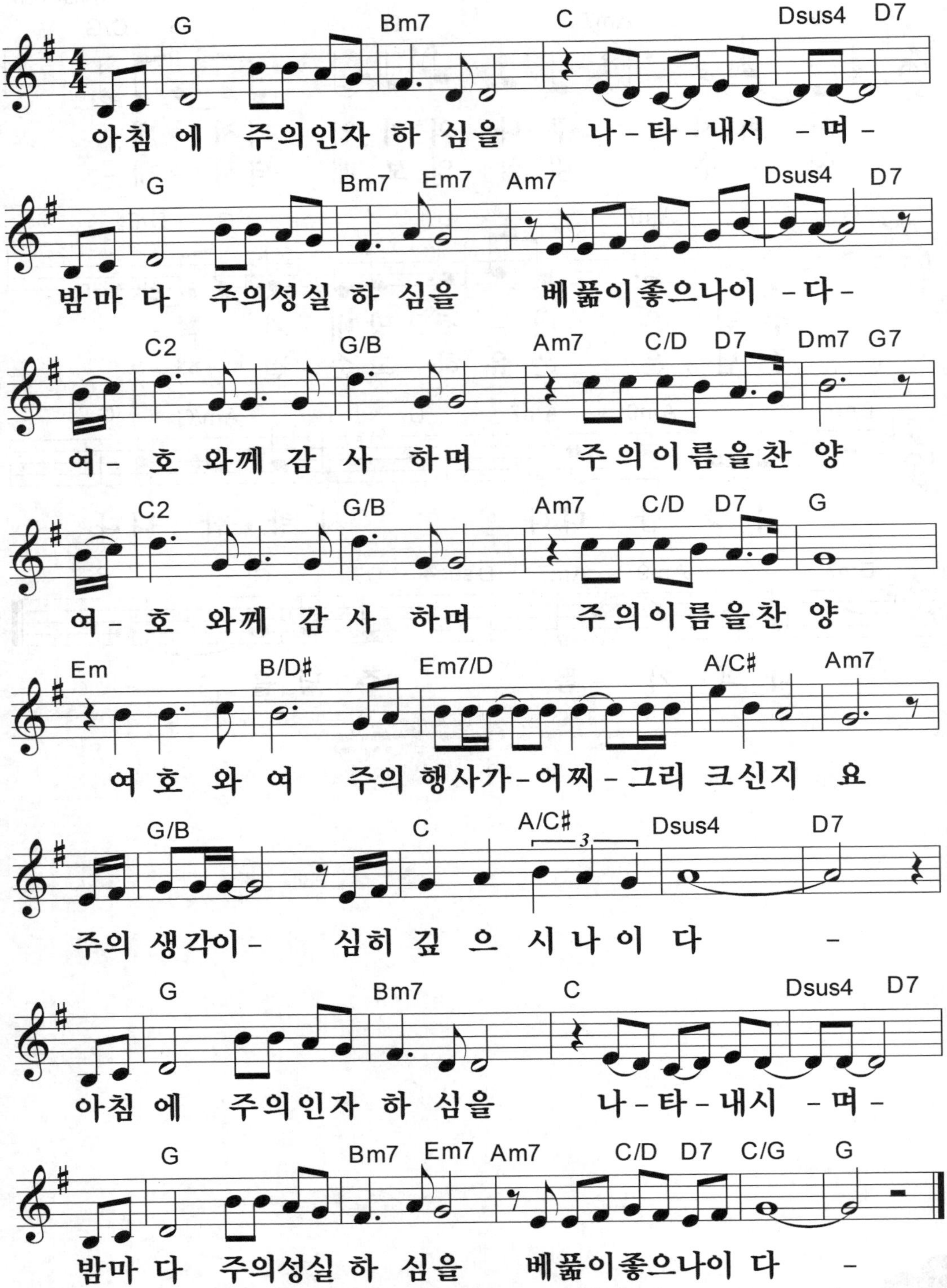

G Bm7 C Dsus4 D7
아침 에 주의인자 하 심을 나-타-내시 -며-
G Bm7 Em7 Am7 Dsus4 D7
밤마 다 주의성실 하 심을 베풂이좋으나이 -다-
C2 G/B Am7 C/D D7 Dm7 G7
여- 호 와께 감 사 하며 주의이름을찬 양
C2 G/B Am7 C/D D7 G
여- 호 와께 감 사 하며 주의이름을찬 양
Em B/D# Em7/D A/C# Am7
여 호 와 여 주의 행사가-어찌-그리 크신지 요
G/B C A/C# Dsus4 D7
3
주의 생각이- 심히 깊 으 시 나 이 다 -
G Bm7 C Dsus4 D7
아침 에 주의인자 하 심을 나-타-내시 -며-
G Bm7 Em7 Am7 C/D D7 C/G G
밤마 다 주의성실 하 심을 베풂이좋으나이 다 -

(신) 1763
(구) 740

어린 양 찬양

(Praise the Lamb)

410

Bruce Clewett

Again 1907

(백년전 이 땅 위에)

(신) 1997
(구) 1917

이 천

Again 1907

메들리

• 모든 민족에게 (380) • 모든 열방 주 볼 때 까지 (381) • 물이 바다 덮음 같이 (385)

412 여호와 나의 목자

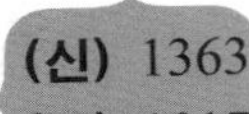

김영기

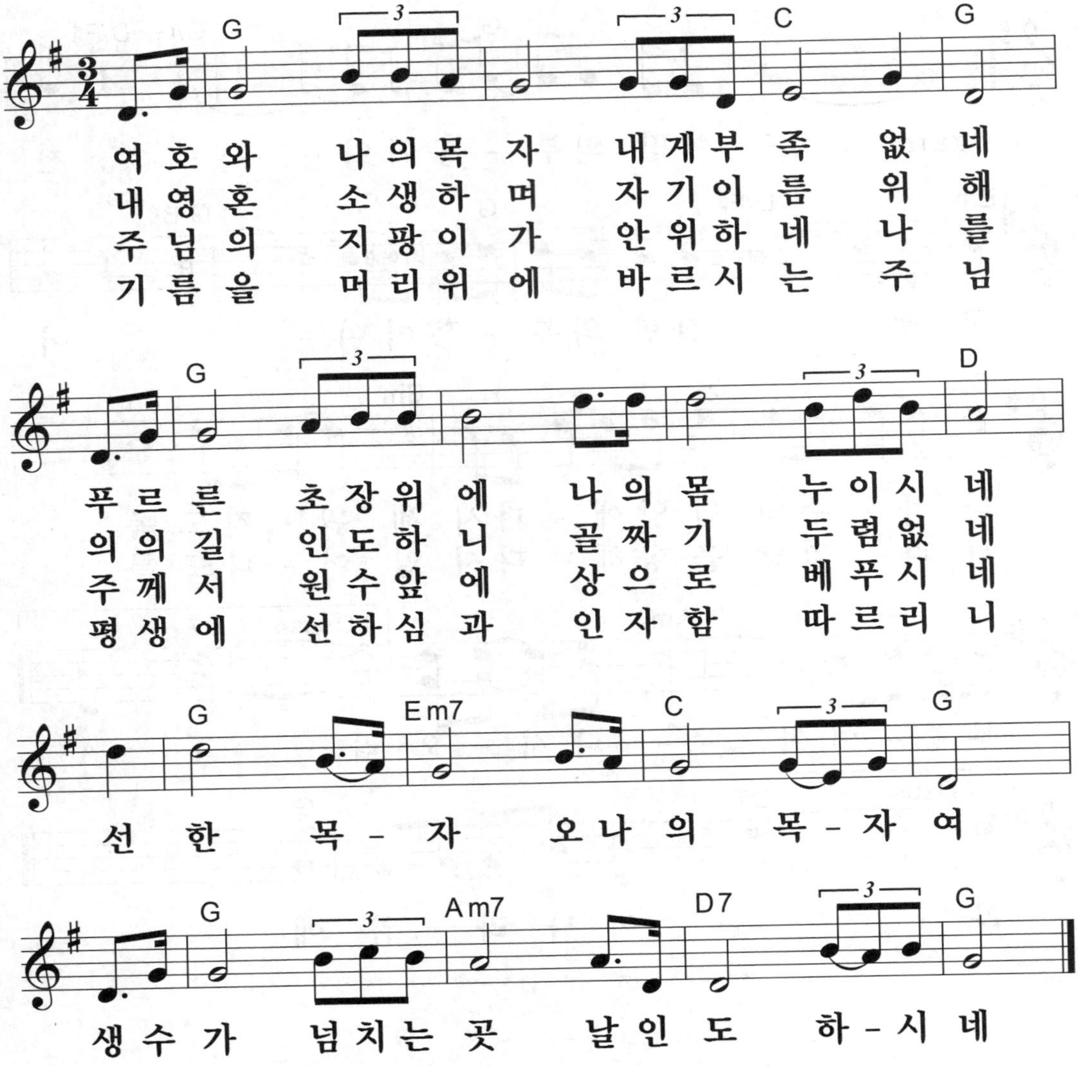

여 호 와 나 의 목 자 내 게 부 족 없 네
내 영 혼 소 생 하 며 자 기 이 름 위 해
주 님 의 지 팡 이 가 안 위 하 네 나 를
기 름 을 머 리 위 에 바 르 시 는 주 님

푸 르 른 초 장 위 에 나 의 몸 누 이 시 네
의 의 길 인 도 하 니 골 짜 기 두 렴 없 네
주 께 서 원 수 앞 에 상 으 로 베 푸 시 네
평 생 에 선 하 심 과 인 자 함 따 르 리 니

선 한 목 - 자 오 나 의 목 - 자 여

생 수 가 넘 치 는 곳 날 인 도 하 - 시 네

메들리 • 예수님 품으로 (425) • 예수의 이름으로 (428) • 주님여 이 손을 (470)

여호와 영광이 온 세상 가득하게 413

(The Earth Shall Be Filled)

메들리 • 내가 주인 삼은 (367) • 내게 강 같은 평화 (369) • 오직 주님만 (434)

414

여호와 이레

(주님 내 길 예비하시니)

(신) 1719
(구) 772

홍정표

메들리
• 내게로 와서 마셔라 (370) • 예수 안에 있는 나에게 (420) • 예수 인도하셨네 (423)

염려하지 말라

(나의 가는 길이 보이지 않을때)

손경민

메들리

• 보라 너희는 두려워 말고 (387) • 아무것도 염려치 말고 (407) • 예수 인도하셨네 (423)

416 영광 높이 계신 주께

(신) 1580
(구) 1525

(Glory)

Danny Daniels

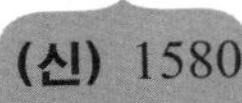

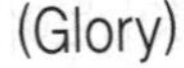

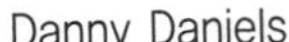

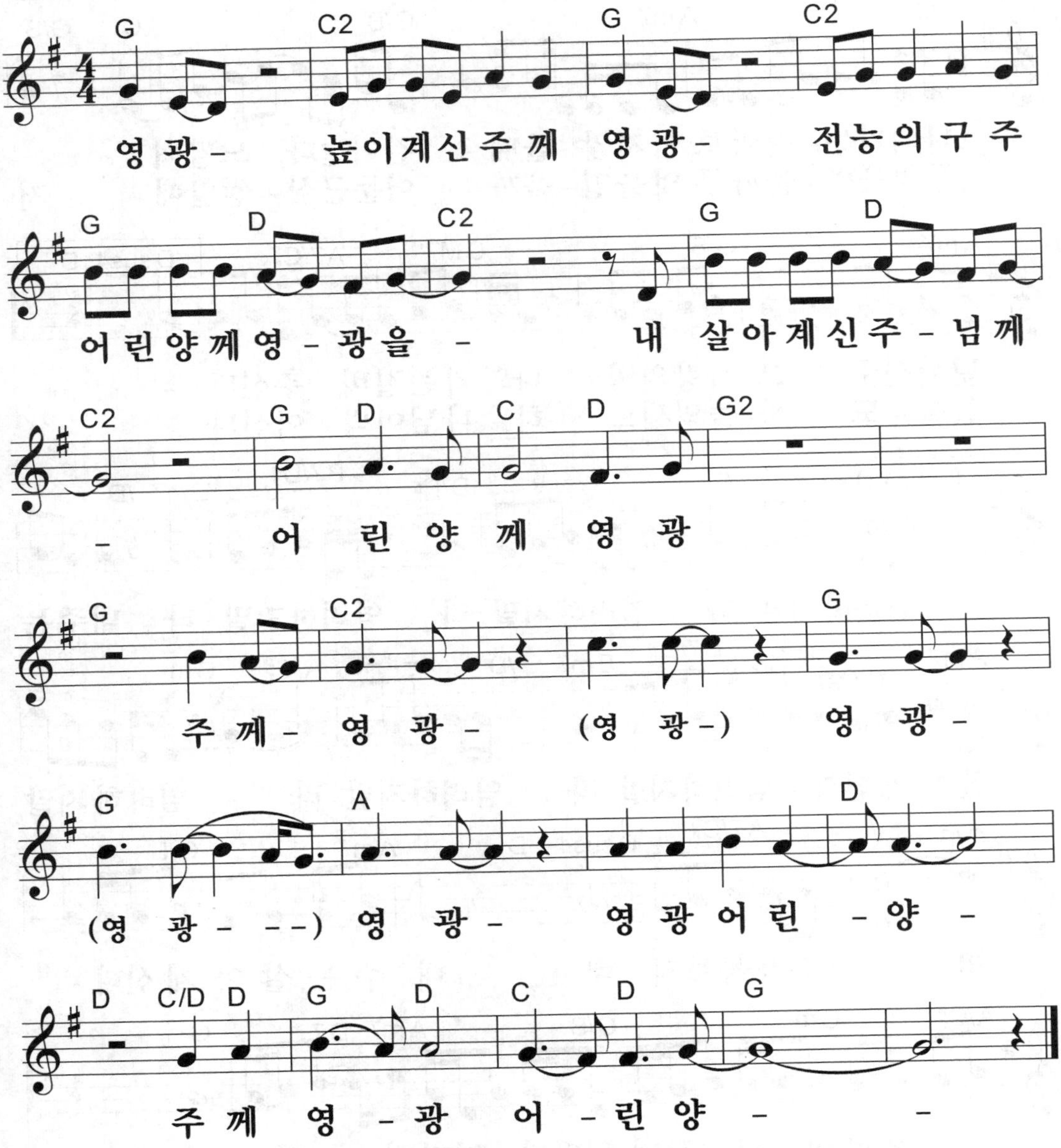

G C2 G C2
영광- 높이계신주께 영광- 전능의구주
G D C2 G D
어린양께영-광을 - 내 살아계신주-님께
C2 G D C D G2
- 어린양께영광
G C2 G
주께- 영광- (영광-) 영광-
G A D
(영광- --) 영광- 영광어린 -양 -
D C/D D G D C D G
주께영-광 어-린양 - -

메들리 • 기뻐하며 왕께 노래 부르리 (356) • 다 와서 찬양해 (372) • 생명 주께 있네 (396)

영광 주님께

417

(Glory glory Lord)

메들리

• 영광 높이 계신 주께 (422) • 예수는 왕 예수는 주 (424) • 주 예수 기뻐 찬양해 (455)

418 영원한 생명의 주님

(Through it All)

Reuben Morgan

메들리
• 나의 가는 길 (361) • 내가 주인 삼은 (367) • 오직 주님만 (434)

예배

419

(주의 십자가 지고)

김영표

420 예수 안에있는 나에게

(신) 1938
(구) 944

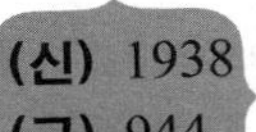

구명회 & 박윤호

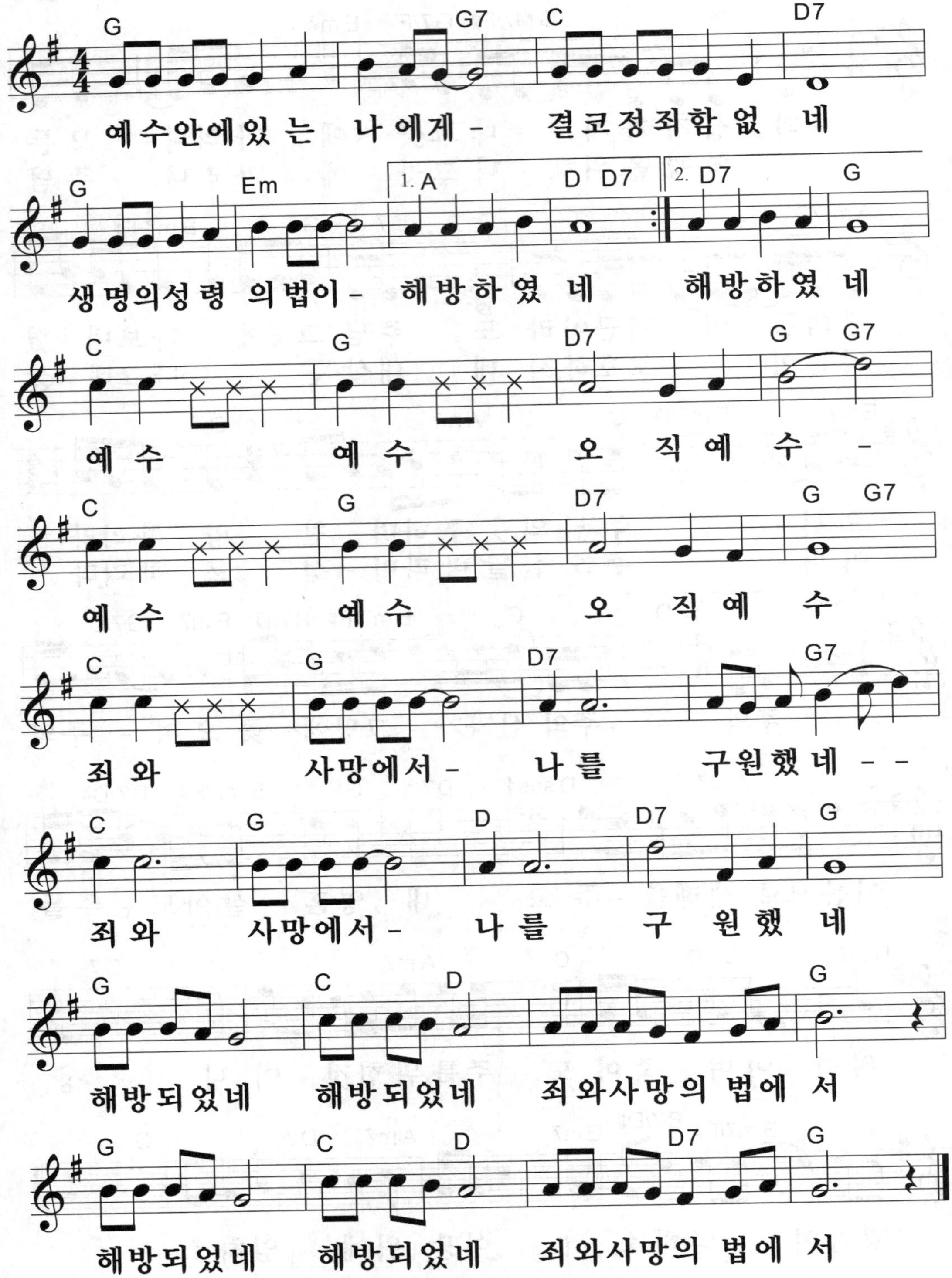

예수안에있는 나에게 - 결코정죄함없 네
생명의성령 의법이 - 해방하였 네 해방하였 네
예수 예수 오 직예 수 -
예수 예수 오 직예 수
죄와 사망에서 - 나를 구원했네 - -
죄와 사망에서 - 나를 구 원했 네
해방되었네 해방되었네 죄와사망의 법에 서
해방되었네 해방되었네 죄와사망의 법에 서

(신) 1987
(구) 1140

예수 안에서

* 사랑하네
용서하네
기뻐하네
찬양하네

메들리
• 승리는 내 것일세 (401) • 승리하였네 (402) • 예수 안에 있는 나에게 (420)

422

예수 예수 거룩한

(Holy and anointed One)

John Barnett

메들리 • 경배하리 주 하나님 (348) • 영원한 생명의 주님 (418) • 찬송의 옷을 주셨네 (483)

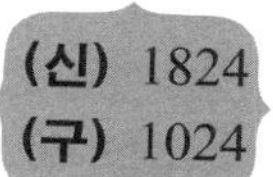

(신) 1824
(구) 1024

예수 인도하셨네

423

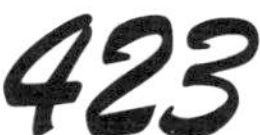

(내 인생 여정 끝내어 / Jesus led me all the way)

John W. Peterson

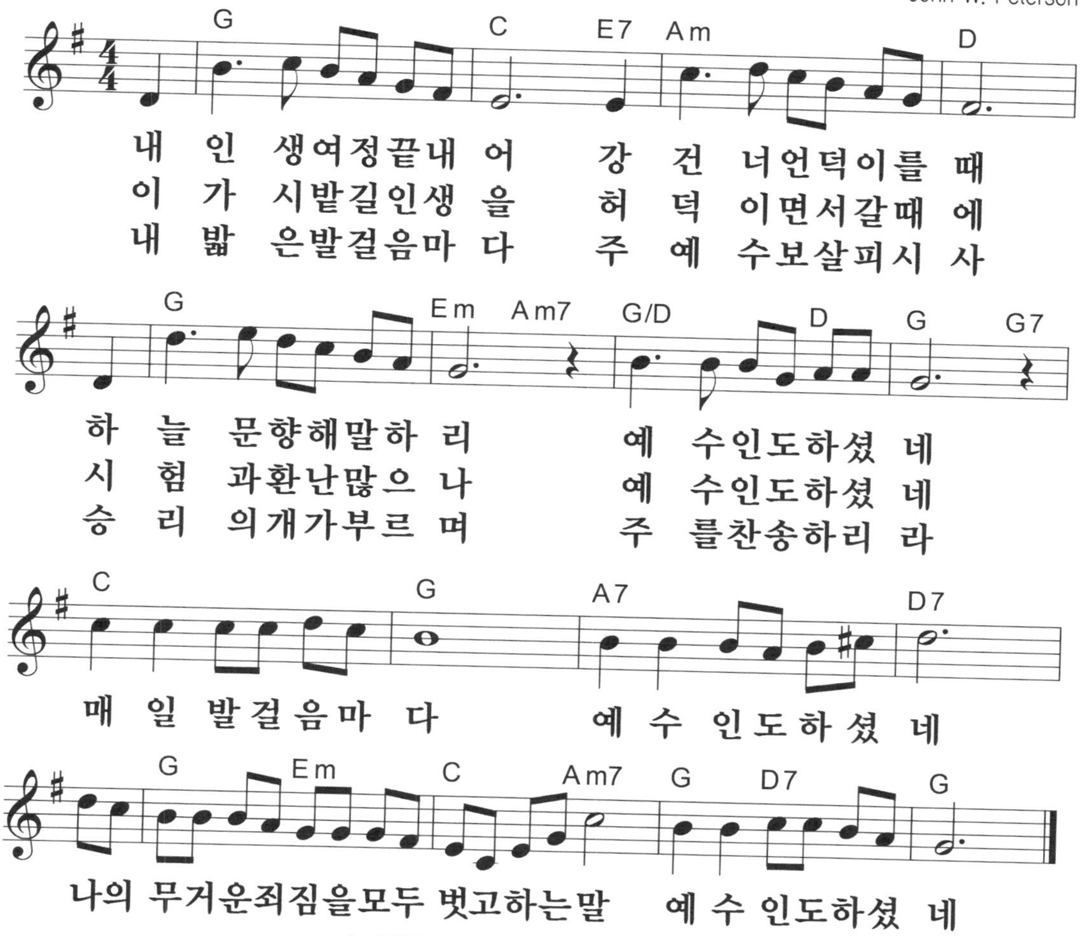

메들리

• 여호와 이레 (414) • 예수님 품으로 (425) • 예수님의 보혈로 (426)

424 예수는 왕 예수는 주

(신) 1698
(구) 1330

(He is the King)

Don Moen, Rev John F Stocker & Tom Ewing

(신) 1852
(구) 886

예수님 품으로

(인생길 험하고 마음 지쳐)

조용기 & 김보훈

메들리

• 겟세마네 동산에서 (347) • 예수의 이름으로 (428) • 주님여 이 손을 (470)

426 예수님의 보혈로

(신) 1891
(구) 814

메들리
• 내게 강 같은 평화 (369) • 예수 안에서 (421) • 예수님 품으로 (425)

예수님이 말씀하시니

메들리
• 예수 안에서 (421) • 예수의 이름으로 (428) • 주님 한 분 만으로 (462)

428 예수의 이름으로

(I will stand)

(신) 1538
(구) 1245

Chris Bowater

메들리
• 예수님 품으로 (425) • 정결한 맘 주시옵소서 (452) • 주님여 이 손을 (470)

오 예수님 내가 옵니다

고형원

메들리
• 오소서 오 나의 성령이여 (431) • 오직 주님만 (434) • 찬송의 옷을 주셨네 (483)

430 오 이 기쁨

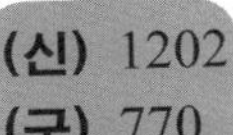

(신) 1202
(구) 770

G D7
오 - 이 기 뻐 - 주 님 - 주 신 것 -
앞 뒤 동 산 에 - 꽃 은 - 피 었 고 -
높 은 하 늘 에 - 종 달 새 우 짖 고 -
오 친 - 구 여 - 즐 겁 게 노 래 해 -
손 뼉 치 면 서 - 즐 겁 게 찬 양 해 -
D7 G
오 - 이 기 뻐 - 주 님 - 주 신 것 -
내 - 맘 속 에 - 웃 음 꽃 피 었 네 -
내 - 맘 속 에 - 기 쁜 -노 래 있 네 -
오 - 친 구 여 - 즐 겁 게 노 래 해 -
손 뼉 치 면 서 - 즐 겁 게 찬 양 해 -
G G7 C
오 이 기 뻐 - 주 님 주 신 것 - 주 께
G Em7 G/D D7 G
영 광 할 렐 루 - 야 - 주 만 찬 양 해 -

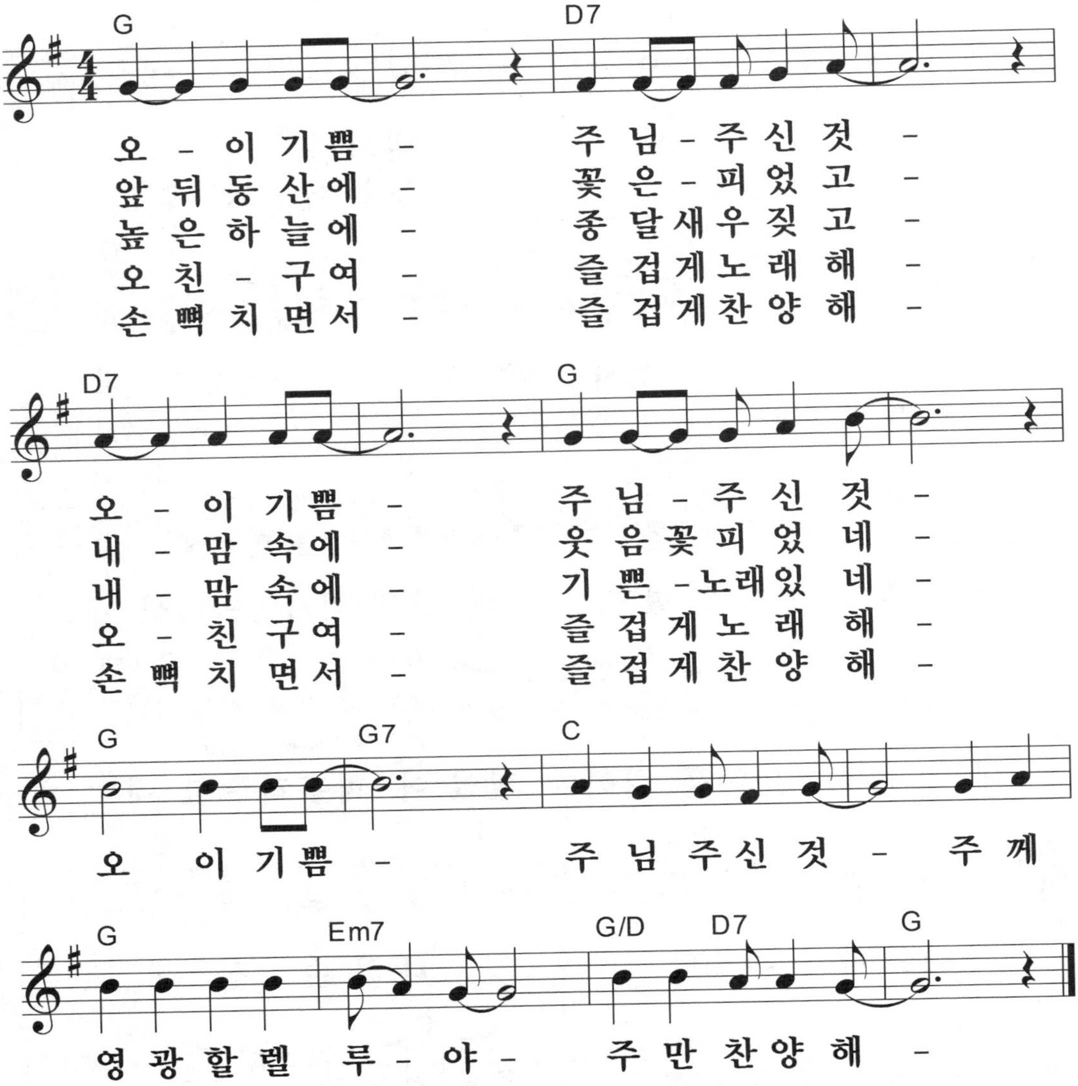

메들리
• 기뻐하며 왕께 노래 부르리 (356) • 나 기뻐하리 (359) • 주 우리 아버지 (458)

오소서 오 나의 성령이여 431

메들리

• 오 예수님 내가 옵니다 (429) • 오직 주님만 (434) • 정결한 맘 주시옵소서 (452)

432 오늘 나는

(내가 먼저 손 내밀지 못하고)

(신) 1039
(구) 1244

오늘 나는

메들리

• 낮엔 해처럼 밤엔 달처럼 (366) • 예수의 이름으로 (428) • 오늘 이 하루도 (433)

433 오늘 이 하루도

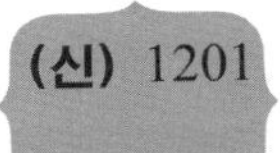

(신) 1201

(내게 주어진 하루를)

최용덕

G D Em C
1. 내게 주어진하루를 감사합니다 – 내게또하루를허락
이런 은총받을만한 자격없지만 – 주의인자하심힘입
2. 내게 주어진하루를 감사합니다 – 내게또하루를허락
비록 이하루가나를 울린다해도 – 원망의맘품지않을
D G C
하심을 – 이하 루도 헛되이 – 보 – 내지않으며 –
음으로 – 이하 루도 – 내게주어 – 졌음인하여 –
하심을 – 즐 – 거운 일이든 – 혹 – 슬픈일이든 –
이유는 – 나의 주님 이모든일을 – 주관하셔서 –
1.D G 2. D G
살기원합니 다 – 감사 드립니 다 –
감사드립니 다 – 선을이루심이 라 –
G Em G D
이하루도 – 정직하게 – 하소서 – 이하루도 – 친절하게 – 하소서 –
이하루도 – 온유하게 – 하소서 – 이하루도 – 겸손하게 – 하소서 –
이하루도 – 찬양하게 – 하소서 – 이하루도 – 감사하게 – 하소서 –
이하루도 – 기도하게 – 하소서 – 이하루도 – 전도하게 – 하소서 –
1. G B7 Em /D C D G
내가 만나는 – 모든사람 – 들에게 – 자 비를베풀게하소 서
험한 만나는 – 모든사람 – 들에게 – 복 음을전하게하소 서

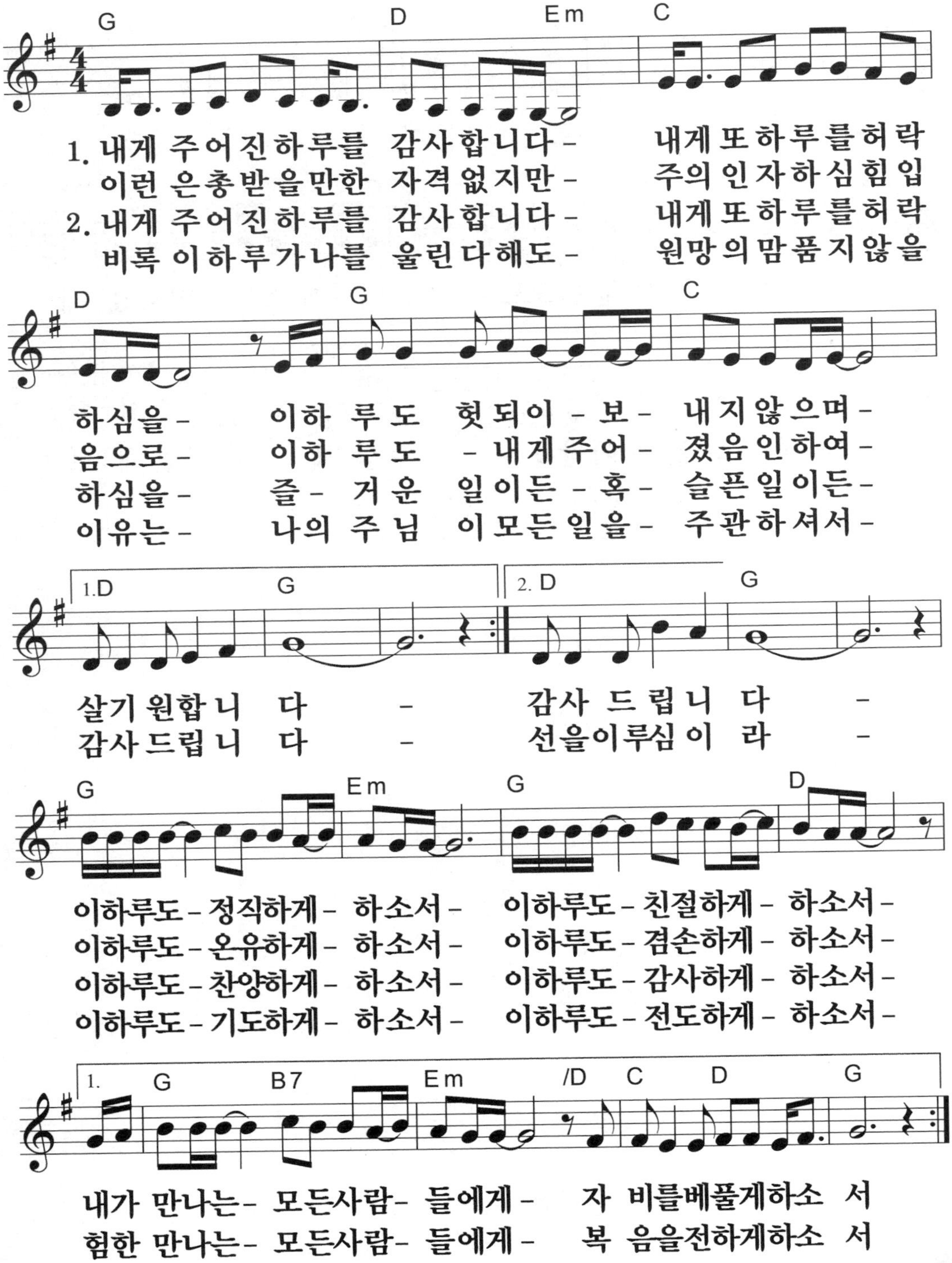

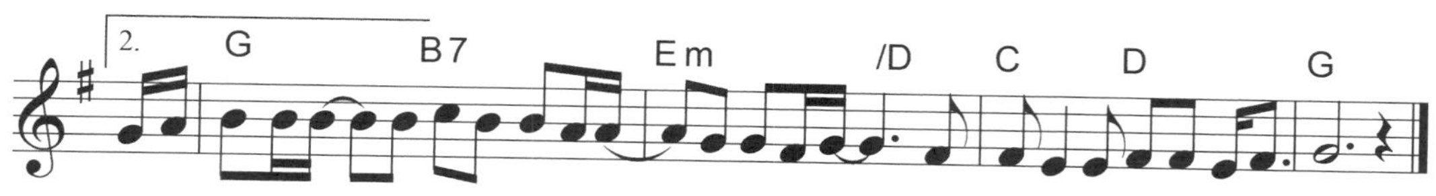

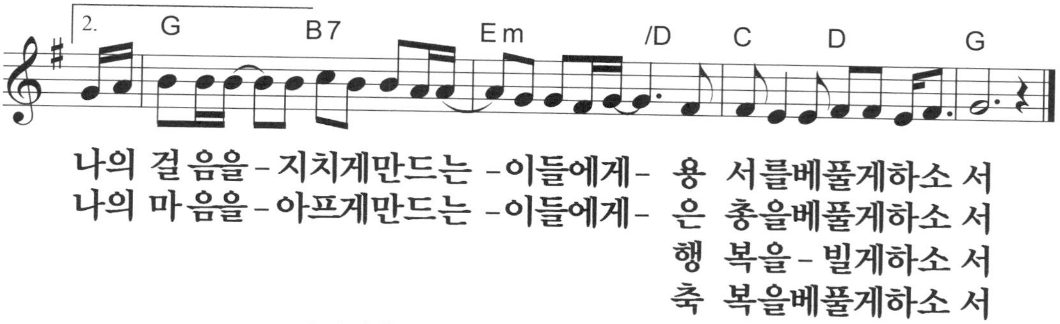
2.
G B7 Em /D C D G
나의 걸음을-지치게만드는 -이들에게- 용 서를베풀게하소 서
나의 마음을-아프게만드는 -이들에게- 은 총을베풀게하소 서
행 복을-빌게하소 서
축 복을베풀게하소 서

(구) 1721

오직 주님만 434

(Only You)

Andy Park

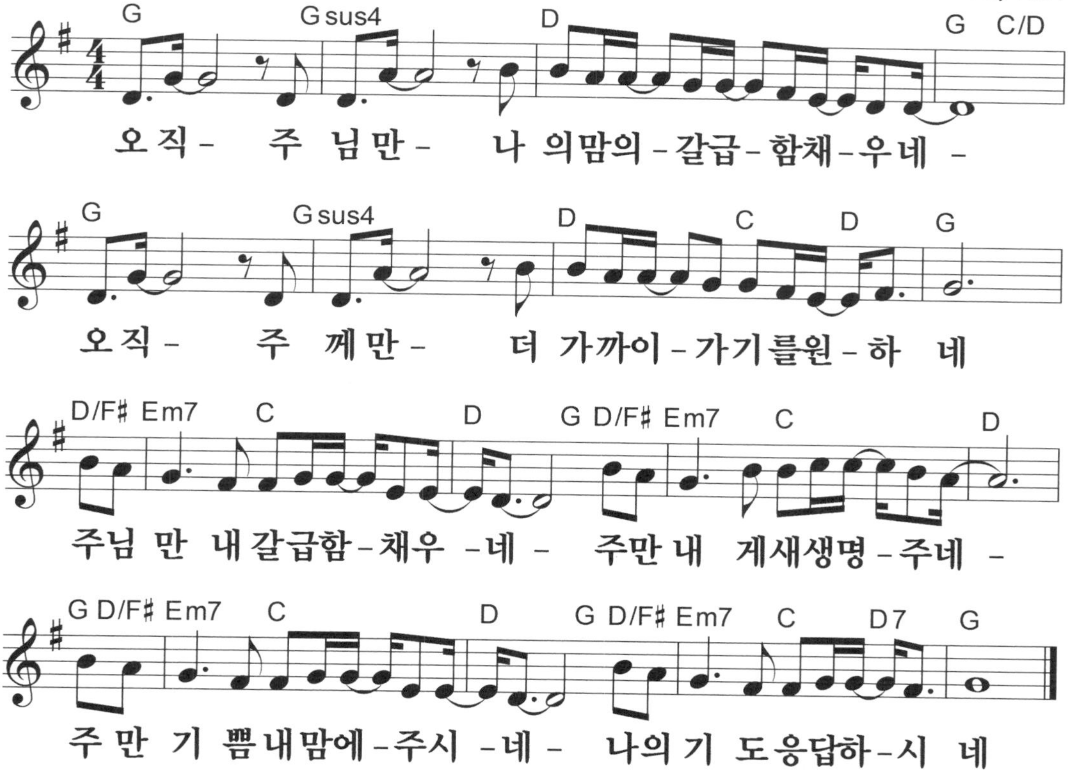
G Gsus4 D G C/D
오직- 주 님만- 나 의맘의-갈급-함채-우네 -
G Gsus4 D C D G
오직- 주 께만- 더 가까이-가기를원-하 네
D/F# Em7 C D G D/F# Em7 C D
주님 만 내갈급함-채우 -네 - 주만내 게새생명-주네 -
G D/F# Em7 C D G D/F# Em7 C D7 G
주 만 기 쁨내맘에-주시 -네 - 나의기 도응답하-시 네

메들리

• 경배하리 주 하나님 (348) • 영원한 생명의 주님 (418) • 오직 주로 인해 (435)

435

오직 주로 인해

(Because of who you are)

Martha Munizzi

(신) 1471
(구) 1356

왕의 왕 주의 주

436

(Lord of lords, king of kings)

Jessy Dixon, Randy Scruggs & John W.Thompson

왜

(왜 슬퍼하느냐)

최택헌

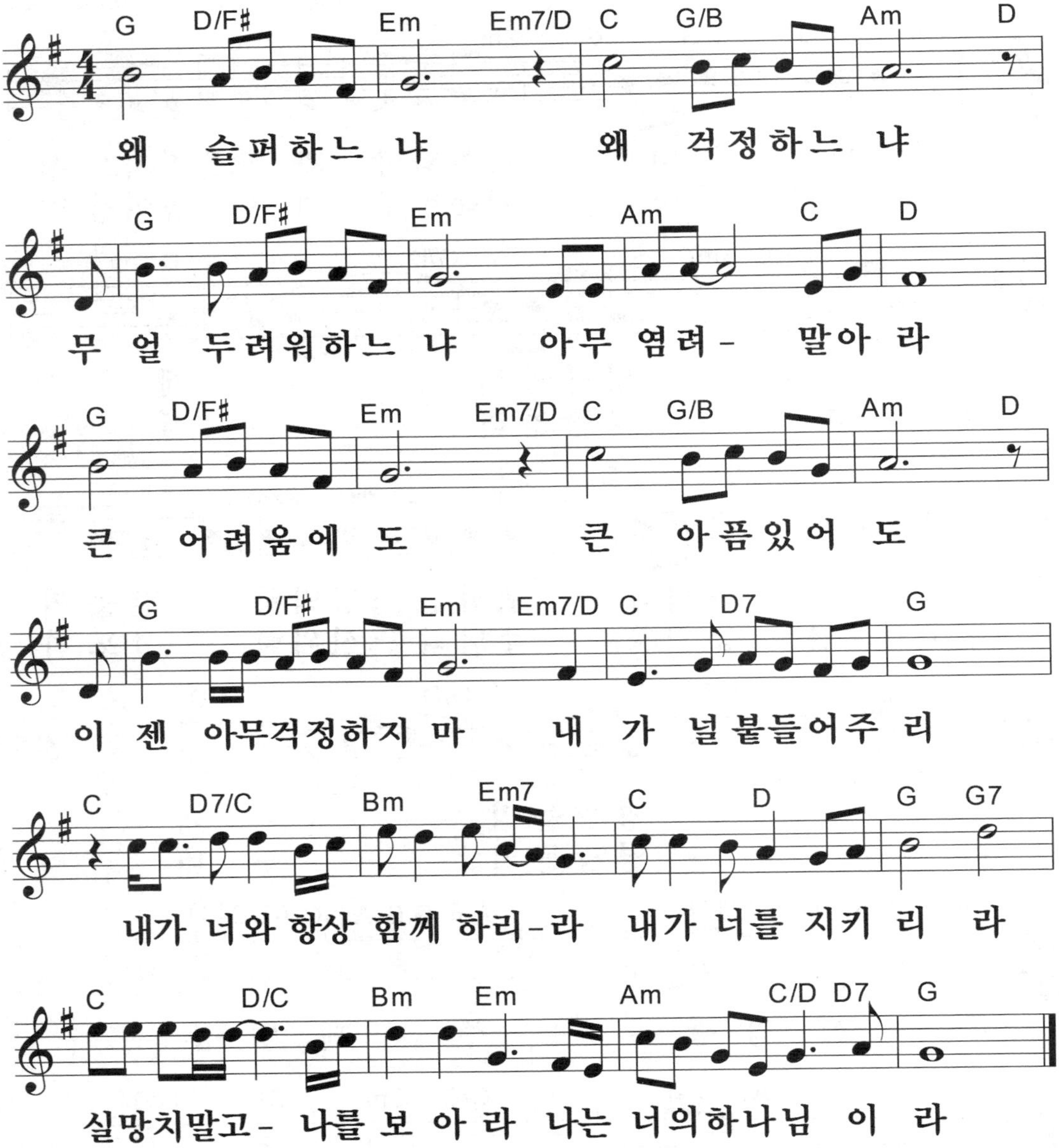

G D/F# Em Em7/D C G/B Am D

왜 슬퍼하느냐 왜 걱정하느냐

G D/F# Em Am C D

무얼 두려워하느냐 아무 염려- 말아라

G D/F# Em Em7/D C G/B Am D

큰 어려움에도 큰 아픔있어도

G D/F# Em Em7/D C D7 G

이젠 아무걱정하지마 내가 널붙들어주리

C D7/C Bm Em7 C D G G7

내가 너와 항상 함께 하리-라 내가 너를 지키리라

C D/C Bm Em Am C/D D7 G

실망치말고- 나를 보아라 나는 너의하나님이라

메들리 • 기도할 수 있는데 (355) • 달리다굼 (373) • 보라 너희는 두려워 말고 (387)

(구) 1318

요나의 기도

438

(내가 고난 받을 때)

안부영

439

우리 함께

(신) 1108
(구) 1163

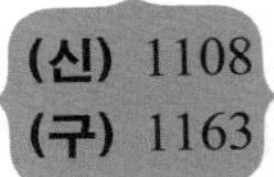

(하나님께서는 우리의 만남을 / Together)

Rodger Strader

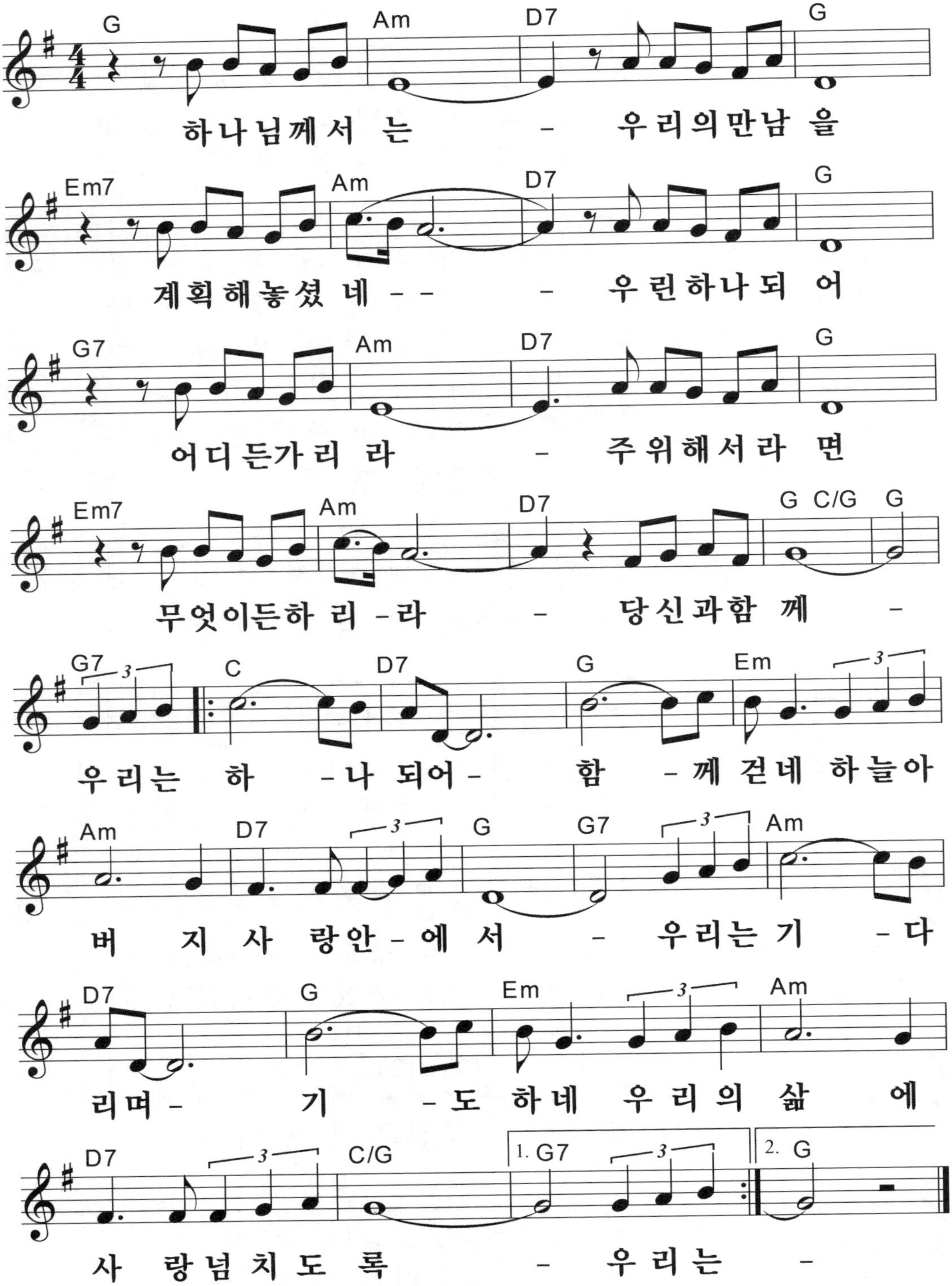

하나님께서는 - 우리의만남을
계획해놓셨네 - - - 우린하나되어
어디든가리라 - 주위해서라면
무엇이든하리-라 - 당신과함께 -
우리는 하 -나 되어- 함 -께 걷네 하늘아
버지 사랑안-에서 - 우리는 기 -다
리며- 기 -도하네 우리의 삶 에
사 랑넘치도록 - 우리는 -

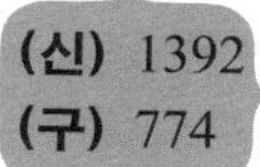

우리 함께 모여

440

(We're togather again)

Gordon Jensen & Wayne Hilton

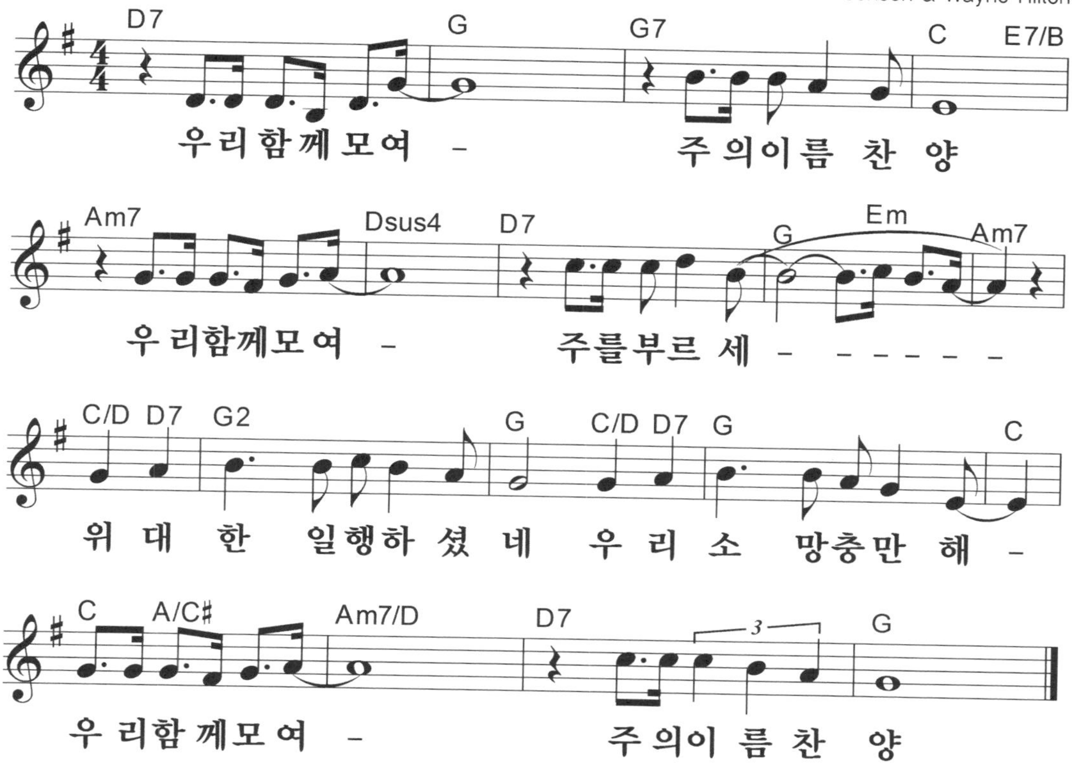

D7 G G7 C E7/B

우리함께모여 - 주의이름 찬 양

Am7 Dsus4 D7 G Em Am7

우리함께모여 - 주를부르 세 - - - - - -

C/D D7 G2 G C/D D7 G C

위 대 한 일행하 셨 네 우 리 소 망충만 해 -

C A/C# Am7/D D7 G

우 리함 께모 여 - 주 의이 름 찬 양

메들리

• 그리 아니하실지라도 (353) • 다 와서 찬양해 (372) • 주 우리 아버지 (458)

441 우리는 주의 움직이는 교회

(We Are His Church)

Peter Kim

은혜 찬양

442

(이 모든 것이 주님의 은혜)

안정환

443

은혜 아니면

(어둠 속 헤매이던)

조성은

은혜 아니면

G D9 Em7 Bm7 C
노 력과 의지 가 아닌 오직주님 의그뜻안-에 서
Am7 D7 Bm7 Em7 Am7 D C/ED/F#
의로운자라 내게 말씀하셨네 완 전하신그은혜 로 은혜아 니
2. Em7/D C Am7 D7 Em
완전한사 랑 그은혜아니 면 나서지못하네 이제나사는것아니
G+/D# Em7/D A7/C# C
요 오직 예수 내안에살아 계시니- 나의 능력아닌- 주의
G/B Am Dsus4 Esus4 A
능력으로- 이제주와 함께 살리 라 - 오직은 혜 로
C#7/F F#m Fm Em A9 D
나살아가리 라 십자가의그사 랑 주의능력으
Bm 3 Esus4 E7 D9/F# E7/G# A C#7
로 나는서리 라 주의은 혜 로 나살아가리
F#m F#m7/E D 3 E Esus4 A
라 십자가사 랑 그능력으 로 나 살 리 라

444

은혜 아니면

(헤아릴 수 없이 / Were It Not For Grace)

David Hamilton & Phil McHugh

은혜 아니면

메들리 • 은혜 (150) • 은혜 찬양 (442) • 어둠 속 헤매이던 (443)

445 이 땅 위에 오신

(Hail to the King)

Larry Hampton

G Em11

이 땅 위에 - 오신 - 하 나 님의 - 본체 -
우 리 고대 - 하네 - 주 님 오 실 - 그날 -

CM7 Dsus4 D7

십 자가 - 에달 - 리사 우리죄 사하 - 셨네 -
다 시 사신 - 왕의 - 영광 이 땅 을비 - 추네 -

G Em11

하 나 님이 - 그를 - 지 극 히 - 높 여 -
사 단 의권 - 세는 - 주 앞 에 무 - 너 져 -

CM7 Dsus4 D

모 든 이름 - 위에 - 뛰어 - 난 이 름을 - 주사 -
생 명 과진 - 리의 - 주권 - 세 가 장높 - 도다 -

C Dsus4 D Em11 Dsus4 D

우 리 예 수 이 름 앞 에 절 하 고

C B7/D# Em11 Dsus4 D

모 든 입 이 주 를 시 인 - 해

C Dsus4 D Em7 D C

영 광 중 에 오 실 주 를 보 리 라

이 땅 위에 오신

메들리 • 모든 열방 주 볼 때까지 (381) • 예수는 왕 예수는 주 (424) • 주님의 영광 (468)

446 이 믿음 더욱 굳세라

(신) 2000
(구) 1739

(여기에 모인 우리 / We will keep our faith)

Don Besig & Nancy Price

(신) 1946
(구) 958

이 세상은 내 집 아니네

447

(죄 많은 이 세상은)

메들리

• 내게 강 같은 평화 (369) • 예수 안에서 (421) • 예수 인도하셨네 (423)

448

이제

(신) 1346
(구) 911

(그 길고 긴 방황의 늪을 지나)

최용덕

이젠 고난의 끝에 서서 449

메들리
- 경배하리 주 하나님 (348)
- 왜 (437)
- 축복송 (487)

450

일어나 찬양

(일어나라 찬양을 드리라 / Arise and sing)

Mel Ray

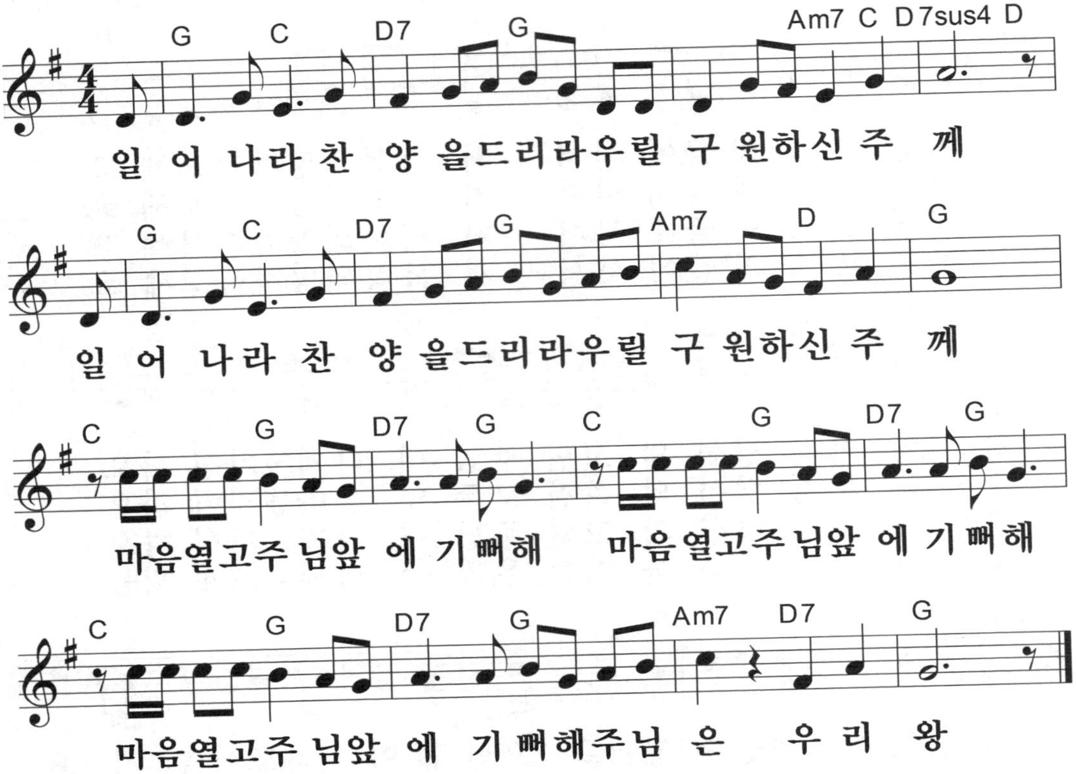

G C D7 G Am7 C D7sus4 D

일 어 나라 찬 양 을드리라우릴 구 원하신 주 께

G C D7 G Am7 D G

일 어 나라 찬 양 을드리라우릴 구 원하신 주 께

C G D7 G C G D7 G

마음열고주 님앞 에 기 뻐해 마음열고주 님앞 에 기 뻐해

C G D7 G Am7 D7 G

마음열고주 님앞 에 기 뻐해주님 은 우 리 왕

메 들 리

- 기뻐하며 왕께 노래 부르리 (356)
- 나 기뻐하리 (359)
- 시편 57편 (404)

(신) 1602
(구) 1698

일어나라 주의 백성

이 천

452 정결한 맘 주시옵소서

(신) 1181
(구) 843

(Create in me a clean heart)

메들리
• 해 아래 새 것이 없나니 (394) • 예수의 이름으로 (428) • 오소서 오 나의 성령이여 (431)

(구) 1913

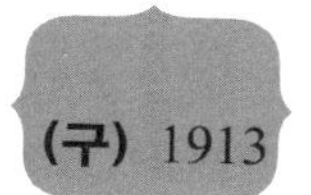

주 내 소망은 주 더 알기 원합니다 453

(Changed by Your Love)

Andre Ashby & Scott Brenner

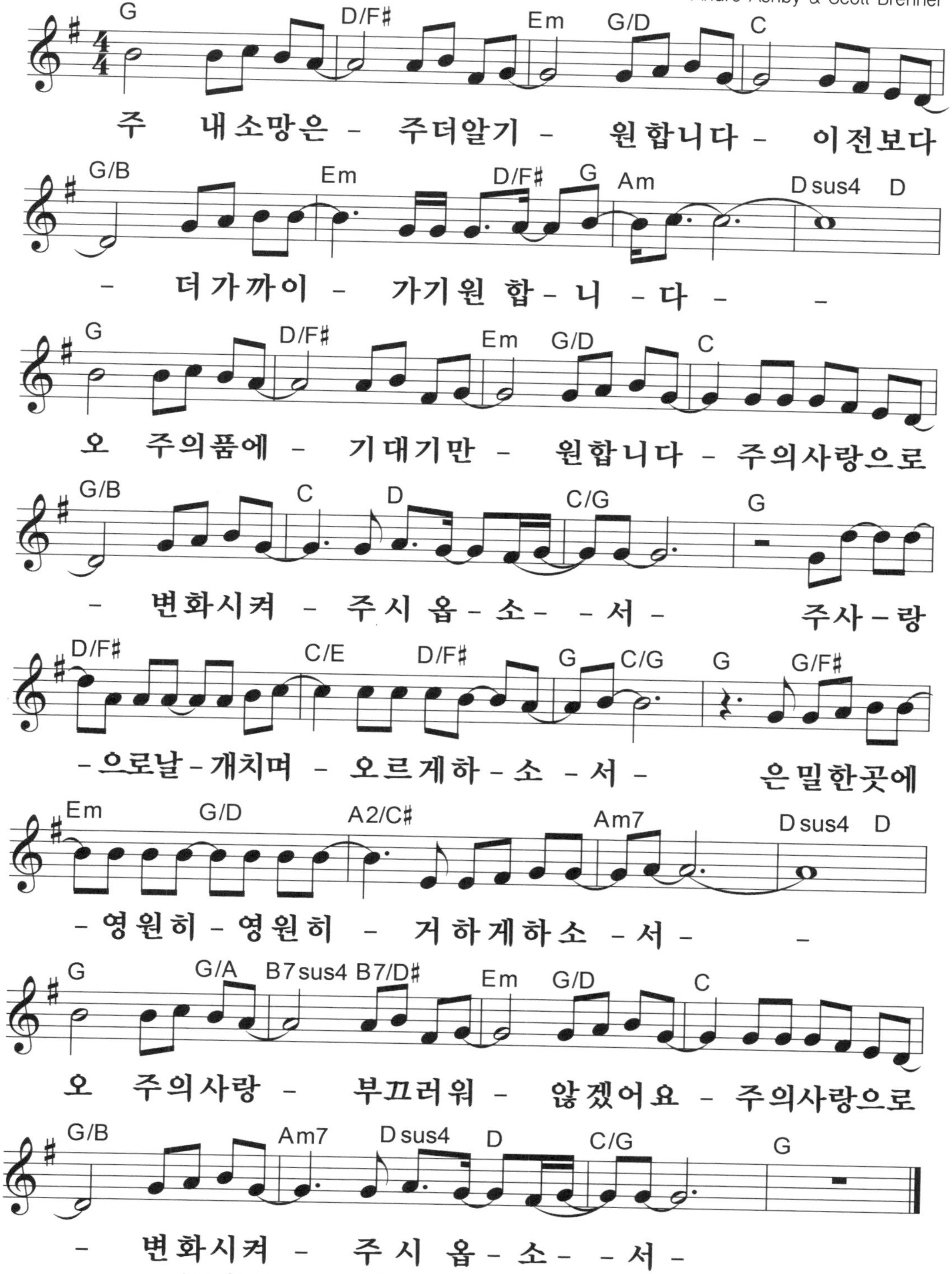
G D/F# Em G/D C
주 내소망은 - 주더알기 - 원합니다 - 이전보다
G/B Em D/F# G Am Dsus4 D
- 더가까이 - 가기원 합 - 니 - 다 - -
G D/F# Em G/D C
오 주의품에 - 기대기만 - 원합니다 - 주의사랑으로
G/B C D C/G G
- 변화시켜 - 주시 옵 - 소 - - 서 - 주사 - 랑
D/F# C/E D/F# G C/G G G/F#
- 으로날 - 개치며 - 오르게하 - 소 - 서 - 은밀한곳에
Em G/D A2/C# Am7 Dsus4 D
- 영원히 - 영원히 - 거하게하소 - 서 - -
G G/A B7sus4 B7/D# Em G/D C
오 주의사랑 - 부끄러워 - 않겠어요 - 주의사랑으로
G/B Am7 Dsus4 D C/G G
- 변화시켜 - 주시 옵 - 소 - - 서 -

454

주 말씀 향하여

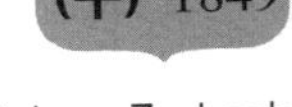

(하늘의 나는 새도 / I will run to You)

(신) 1680
(구) 1849

Dalene Zschech

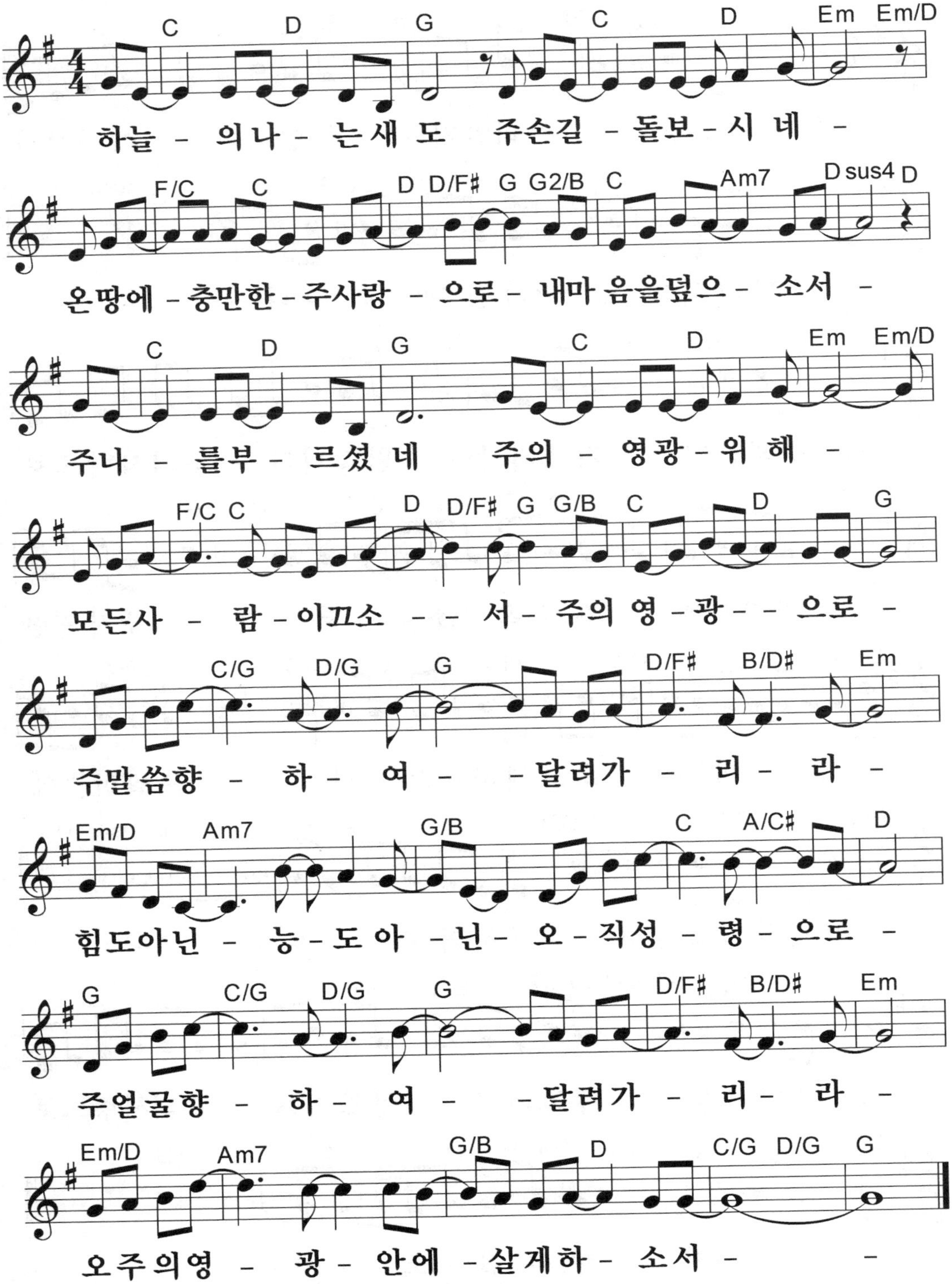
C D G C D Em Em/D
하늘 - 의나 - 는새 도 주손길 - 돌보 - 시 네 -
F/C C D D/F# G G2/B C Am7 D sus4 D
온땅에 - 충만한 - 주사랑 - 으로 - 내마 음을덮으 - 소서 -
C D G C D Em Em/D
주나 - 를부 - 르셨 네 주의 - 영광 - 위 해 -
F/C C D D/F# G G/B C D G
모든사 - 람 - 이끄소 - - 서 - 주의 영 - 광 - - 으로 -
C/G D/G G D/F# B/D# Em
주말씀향 - 하 - 여 - - 달려가 - 리 - 라 -
Em/D Am7 G/B C A/C# D
힘도아닌 - 능 - 도 아 - 닌 - 오 - 직성 - 령 - 으로 -
G C/G D/G G D/F# B/D# Em
주얼굴향 - 하 - 여 - - 달려가 - 리 - 라 -
Em/D Am7 G/B D C/G D/G G
오주의영 - 광 - 안에 - 살게하 - 소서 - -

주 예수 기뻐 찬양해

(Celebrate Jesus Celebrate)

메들리

• 나 기뻐하리 (359) • 마지막 날에 (375) • 주님의 영광 나타나셨네 (469)

456 주 사랑해요

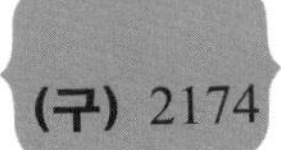

(갈급한 내 맘 / I'll Always Love You I Just Want To Love)

Tim Hughes

G D Em C

갈 -급한내 -맘- 만 -지시는 -주-

매 -일주님 -과- 함 -께지내 -며-

G D Em C

사 -랑과노 -래- 드리 기 원 합 니다 -

주 -의부르 -심- 주마 음 알 기 원해 -

G D Em C

주 -사랑해 -요- 주 -찬양해 -요-

내 -모든호 -흡- 주 -께속했 -네-

G D Em C

높 -고거룩 -한- 주날 만 져 주 시니 - -이전과

주 -의부르 -심- 주마 음 알 기 원해 - -내생명

Am7 C 𝄋 G D

같 지 않 으리 - 주사랑 - 해 -요-

주 께 속 했네 -

Em C G

영 원히 -찬 -양 -해 -예 -수 - 신령과 - 진

메들리

• 시편 57편 (404) • 영광 높이 계신 주께 (416) • 주님께서 주시는 (464)

457 주 예수의 이름 높이세

(신) 1565
(구) 1558

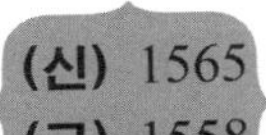

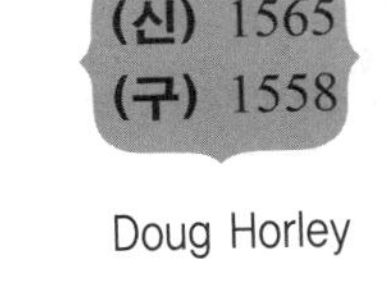

(We want to see Jesus lifted high)

Doug Horley

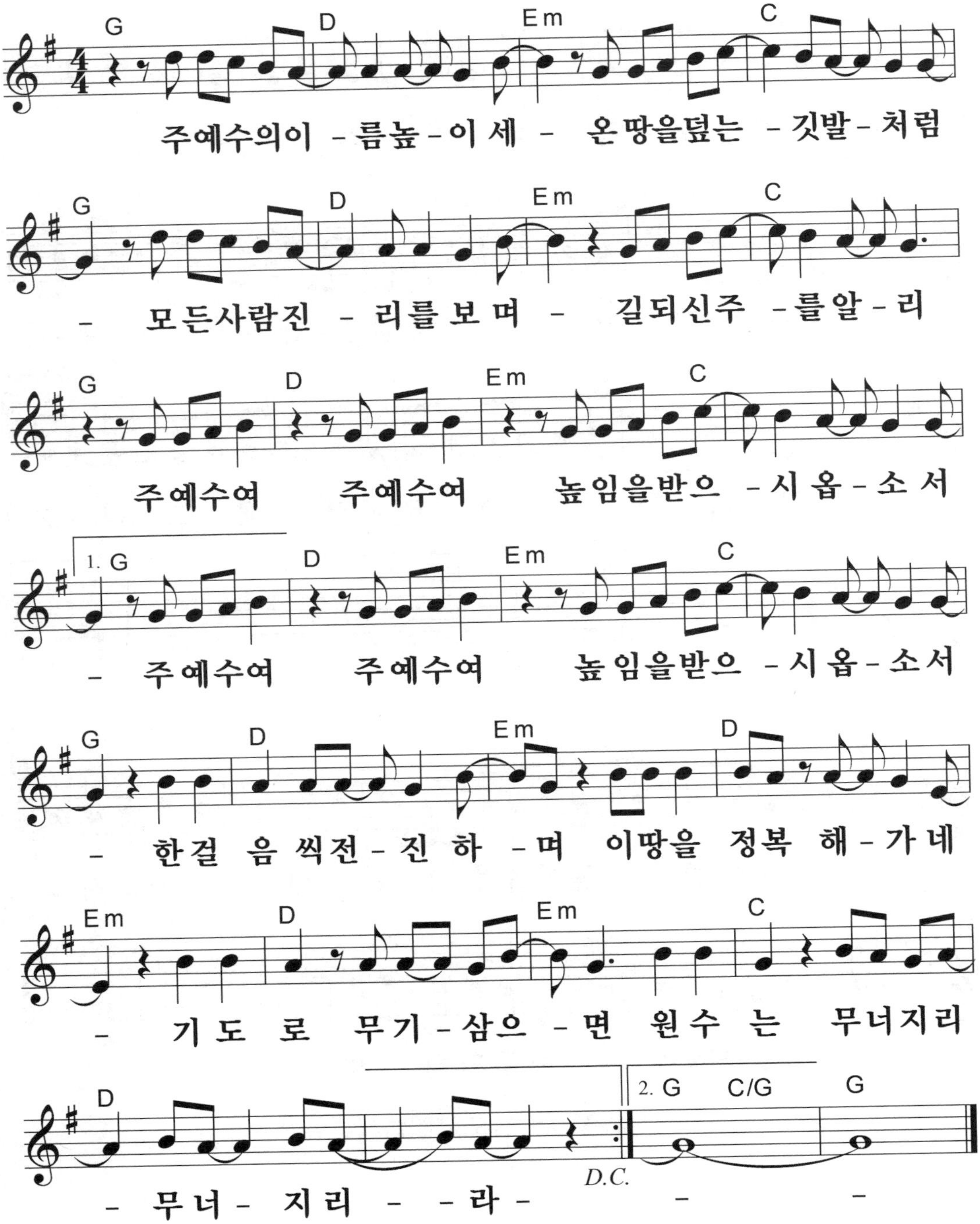

G D Em C
주예수의이 - 름높 - 이 세 - 온땅을덮는 - 깃발 - 처럼
G D Em C
- 모든사람진 - 리를 보 며 - 길되신주 - 를알 - 리
G D Em C
주예수여 주예수여 높임을받으 - 시 옵 - 소 서
1. G D Em C
- 주 예수여 주 예수여 높 임을받으 - 시 옵 - 소 서
G D Em D
- 한걸 음 씩전 - 진 하 - 며 이땅을 정복 해 - 가 네
Em D Em C
- 기 도 로 무기 - 삼으 - 면 원수 는 무너지리
D 2. G C/G G
- 무 너 - 지 리 - - 라 - - -
D.C.

메들리

• 영광 높이 계신 주께 (422) • 주 예수 기뻐 찬양해 (455) • 주의 이름 송축하리 (479)

(신) 1578
(구) 766

주 우리 아버지

(God is our Father)

Alex Simon & Freda Kimmey

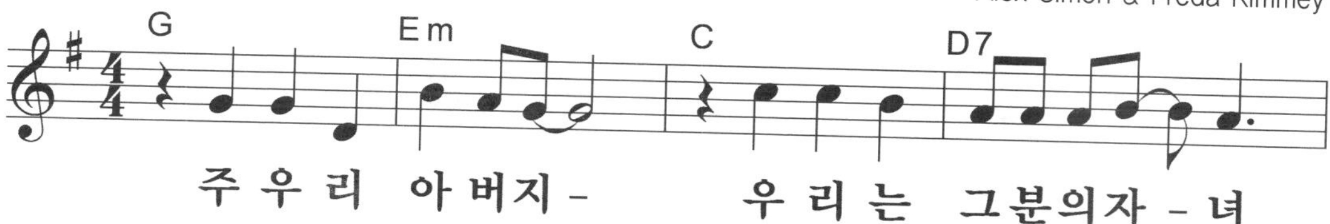

메들리

• 다 와서 찬양해 (372) • 주 예수 기뻐 찬양해 (455) • 주님께 찬양하는 (463)

459 주께 가까이 더욱 가까이

(신) 1242
(구) 1651

최덕신

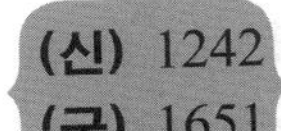

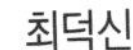

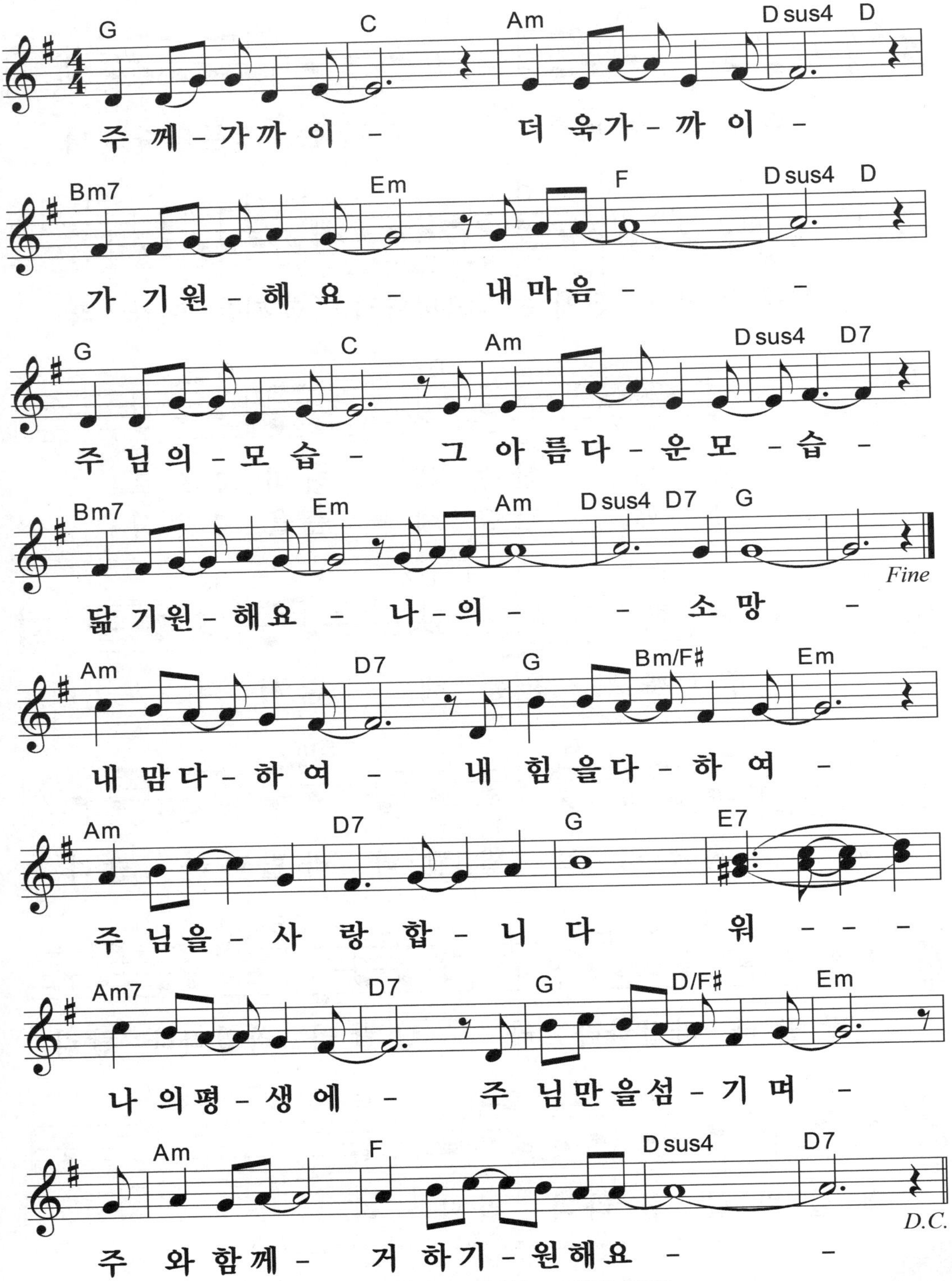

G C Am Dsus4 D
주 께 - 가 까 이 - 더 욱 가 - 까 이 -
Bm7 Em F Dsus4 D
가 기 원 - 해 요 - 내 마 음 - -
G C Am Dsus4 D7
주 님 의 - 모 습 - 그 아 름 다 - 운 모 - 습 -
Bm7 Em Am Dsus4 D7 G
닮 기 원 - 해 요 - 나 - 의 - - 소 망 -
Fine
Am D7 G Bm/F# Em
내 맘 다 - 하 여 - 내 힘 을 다 - 하 여 -
Am D7 G E7
주 님 을 - 사 랑 합 - 니 다 워 - - -
Am7 D7 G D/F# Em
나 의 평 - 생 에 - 주 님 만 을 섬 - 기 며 -
Am F Dsus4 D7
주 와 함 께 - 거 하 기 - 원 해 요 - -
D.C.

(신) 1120
(구) 865

주님 가신 길 십자가의 길

460

461 주님 내가 교사입니다

(주님 내가 여기 있어요)

진명환

G2 G/B Am7 C/D D

주님 내가여기있어요 - 나는 부족하지만 - 주님이 - 일하십니다 -

GM7 G/E Dm7 G7 C C#dim C/D D

주님 내가교사입니다 - 내작은사랑으로 - 아이들이 자라납 - 니다 -

C G/B Am7 D7 G G/B Am7 Dsus4 D

때론 힘들어 - 넘어지고 - 쓰러지지만 - 주님이 계시니 - 나일어섭니다 -

G/B C G/B D/F# G9/E Am7 C/G D

능력 주시는 - 하나님 - 바라볼때에 - 주님이 하실 - 일기대합 - 니 다

G9 D/F# Em7 Dm7 G7 C Am7 Dsus4 D

나의 헌신과 - 섬김이 하나님께 - 향기 로운 - 제물되 길

Em7 Dm7 G7 C Am D7 G

내게 주신 - 귀한사명을 - 통해 - 하나 님나라 - 세워 가 리

메들리

• 나를 받으옵소서 (100) • 말씀하시면 (121) • 주 말씀 향하여 (454)

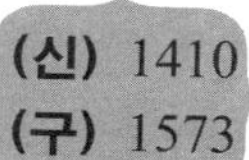

주님 한 분 만으로

박철순

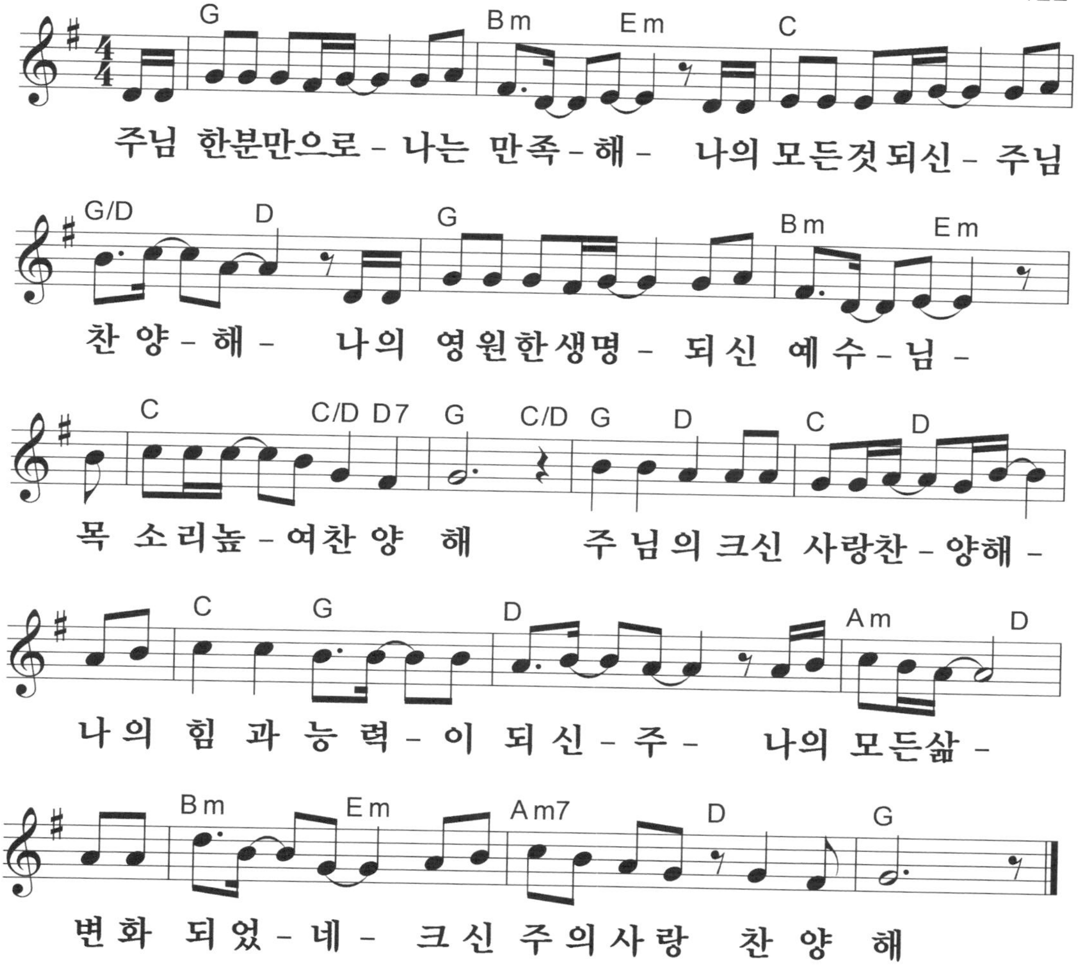

주님 한분만으로 - 나는 만족 - 해 - 나의 모든것되신 - 주님

찬 양 - 해 - 나의 영원한생명 - 되신 예 수 - 님 -

목 소리높 - 여찬 양 해 주 님 의 크신 사랑찬 - 양해 -

나 의 힘 과 능 력 - 이 되 신 - 주 - 나의 모든삶 -

변 화 되 었 - 네 - 크 신 주 의 사 랑 찬 양 해

메들리

• 주님의 영광 (468) • 주의 이름 높이며 (478) • 주의 이름 송축하리 (479)

463

주님께 찬양하는

(신) 1208
(구) 765

주님께서 주시는

(For the Lord is good)

464

Kurt Kaiser

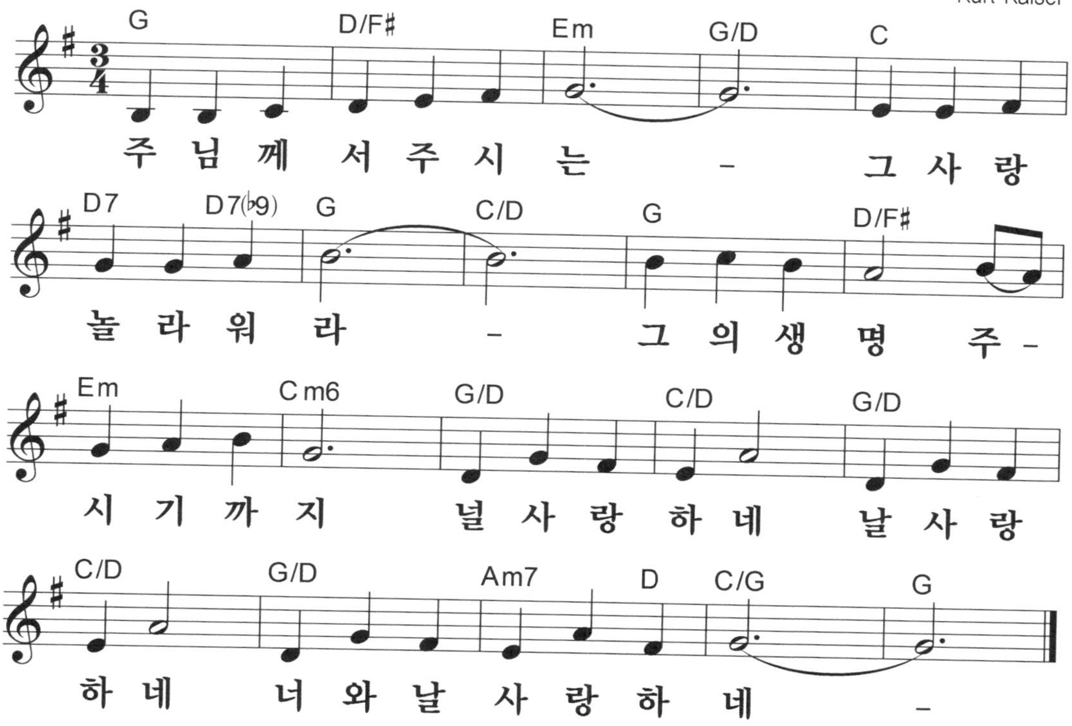

G D/F# Em G/D C
주 님 께 서 주 시 는 – 그 사 랑

D7 D7(♭9) G C/D G D/F#
놀 라 워 라 – 그 의 생 명 주 –

Em Cm6 G/D C/D G/D
시 기 까 지 널 사 랑 하 네 날 사 랑

C/D G/D Am7 D C/G G
하 네 너 와 날 사 랑 하 네 –

메들리 • 여호와 이레 (414) • 오직 주님만 (434) • 예수 안에서 (421)

465 주님은 신실하고

(Sweeter Than The Air)

Scott Brenner & Andre Ashby

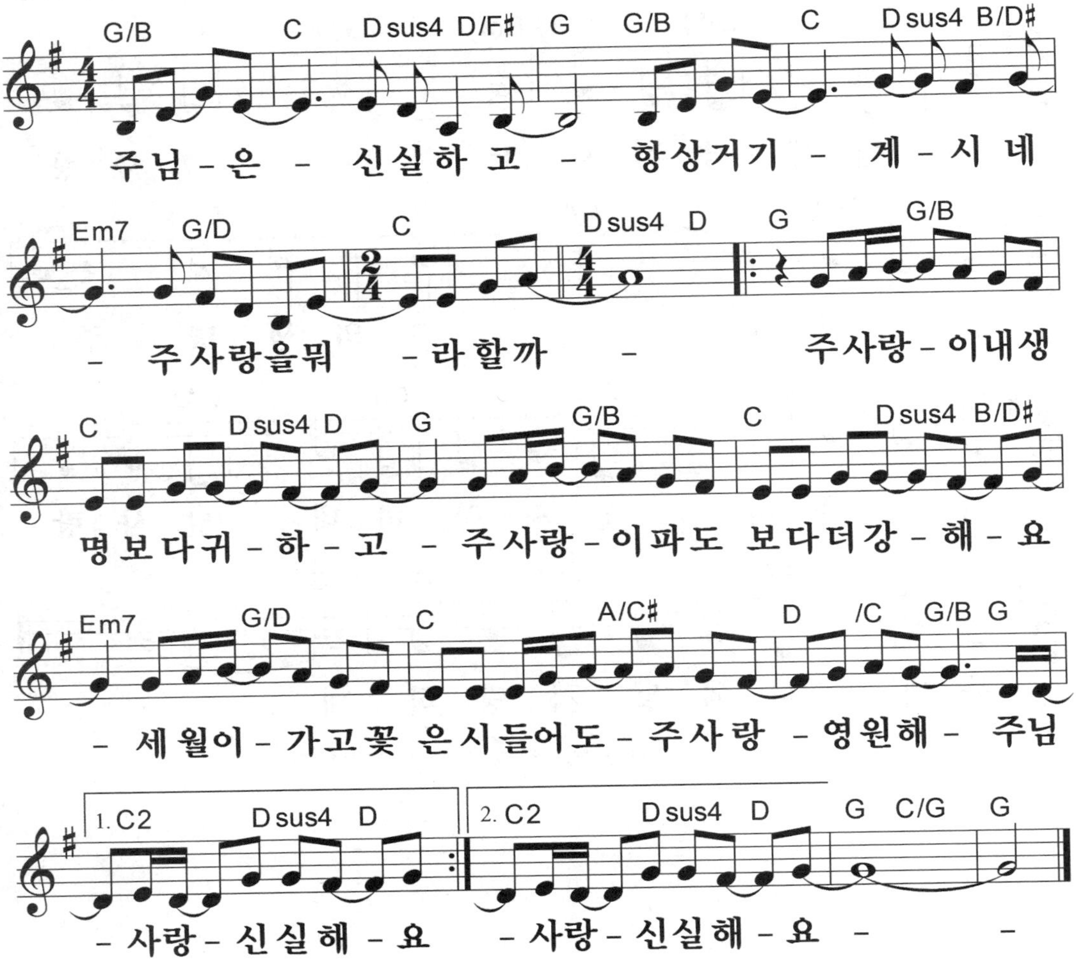

G/B C Dsus4 D/F# G G/B C Dsus4 B/D#

주님 - 은 - 신실하고 - 항상거기 - 계 - 시 네

Em7 G/D C Dsus4 D G G/B

- 주사랑을뭐 - 라할까 - 주사랑 - 이내생

C Dsus4 D G G/B C Dsus4 B/D#

명보다귀 - 하 - 고 - 주사랑 - 이파도 보다더강 - 해 - 요

Em7 G/D C A/C# D /C G/B G

- 세월이 - 가고꽃 은시들어도 - 주사랑 - 영원해 - 주님

1. C2 Dsus4 D 2. C2 Dsus4 D G C/G G

- 사랑 - 신실해 - 요 - 사랑 - 신실해 - 요 - -

메들리 • 내가 주인 삼은 (367) • 사랑합니다 나의 예수님 (391) • 찬송의 옷을 주셨네 (483)

주님의 빚진 자

466

(죄악에 썩은 내 육신을)

김석균

G C D7 G D7

죄악에썩은 내 - 육신을 주님이 쓰시려했 네 - -
먹물로칠한 내 - 육신을 주님이 희게하셨 네 - -
평생갚아도 빚진자되어 주님의 빚진자되 어 - -

G C D G

죽음의덫에 걸려있는몸 주님이 쓰시려했 네
십자가보혈 증거하라고 주님이 살리 - 셨 네
주님가신길 택하였지만 눈물만 솟구 - 치 네

G C D7

속죄하는손 치유하시고 속죄하는발 치유하셨네
기도할때에 음성주시고 찬송할때에 기쁨되시네
생명주신이 주님이시라 능력주신이 주님이시라

G G7 C G D7 G

새생명얻은 이몸다바쳐 주님께 영광돌리 리
내작은입이 내작은몸이 주님의 붙들린자 라
말씀전하여 복음전하여 주님의 빚을갚으 리

메들리
• 내게 강 같은 평화 (369) • 예수 안에 있는 나에게 (420) • 이 세상은 내 집 아니네 (447)

467 주님의 사랑 놀랍네

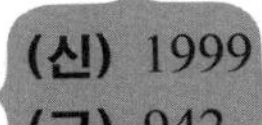

(아름다운 이야기가 있네)

John W. Peterson

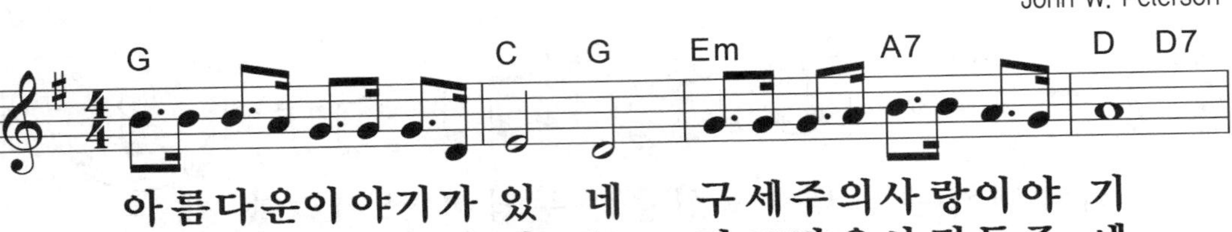

아름다운이야기가 있 네 구세주의사랑이야 기
넓고넓은우주속에 있 는 많고많은사람들중 에
사람들은이해할수 없 네 주를보낸하나님사 랑

영광스런천국떠난 사 람 나와같은죄인구하 려
구원받고보호받은 이 몸 주의사랑받고산다 네
이사랑이나를살게 하 네 갈보리의구속의사 랑

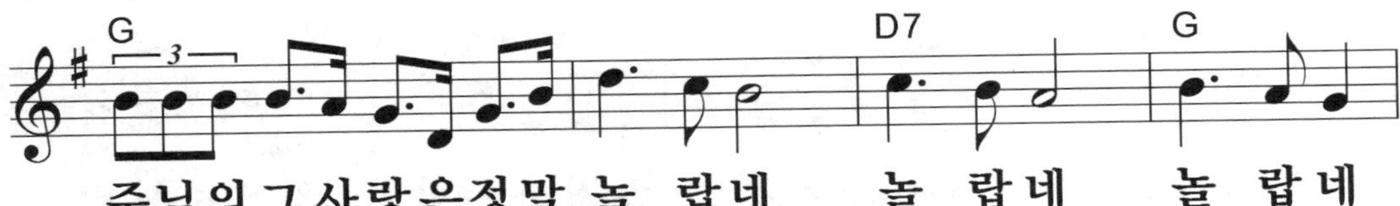

주님의그사랑은정말 놀 랍네 놀 랍네 놀 랍네

오 주님의그사랑은정말 놀 랍네 나를위한그사 랑

메들리
• 그리 아니하실지라도 (353) • 아름다운 사랑을 나눠요 (406) • 예수님이 말씀하시니 (427)

(신) 1121
(구) 1362

주님의 영광

468

(영광을 돌리세)

메들리
• 기뻐하며 왕께 노래 부르리 (356) • 예수는 왕 예수는 주 (424) • 영광 높이 계신 주께 (416)

469 주님의 영광 나타나셨네

(Lord Has Displayed His Glory)

(신) 1650
(구) 762

David Fellingham

(신) 1759
(구) 854

주님여 이 손을 470

Anonymous

메들리
• 해 아래 새 것이 없나니 (394) • 예수님 품으로 (425) • 예수의 이름으로 (428)

471 주를 높이기 원합니다

(I Give You My Heart)

Reuben Morgan

메들리 • 내가 주인 삼은 (367) • 찬송의 옷을 주셨네 (483) • 주님과 같이 (598)

(신) 1364
(구) 1082

주를 사랑하는가

(손에 있는 부귀보다)

472

김석균

473 주를 찬양

(세상의 유혹 시험이)

(신) 1034
(구) 1055

세 상의유혹시험이 - 내게 몰려올때 - 에 나 의힘으론그것들 -
거 짓과속임수로 - - 가득 찬세상에 - 서 어 디로갈지몰라 - -
주 위를둘러보면 - - 아 - 무도없는 - 듯 믿 음의눈을들면 - -

모두 이길수없네 - 거 대한폭풍가운데 - 위축 된나의영혼 -
머뭇 거리고있네 - 공 중의권세잡은자 - 지금 도우리들을 -
보이 는분계시네 - 지 금도내안에서 - - 역사 하고계시는 -

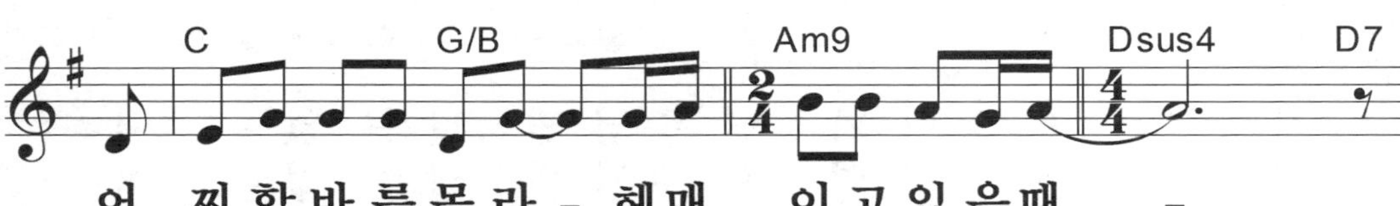

어 찌할바를몰라 - 헤매 이고있을때 -
실 패와절망으로 - 넘어 뜨리려하네 -
사 망과어둠의권세물리 치신예수님 -

주를 찬 양 손 을들고찬 - 양 전 쟁은나에게속 - 한것아니니 -

주를 찬 양손 을들고찬 - 양 전 쟁은하나님께 - 속한 - 것 이 니

메들리

• 경배하리 주 하나님 (348) • 보라 너희는 두려워 말고 (387) • 찬송의 옷을 주셨네 (483)

(신) 1475
(구) 845

주여 인도하소서

474

(지치고 상한 내 영혼을)

최인혁

475 주의 나라 이 땅 위에

(Days of heaven)

David Fellingham

D Em7 Bm7

주 - 의 나 라 이 땅 위 에
경 배 드 리 며 주 뵈 오 리

C2 G/B Am7 D

능 - 력 으 로 임 하 네
놀 라 운 주 의 은 혜 로

G Em7 Bm7

말 - 씀 과 성 령 으 로
위 - 엄 의 주 예 수 여

C2 G/B Am7 D

주 께 서 축 복 하 - 시 네
우 리 기 도 를 들 으 소 서

C/G G C/G G D/F# Em D CM7 Am7 D C/G G

부 으소서 성령의단비 주 영 광 을 위 해 부 으소서

C/G G D/F# Em D CM7 Am7 D7 G C/G G

성령의단비 큰능 력 으 로 이땅을덮으 소 서 -

메들리

• 모든 민족에게 (380) • 물이 바다 덮음 같이 (385) • 주님 나라 임하시네 (602)

(신) 2011

주의 손에 나의 손을 포개고 476

(주 보혈 날 정결케 하고)

주영광

477 주의 영광 위하여

(내가 주를 위하여)

이희수

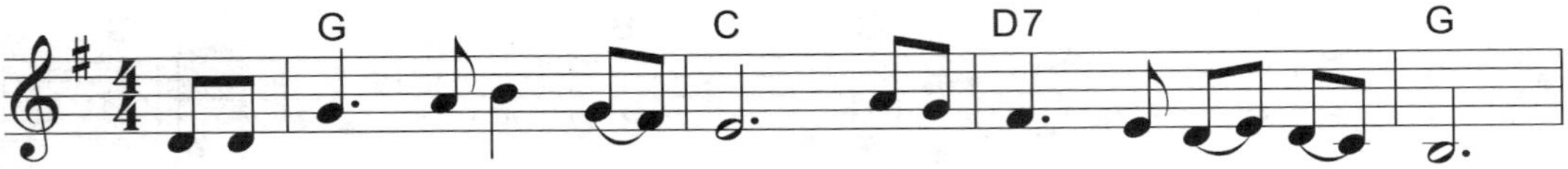

G C D7 G

내가 주 를위 하 - 여 주의 영 광위 - 하 - 여
나는 주 님때 문 - 에 주의 사 랑인 - 하 - 여
주께 모 두드 리 - 리 주의 사 업위 - 하 - 여

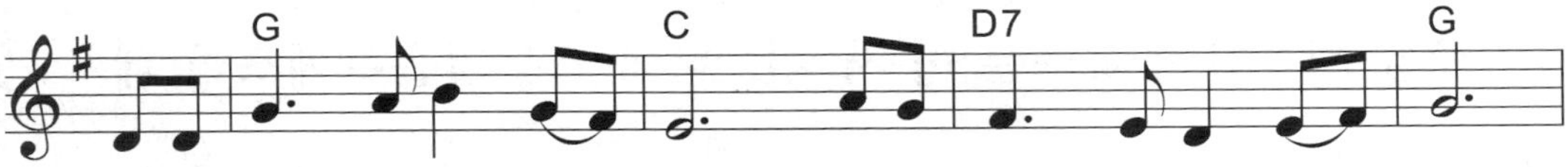

G C D7 G

내가 주 를위 하 - 여 주의 영 광위 하 - 여
나는 주 님때 문 - 에 주의 사 랑인 하 - 여
주께 모 두드 리 - 리 주의 사 업위 하 - 여

C D7 A D D7

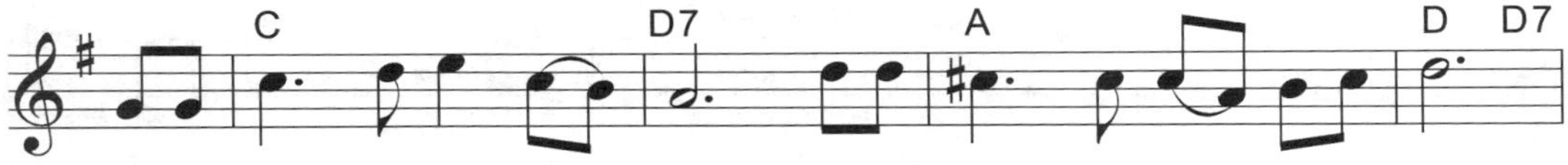

이몸 주 께드 리 - 리 나의 일 생다 - 가도 록
오직 주 만따 르 - 리 나의 생 명다 - 하도 록
내것 모 두드 리 - 리 당신 내 게주신것이 니

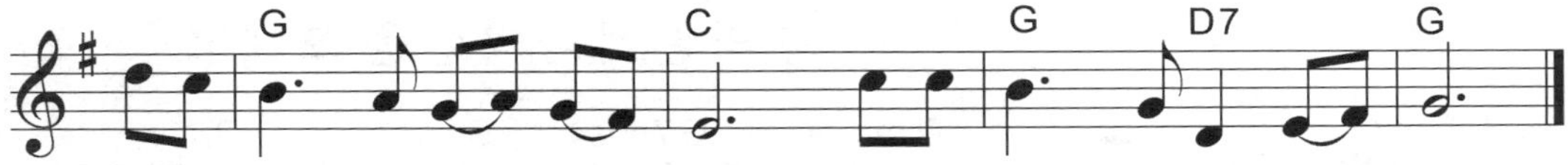

G C G D7 G

내가 주 를위 - 하 - 여 주의 영 광위 하 - 여
나는 주 님때 - 문 - 에 주의 사 랑인 하 - 여
주께 모 두드 - 리 - 리 주의 사 업위 하 - 여

메들리

• 주님의 빚진 자 (466) • 주님여 이 손을 (470) • 주를 사랑하는가 (472)

(신) 1573
(구) 2111

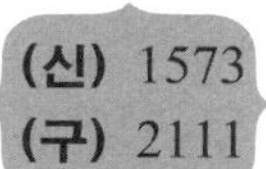

주의 이름 높이며

(Lord I lift Your name on high)

Rick Doyle Founds

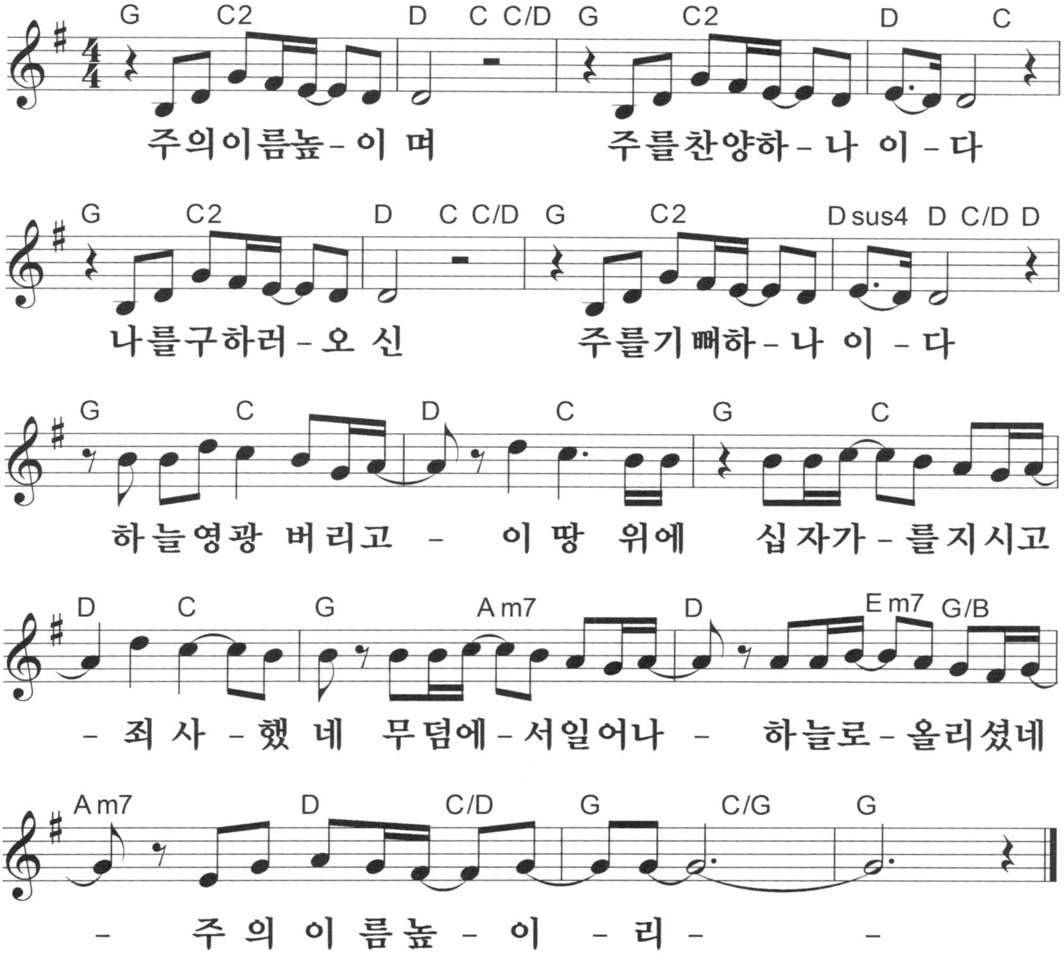

G C2 D C C/D G C2 D C
주의이름높-이 며 주를찬양하-나 이-다
G C2 D C C/D G C2 Dsus4 D C/D D
나를구하러-오 신 주를기뻐하-나 이-다
G C D C G C
하늘영광 버리고 - 이 땅 위에 십자가-를지시고
D C G Am7 D Em7 G/B
-죄 사 -했 네 무덤에-서일어나 - 하늘로-올리셨네
Am7 D C/D G C/G G
- 주 의 이 름높 - 이 -리 - -

들리

• 주 예수 기뻐 찬양해 (455) • 주님 한 분 만으로 (462) • 주님의 영광 (468)

479 주의 이름 송축하리

(신) 1303
(구) 1222

(The name of the Lord)

Clinton Utterbach

주의이름송축하리 - 주의이름송축하리 - - -
거룩하신주의이름 - 거룩하신주의이름 - - -
영광스런주의이름 - 영광스런주의이름 - - -

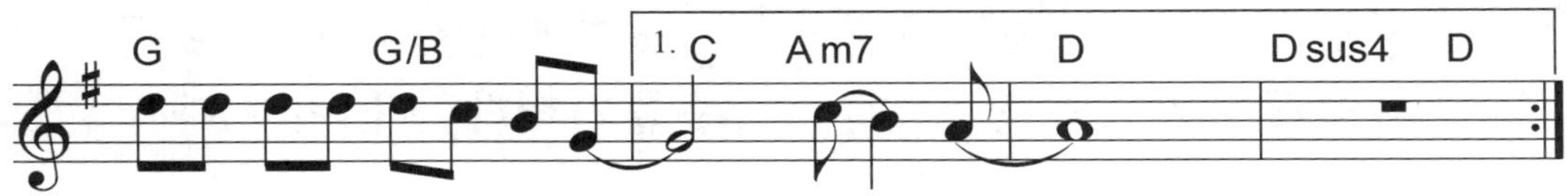

지존하신주의이름 - 찬 - 양 -
거룩하신주의이름 -
영광스런주의이름 -

- 찬 - 양 - - 주님의이름 - 은 -

강한성 - 루 - 그곳에달려 - 간 - 자

안 전 - 하리 - 안 전 - 하리 -

메들리

• 주 예수 기뻐 찬양해 (455) • 주 우리 아버지 (458) • 주의 이름 높이며 (478)

(신) 1605
(구) 760

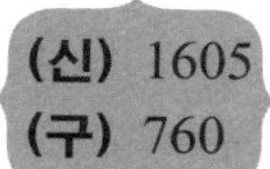

주의 인자하심이 생명보다 480

정종원

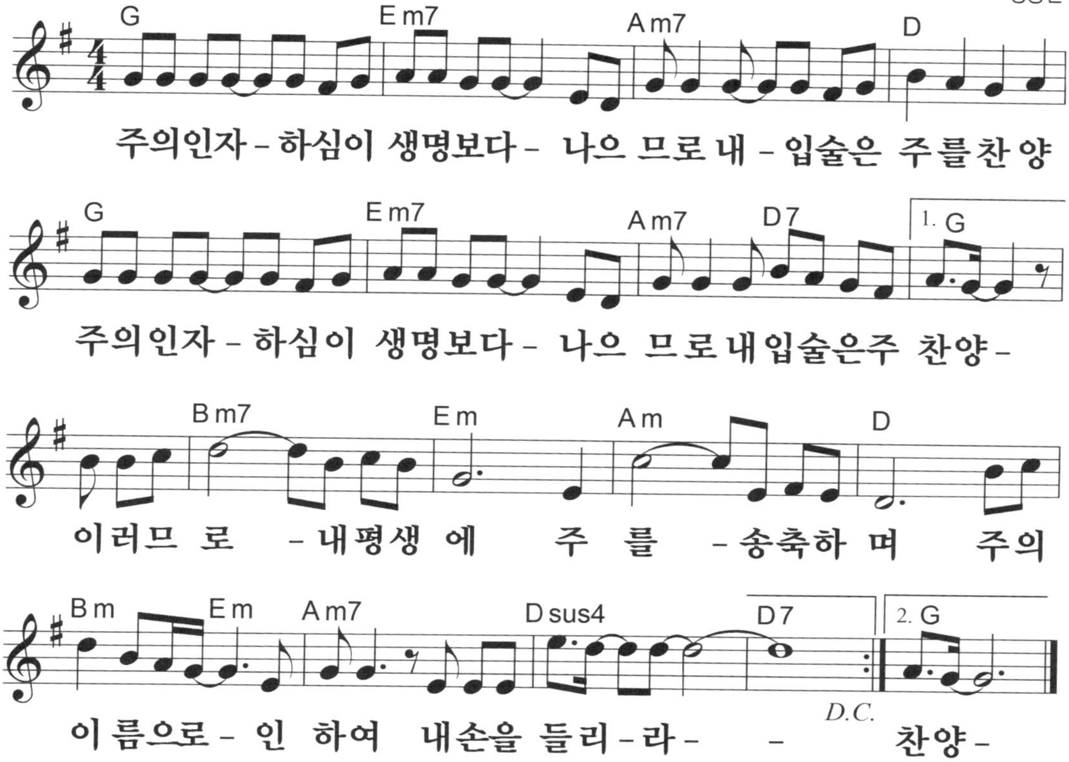
G Em7 Am7 D
주의인자 – 하심이 생명보다 – 나으 므로 내 – 입술은 주를찬 양
G Em7 Am7 D7 1. G
주의인자 – 하심이 생명보다 – 나으 므로내입술은주 찬양 –
Bm7 Em Am D
이러므 로 – 내평생 에 주 를 – 송축하 며 주의
Bm Em Am7 Dsus4 D7 2. G
이 름으로 – 인 하여 내손을 들리 – 라 – – 찬양 –
D.C.

들리

• 기뻐하며 왕께 노래 부르리 (356) • 나 기뻐하리 (359) • 영광 주님께 (417)

481 죽임 당하신 어린 양

(신) 1482
(구) 2227

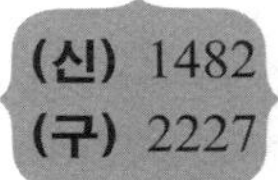

고형원

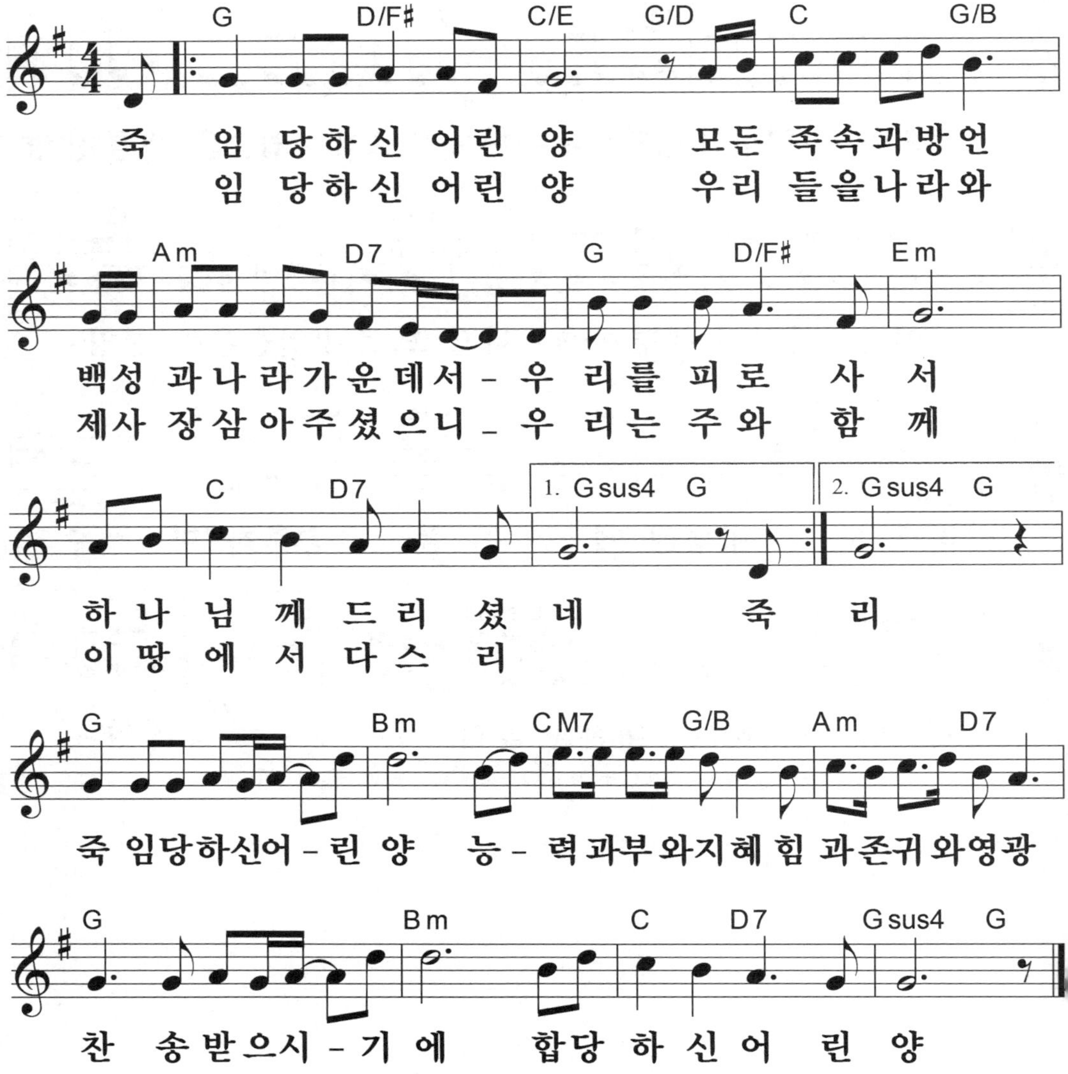

G D/F# C/E G/D C G/B
죽 임 당하신 어린 양 모든 족속과방언
임 당하신 어린 양 우리 들을나라와
Am D7 G D/F# Em
백성 과나라가운데서 - 우 리를 피로 사 서
제사 장삼아주셨으니 _ 우 리는 주와 함 께
C D7 1. Gsus4 G 2. Gsus4 G
하나 님 께 드리 셨 네 죽 리
이땅 에 서 다스 리
G Bm CM7 G/B Am D7
죽 임당하신어 - 린 양 능 - 력과부와지혜 힘 과존귀와영광
G Bm C D7 Gsus4 G
찬 송받으시 - 기 에 합당 하 신 어 린 양

메들리
• 예수는 왕 예수는 주 (424) • 주님 큰 영광 받으소서 (603) • 하늘 위에 주님 밖에 (626)

(신) 1908
(구) 1341

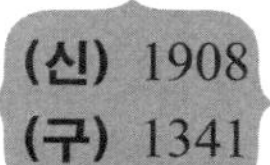

지존하신 주님 이름 앞에 482

(Jesus at Your name)

Chris Bowater

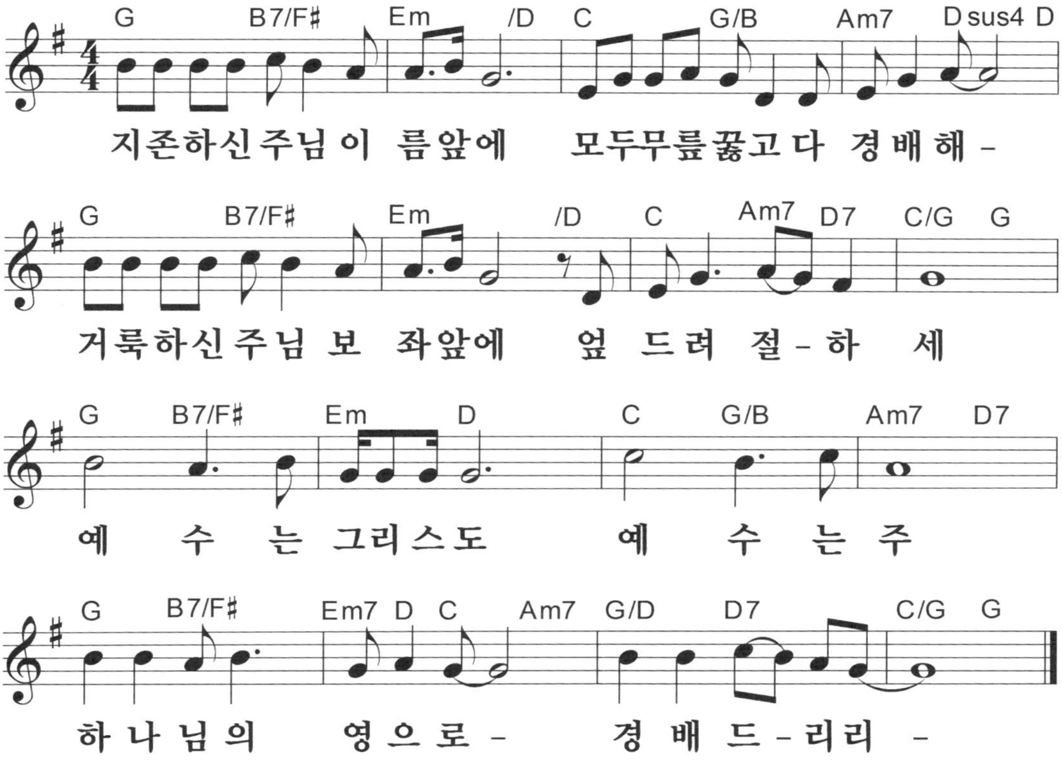

G B7/F♯ Em /D C G/B Am7 Dsus4 D
지존하신주님이 름앞에 모두무릎꿇고다 경배해 -
G B7/F♯ Em /D C Am7 D7 C/G G
거룩하신주님보 좌앞에 엎 드려 절 - 하 세
G B7/F♯ Em D C G/B Am7 D7
예 수 는 그리스도 예 수 는 주
G B7/F♯ Em7 D C Am7 G/D D7 C/G G
하 나 님 의 영 으 로 - 경 배 드 - 리 리 -

들리

• 경배하리 주 하나님 (348) • 나 주님의 기쁨되기 원하네 (360) • 하나님께로 더 가까이 (489)

483 찬송의 옷을 주셨네

(내 손을 주께 높이 듭니다)

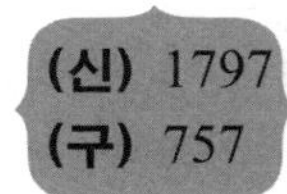

(신) 1797
(구) 757

박미래 & 이정승

G Em C Am D7
내 손을주께높 이 듭 니다 내 찬양받으실 주 님
G Em Am D7 G
내 맘을주께활 짝 엽 니다 내 찬양받으실 주 님
Fine
G B7 Em C Am D D7
슬 픔 대신희락 을 - 재 대 신 화 관 을
G B7 Em Am D7 G
근 심 대신찬송 을 - 찬 송 의 옷을주셨 네 내
D.S.

메들리

• 나 주님의 기쁨되기 원하네 (360) • 보라 너희는 두려워 말고 (387) • 영원한 생명의 주님 (418)

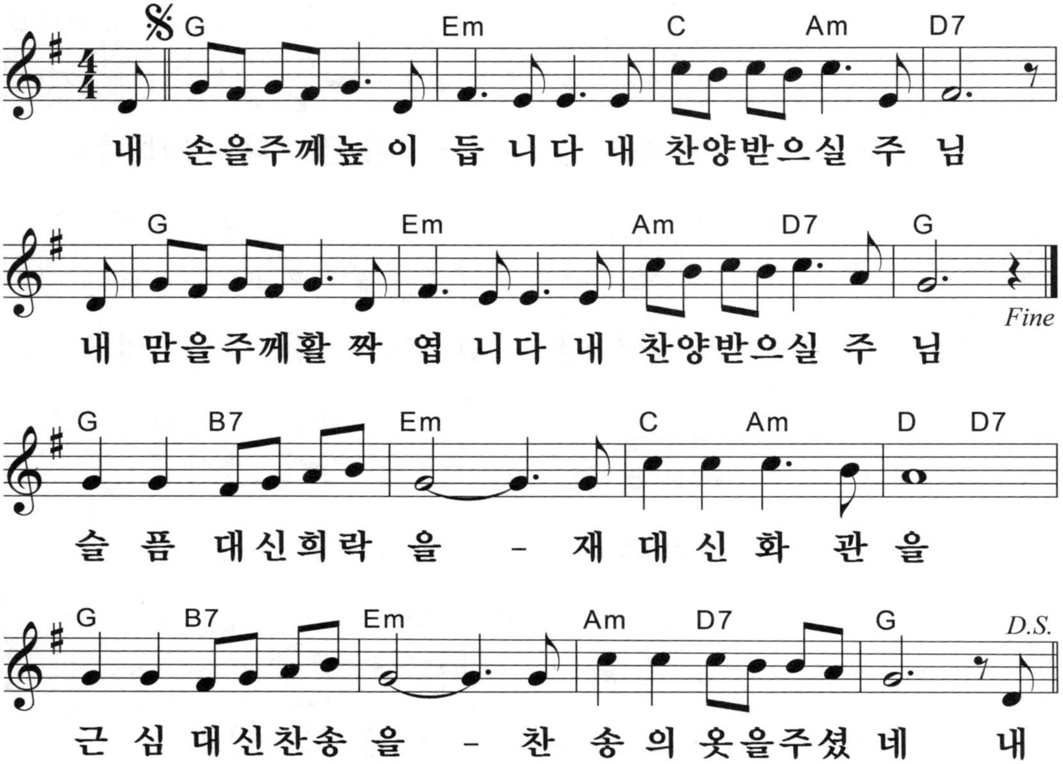

창조의 아버지

(Let Your Glory Fall)

David Ruis

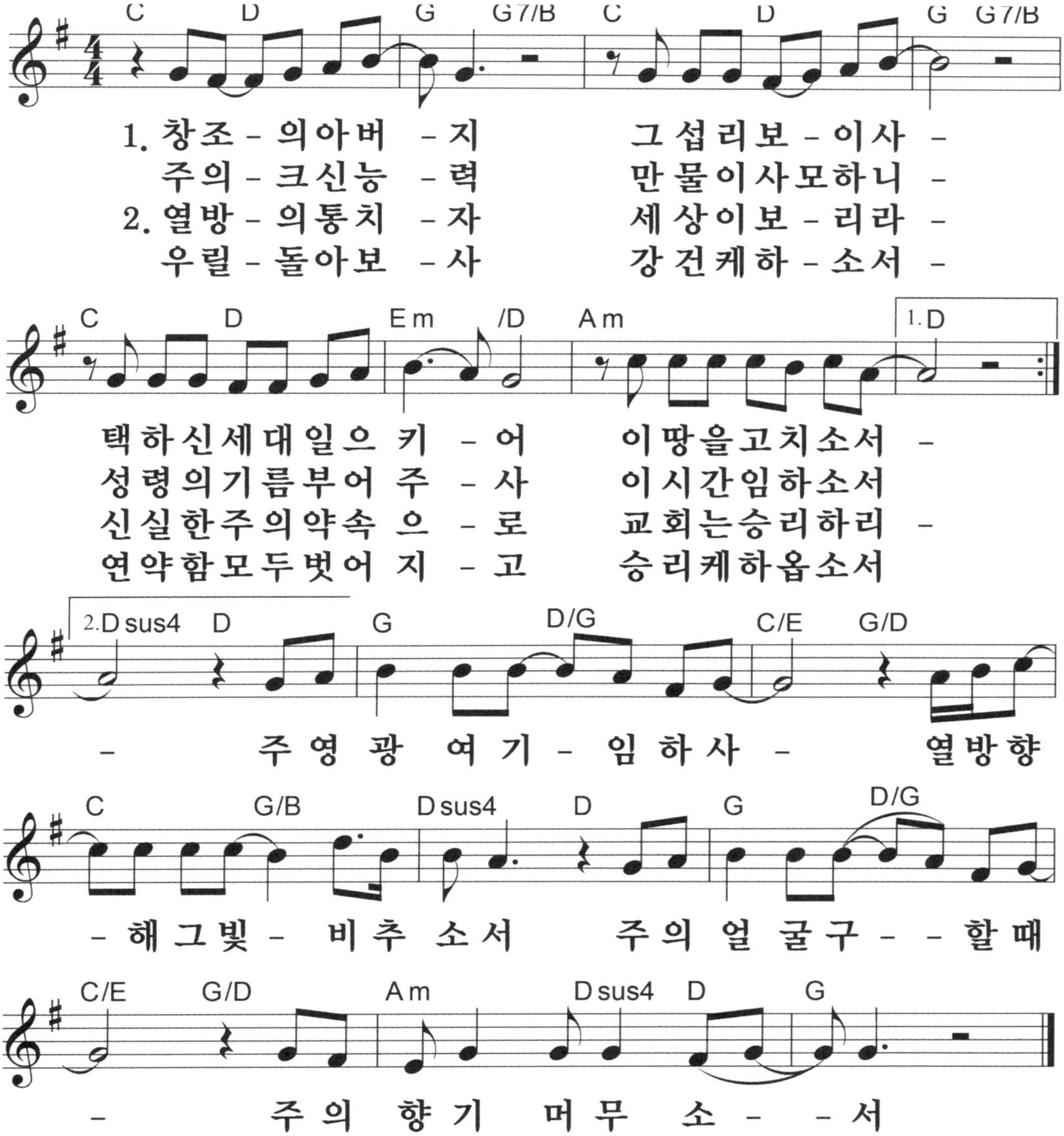

1. 창 조 - 의 아 버 - 지 그 섭 리 보 - 이 사 -
주 의 - 크 신 능 - 력 만 물 이 사 모 하 니 -
2. 열 방 - 의 통 치 - 자 세 상 이 보 - 리 라 -
우 릴 - 돌 아 보 - 사 강 건 케 하 - 소 서 -

택 하 신 세 대 일 으 키 - 어 이 땅 을 고 치 소 서 -
성 령 의 기 름 부 어 주 - 사 이 시 간 임 하 소 서
신 실 한 주 의 약 속 으 - 로 교 회 는 승 리 하 리 -
연 약 함 모 두 벗 어 지 - 고 승 리 케 하 옵 소 서

- 주 영 광 여 기 - 임 하 사 - 열 방 향

- 해 그 빛 - 비 추 소 서 주 의 얼 굴 구 - - 할 때

- 주 의 향 기 머 무 소 - - 서

들리 • 주님의 영광 나타나셨네 (469) • 주의 나라 이 땅 위에 (475) • 죽임 당하신 어린 양 (481)

485 천년이 두 번 지나도

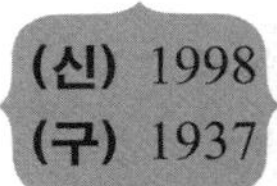

전종혁 & 조효성

G2 Am7/G D C/D G G/B

천 년 이 두 번 - 지 나 도 변 하 지 않 는 것 -

C2 G/B Am7 Dsus4 D

당 신 을 향 한 - 하 나 님 의 - 사 랑 이 에 요 -

G2 Am7/G D C/D G G/B

천 년 이 두 번 - 지 나 도 바 꿀 수 없 는 것 -

C2 G/B Am7 D7 G

당 신 을 향 한 - 하 나 님 의 - 마 음 이 에 요 -

CM7 D/C Bm7 Em7

당 신 의 삶 을 - 통 해 - 하 나 님 영 광 받 으 시 고 -

CM7 D/C G G/F

우 리 가 하 나 - 될 때 주 님 나 라 이 뤄 지 죠 -

C2/E D/F# D#dim Em7

당 신 을 향 한 하 나 님 의 - 선 하 신 계 획 -

Am7 G/B C2 A9/C# Dsus4

우 리 의 섬 김 과 - 나 눔 으 로 - 아 름 답 게 열 매 맺 어 요

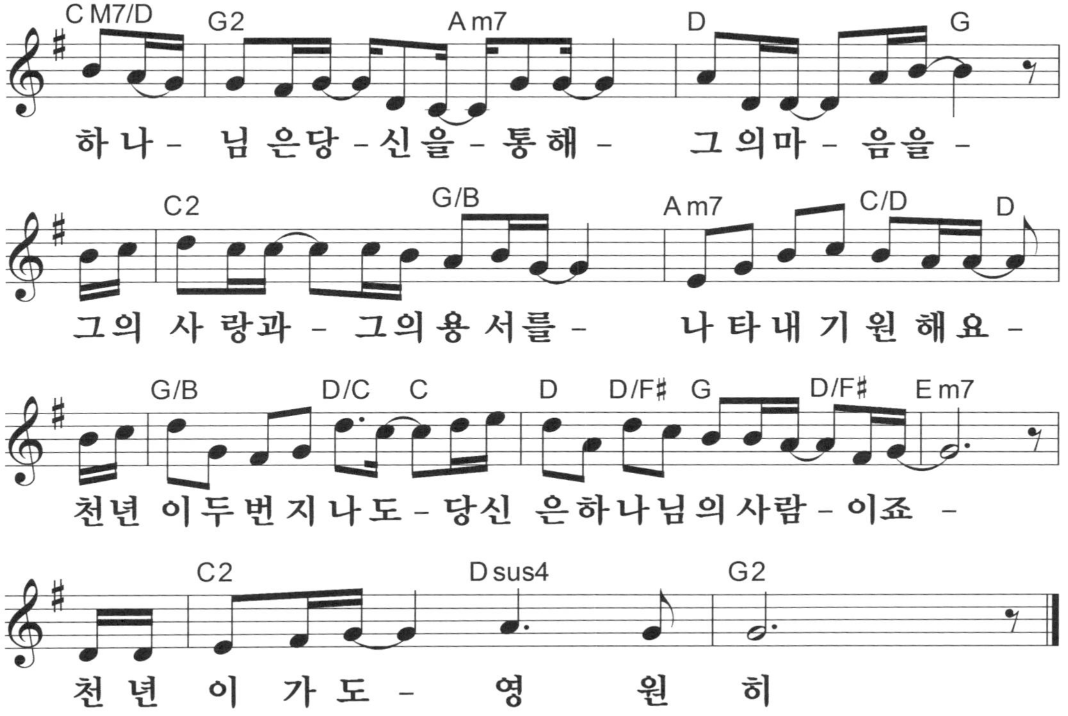

C M7/D G2 Am7 D G

하 나 – 님 은 당 – 신 을 – 통 해 – 그 의 마 – 음 을 –

C2 G/B Am7 C/D D

그 의 사 랑 과 – 그 의 용 서 를 – 나 타 내 기 원 해 요 –

G/B D/C C D D/F# G D/F# Em7

천 년 이 두 번 지 나 도 – 당 신 은 하 나 님 의 사 람 – 이 죠 –

C2 Dsus4 G2

천 년 이 가 도 – 영 원 히

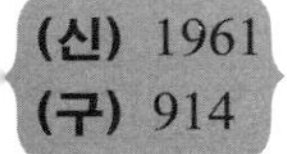

찬양하라 내 영혼아

486

(King of Kings Bless The Lord O My Soul)

Margaret Evans

*| 감사하라, 기뻐하라

487

축복송

(때로는 너의 앞에)

(신) 1183
(구) 1149

송정미

메들리
• 이 믿음 더욱 굳세라 (446) • 축복하소서 우리에게 (488) • 하나님의 마음 (490)

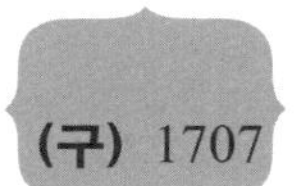

축복하소서 우리에게

488

이천

G Am D G

축복 하 소서 - 우 - 리 에게 -

Em Am D 1. G 2. G

날마다 새롭게 - 태 어나도 록 록

Fine

Am7 D G D/F# Em

주는아 버지 - 우 - 리 - 는주의 자 녀

Am7 D

주님 두 팔로 - 안아 주소서 -

D.C.

들리

• 물 댄 동산 (384) • 천년이 두 번 지나도 (485) • 축복송 (487)

489 하나님께로 더 가까이

(신) 1507
(구) 1674

(Nearer to God)

Stephen Hah

메들리

• 경배하리 주 하나님 (348) • 예수의 이름으로 (428) • 지존하신 주님 이름 앞에 (482)

하나님의 마음

염평안

G C/G D7/F♯ G

1.하나님의마음어 떠하셨을까 죽기위해떠난아 들을보시던
하나뿐인하나님 의외아들을 악한인간들을위 해보내셨던
2.왜내가이런사랑 받게됐는지 그사랑얼마나큰 지도몰랐네

G/F C/E Cm/E♭ G/D Dsus4

하나님의마음어 떠하셨을까 그마 음 알기원 해
하나님의마음어 떠하셨을까 그마 음 알기원 해
날향한하나님의 아픈사랑을 이제 야 깨달았 네

G G/C D/F♯ G

죽어야만하는아 들을보내신 아버지의마음어 떠하셨을까

G/F C/E Cm/E♭ G/D D7sus4 G

십자가에달린예 수님보시던 아버 지 그마 - 음 - 그사랑 -

들리
• 아버지 사랑 내가 노래해 (350) • 그 사랑 얼마나 (351) • 하나님의 어린 양 (491)

491 하나님의 어린 양

(보라 세상 죄를 지고 가는)

고형원

G Bm7 Am7 D7 G
나음 을 -입었도- 다 나음 을 -입었도- 다
G Bm7 Am7 D7 G
나음 을 -입었도- 다 나음 을 -입었도- 다 -

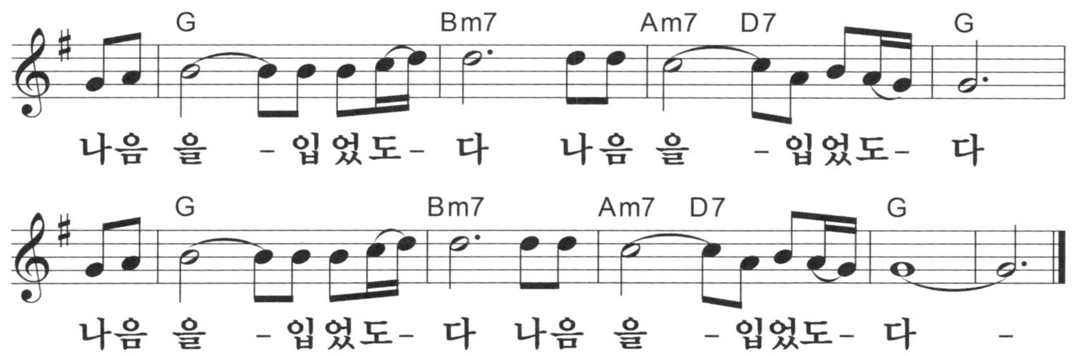

(신) 1672
(구) 1236

호산나

492

(Hosanna)

Carl Tuttle

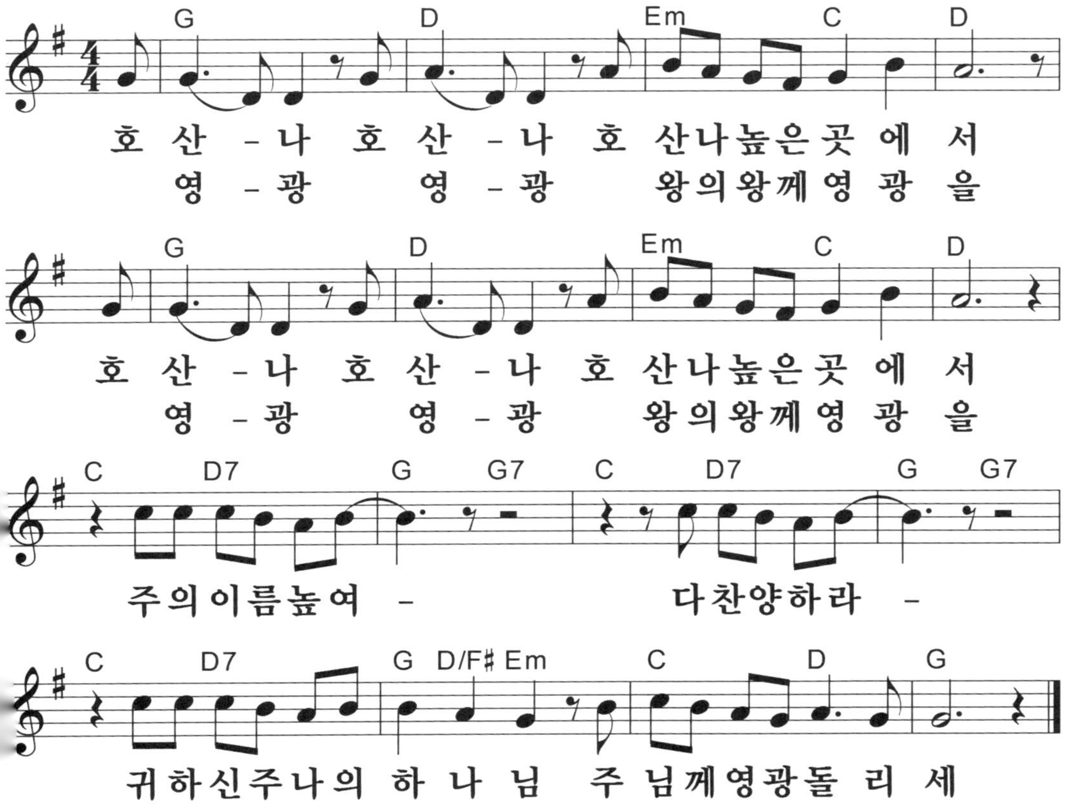
G D Em C D
호 산 -나 호 산 -나 호 산나높은곳 에 서
영 -광 영 -광 왕의왕께영 광 을
G D Em C D
호 산 -나 호 산 -나 호 산나높은곳 에 서
영 -광 영 -광 왕의왕께영 광 을
C D7 G G7 C D7 G G7
주의이름높여 - 다찬양하라 -
C D7 G D/F# Em C D G
귀하신주나의 하 나 님 주 님께영광돌 리 세

493

호산나

(찬양 중에 눈을 들어 / Hosanna (Praise Is Rising))

Brenton Brown & Paul Baloche

호산나

• 주의 이름 높이며 (478) • 주의 이름 송축하리 (479) • 찬양하라 내 영혼아 (486)

494 그가 찔림은

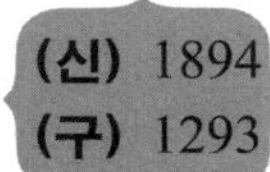

노문환

Em B7 C B7

그가 찔림은 우리의 허물을 인함이요
그가 멸시와 천대를 받음이 웬 말인가

Em B7 C B7 Em

그가 상함은 우리의 죄악을 인함이라
그는 추함도 사악한 죄악도 없음이라

Em B7 C G

그가 징계를 받음으로 우리가 나음을 입었도다
그가 조롱을 받음으로 우리가 귀함을 입었도다

Em Am Em B7

우리는 다 양 같아서 그릇 행하여

Em B7 C B7

각기 제 길로 갔거늘 각기 제 길로 갔거늘

Em B7 C B7 Em

여호와께서 우리의 죄악을 그에게 담당시켰도다

메들리 • 오 예수님 내가 옵니다 (429) • 오소서 오 나의 성령이여 (431) • 오직 주님만 (434)

소원대로 이루리라

495

들리

• 하나님은 실수하지 않으신다네 (78) • 그의 생각 (273) • 반드시 내가 너를 (340)

496 십자가의 길

(한걸음 또 한걸음)

(신) 1326
(구) 1292

김석균

쓴 잔

497

(주님의 쓴 잔을 맛보지 않으면)

송명희 & 김석균

주님 의 쓴잔을맛보지 않으면 주님 의 쓴잔을 모르 리

주님 의 괴로움당하지 않으면 주님 의 고통을 모르 리

주님 의 십자가 져보지 않으면 주님 의 죽으심 모르 리

주님 의 쓴잔은내것이 요 주님 의 괴로움내것이 며

주님 의 십자가내보물 이 - 라 또한 그의부활내영광이 - 라

• 겟세마네 동산에서 (347) • 오 예수님 내가 옵니다 (429) • 오소서 오 나의 성령이여 (431)

498 얼마나 아프셨나

(신) 1926
(구) 867

조용기 & 김성혜

메들리
• 겟세마네 동산에서 (347) • 예수의 이름으로 (428) • 그가 찔림은 (494)

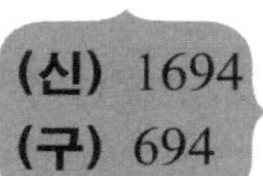

온 땅이여 주를 찬양 499

(Sing To The Lord(All The Earth))

Miles Akana Pomaika'l Kahaloa &
Kari Virginia Kahaloa

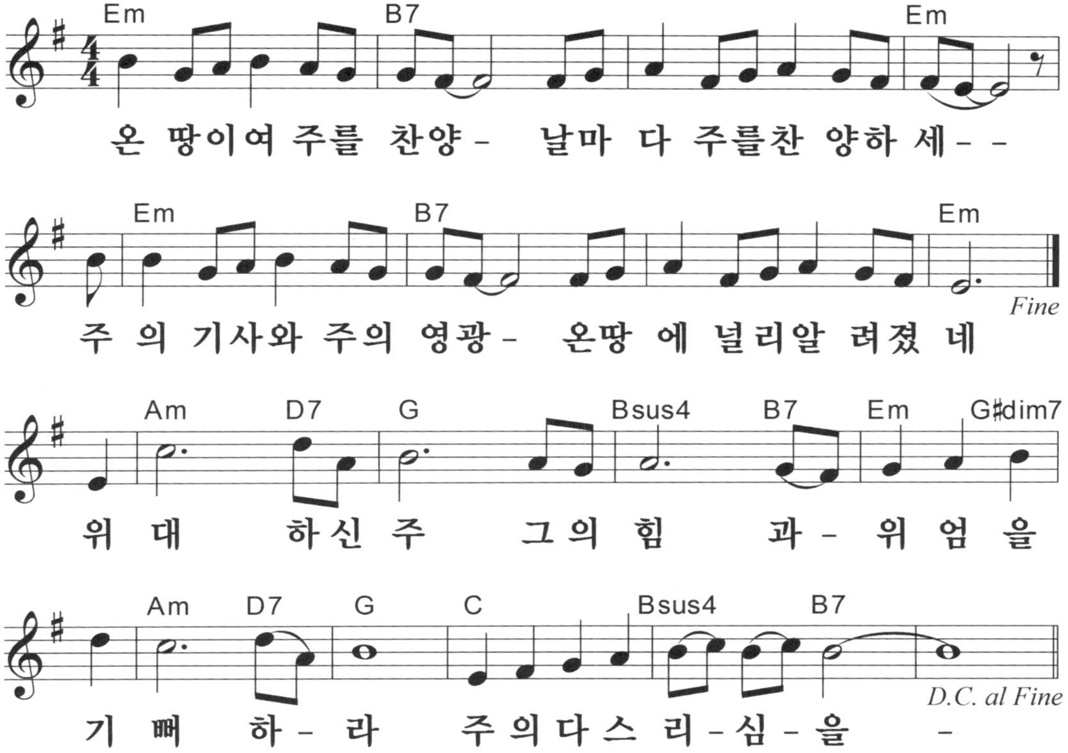

Em B7 Em
온 땅이여 주를 찬양- 날마 다 주를찬 양하 세--

Em B7 Em
주 의 기사와 주의 영광- 온땅 에 널리알 려졌 네
Fine

Am D7 G Bsus4 B7 Em G♯dim7
위 대 하신 주 그의 힘 과- 위 엄 을

Am D7 G C Bsus4 B7
기 뻐 하-라 주의다스 리-심-을 -
D.C. al Fine

들리
• 사막에 샘이 넘쳐 흐르리라 (341) • 우리 주의 성령이 (500) • 창조의 하나님 (502)

500 우리 주의 성령이

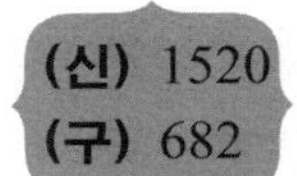

(When The Spirit Of The Lord Is Within My Heart)

Margaret Evans

우리 주의성령이 내게임 하 여 주를 찬 양합-니- 다
우리 주의성령이 내게임 하 여 손뼉 치 며찬양합니 다
우리 주의성령이 내게임 하 여 소리 높 여찬양합니 다
우리 주의성령이 내게임 하 여 춤을 추 며찬양합니 다

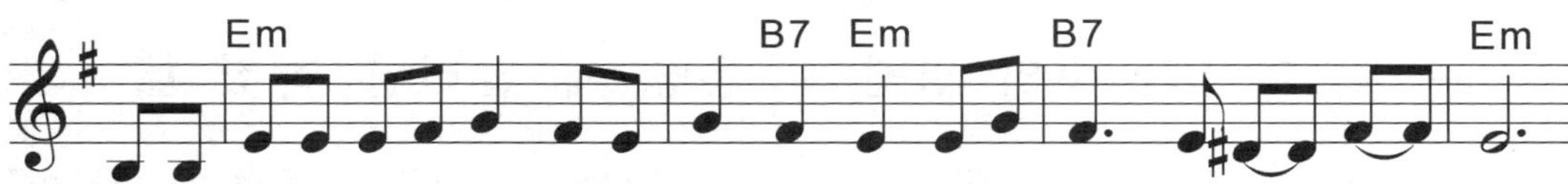

우리 주의성령이 내게 임 하 여 주를 찬 양합-니- 다
우리 주의성령이 내게 임 하 여 손뼉 치 며찬양합니 다
우리 주의성령이 내게 임 하 여 소리 높 여찬양합니 다
우리 주의성령이 내게 임 하 여 춤을 추 며찬양합니 다

찬양 합 니다 찬양 합 니다 주를 찬 양합 니 다
손뼉 치 면서 손뼉 치 면서 주를 찬 양합 니 다
소리 높 여서 소리 높 여서 주를 찬 양합 니 다
춤을 추 면서 춤을 추 면서 주를 찬 양합 니 다

찬양 합 니다 찬양 합 니다 주를 찬 양합 니 다
손뼉 치 면서 손뼉 치 면서 주를 찬 양합 니 다
소리 높 여서 소리 높 여서 주를 찬 양합 니 다
춤을 추 면서 춤을 추 면서 주를 찬 양합 니 다

메들리

• 온 땅이여 주를 찬양 (499) • 창조의 하나님 (502) • 찬양하세 (617)

(신) 1042
(구) 1355

참회록

(수 없는 날들이)

501

최용덕

502 창조의 하나님

(그는 여호와 창조의 하나님 / He is Jehovah)

Betty Jean Robinson

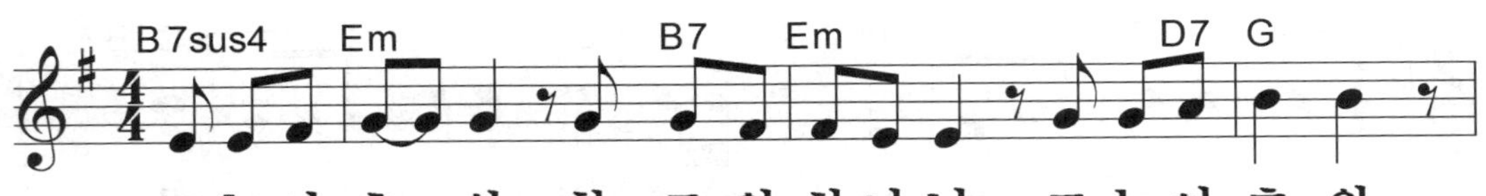

메들리
• 반드시 내가 너를 (340) • 온 땅이여 주를 찬양 (499) • 우리 주의 성령이 (500)

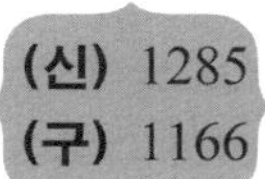

가서 제자 삼으라

(갈릴리 마을 그 숲속에서)

최용덕

갈 - 릴 리 마 을 그 숲 속 에 서 - -

주 님 그 열 한 제 자 다 시 만 나 시 사 - -

마 지 막 그 들 에 게 말 씀 하 시 기 를 -

너 희 들 은 - 가 라 저 세 상 으 로 -

가 서 제 자 삼 으 라 세 상 많 은 사 람 들 을

세 상 모 든 영 혼 이 네 게 달 렸 나 니 -

가 서 제 자 삼 으 라 나 의 길 을 가 르 치 라

내 가 너 희 와 - 항 상 함 께 하 - 리 라 -

504

고개들어

(Lift up your heads)

(신) 1655
(구) 790

Steve Fry

메들리

• 나는 찬양하리라 (515) • 예수 우리 왕이여 (568) • 오직 주만이 (573)

교회여 일어나라

전은주

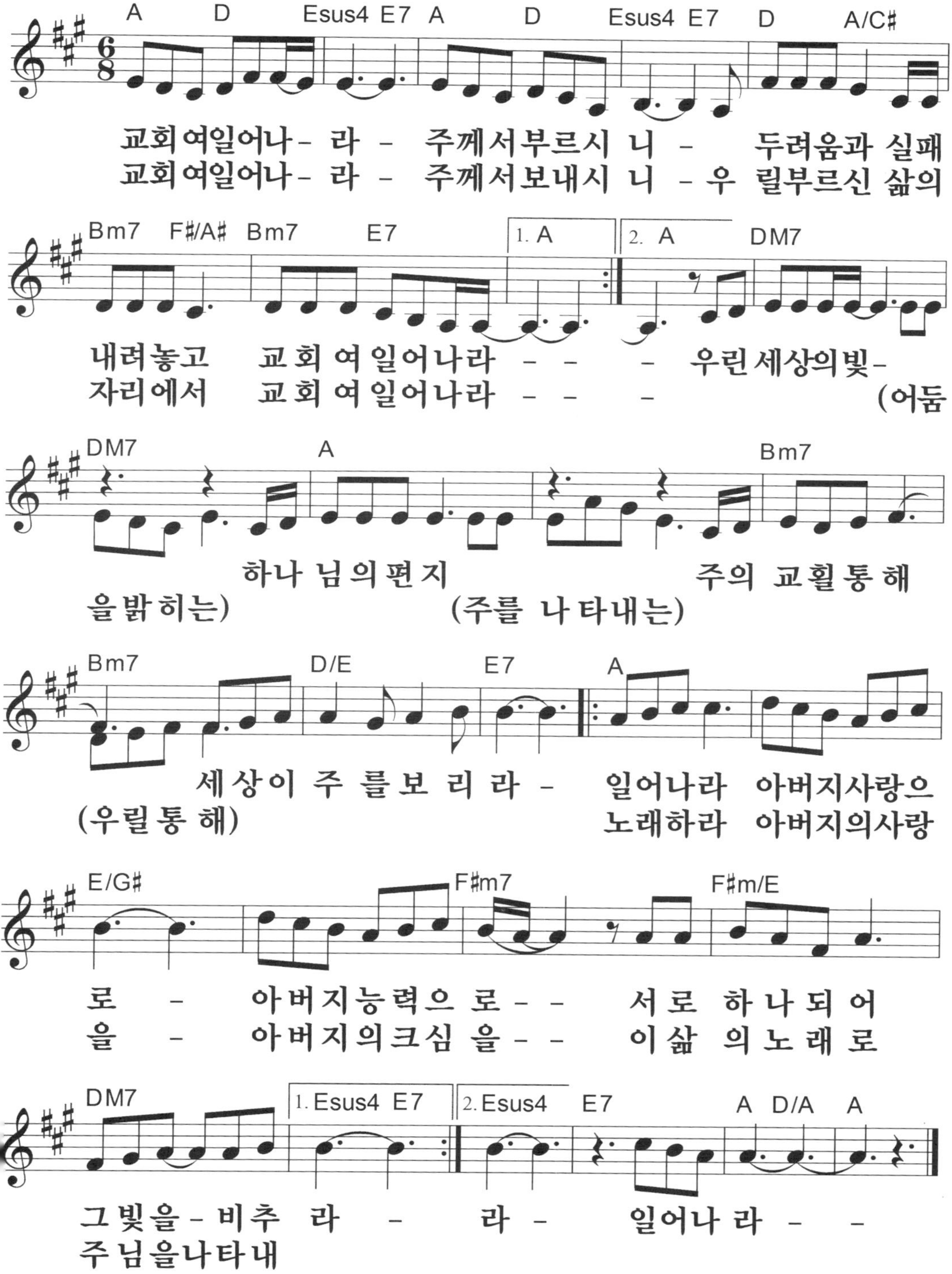

A D Esus4 E7 A D Esus4 E7 D A/C#

교회여일어나- 라 - 주께서부르시 니 - 두려움과 실패
교회여일어나- 라 - 주께서보내시 니 -우 릴부르신 삶의

Bm7 F#/A# Bm7 E7 1. A 2. A DM7

내려놓고 교 회 여 일 어 나 라 - - - 우린 세상의빛-
자리에서 교 회 여 일 어 나 라 - - - (어둠

DM7 A Bm7

하나 님의편지 주의 교횔통해
을밝히는) (주를 나 타내는)

Bm7 D/E E7 A

세 상 이 주 를 보 리 라 - 일어나라 아버지사랑으
(우릴통 해) 노래하라 아버지의사랑

E/G# F#m7 F#m/E

로 - 아 버 지 능 력 으 로 - - 서 로 하 나 되 어
을 - 아 버 지 의 크 심 을 - - 이 삶 의 노 래 로

DM7 1. Esus4 E7 2. Esus4 E7 A D/A A

그 빛 을 - 비 추 라 - 라 - 일 어 나 라 - -
주 님 을 나 타 내

506 구하라 열방을 주리라

(하나님의 꿈을 가지고서)

이 천

구하라 열방을 주리라

• 우리는 주의 백성이오니 (319) • 마지막 날에 (375) • 그리스도의 계절 (510)

507

그 사랑

(크고 놀라운 사랑 / His Love Is Great And Amazing)

조성은

A Bm7 A/C# D E/D 3 C#m7 F#m7

크고 놀라운 - 사 랑 하늘 보좌 버 리 신 주 그는

Bm7 E7 3 E/D C#m7 F#m7 Bm7 Esus4 E

실로 왕이셨지 만 영광버리고 - 이땅에 오셨 네

A Bm 3 A/C# D E/D 3 C#m7 F#m7

자기 몸을비 워 종의 모습을 - 갖 추 시 고 - - 십자

Bm7 E7 3 E/D C#m7 F#m7 DM7 Bm7 Esus4 E

가에 달리시 어 우리에게 - 구원을 주셨 네 측량할수

A E2/G# F#m7 Dm/F D/E E

없는 - 그사 랑 바다보다 더 깊고 - 하늘보다 더넓은 - 그사랑

A E2/G# F#m7 Dm/F

어떤 - 말로 도 표현할수 없는 - 그사 랑 하 나

A/E C#/F F#m7 Bm7 D/E E A

님 아버 지 사 - 랑 나를 살게 하는 은 혜

F#m7 C#m7 D D/E E A /G

무엇으로도 - 갚을수 없으리 - 아들을 보내신 - 하나님사 랑

그 사랑

들리
• 나는 찬양하리라 (515) • 아침이 밝아 올때에 (508) • 나의 찬양 멈출 수 없네 (524)

508

그 이름

(아침이 밝아 올때에 / Your name)

Paul Baloche & Glenn Packiam

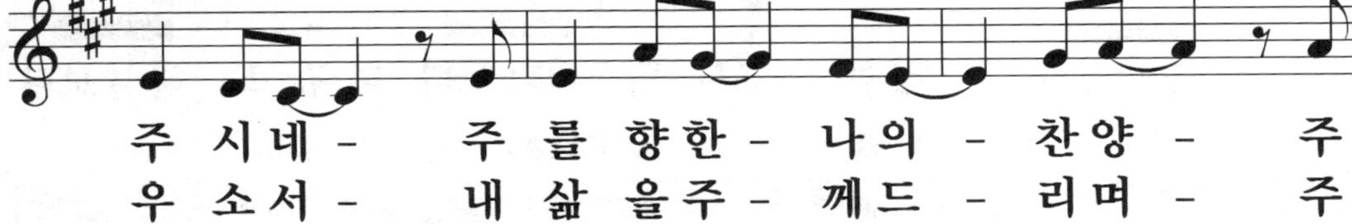

메들리 • 교회여 일어나라 (505) • 구하라 열방을 주리라 (506) • 이 산지를 내게 주소서 (585)

(신) 1374
(구) 1598

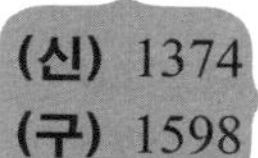

그날

(사망의 그늘에 앉아)

고형원

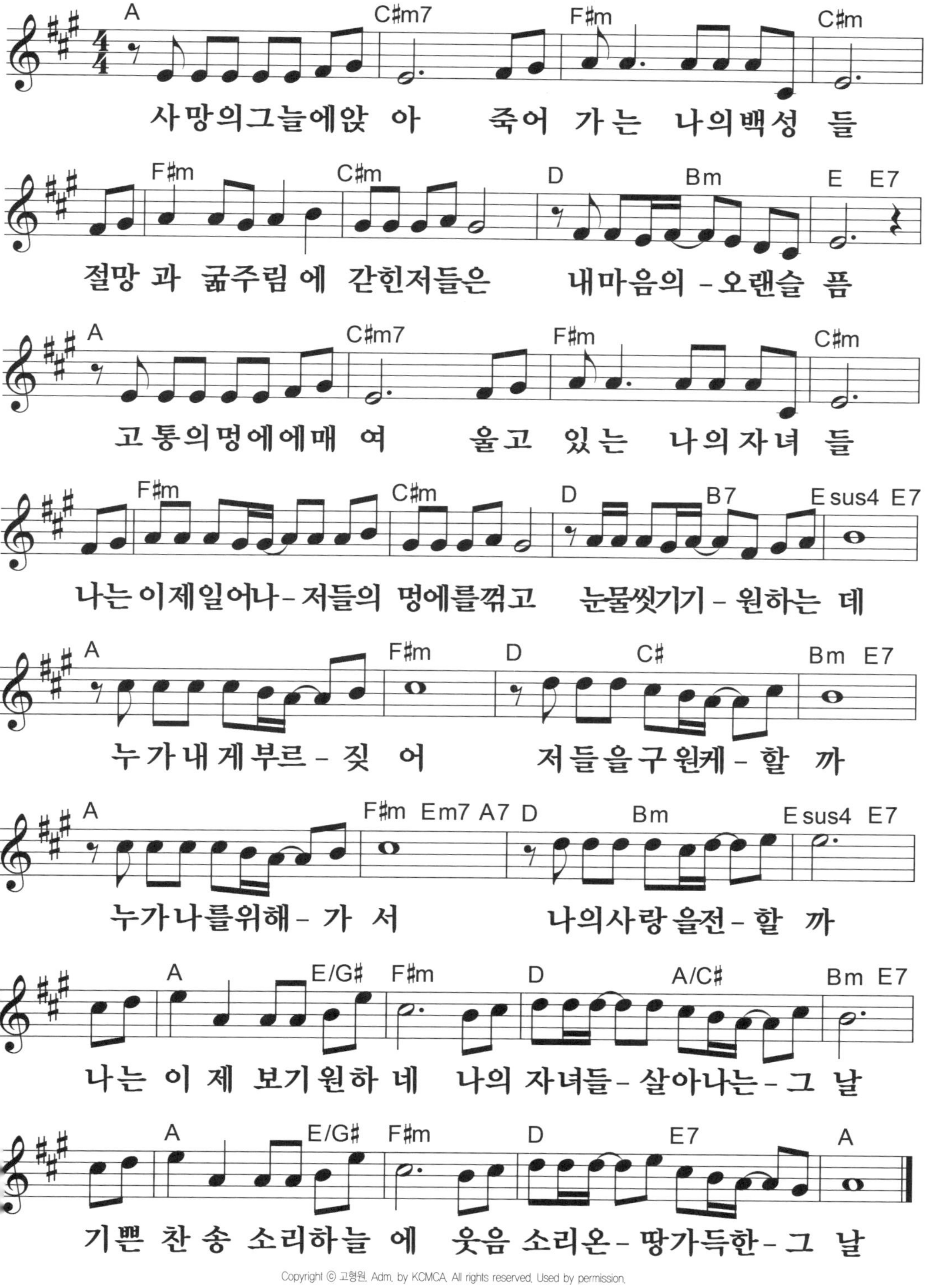

A C♯m7 F♯m C♯m
사망의그늘에앉 아 죽어 가는 나의백성 들
F♯m C♯m D Bm E E7
절망 과 굶주림 에 갇힌저들은 내마음의 -오랜슬 픔
A C♯m7 F♯m C♯m
고 통의멍에에매 여 울고 있는 나의자녀 들
F♯m C♯m D B7 E sus4 E7
나는이제일어나-저들의 멍에를꺾고 눈물씻기기-원하는 데
A F♯m D C♯ Bm E7
누가내게부르-짖 어 저들을구원케-할 까
A F♯m Em7 A7 D Bm E sus4 E7
누가나를위해-가 서 나의사랑을전-할 까
A E/G♯ F♯m D A/C♯ Bm E7
나는 이 제 보기원하 네 나의 자녀들-살아나는-그 날
A E/G♯ F♯m D E7 A
기쁜 찬 송 소리하늘 에 웃음 소리온-땅가득한-그 날

510 그리스도의 계절

(신) 1700
(구) 1880

(민족의 가슴마다)

김준곤 시, 박지영 정리 & 이성균

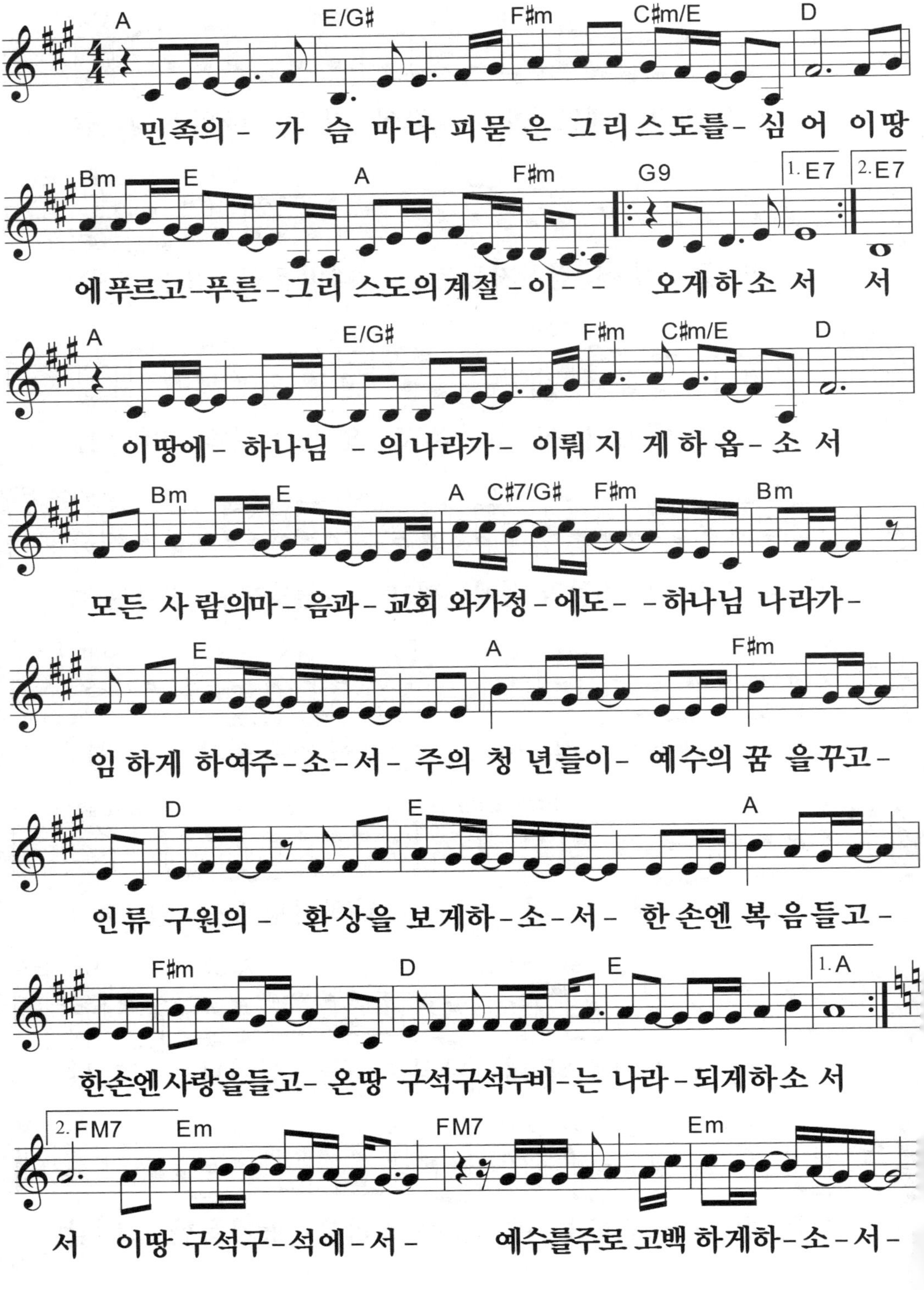

A E/G♯ F♯m C♯m/E D
민족의 – 가 슴 마다 피묻 은 그리스도를 – 심 어 이땅
Bm E A F♯m G9 1. E7 2. E7
에푸르고–푸른 – 그리 스도의계절 – 이 – – 오게하소 서 서
A E/G♯ F♯m C♯m/E D
이땅에 – 하나님 – 의나라가 – 이뤄 지 게 하 옵 – 소 서
Bm E A C♯7/G♯ F♯m Bm
모든 사 람의마 – 음과 – 교회 와가정 – 에도 – – 하나님 나라가 –
E A F♯m
임 하게 하여주 – 소 – 서 – 주의 청 년들이 – 예수의 꿈 을꾸고 –
D E A
인류 구원의 – 환 상을 보게하 – 소 – 서 – 한 손엔 복 음들고 –
F♯m D E 1. A
한손엔사랑을들고 – 온땅 구석구석누비 – 는 나라 – 되게하소 서
2. FM7 Em FM7 Em
서 이땅 구석구 – 석에 – 서 – 예수를주로 고백 하게하 – 소 – 서 –

그리스도의 계절

들리
• 교회여 일어나라 (505) • 구하라 열방을 주리라 (506) • 그 날 (509)

511 그 날이 도적같이

(신) 1559
(구) 1073

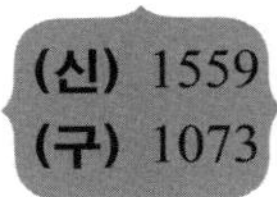

김민식

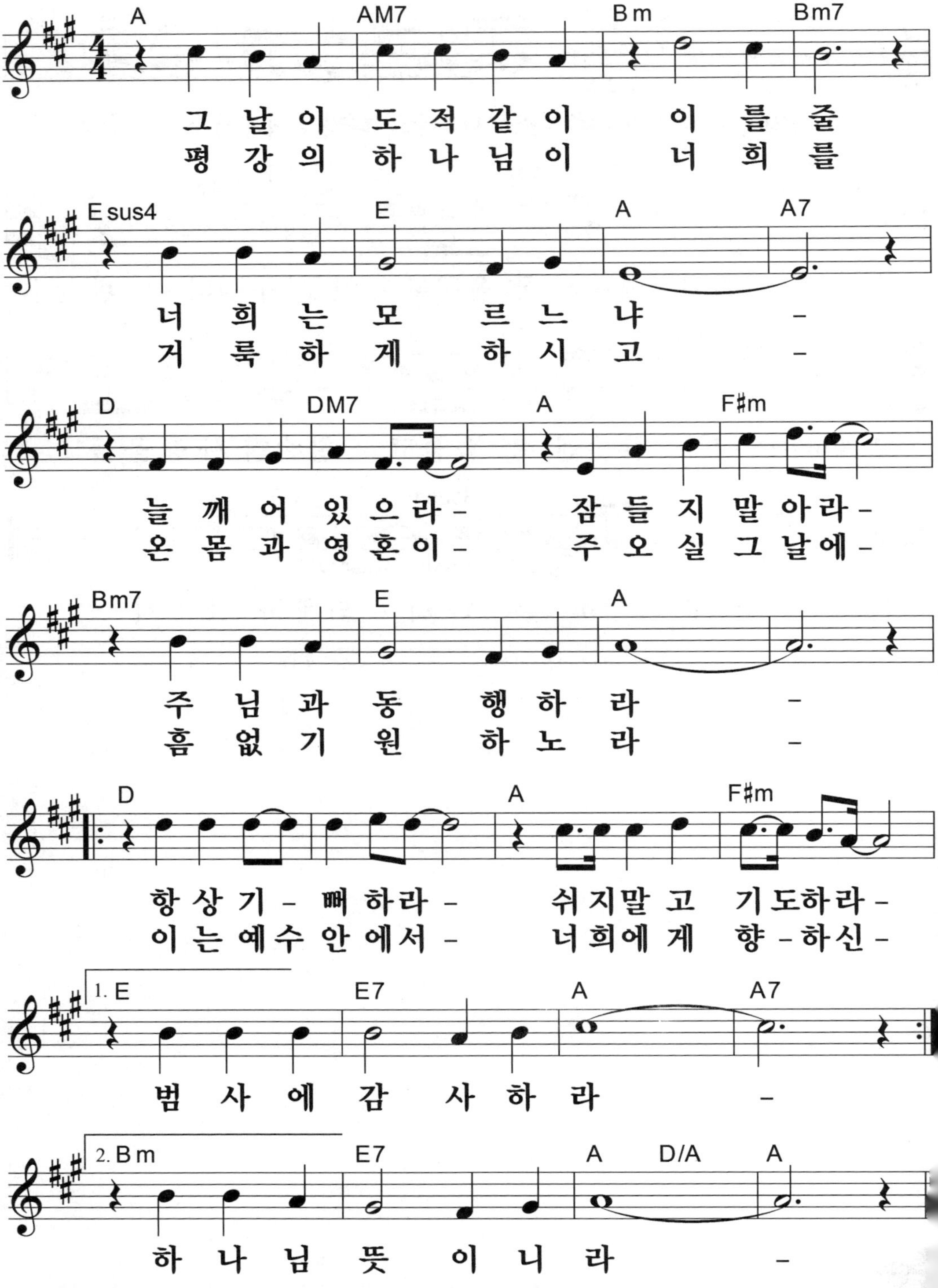

A AM7 Bm Bm7
그 날 이 도 적 같 이 이 를 줄
평 강 의 하 나 님 이 너 희 를
Esus4 E A A7
너 희 는 모 르 느 냐 –
거 룩 하 게 하 시 고 –
D DM7 A F#m
늘 깨 어 있 으 라 – 잠 들 지 말 아 라 –
온 몸 과 영 혼 이 – 주 오 실 그 날 에 –
Bm7 E A
주 님 과 동 행 하 라 –
흠 없 기 원 하 노 라 –
D A F#m
항 상 기 – 뻐 하 라 – 쉬 지 말 고 기 도 하 라 –
이 는 예 수 안 에 서 – 너 희 에 게 향 – 하 신 –
1. E E7 A A7
범 사 에 감 사 하 라 –
2. Bm E7 A D/A A
하 나 님 뜻 이 니 라 –

(신) 1348
(구) 968

나

(나 가진 재물 없으나)

송명희 & 최덕신

들리
• 나는 행복해요 (516) • 똑바로 보고 싶어요 (535) • 주께 가까이 날 이끄소서 (596)

513 나 자유 얻었네

나자유 얻었네 너자유 얻었네 우리자유 얻-었 네 - -
나구원 받았네 너구원 받았네 우리구원 받-았 네 - -
나성령 받았네 너성령 받았네 우리성령 받-았 네 - -
나기뻐 하겠네 너기뻐 하겠네 우리기뻐 하-겠 네 - -
나은혜 받았네 너은혜 받았네 우리은혜 받-았 네 - -
나믿음 얻었네 너믿음 얻었네 우리믿음 얻-었 네 - -
나감사 하겠네 너감사 하겠네 우리감사 하-겠 네 - -

Fine

나자유 얻었네 너자유 얻었네 우리자유 얻-었 네 -
나구원 받았네 너구원 받았네 우리구원 받-았 네 -
나성령 받았네 너성령 받았네 우리성령 받-았 네 -
나기뻐 하겠네 너기뻐 하겠네 우리기뻐 하-겠 네 -
나은혜 받았네 너은혜 받았네 우리은혜 받-았 네 -
나믿음 얻었네 너믿음 얻었네 우리믿음 얻-었 네 -
나감사 하겠네 너감사 하겠네 우리감사 하-겠 네 -

D.S.

주말씀 하시길 죄사슬 끊겼네 우리자유 얻-었 네 할렐루야

메들리
• 가서 제자 삼으라 (503) • 나의 반석이신 하나님 (521) • 예수님 찬양 (571)

나는 믿네

514

(내게 허락하신 / Rompendo em fe)

Ana e Edson Feitosa

515 나는 찬양하리라

(신) 1921
(구) 807

(I Sing Praises)

Terry MacAlmon

메들리

• 고개 들어 (504) • 선포하라 (552) • 오직 주만이 (573)

(신) 1046
(구) 949

나는 행복해요

516

(주님 한 분 밖에는)

김석균

517 나의 기도하는 것보다

홍정식

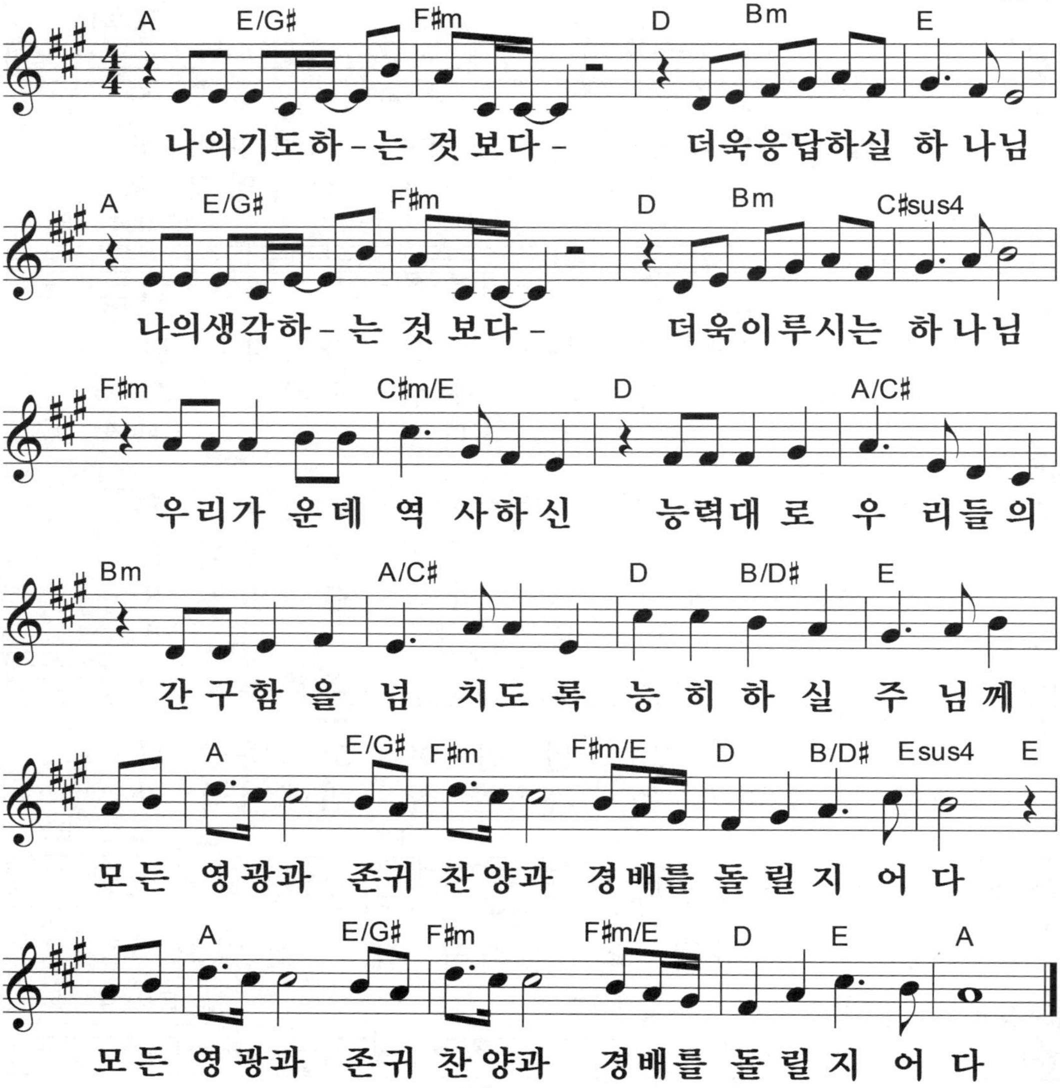

A E/G# F#m D Bm E

나의기도하-는 것보다- 더욱응답하실 하 나님

A E/G# F#m D Bm C#sus4

나의생각하-는 것 보다- 더욱이루시는 하 나님

F#m C#m/E D A/C#

우리가 운데 역 사하신 능력대 로 우 리들의

Bm A/C# D B/D# E

간 구 함 을 넘 치도 록 능 히 하 실 주 님께

A E/G# F#m F#m/E D B/D# Esus4 E

모든 영광과 존귀 찬양과 경배를 돌 릴 지 어 다

A E/G# F#m F#m/E D E A

모든 영 광과 존귀 찬 양과 경배를 돌 릴 지 어 다

메들리

• 고개 들어 (504) • 선포하라 (552) • 예수 우리 왕이여 (568)

나의 나됨은

(주님의 은혜가 아니면)

주숙일

• 나는 믿네 (514) • 나의 기도하는 것보다 (517) • 나의 안에 거하라 (523)

519 나의 달려갈 길과

윤주형

E
D9
A
E
라 - 내가 선 한싸 - 움다싸우고 - - 나의
D9
A
E
D
달려갈 - 길을마치고 - 영원토록 - 보좌앞에
F#m
Bm7
E
- 영광중에 기쁨으 - 로경배드리리 -
Bridge
Dm7
Esus2
땅끝까지복음이전해질때까지 - 증인된삶 - 을결코쉬지않으 - 리 -
Dm7
Esus2
땅끝까지복음이전해질때까지 - 증인된삶 - 을결코쉬지않으 - 리 -

520 나의 모든 행실을

(신) 1789
(구) 855

메들리
• 나는 행복해요 (516) • 똑바로 보고 싶어요 (535) • 우물가의 여인처럼 (581)

(신) 1952
(구) 575

나의 반석이신 하나님 521

(Ascribe greatness)

Mary Lou King & Mary Kirkbride Barthow

들리
• 가서 제자 삼으라 (503) • 낮은 자의 하나님 (528) • 찬양하세 (617)

522 나의 백성이

(Heal our land)

Tom Brooks & Robin Brooks

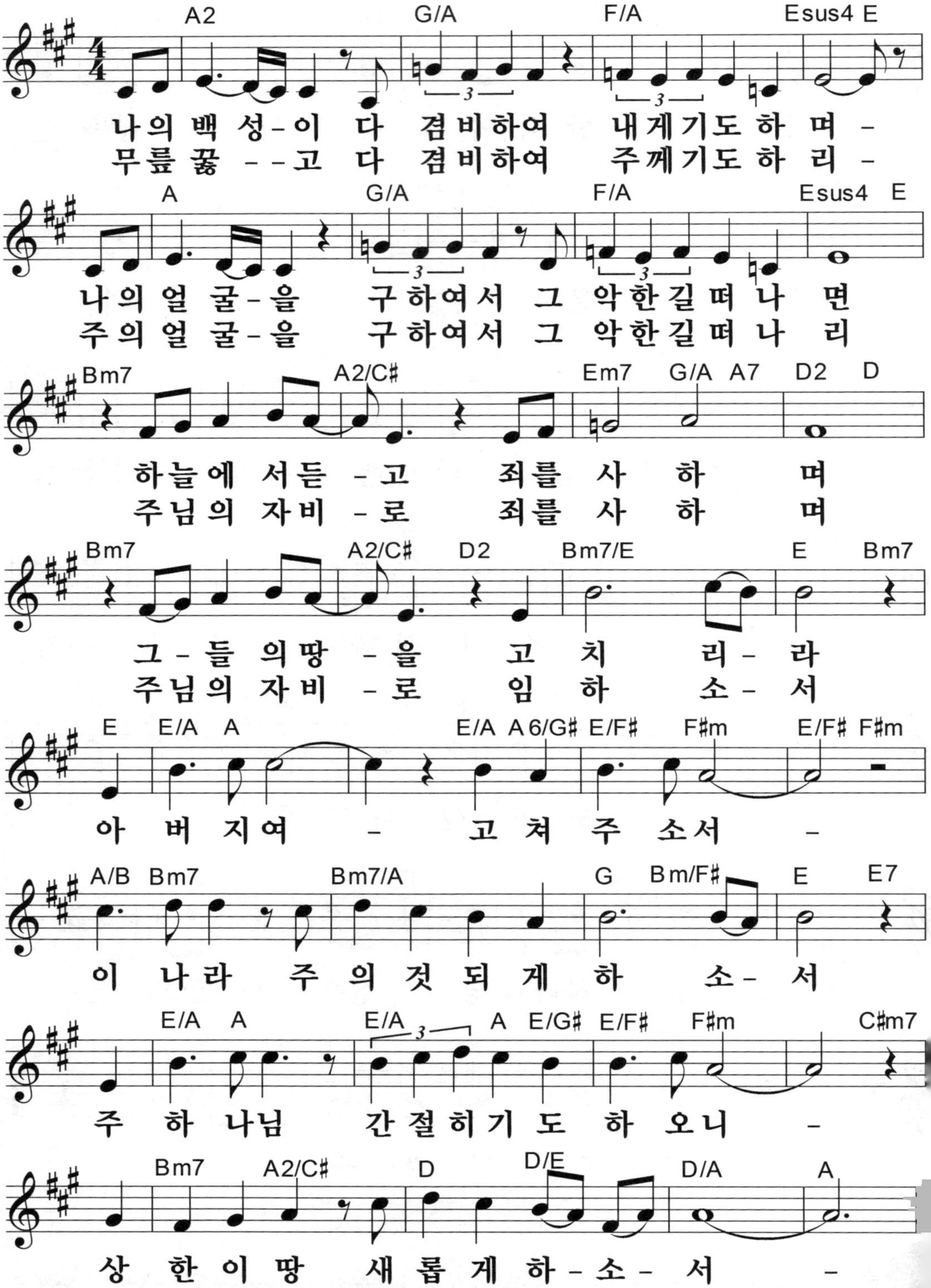

A2 G/A F/A Esus4 E

나의백 성-이 다 겸비하여 내게기도하 며 -
무릎꿇 --고 다 겸비하여 주께기도하 리 -

A G/A F/A Esus4 E

나의얼 굴-을 구하여서 그 악한길떠나 면
주의얼 굴-을 구하여서 그 악한길떠나 리

Bm7 A2/C# Em7 G/A A7 D2 D

하늘에 서든 -고 죄를 사 하 며
주님의 자비 -로 죄를 사 하 며

Bm7 A2/C# D2 Bm7/E E Bm7

그 - 들 의땅 -을 고 치 리 - 라
주님의 자비 -로 임 하 소 - 서

E E/A A E/A A6/G# E/F# F#m E/F# F#m

아 버 지여 - 고 쳐 주 소서 -

A/B Bm7 Bm7/A G Bm/F# E E7

이 나라 주 의 것 되 게 하 소 - 서

E/A A E/A A E/G# E/F# F#m C#m7

주 하 나님 간절히기 도 하 오니 -

Bm7 A2/C# D D/E D/A A

상 한이땅 새롭게 하-소- 서 -

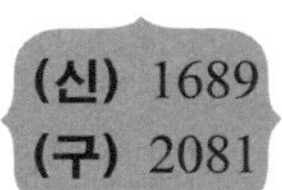

(신) 1689
(구) 2081

나의 안에 거하라

류수영

A A7 D Bm
나의 안에 거하라 - 나는네 하나님이니 - 모든
E E7 A E E7 A A7
환난가운데 - 너를 지키는자라 - 두려 워하지말라 - 내가널
D Bm E E7 A E7
도와주리니 - 놀라 지말라 - 네손잡아주리라 - 내가너를
A A7 D E
지 명하 - 여불렀나 - 니너는 내 것이라 - 내 것이라 - 너의
A E E7 A A7
하 나 님 이라 - 내가너를 보 배롭 - 고 존 귀하 - 게
Bm E E7 A
여 기노라 - 너를 사랑하 - 는네 여 호와라 -

들리 • 나의 힘이 되신 여호와여 (525) • 주만 바라볼찌라 (611) • 하나님은 우리의 피난처가 되시며 (623)

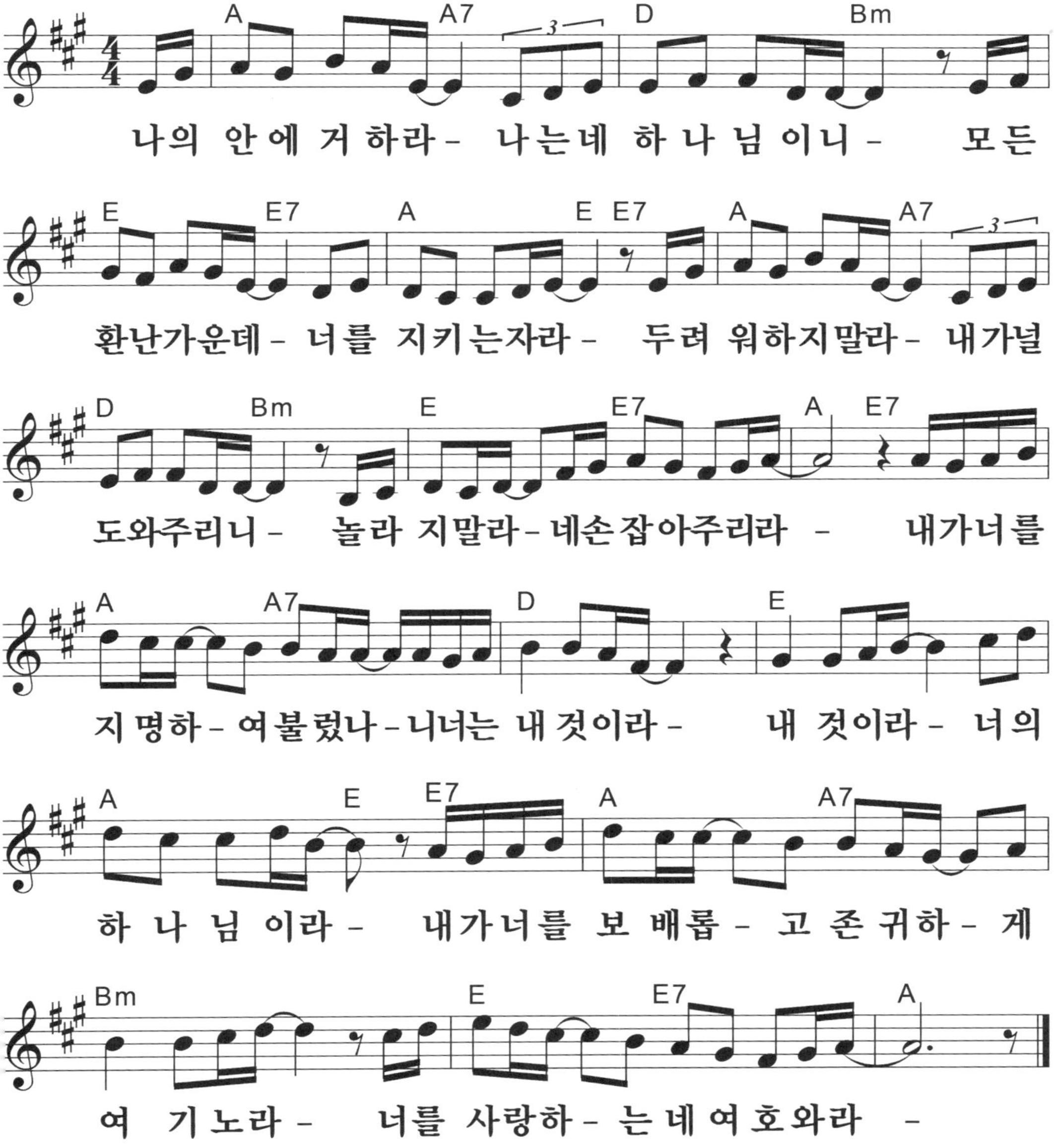

524 나의 찬양 멈출 수 없네

(끝없이 울리는 / How can I keep from singing)

Chris Tomlin, Matt Redman, Ed Cash

A E/G♯ F♯m7

끝없이 울리는 나의영혼의- - 노래가들리
가운데 바라보리라- - 살아계신내구

D E A E/G♯ F♯m7 E/G♯ A F♯m7

네 폭풍이일어 도 내반석되- -신- - 주님붙드
주 날감찰하시 는 주를 찬양하-며- - 주님과걸으

D A E

네 나의찬양 멈출 수 없 -네- 놀라운
리

D A/C♯ D E A

주의 사랑을 말로 다할-수없- -네- 주를향한 끝-없는외-

E D A/C♯ D E *Last time to coda*

-침- 주님날사랑 하시네 내마음 주를- -노래

1. A 2. A Bm7 A/C♯

해 어둠 해 찬양해 고난가운데- -

D E Bm7 A/C♯ D E

난 승리해 찬양 - 해 갈길을잃고 - 또 - 넘 -어져도 찬양

Bm7
A/C#
D
E
해 주항상계셔 날 붙드네 찬양 해-나의기도에 항상
응답하시네-- 찬양 -해 생명다 해 주-보좌앞-- 천사
-들 성도들-도-함께 찬양하리 라 - 해
D.S.
A

525 나의 힘이 되신 여호와여

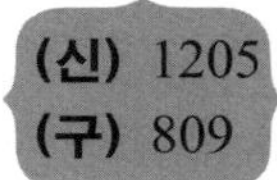

(신) 1205
(구) 809

최용덕

A E7 A D E E7
나 의 힘이되신여 호와 여 내가 주 님을사랑합니 다
나 의 생명되신여 호와 여 내가 주 님을찬양합니 다
A D E 3 A
주는 나 의 반 - 석이 시며 - 나의 요 새 - 시 라
주는 나 의 사 - 랑이 시며 - 나의 의 지 - 시 라
A E A A7 D E
주는 나 를 건 지시 는 나의 주 나의하나 님
주는 나 를 이 끄시 어 주의 길 인도하시 며
D A E A
나의 피 할 바 - 위시 요 나의 방 패 시 라
나의 생 의 목자되시 니 내가 따 르 리 라
D A E A
나의 하 나 님 나의 하 나 - 님
D A E A
구 원의뿔 - 이시 요 나의 산 성 이 라
생 명의면류관으 로 내게 씌 우 소 서
D A E A A7
나의 하 나 님 나의 하 나 - 님
D A E A
그는 나의여호 와 나의 구 세 주

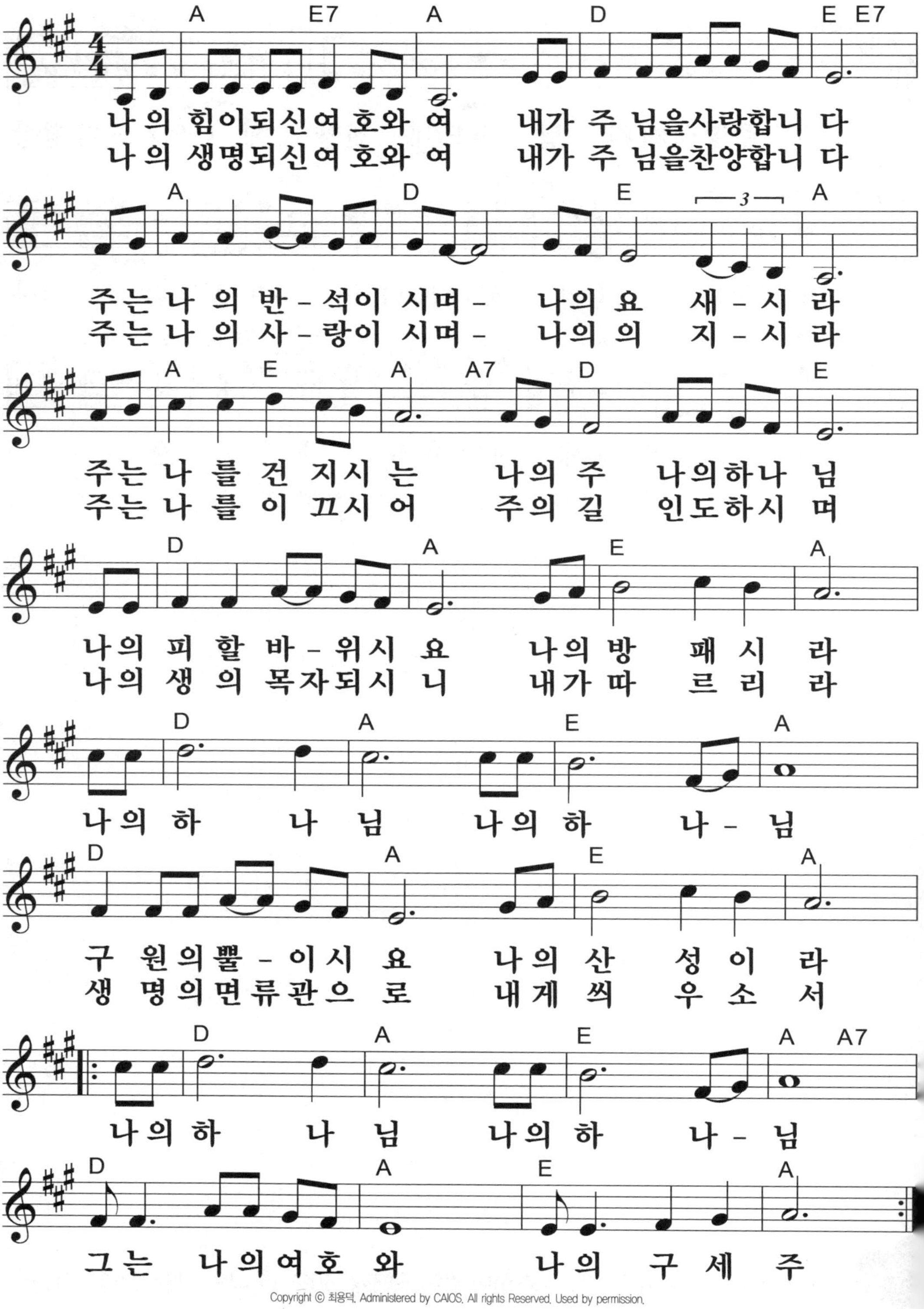

(신) 1679
(구) 1601

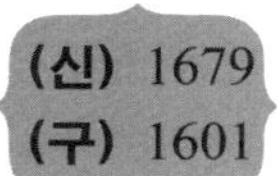

날 구원하신 주 감사

(Thanks for God for my redeener)

August Ludvig Storm &
J. A. Hultman (Arr. Norman Johnson)

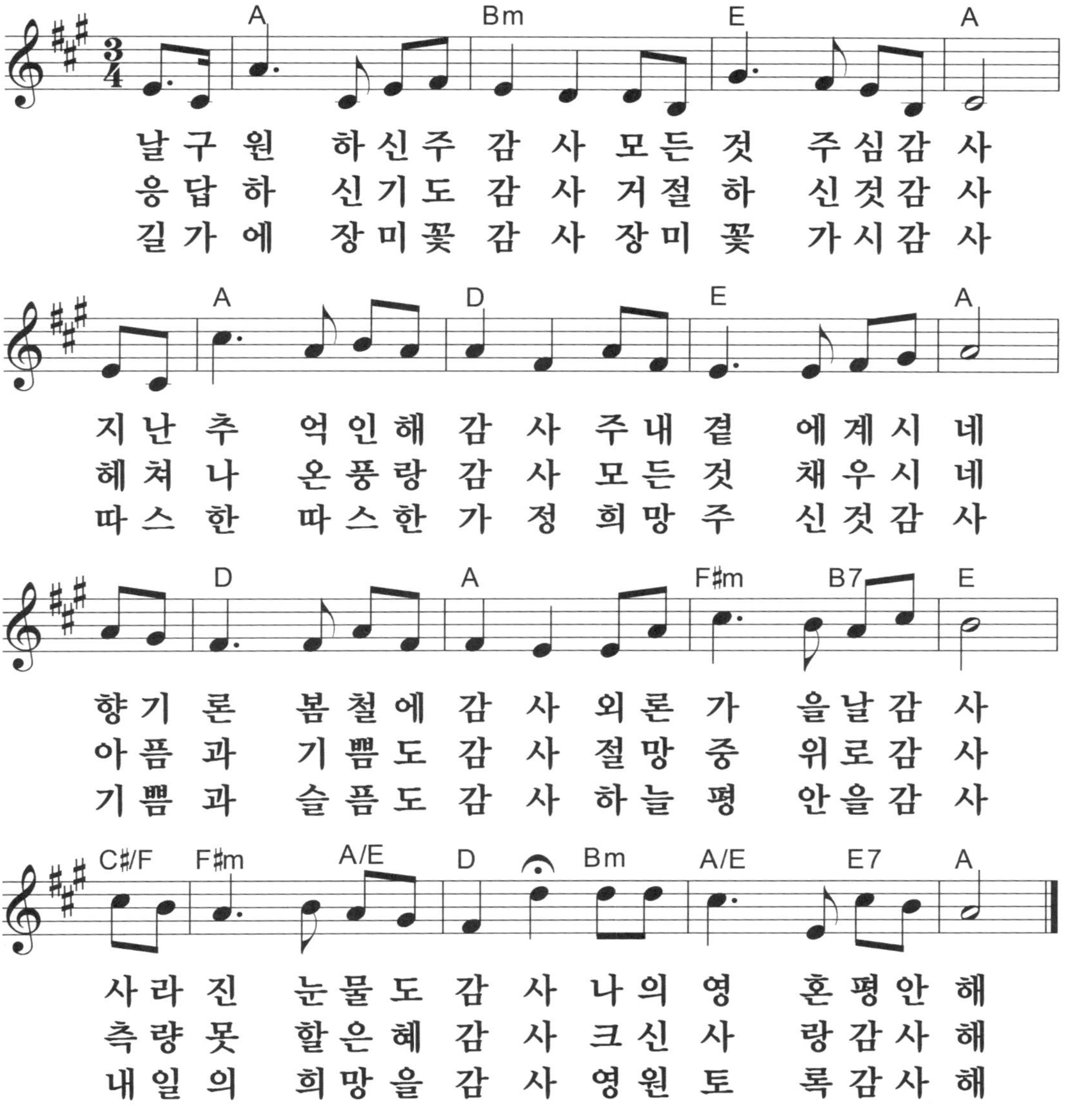

A Bm E A
날 구 원 하 신 주 감 사 모 든 것 주 심 감 사
응 답 하 신 기 도 감 사 거 절 하 신 것 감 사
길 가 에 장 미 꽃 감 사 장 미 꽃 가 시 감 사
A D E A
지 난 추 억 인 해 감 사 주 내 곁 에 계 시 네
헤 쳐 나 온 풍 랑 감 사 모 든 것 채 우 시 네
따 스 한 따 스 한 가 정 희 망 주 신 것 감 사
D A F#m B7 E
향 기 론 봄 철 에 감 사 외 론 가 을 날 감 사
아 픔 과 기 쁨 도 감 사 절 망 중 위 로 감 사
기 쁨 과 슬 픔 도 감 사 하 늘 평 안 을 감 사
C#/F F#m A/E D Bm A/E E7 A
사 라 진 눈 물 도 감 사 나 의 영 혼 평 안 해
측 량 못 할 은 혜 감 사 크 신 사 랑 감 사 해
내 일 의 희 망 을 감 사 영 원 토 록 감 사 해

• 나는 찬양하리라 (515) • 너의 하나님 여호와가 (532) • 에벤에셀 하나님 (559)

527 난 이렇게 많이 받았는데

(난 주려왔을 뿐인데)

박윤주 & 유은성

A Bm7 A/C# A

난 주려왔 - 을뿐 - 인데 - 오히 려내가 - 받고 갑니다

Dsus4/A A/C# Bm7 C# F#m C#7/F#

- 눈물 닦아주 - 려왔 - 을뿐 - 인 - 데 내

Bm7 E A Bm7/A

눈물만 - 흘리고갑 - 니다 - 씻어주 - 려왔 - 을뿐 - 인데

A A/C# C#m7 A/C# D A/C#

- 오히 려 내가 - 씻겨졌습 - 니다 -

Bm7 C#sus4 C#/F F#m C#/F# Bm7 B/D#

고쳐주 - 려왔 - 을뿐 - 인 - 데 오히 려내가 - 치료되어갑 - 니다

D/E A G#m7(♭5) C#7 F#m Em7 E♭aug

- 전하러 왔는데 - 이미이곳에 - 계신 예수를 - 보고 - 갑 니다 - 꿈을

D Bm7 A/E E D C#m7 F#/A#

가지고 - 와 꿈을보 - 고 돌아갑 - 니 - 다 난이렇게 많이받았 - 는데

Bm G#dim C# F#m A/E D Esus4

- 다만다 함으 - 로 주님을 - 사랑하지못 - 했 - 죠 사랑하러

들리 • 구하라 열방을 주리라 (506) • 나는 행복해요 (516) • 나의 나됨은 (518)

528

낮은 자의 하나님

(나의 가장 낮은 마음)

(신) 1621
(구) 1490

양영금 & 유상렬

A F♯m7 Bm/D E

나의가-장- 낮은마-음- 주님께-서- 기뻐하-시고
내가지-쳐- 무력할-때- 주님내-게- 힘이되-시고

A F♯m D E7 A E7 (A7)

작은일-에- 큰기쁨-을- 느끼게하시는도 -다-
아름다-운- 하늘나-라- 내맘에주시는도 -다-

D E/D C♯7 F♯m

우리에게- 축복하신- 하나님사랑 -

D E A G/A A7

낮은자를- 높여주시고 - -

D E/D C♯7 F♯m

아름다운- 하늘나라- 허락하시고 -

D B7/D♯ Esus4 E7

내모든-것- 예비하시네 - -

A F♯m F♯m7 D Esus4 E

찬양함에 기쁨을- 감사함에 평안을-

C♯ F♯m D Dm A

간구함에 하나님- 알도록- 하셨네 -

내 안에 부어 주소서 529

530 내가 만민중에

(Be Exalted, O God)

(신) 1601
(구) 794

너를 선택한다

531

(귀하고 아름다운)

김상진

532 너의 하나님 여호와가

(신) 1466
(구) 598

(스바냐 3:17)

김진호

메들리
• 나의 안에 거하라 (523) • 날 구원하신 주 감사 (526) • 오직 주만이 (573)

다함없는

533

(끊임없이 내 연약함)

황규범

534 돌아온 탕자

(멀고 험한 이 세상 길)

(신) 1020
(구) 921

김석균

메들리
• 나 (512) • 나의 힘이 되신 여호와여 (525) • 똑바로 보고 싶어요 (535)

(신) 1674
(구) 851

똑바로 보고 싶어요

536 마라나타

고형원
A AM7 D Bm E
4/4
마라나타 - 주예수여 - 어서 오시옵 - 소 서
Bm C#m F#m D Bm E D E
땅의모든끝 모든족속 주를찬송하 - 게 하소서 -
A AM7 D Bm E
마라나타 - 주예수여 - 어서오시옵 - 소 서
Bm C#m F#m D E
모든열방 이 주께돌아 와 춤추며 경 배하 - 게
A F#m C#m
하소서 - 우리주님 다시오실 길을만들자 - 십자
D Bm E F#m
가를들 - 고 땅끝까 - 지 우린가리라 - 우리주님 하늘영광
C#m D Bm E
온땅덮을때 - 우린 땅끝에 - 서주를맞 - 으 리 - 마라나타
A F#m D Bm E
- -마라나타 - 아멘 주예수 - 여오시옵 - 소 서 -마라나타
A F#m D E7 A
- -마라나타 - 아멘 주예수 - 여오시옵소 서

(신) 2098
(구) 1751

만세 반석

(주님 같은 반석은 없도다 / Rock of Ages)

Rita Baloche

들리
• 낮은 자의 하나님 (528) • 온세상 창조주 (574) • 찬양하세 (617)

538 모든 능력과 모든 권세

(신) 2018
(구) 1648

(Above All)

Lenny LeBlanc & Paul Baloche

(신) 1563
(구) 2102

모든 상황 속에서

539

김영민

540 모든 민족과 방언들 가운데

(신) 2082
(구) 1578

(Hallelujah to the Lamb)

Debbye C Graafsma & Don Moen

모 든민족과방언들 가운데 수 많은주- 백성 모였- 네
어 린양피로씻어진 우리들 은 혜로주- 앞에 서있- 네

주의-보 혈과 그사랑-으 로 친백-성 삼 -으셨네
주이-름 으로 자녀된-우 리 겸손-히 구 -하오니

주를향 한 감사와-찬 양-을 말로다 표현할수 없네- -
주의능 력 우리게-베 푸-사 주를더 욱닮게하 소서- -

다만-내 소리높여- 온 맘을다해- 찬 양 -하리라-
그때-에 모든나라- 주 영광보며- 경 배 -하리라-

할렐 루야 할렐루야 할렐 루야 어린양 할렐 루야 할렐루야

주의 보혈덮으사- 모든 족속 모든방언 모든 백성 열방이

모든 영광 모든존귀 모든 찬양주께드-리네 -

• 모든 능력과 모든 권세 (538) • 부흥 (545) • 하나님은 우리의 피난처가 되시며 (623)

541 무화과 나뭇잎이 마르고

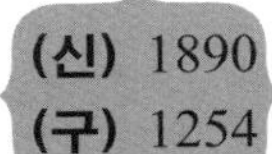

(Though the fig tree)

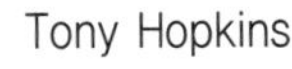

무화과 나 뭇 잎 이 - 마 르고 - 포도 열 매가없 으며 -

감 람 나무열매 그 치고 논밭에 식 물이없 어도 -

우리 에 양 떼 가 없 으며 외양간 송 아지없 어도 -

난 여호와 로 즐거워하리 난 여호와 로 즐거워하리

난 구 원의하 나 님 을 인해 기 뻐 하 -리라 -

메들리 • 나의 반석이신 하나님 (521) • 낮은 자의 하나님 (528) • 찬양하세 (617)

믿음따라

(I walk by faith)

Christopher John Falson

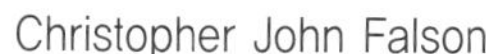

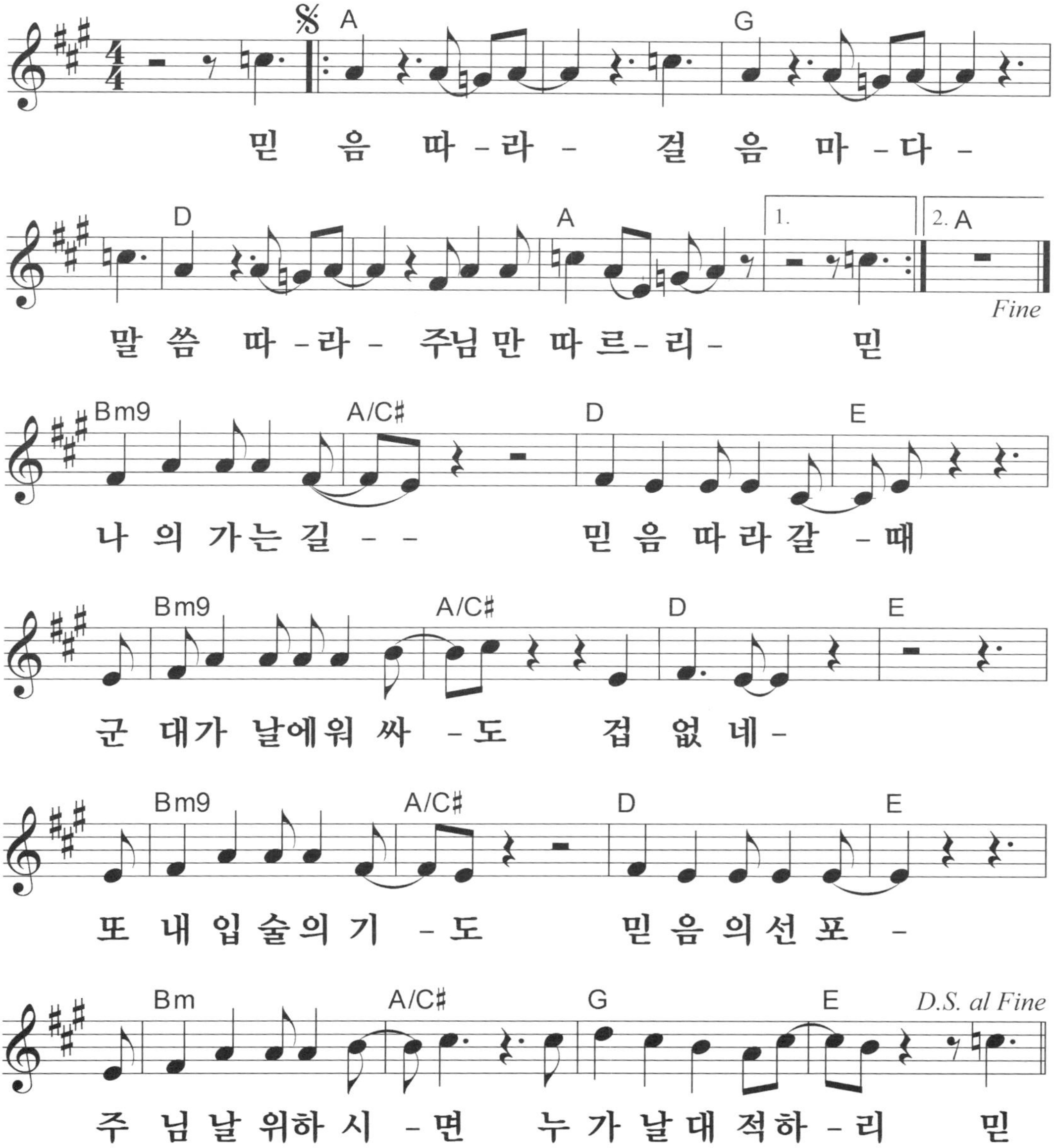
A G
믿 음 따 - 라 - 걸 음 마 - 다 -
D A 1. 2. A
Fine
말 씀 따 - 라 - 주님만 따 르 - 리 - 믿
Bm9 A/C# D E
나 의 가는 길 - - 믿 음 따 라 갈 - 때
Bm9 A/C# D E
군 대가 날에워 싸 - 도 겁 없 네 -
Bm9 A/C# D E
또 내 입 술 의 기 - 도 믿 음 의 선 포 -
Bm A/C# G E D.S. al Fine
주 님 날 위하 시 - 면 누 가 날 대 적 하 - 리 믿

• 구하라 열방을 주리라 (506) • 모든 능력과 모든 권세 (538) • 이 산지를 내게 주소서 (585)

543

보내소서

(주님 나를 택하사 / Send Me)

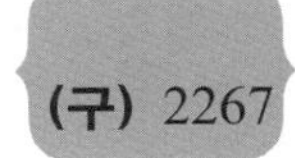

Stephen Hah

A2 Bm A2/C# A/D D Bm7

주님 나 를 - 택 하 사 - 잃어 버 린 - 자 에 게 - 아버지 - 의
성령 으 로 - 임 하 사 - 소망 없 는 - 자 에 게 - 생명의 - 그

E7 D/A A E/A A D/E A2 Bm7

사랑을 - 나누 게 하 - 시 네 어두 움 을 - 밝 히 며 - 차가
말씀을 - 전하 게 하 - 시 네 목자 없 는 - 양 같 이 - 방황

A2/C# DM7 Bm7 E7 A D/E E7

운 마 - 음 녹 이는 - 진리 의 빛전 - 하 게 하소 서 -
하 는 - 저 들 에게 - 주의 사 랑전 - 하 게 하소 서 -

A C#m7 F#m7 A7/E

보 내 - 소 서 - 시 련 이 찾 아 - 올 때 도

DM7 A/C# Bm7 E7

주 님 의 눈 - 물 - 기 억 하 게 하 - 소 서 -

A C#m7 F#m7 Bm7/E

보 내 - 소 서 - 주 께 - 서 가 - 신 길 을 나

A/E E7 A

도 걸 어 가 게 - 하 소 서 -

메들리

• 그날 (509) • 그리스도의 계절 (510) • 나는 찬양하리라 (515)

(신) 1986
(구) 885

볼찌어다 내가 문 밖에

김지현

A AM7 C#m7 Bm7 Esus4 E

볼 - 찌 - 어다 - 내가 문 밖에서서 두 드리노 니
볼 - 찌 - 어다 - 그의 음 성을듣고 맘 문열 - 라

A AM7 C#m7 D D/E E7

볼 - 찌 - 어다 - 내가 문 밖에서서 두 드리노 니 -
볼 - 찌 - 어다 - 그의 음 성을듣고 맘 문 열 - 라 -

A2 F#m Bm7 E7

누 구든지내 음성 듣고 - 문 을 열 면- - -
주 의크신사 랑을 믿고 - 문 을 열 면- - -

C#m7 F#m D B7/D# Esus4 E7

누 구든지내 음성 듣 - 고 - 문 을 열 - 면 - 내가
주 의크신사 랑을 믿 - 고 - 문 을 열 - 면 - 나의

A G# F#m7 /E D Bm7 Esus4 E7

들어가 - 그로더불어 먹 - 고 그는나로더 불어살 - 리 - 내가
하나님 - 생명의반석 되 시니 나와항상함 께하시 - 리 - 나의

A G# F#m7 /E D E7 A2

들 어가 - 그로더불어 먹 - 고 그는나로더불어살 리
하 나님 - 생명의반석 되 시니 나와항상함께하시 리

들리

• 난 이렇게 많이 받았는데 (527) • 오직 주만이 (573) • 하나님은 우리의 피난처가 되시며 (623)

545

부흥

(이 땅의 황무함을 보소서)

(신) 1033
(구) 1361

고형원

(신) 1049
(구) 1352

비전

(우리 보좌 앞에 모였네 / Vision)

고형원

들리
• 구하라 열방을 주리라 (506) • 모든 능력과 모든 권세 (538) • 부흥 (545)

547 비추소서

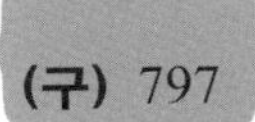

(주님 당신은 사랑의 빛 / Shine Jesus, Shine)

Graham Kendrick

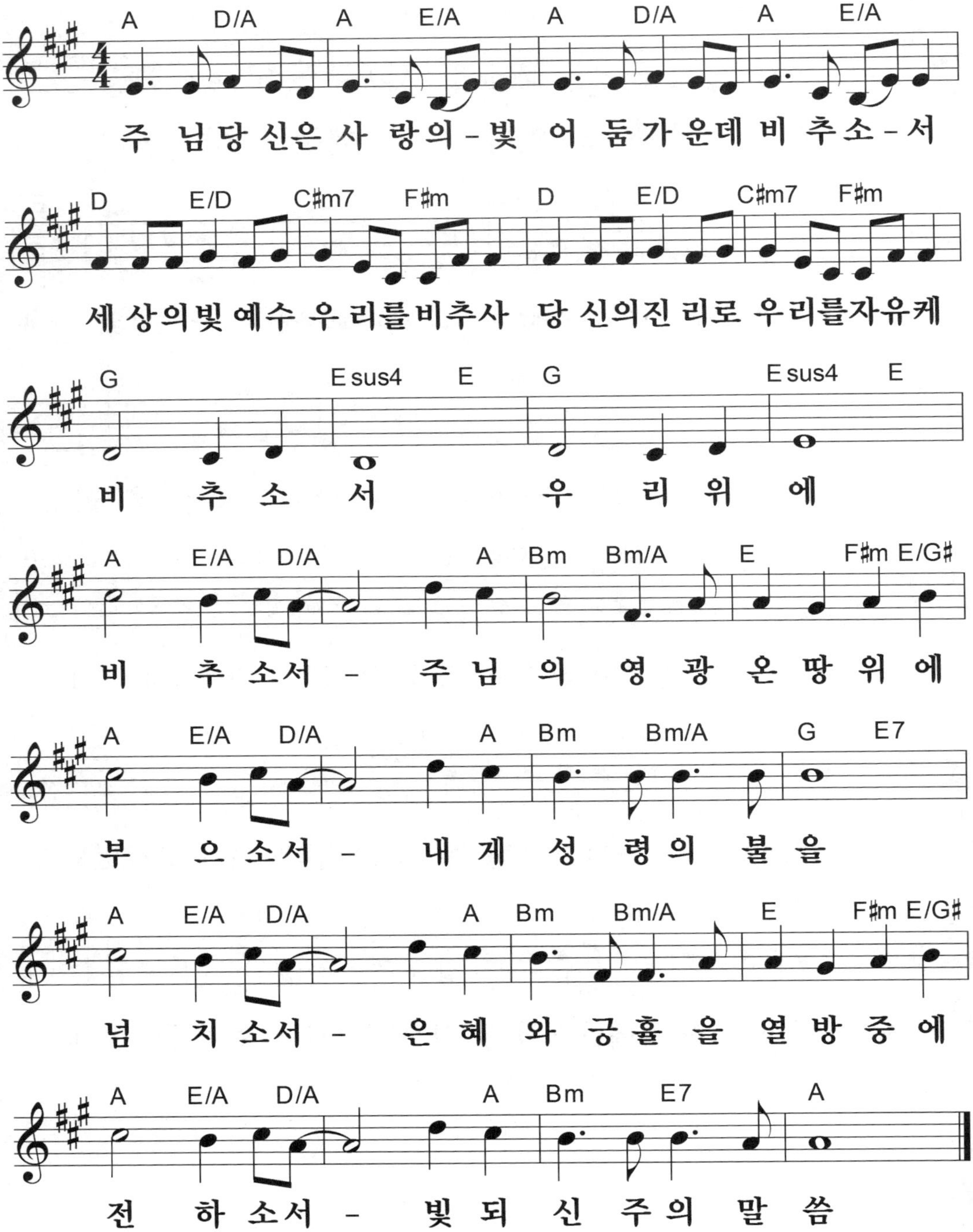

A D/A A E/A A D/A A E/A

주 님당신은 사 랑의-빛 어 둠가운데 비 추소-서

D E/D C#m7 F#m D E/D C#m7 F#m

세 상의빛예수 우 리를비추사 당 신의진 리로 우리를자유케

G Esus4 E G Esus4 E

비 추 소 서 우 리 위 에

A E/A D/A A Bm Bm/A E F#m E/G#

비 추 소서 - 주 님 의 영 광 온 땅 위 에

A E/A D/A A Bm Bm/A G E7

부 으 소서 - 내 게 성 령의 불 을

A E/A D/A A Bm Bm/A E F#m E/G#

넘 치 소서 - 은 혜 와 긍 휼 을 열 방 중 에

A E/A D/A A Bm E7 A

전 하 소서 - 빛 되 신 주 의 말 씀

메들리

• 그리스도의 계절 (510) • 모든 민족과 방언들 가운데 (540) • 주님 나라 임하시네 (602)

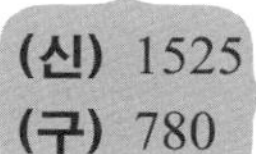

살아계신 주

(주 하나님 독생자 예수 / Because He lives)

Gloria Gaither & William J. Gaither

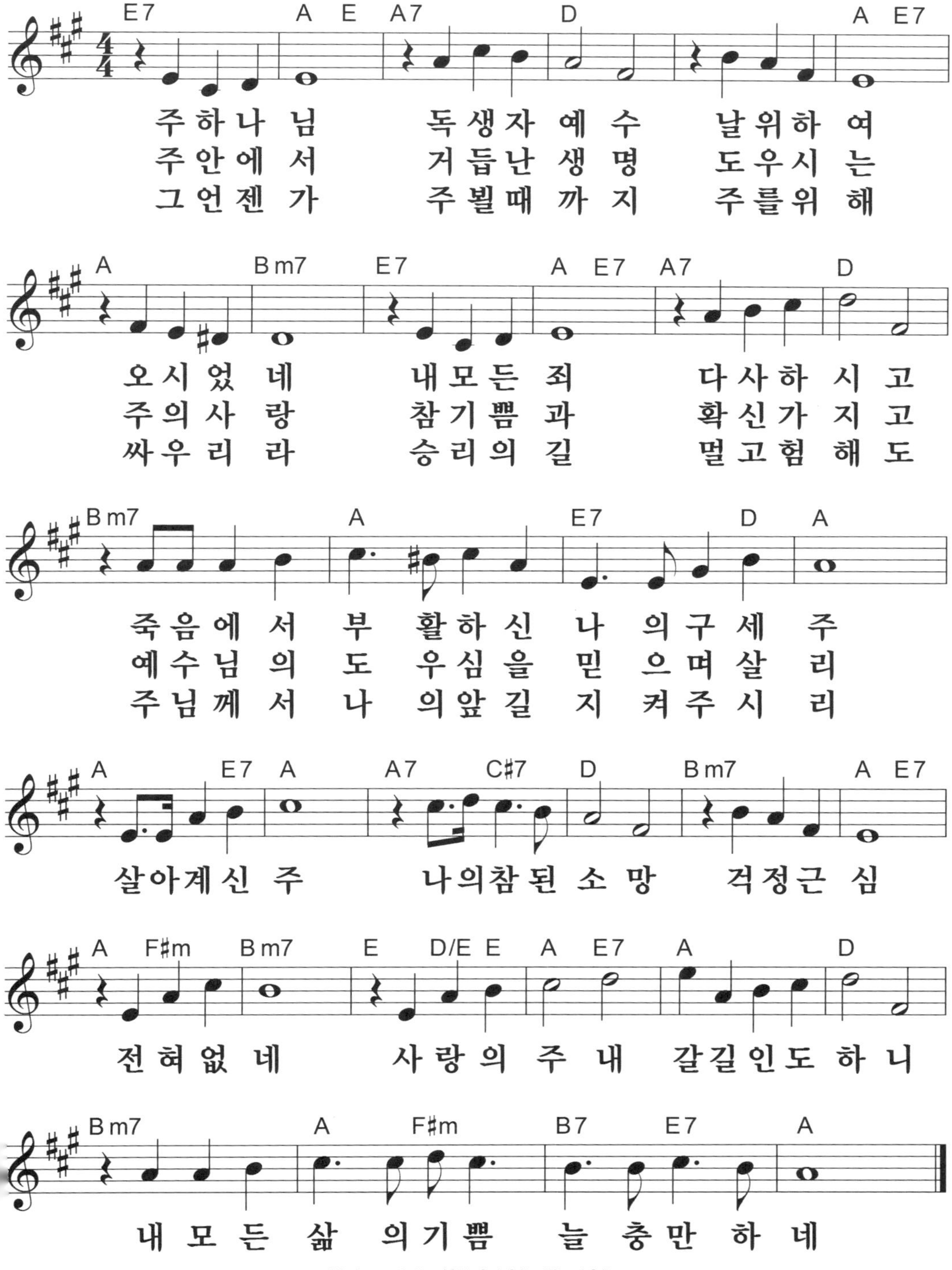

1. 주 하나님 독생자 예수 날 위하여 오시었네 내 모든 죄 다 사하시고 죽음에서 부활하신 나의 구세주
2. 주 안에서 거듭난 생명 도우시는 주의 사랑 참 기쁨과 확신 가지고 예수님의 도우심을 믿으며 살리
3. 그 언젠가 주 뵐 때까지 주를 위해 싸우리라 승리의 길 멀고 험해도 주님께서 나의 앞길 지켜주시리

살아계신 주 나의 참된 소망 걱정 근심 전혀 없네 사랑의 주 내 갈길 인도하니 내 모든 삶의 기쁨 늘 충만하네

549

삶의 옥합

(순전한 나의 삶의 옥합)

오세광

(신) 2111
(구) 2239

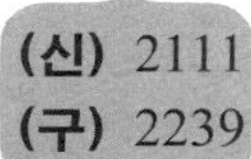

새 힘 얻으리

(Everlasting God)

Ken Riley & Brenton Brown

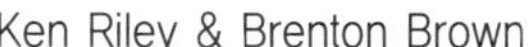

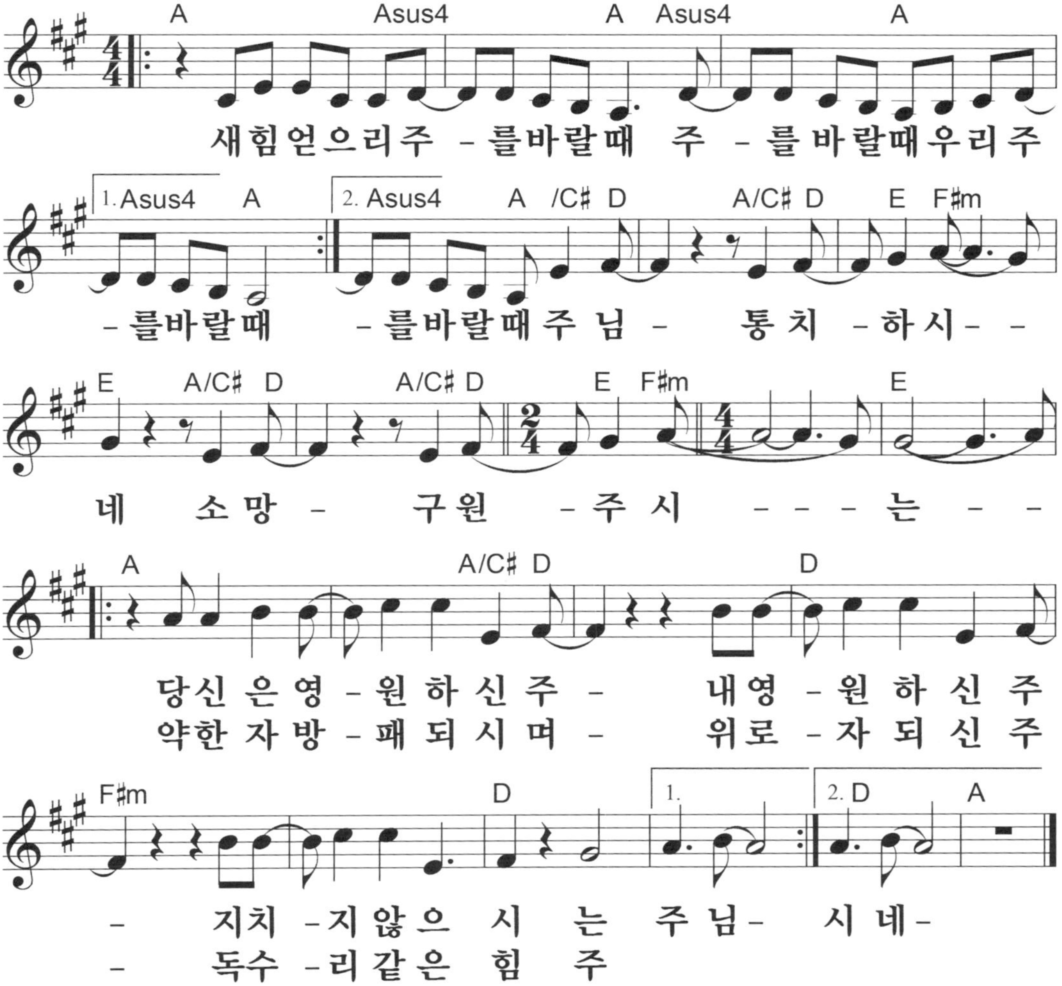

A Asus4 A Asus4 A
새힘얻으리주 -를바랄때 주 -를바랄때우리주
1.Asus4 A 2. Asus4 A /C♯ D A/C♯ D E F♯m
-를바랄때 -를바랄때주 님 - 통 치 -하 시- -
E A/C♯ D A/C♯ D E F♯m E
네 소 망 - 구 원 -주 시 - - - 는 - -
A A/C♯ D D
당 신 은 영 -원 하 신 주 - 내 영 -원 하 신 주
약 한 자 방 -패 되 시 며 - 위 로 -자 되 신 주
F♯m D 1. 2. D A
- 지 치 -지 않 으 시 는 주 님- 시 네-
- 독 수 -리 같 은 힘 주

• 모든 상황 속에서 (539) • 무화과 나뭇잎이 마르고 (541) • 성령이여 내 영혼에 (554)

551 새벽 이슬 같은

(아버지여 당신의 의로)

(신) 1663
(구) 2021

이 천

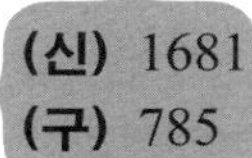

선포하라

552

(All heaven Declares)

Noel Richards & Tricia Richards

A D Esus4 E D/A A

선 포 하 라 부활하신영 광 의주
선 포 하 라 부활하신영 광 의주

A D Esus4 E D/A A

아 름 다 운 영광의주 를 보라
하 나 님 과 화목하게 하 신주

A A/C♯ D9 D E E7 A E/G♯

보좌에앉으 신 그어린양예 수
찬송과존귀 와 영광과능력 을

F♯m D9 D E E7 A

다무릎꿇고 서 주경배하리 라
영원영원토 록 받아주옵소 서

들리
• 나는 찬양하리라 (515) • 예수 우리 왕이여 (568) • 평강의 왕이요 (621)

553

성령의 불로

(주의 도를 버리고 / Holy Spirit)

(구) 1982

Stephen Hah

메들리

• 다함없는 (533) • 예수 우리 왕이여 (568) • 주님 곁으로 날 이끄소서 (601)

성령이여 내 영혼에

554

(Come and fill me up)

555

시편 118편

(여호와는 선하시며 / Psalm 118)

Stephen Hah

A AM7/G# A7/G F#7

여 호 와는 선 하 시며 그 인 자하 심 이 영
호 와여 구 하 오니 - 구 원하 소 서 이

Bm7 D/E A E9sus4 E7

원 영 원 하 심 이 - 라 - 열
제 온 전 케 하 소 - 서 - 주

A AM7/G# A7/G F#7

방 이 - 별 과 같 이 나 를 에 워 쌌 으 나 여 호
님 의 - 이 름 으 로 오 는 모 든 자 에 게 여 호

Bm7 D/A G D/E E D/E E7

와 의 이 름 이 - 저 희 를 끊 으 리 라 여
와 의 축 복 이 - 영 원 히 함 께 하 리 주

𝄋 A AM7/G# A7/G

호 와는 - 내 편 이 시 라 - 내게 두 려 움 이 전 - 혀 없 으
가 심 히 - 경 책 하 셔 도 - 죽음 에 는 붙 이 지 - 않 으 시

F# Bm7 D/E

리 사람 이 내 게 어 찌 할 꼬 주는 나를 돕 는 자 중 에 - 함 께
니 내가 죽 지 않 고 살 아 서 여호 와 의 크 신 행 사 를 - 선 포

D/A A D/E E D/E E7 A

계 시네 - 내가 주 께 피 함 이 - 사람을
하 - 라 - 내게 문 을 여 소 서 - 주님의

시편 118편

AM7/G#
A7/G
F#7
신뢰함보다- 방백을 의지함보다-더나으니 나의
의로운문을- 그곳에 내가들어가-감사하리 주가
Bm7
D/E
E7
1. A
2. A
Fine
능력되신주- 나의 찬송나의구원되-시네 - 여 라
응답하시니- 내가 여호와께감사하-리
F
G
3
C
F
G
이날 은 주님의 날 이라 기뻐하-고즐거워하
A
Dm7
G
Em7
Am7
라 주는 나의하나님 나의하나님이라 내가
F
Dm7
Esus4
D/E
E
D/E
E7
D.S.
영원토록주를높이리 - 여

556 신실하신 하나님

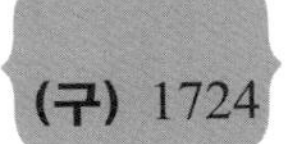

(주님 보좌 앞에 나아가 / What A Faithful God Lord I Come Before Your)

Robert Critchley & Dawn Critchley

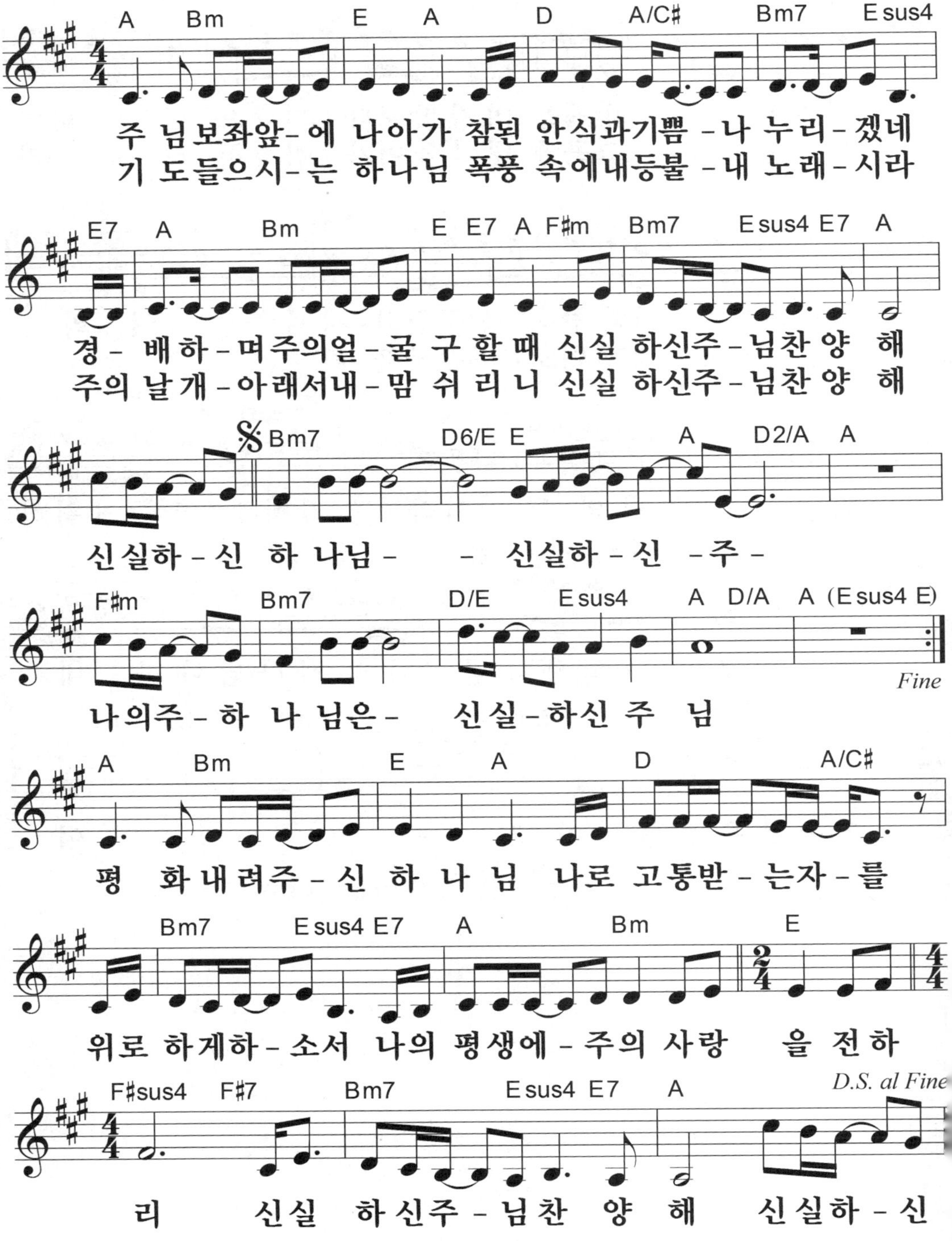

A Bm E A D A/C♯ Bm7 Esus4

주 님보좌앞-에 나아가 참된 안식과기쁨 -나 누리-겠네
기 도들으시-는 하나님 폭풍 속에내등불 -내 노래-시라

E7 A Bm E E7 A F♯m Bm7 Esus4 E7 A

경- 배하-며주의얼-굴 구 할 때 신실 하신주-님찬 양 해
주의 날개-아래서내-맘 쉬 리 니 신실 하신주-님찬 양 해

𝄋 Bm7 D6/E E A D2/A A

신실하-신 하 나님- - 신실하-신 -주-

F♯m Bm7 D/E Esus4 A D/A A (Esus4 E)

나의주-하 나 님은- 신실-하신 주 님

Fine

A Bm E A D A/C♯

평 화내려주-신 하 나 님 나로 고통받-는자-를

Bm7 Esus4 E7 A Bm E

위로 하게하-소서 나의 평생에-주의 사랑 을 전하

F♯sus4 F♯7 Bm7 Esus4 E7 A

D.S. al Fine

리 신실 하신주-님찬 양 해 신실하-신

(신) 1840
(구) 1608

십자가의 길 순교자의 삶 557

(내 마음에 주를 향한 사랑이 / The Way Of The Cross The Life Of Martyr)

Stephen Hah

내마음에주를향한 사랑이 - 나의말엔주가주신 진리로 -
내입술에찬 - 양의 향기가 - 두손에는주를닮은 섬김이 -

나의눈에주의눈물 채 워 주 소 서 서
나의삶에주의흔적 남 게 하 소

하나 님의사랑이 - 영원 히 함 께하리 -

십자 가의길을걷는자에 게 순교 자의삶을사는이에 게

조롱 하 는 소 리와 - 세상 유 혹 속 에도 -

주의 순결한신부가되리 라 내생 명 주님께 드리 리

들리 • 주의 도를 버리고 (553) • 주 임재 안에서 (593) • 창조의 하나님 나의 아버지 (618)

558

야베스의 기도

(내가 엄마 품 속에서)

(신) 1263
(구) 1984

설경욱

A AM7 A7 D
내가엄마- 몸 속에서- 고통중에-태어 났지만- 나를

Bm E C#m F#m Bm Esus4 E
구원하신- 하 나님- 날 택하시고-존귀케 하셨네-

A AM7 A7 D
내평생에- 여 호 와를- 섬기 며그-말씀만 - 따라

Bm E C#m F#m Bm B/D# Esus4 D E Bm7 E7
살아가리- 주의집에- 나 항상거하-리-니 -

A E/G# F#m F#m7/E D A
원컨대주-께서나 - 에게- 복에 복을더 하사- 나의

Bm7 E9 E7 A E/G# F#m F#m7/E
지경을넓-히시고 주의손으-로나를 -도우-사-- 나로

D A Bm Esus4 E7 A
환 난 을 벗 - 어나- 근 심 이 없 - 게 하옵소서 -

D /F# G A D A Bm E
내가전심-으로 여호와께-- 구하였더니- 내 하나님께서 -

• 나의 나됨은 (518) • 삶의 옥합 (549) • 신실하신 하나님 (556)

559

에벤에셀 하나님

(감사하신 하나님 에벤에셀 하나님)

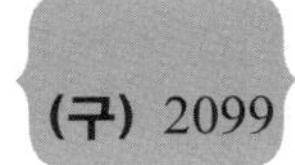

홍정식

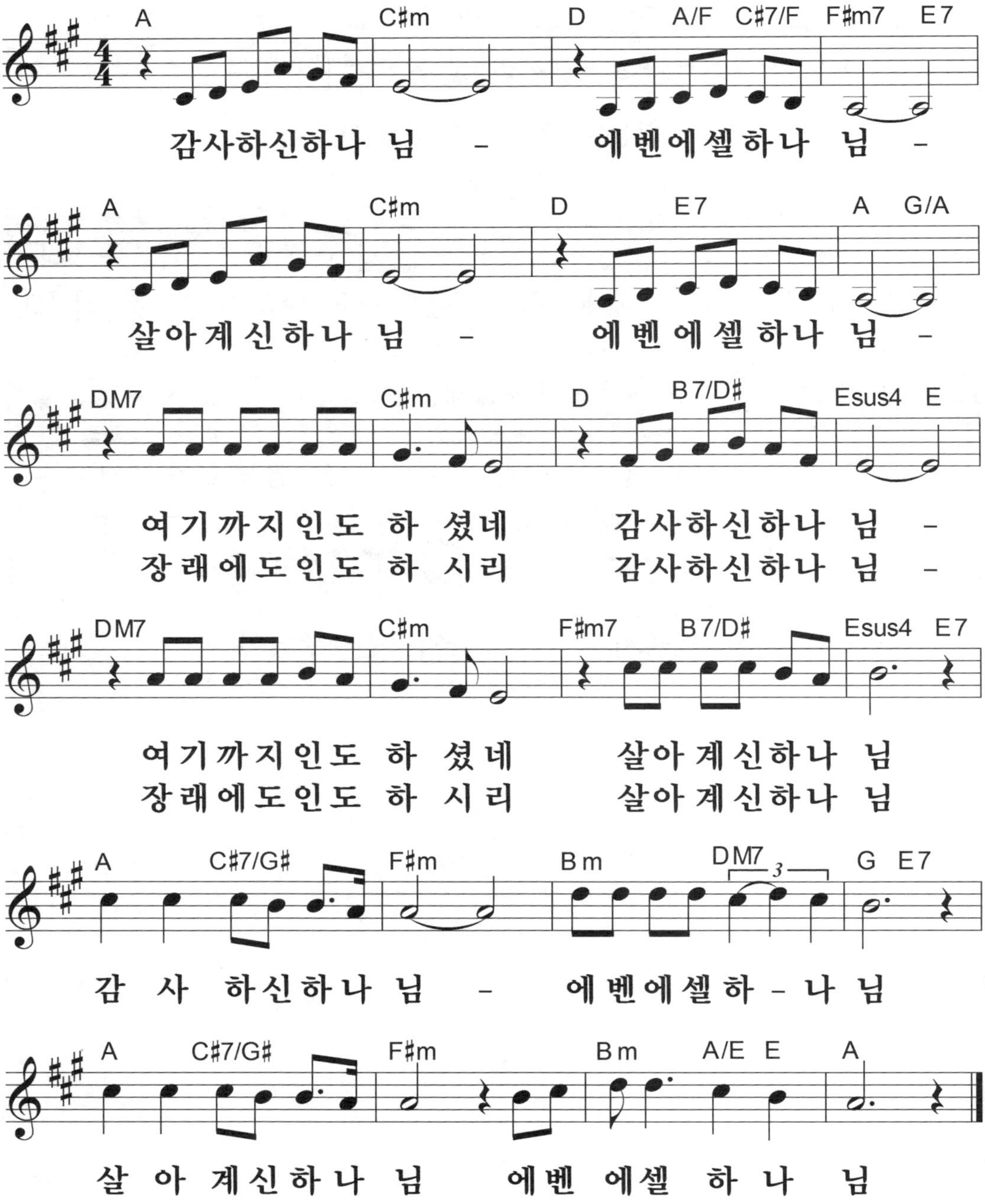

A C#m D A/F C#7/F F#m7 E7

감사하신하나 님 – 에벤에셀하나 님 –

A C#m D E7 A G/A

살아계신하나 님 – 에벤에셀하나 님 –

DM7 C#m D B7/D# Esus4 E

여기까지인도 하 셨네 감사하신하나 님 –
장래에도인도 하 시리 감사하신하나 님 –

DM7 C#m F#m7 B7/D# Esus4 E7

여기까지인도 하 셨네 살아계신하나 님
장래에도인도 하 시리 살아계신하나 님

A C#7/G# F#m Bm DM7 G E7

감 사 하신하나 님 – 에벤에셀하 – 나 님

A C#7/G# F#m Bm A/E E A

살 아 계신하나 님 에벤 에셀 하 나 님

메들리

• 고개 들어 (504) • 모든 능력과 모든 권세 (538) • 주 임재 안에서 (593)

여호와 이스라엘의 구원자 560

(Jehovah saviour of Israel)

Stephen Hah

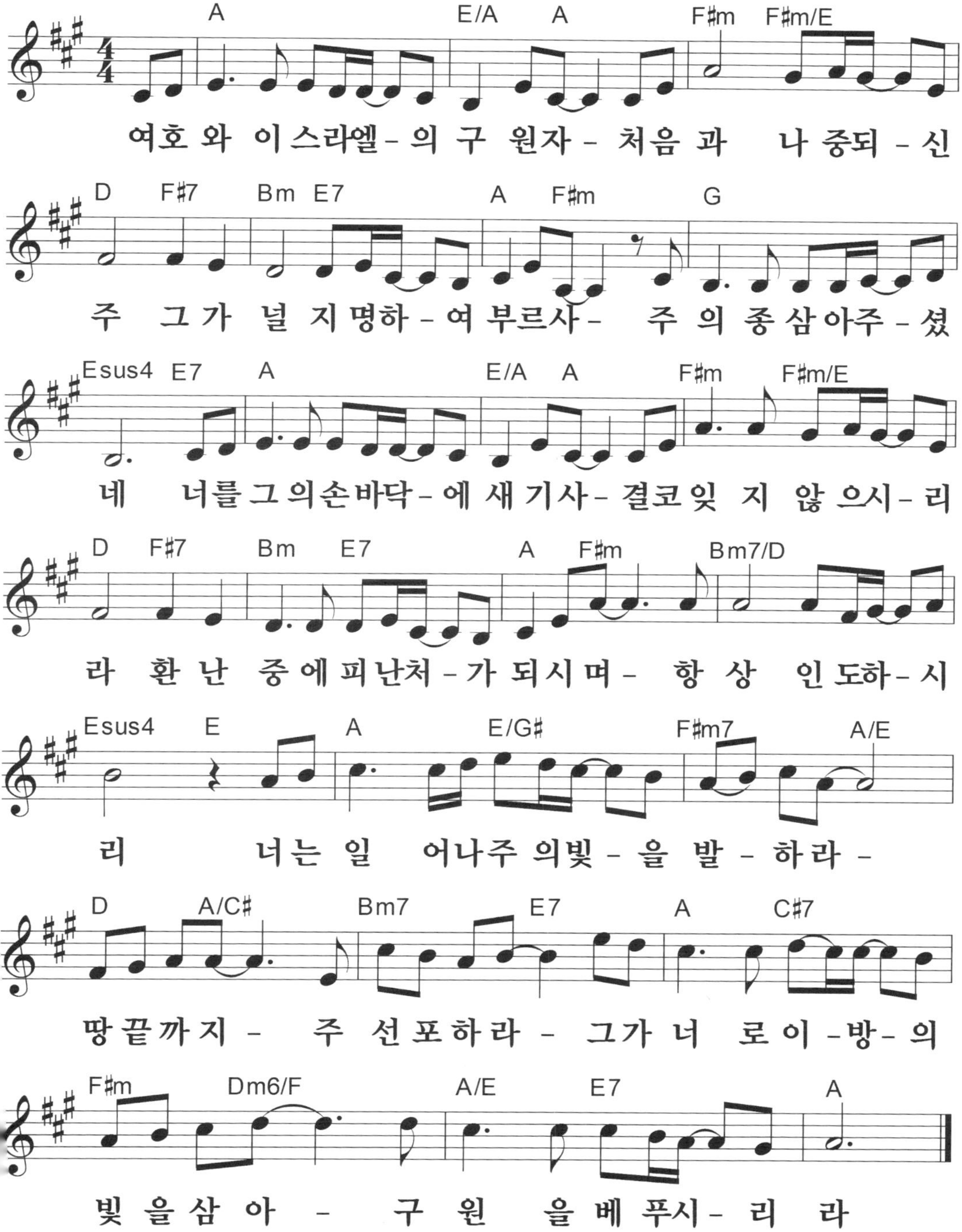

A E/A A F#m F#m/E

여호와 이스라엘-의 구 원자- 처음과 나 중되-신

D F#7 Bm E7 A F#m G

주 그가 널 지명하-여 부르사- 주 의 종 삼아주-셨

Esus4 E7 A E/A A F#m F#m/E

네 너를그의손바닥-에 새 기사- 결코잊 지 않 으시-리

D F#7 Bm E7 A F#m Bm7/D

라 환 난 중에피난처-가 되시며- 항 상 인도하-시

Esus4 E A E/G# F#m7 A/E

리 너는 일 어나주 의빛-을 발-하라-

D A/C# Bm7 E7 A C#7

땅끝까지- 주 선포하라- 그가 너 로 이-방-의

F#m Dm6/F A/E E7 A

빛을삼 아- 구 원 을베 푸시- 리 라

들리 • 고 놀라운 사랑 (507) • 모든 상황 속에서 (539) • 신실하신 하나님 (556)

561

예배자

(아무도 예배하지 않는)

(신) 1432
(구) 2157

설경욱

(신) 2149
(구) 2122

예수 감사하리 주의 보혈

(Thank You for the blood)

Matt Redman

들리 • 다 와서 찬양해 (372) • 주의 이름 송축하리 (479) • 만세 반석 (537)

563 예수 나의 첫사랑 되시네

(Jesus You Alone)

(신) 1524
(구) 1786

Tim Hughes

메들리
• 주의 도를 버리고 (553) • 예수 감사하리 주의 보혈 (562) • 예수 열방의 소망 (567)

(신) 2136
(구) 2188

예수 나의 치료자

(예수 나의 좋은 치료자)

들리

• 나의 안에 거하라 (523) • 삶의 옥합 (549) • 신실하신 하나님 (556)

565 예수 믿으세요

(신) 1490
(구) 873

(당신은 지금 어디로 가나요)

김석균

예수 믿으세요

• 가서 제자 삼으라 (503) • 그날이 도적같이 (511) • 살아계신 주 (548)

566

예수 예수

(슬픈 마음 있는 자)

김도현

들리 • 모든 능력과 모든 권세 (538) • 예수 나의 치료자 (564) • 예수 우리들의 밝은 빛 (569)

567 예수 열방의 소망

(Hope of the Nations)

Brian Doerksen

(신) 1923
(구) 796

예수 우리 왕이여

(Jesus, we enthrone You)

Paul Kyle

569 예수 우리들의 밝은 빛

Takafumi Nagasawa

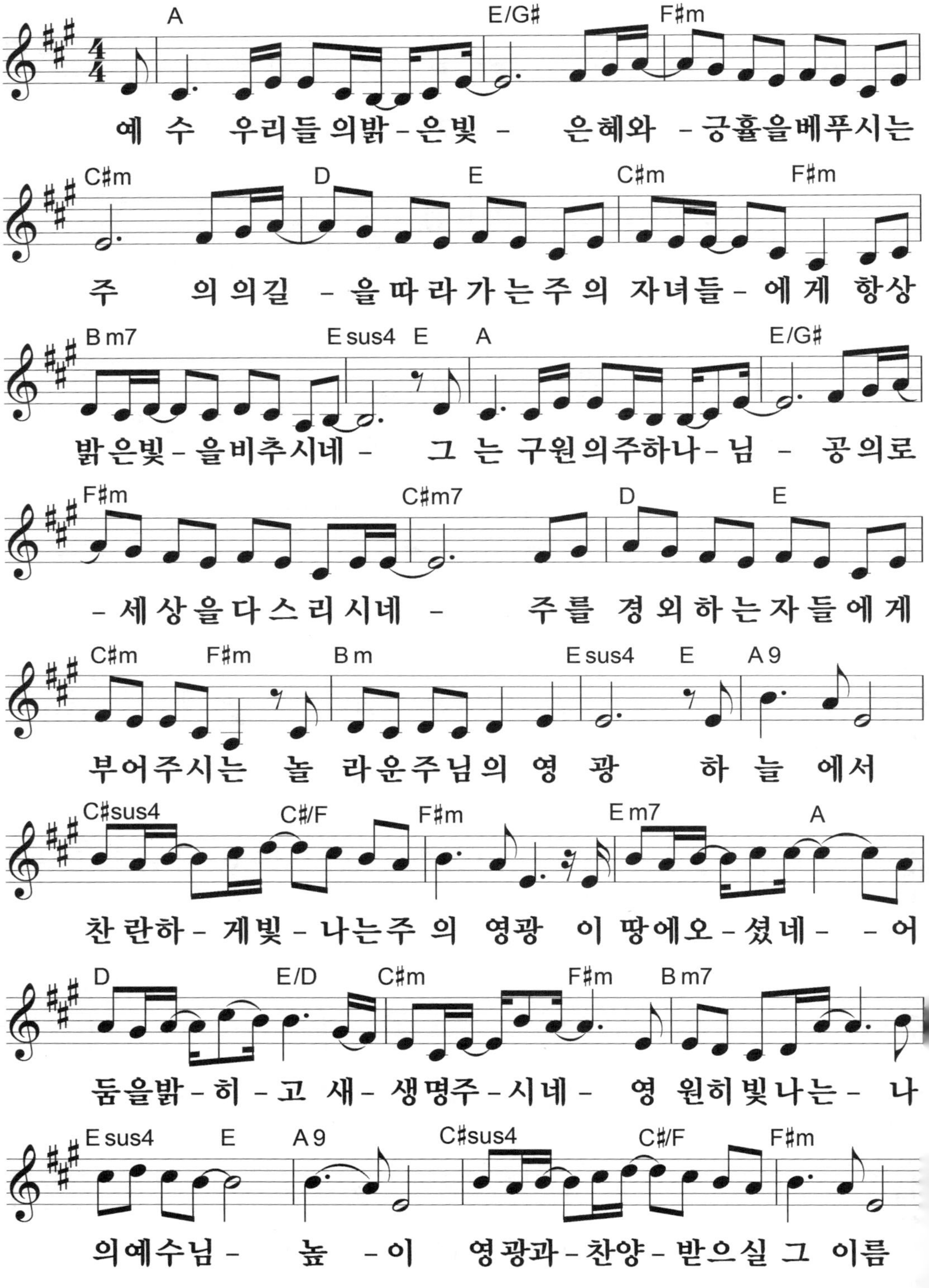
A E/G# F#m
예 수 우리들의밝-은빛- 은혜와 -긍휼을베푸시는
C#m D E C#m F#m
주 의의길 -을따라가는주의 자녀들-에게 항상
Bm7 Esus4 E A E/G#
밝은빛-을비추시네- 그 는 구원의주하나-님 - 공의로
F#m C#m7 D E
-세상을다스리시네 - 주를 경외하는자들에게
C#m F#m Bm Esus4 E A9
부어주시는 놀 라운주님의영 광 하 늘 에서
C#sus4 C#/F F#m Em7 A
찬란하-게빛-나는주의 영광 이 땅에오-셨네- -어
D E/D C#m F#m Bm7
둠을밝-히-고 새-생명주-시네- 영 원히빛나는- 나
Esus4 E A9 C#sus4 C#/F F#m
의예수님- 높 -이 영광과-찬양-받으실 그 이름

들리
• 모든 능력과 모든 권세 (538) • 여호와 이스라엘의 구원자 (560) • 예수 나의 치료자 (564)

570 예수가 좋다오

(많은 사람들)

(신) 1411
(구) 891

메들리

• 가서 제자 삼으라 (503) • 만세 반석 (537) • 찬양하세 (617)

예수님 찬양

Charles Wesley & R.E.Hudson

들리
• 승리는 내 것일세 (401) • 승리하였네 (402) • 나 자유 얻었네 (513)

572 예수보다

(주 예수보다 귀한 것은)

심형진

메들리
• 나의 기도하는 것보다 (517) • 예수 우리들의 밝은 빛 (569) • 아름답고 놀라운 주 예수 (590)

(신) 1666
(구) 805

오직 주만이

573

(나의 영혼이 잠잠히)

이유정

574

온 세상 창조주

(Winning All)

심형진

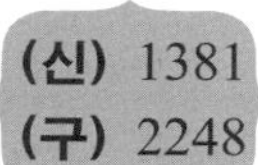

온전케 되리

(주 앞에 나와 제사를 드리네 / Complete)

Andrew Ulugla

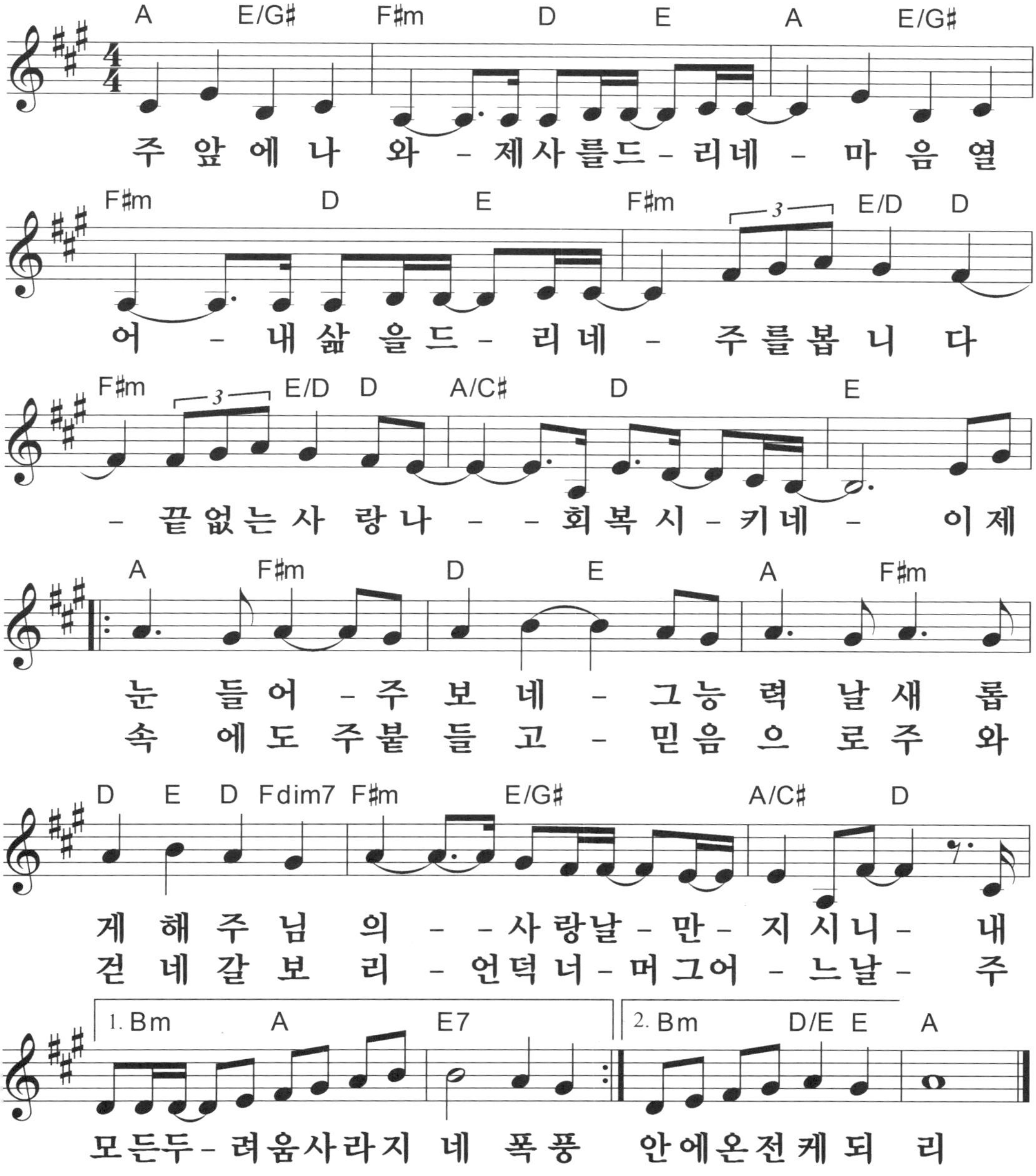

A E/G♯ F♯m D E A E/G♯

주 앞 에 나 와 - 제 사 를 드 - 리 네 - 마 음 열

F♯m D E F♯m E/D D

어 - 내 삶 을 드 - 리 네 - 주 를 봅 니 다

F♯m E/D D A/C♯ D E

- 끝 없 는 사 랑 나 - - 회 복 시 - 키 네 - 이 제

A F♯m D E A F♯m

눈 들 어 - 주 보 네 - 그 능 력 날 새 롭
속 에 도 주 붙 들 고 - 믿 음 으 로 주 와

D E D Fdim7 F♯m E/G♯ A/C♯ D

게 해 주 님 의 - - 사 랑 날 - 만 - 지 시 니 - 내
걷 네 갈 보 리 - 언 덕 너 - 머 그 어 - 느 날 - 주

1. Bm A E7 2. Bm D/E E A

모 든 두 - 려 움 사 라 지 네 폭 풍 안 에 온 전 케 되 리

들리
• 나는 찬양하리라 (515) • 모든 능력과 모든 권세 (538) • 주 임재 안에서 (593)

576 옷자락에서 전해지는 사랑

(오래전부터 날 누르는)

유상렬

A E/C# D A/C# Bm D/E E7 A G/A A7
날 바 라 보 시 -네- - 나의연약함주님은아시 네 -
D D# A/E F#m Bm D/E E7 A
깊은절망에서- 날 자유케하-신사랑 - 나찬 양 해 -

(구) 1221

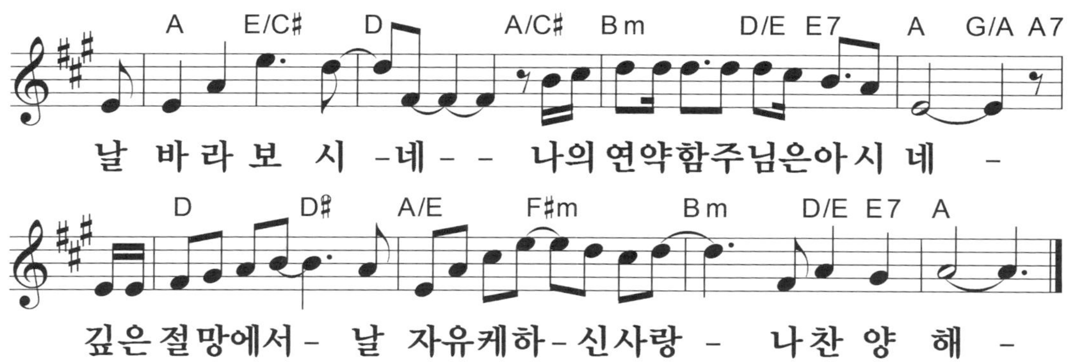

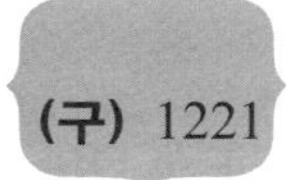

주 보혈 날 씻었네 577

(It's Your blood)

Michael Christ

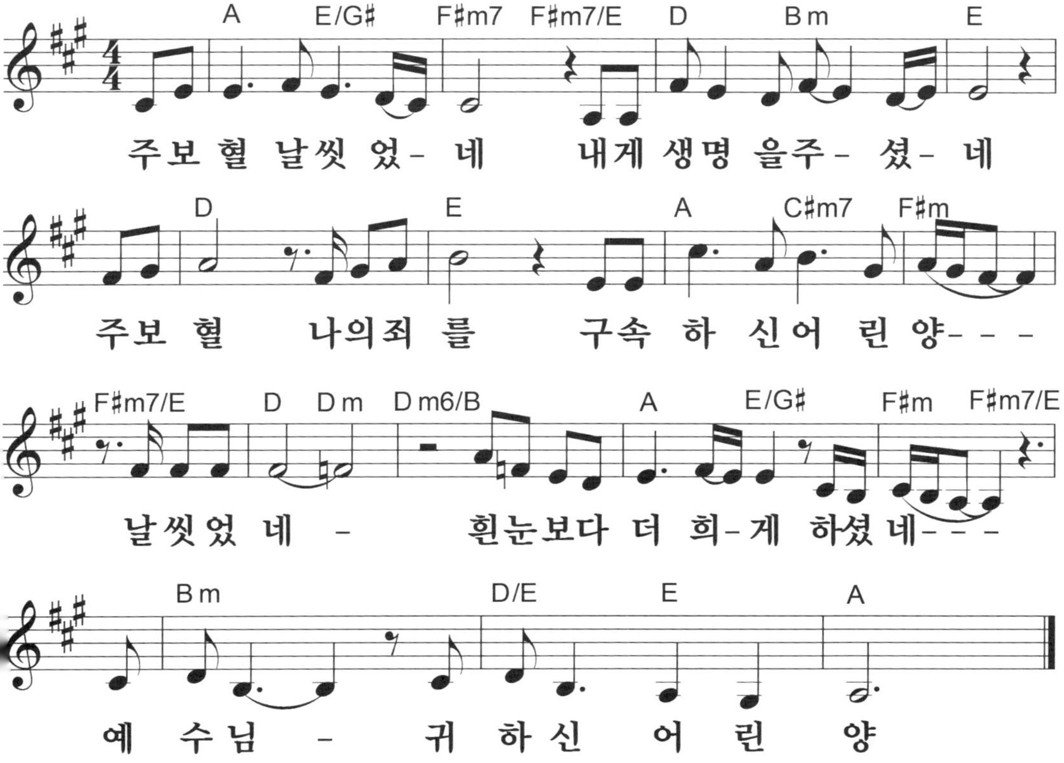

A E/G# F#m7 F#m7/E D Bm E
4/4
주보 혈 날씻 었- 네 내게 생명 을주- 셨- 네
D E A C#m7 F#m
주보 혈 나의죄 를 구속 하 신어 린 양- - -
F#m7/E D Dm Dm6/B A E/G# F#m F#m7/E
날씻었 네 - 흰눈보다 더 희-게 하셨 네- - -
Bm D/E E A
예 수님 - 귀 하신 어 린 양

578 우리 죄 위해 죽으신 주

(Thank you for the cross)

Mark Altrogge

A2 A/C# D2 D A/C# Bm7 Bm/A 3

우리죄위해 - 죽으 - 신주 - 십 자가그사랑 - 감 - 사하

E/G# E A2 A/C# D A2/C# Bm7

네 날 마다주의형상대로 변화 되리라 -

D/E E A D/F# E/G# E/A A A/C#

십 자가우 - 릴새롭게하 리 놀라 운사랑 -

D Bm7 Bm7/E A E/A D/A

찬양하 - 리라 우 리를위해 생명주셨 - 네 -

E/F# F#m7 A/D Bm7

놀라 운사랑 - 찬양하 - 리라 십자

D/E E D/E E F#m D#m7(♭5) Bm7 C#m7 D E A

가의그능 력 십자 가의그능 력

메들리
• 모든 능력과 모든 권세 (538) • 선포하라 (552) • 주 임재 안에서 (593)

(신) 1247
(구) 1620

우리 함께 보리라

579

(우리 오늘 눈물로)

580 우린 할 일 많은 사람들

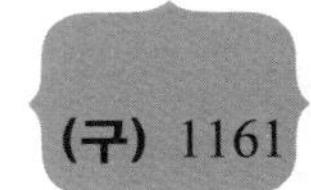

(우린 이 세상에서 할 일 많은)

(구) 1161

고재문

A F#m Bm E7
우 린 -이세상에 서 할 일 -많은사람 들
A F#m Bm E7 1. A 2. A
우 린 -이세상에 서 할- 일 많은사 람- 들 우 들
A F#m D E7
주님 이 명령하신그말 씀을- 모두 에 게전해야하 는
이 하신그-말씀 따라- 우린 밝 은빛이되어 서
A F#m E7 1. A
우린 주 의사랑전하 는 - 주님의증인이라 오
어두 워 져가는이세 상 에 밝음을전해야하
A F#m Bm E7
우 린 -이세상에 서 한 줄 -기의밝은 빛
A F#m Bm E7 A 2. A
우 린 -이세상에 서 한- 줄 기의밝은- 빛 주님 오

메들리 • 그날 (509) • 부흥 (545) • 주님 나라 임하시네 (602)

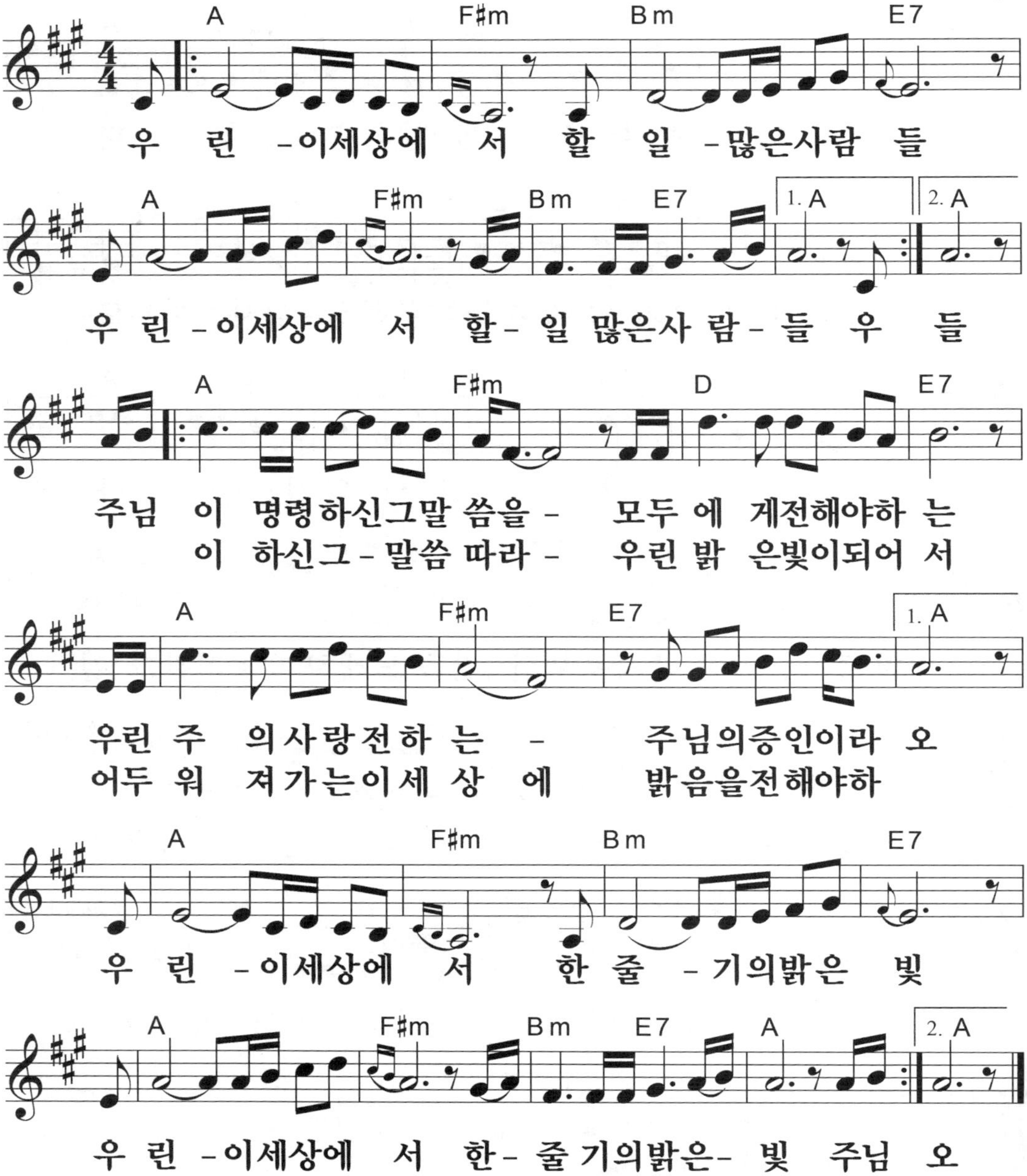

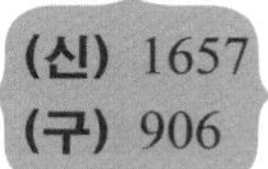

우물가의 여인처럼 581

(Fill my cup Lord)

우물 가의여인처럼난구 했네 - 헛 되 고헛된것들 을
많고 많은사람들이찾았 었네 - 헛 되 고헛된것들 을
내친 구여거기서 - 돌아 오라 - 내 주 의넓은품으 로

그 때 주님 - 하신 말씀 - 내샘에 와 생수를마셔 라
주 안 에감 - 추인 보배 - 세상것 과 난비길수없 네
우 리 주님 - 너를 반겨 - 그넓은 품 에안아주시 리

오 - 주님 - 채우 소서 - 나의 잔 을높이듭니 다

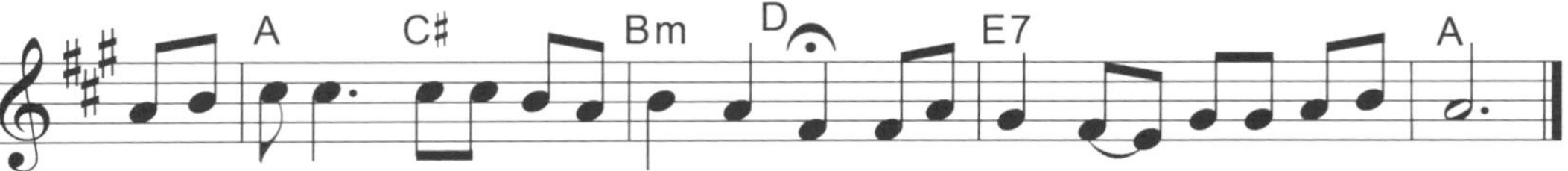

하늘 양식 내게채워 주 소 서 넘치 도 록 - 채워주소 서

들리
• 나의 안에 거하라 (523) • 나의 찬양 멈출 수 없네 (524) • 예수 우리 왕이여 (568)

582 위대하신 주

(빛나는 왕의 왕 / How great is our God)

Jesse Reeves, Ed Cash & Chris Tomlin

A F♯m

빛 나 는왕 - 의왕 - 영 광의 - 주님
영 원 한주 - 의주 - 시 간의주 - 관자

F♯m7 DM7 A

- 온땅기뻐 -하라 - - 온땅기뻐 -하라 - 광채 - 의옷 - 입고
- 알파와오 -메가 - - 알파와오 -메가 - 삼위 - 의하 - 나님

A F♯m7 F♯m7 DM7

- 어 두 움물 - 리쳐 - - 저원수는 -떠네 - - 저원수는 -떠네
- 아 버 지성령아들 - - 사자와어 -린양 - - 사자와어 -린양

D2 A F♯m7

- 위대 - 하신주 - 찬양해 - 위 - 대 하신주

F♯m7 DM7 Esus4 A

- 모두알게되리라 - - 위대 - 하신주 -

A F♯m7

모 든이 - -름위에 - 뛰 어나신이름 - 다

DM7 Esus4 A

찬 양해 - 위대 - 하신주 -

메들리

• 모든 능력과 모든 권세 (538) • 온세상 창조주 (574) • 주 여호와는 광대하시도다 (591)

(신) 1585
(구) 1896

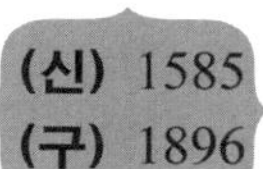

유월절 어린양의 피로

583

(Under the blood)

Martin J. Nystrom & Rhonda Scelsi

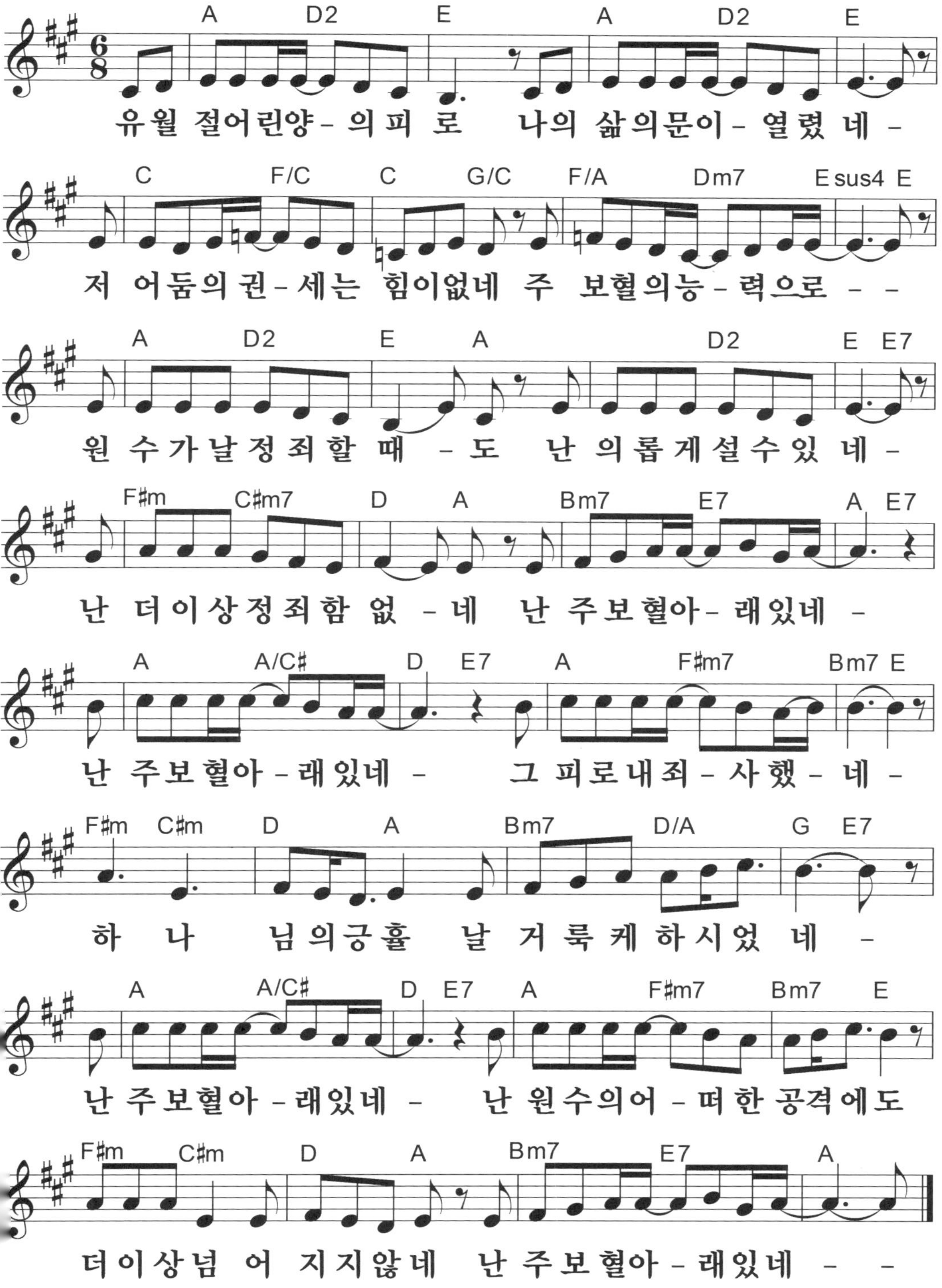

6/8
A D2 E A D2 E
유월 절어린양-의피 로 나의 삶의문이-열렸 네 -
C F/C C G/C F/A Dm7 Esus4 E
저 어둠의권-세는 힘이없네 주 보혈의능-력으로 - -
A D2 E A D2 E E7
원 수가날정죄할 때 -도 난 의롭게설수있 네 -
F#m C#m7 D A Bm7 E7 A E7
난 더이상정죄함 없 -네 난 주보혈아-래있네 -
A A/C# D E7 A F#m7 Bm7 E
난 주보혈아-래있네 - 그 피로내죄-사했-네 -
F#m C#m D A Bm7 D/A G E7
하 나 님의긍휼 날 거 룩 케 하시었 네 -
A A/C# D E7 A F#m7 Bm7 E
난 주보혈아-래있네 - 난 원수의어-떠한공격에도
F#m C#m D A Bm7 E7 A
더이상넘 어 지지않네 난 주보혈아-래있네 - -

584 은혜로다

(시작됐네)

(신) 1568

심형진

메들리

• 크고 놀라운 사랑 (507) • 너를 선택한다 (531) • 옷자락에서 전해지는 사랑 (576)

(신) 1281
(구) 1845

이 산지를 내게 주소서 585

(주님이 주신 땅으로)

홍진호

들리

• 비추소서 (547) • 주님 나라 임하시네 (602) • 주의 도를 (612)

586 이 시간 너의 맘속에

김수지

A G#m7 C#7 F#m /E D E/D C#m F#m

이시간너의맘속 에 하나님 사 랑이가득하기 를

Bm E C#m F#m Bm7 E D E

진심으 로 기도해 간절 히 소망해 하나 님 사랑가 득하 기 를

A E/D C#m F#m Bm E A

하나님은너를사랑 해 얼마나 너 를사랑하시는 지

Bm7 E /D C#m F# Bm E A

너를위 해 저 별을만들 고 세 상을만들 고 아 들을보냈 네

𝄋D E/D C#m F#m Bm E G/A A

오래 전 부터널 위해 준 비 된 하 나 님 의 크신 사- -랑

D E/D A E/G# F#m Bm D/E A

너의가는길- 주 의 사 랑 가 득 하기를 축복 -해 -

Fine

F G/F Em Am Dm G7 CM7

힘든일도 있 겠 지 만 나 그때마다늘함께할 게

FM7 E7 Am /F# F Fdim7 Gsus4 G7 /A

하나님보이신 -큰 사랑으로- 나 또한 너 -를사랑 -해- 오 래

D.S.

일어나 새벽을 깨우리라 587

(지금 우리는 마음을 합하여)

조동희

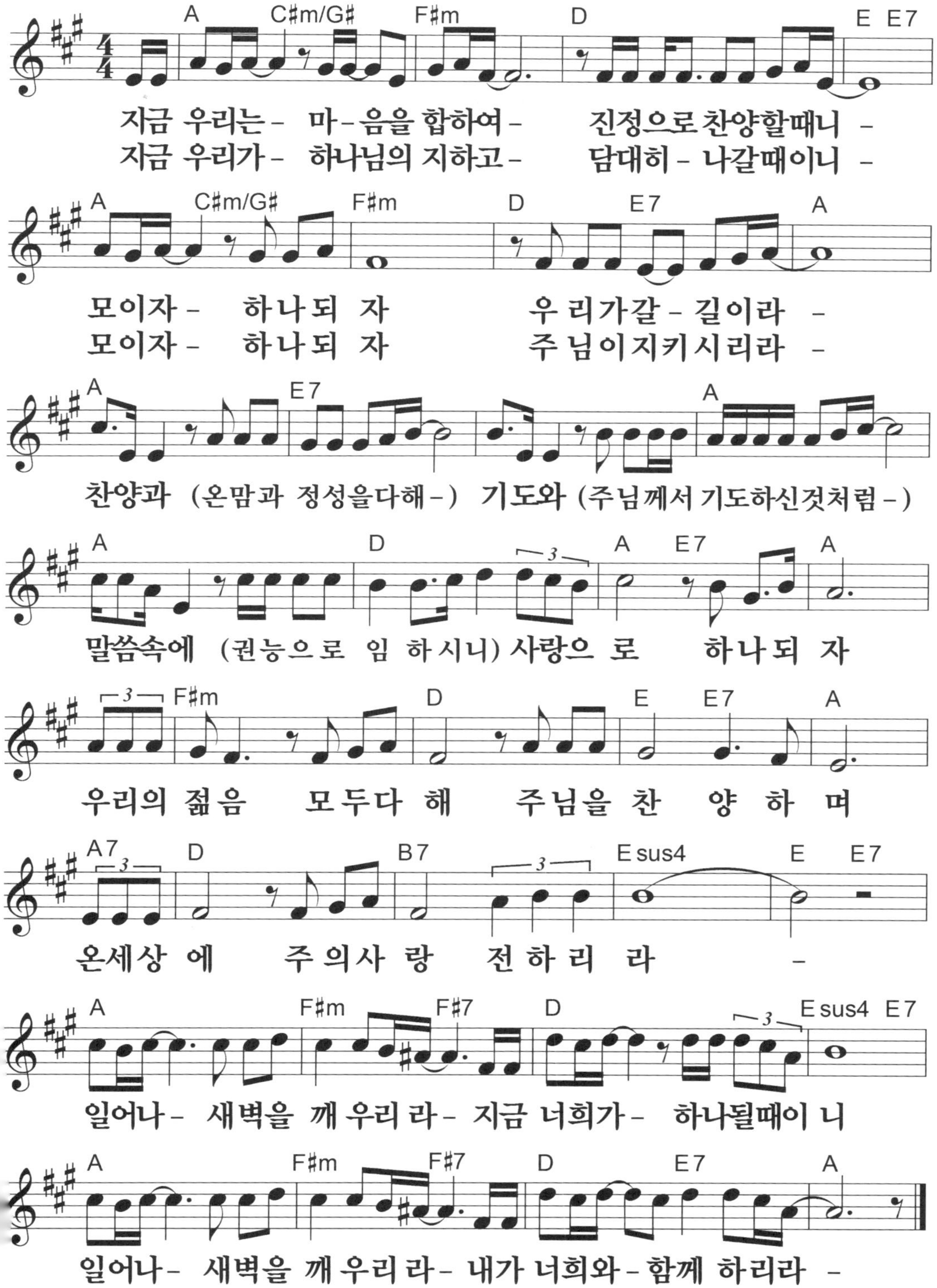

지금 우리는 – 마 – 음을 합하여 – 진정으로 찬양할때니 –
지금 우리가 – 하나님의 지하고 – 담대히 – 나갈때이니 –

모이자 – 하나되 자 우리가갈 – 길이라 –
모이자 – 하나되 자 주님이지키시리라 –

찬양과 (온맘과 정성을다해 –) 기도와 (주님께서 기도하신것처럼 –)

말씀속에 (권능으로 임 하시니) 사랑으 로 하나되 자

우리의 젊음 모두다 해 주님을 찬 양 하 며

온세상 에 주 의사 랑 전 하 리 라 –

일어나 – 새벽을 깨 우리 라 – 지금 너희가 – 하나될때이 니

일어나 – 새벽을 깨 우리 라 – 내가 너희와 – 함께 하리라 –

588

임재

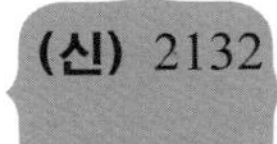

(신) 2132

(하늘의 문을 여소서)

조영준

A E/G♯ 3 D
하늘의문을여 소서 - 이곳을 주목하소서 - 주를
Bm E C♯m F♯m Bm D/E E
향한노래가 - 꺼지 지않으니 - 하늘을열고보 소서 -
A E/G♯ 3 D
이곳에임재하 소서 - 주님을 기다립니다 - 기도
Bm E C♯m F♯m Bm D/E E
의 향기가 - 하늘 에닿으니 - 주여임재하여 주 소서
D/E A E
- 이곳에오셔 서 - 이곳에앉으소서 - 이곳에서드
D E D/E E A
리는 - 예배를받으소 서 주님의이름 이 - 주님의이름
E D E 1. A D/E 2. A
만이 - 오직주의이 름만 - 이곳에있습니 다 이곳에오셔 다

메들리

• 마라나타 (536) • 주 임재 안에서 (593) • 하늘 위에 주님 밖에 (626)

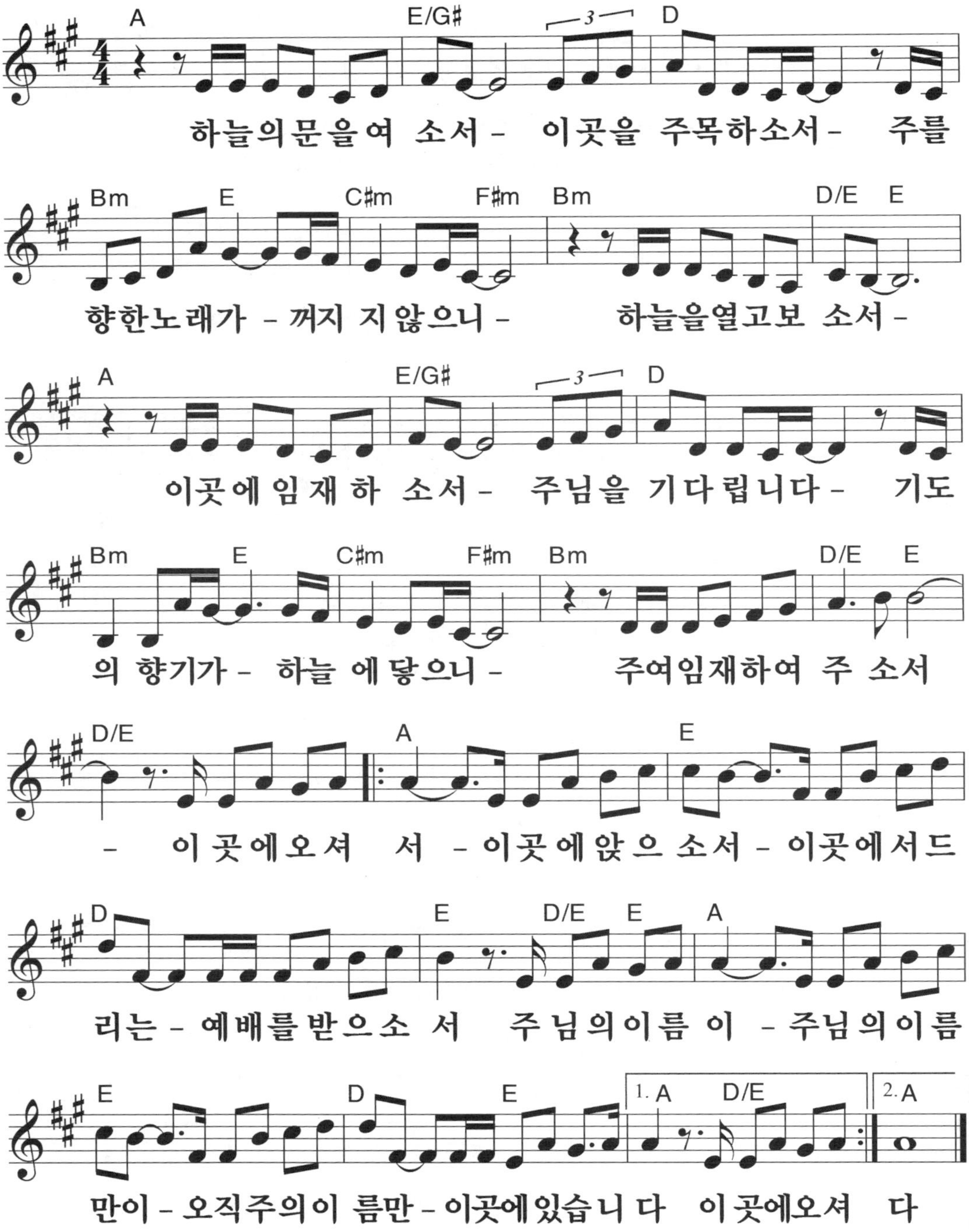

(신) 1957
(구) 2066

전능하신 나의 주 하나님은 589

(Nosso Deuse poderoso)

590 주 경외함으로 서리라

(신) 2072
(구) 2117

메들리
• 선포하라 (552) • 신실하신 하나님 (556) • 주님 큰 영광 받으소서 (603)

(신) 1552
(구) 798

주 여호와는 광대하시도다 591

(Great is the Lord)

Steve McEwan

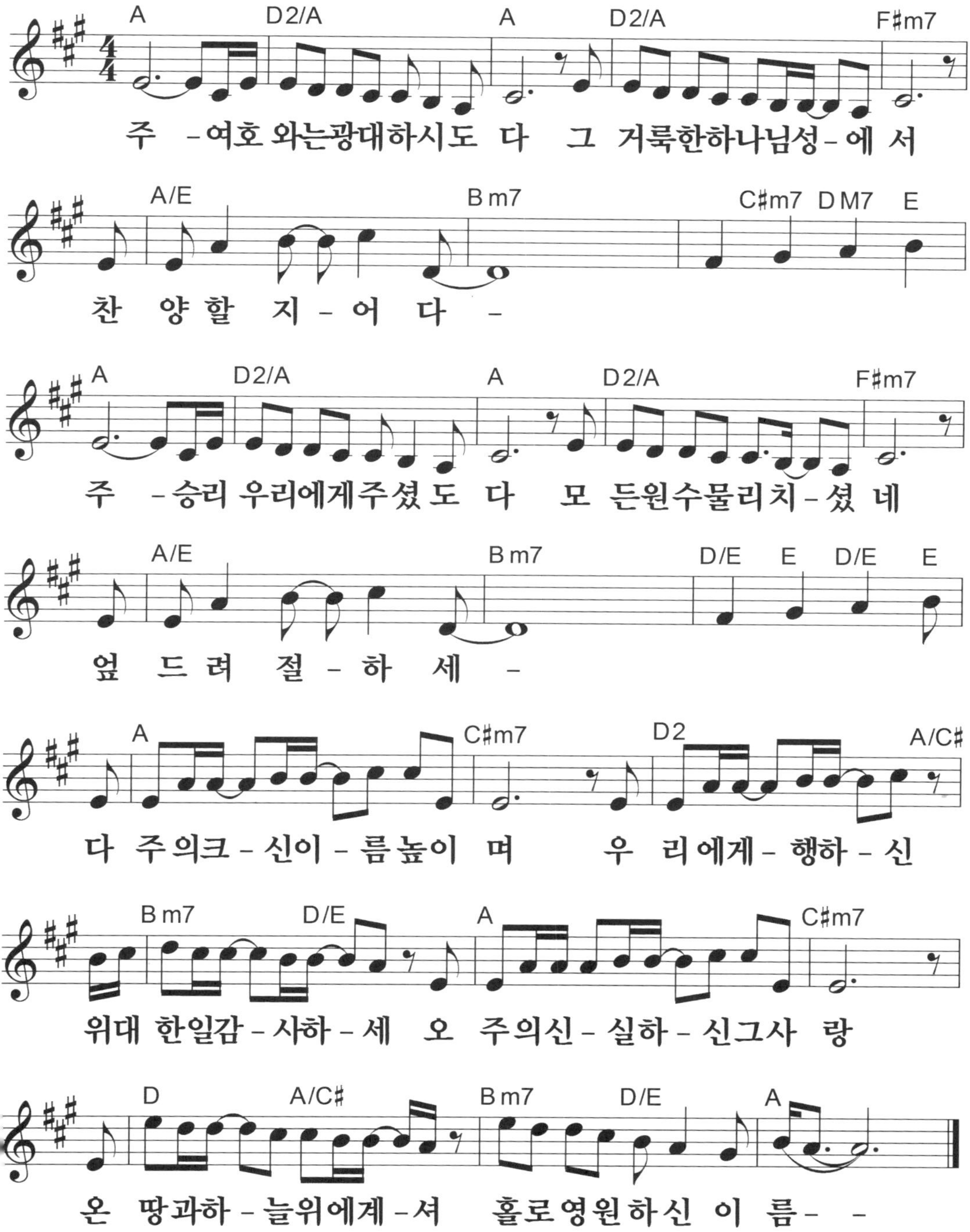
A D2/A A D2/A F#m7
주 -여호 와는광대하시도 다 그 거룩한하나님성-에 서
A/E Bm7 C#m7 DM7 E
찬 양할 지-어 다 -
A D2/A A D2/A F#m7
주 -승리 우리에게주셨도 다 모 든원수물리치-셨 네
A/E Bm7 D/E E D/E E
엎 드려 절-하 세 -
A C#m7 D2 A/C#
다 주의크-신이-름높이 며 우 리에게-행하-신
Bm7 D/E A C#m7
위대 한일감-사하-세 오 주의신-실하-신그사 랑
D A/C# Bm7 D/E A
온 땅과하-늘위에게-셔 홀로영원하신 이 름- -

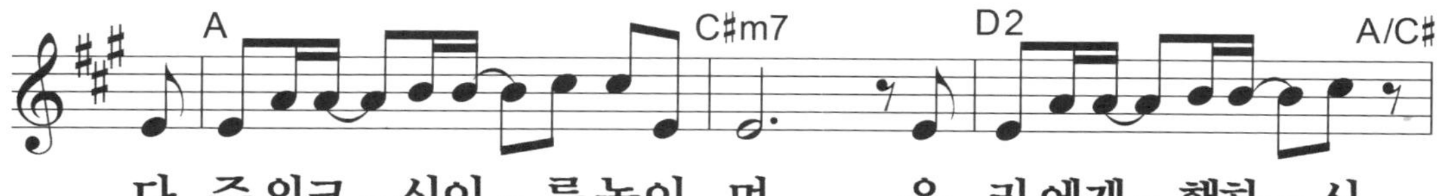

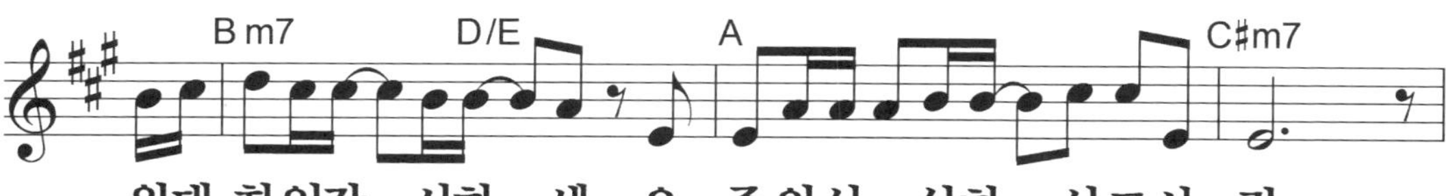

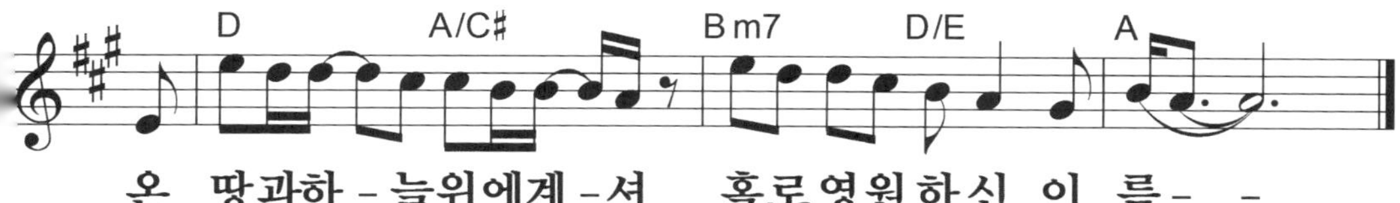

들리 • 선포하라 (552) • 유월절 어린양의 피로 (583) • 주님 큰 영광 받으소서 (603)

592 주 없이 살 수 없네

(구) 1992

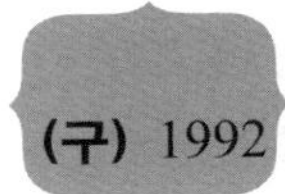

(나 홀로 있어도 / Can't Live a day)

Connie Harrington, Joe Beck & Ty Lacy

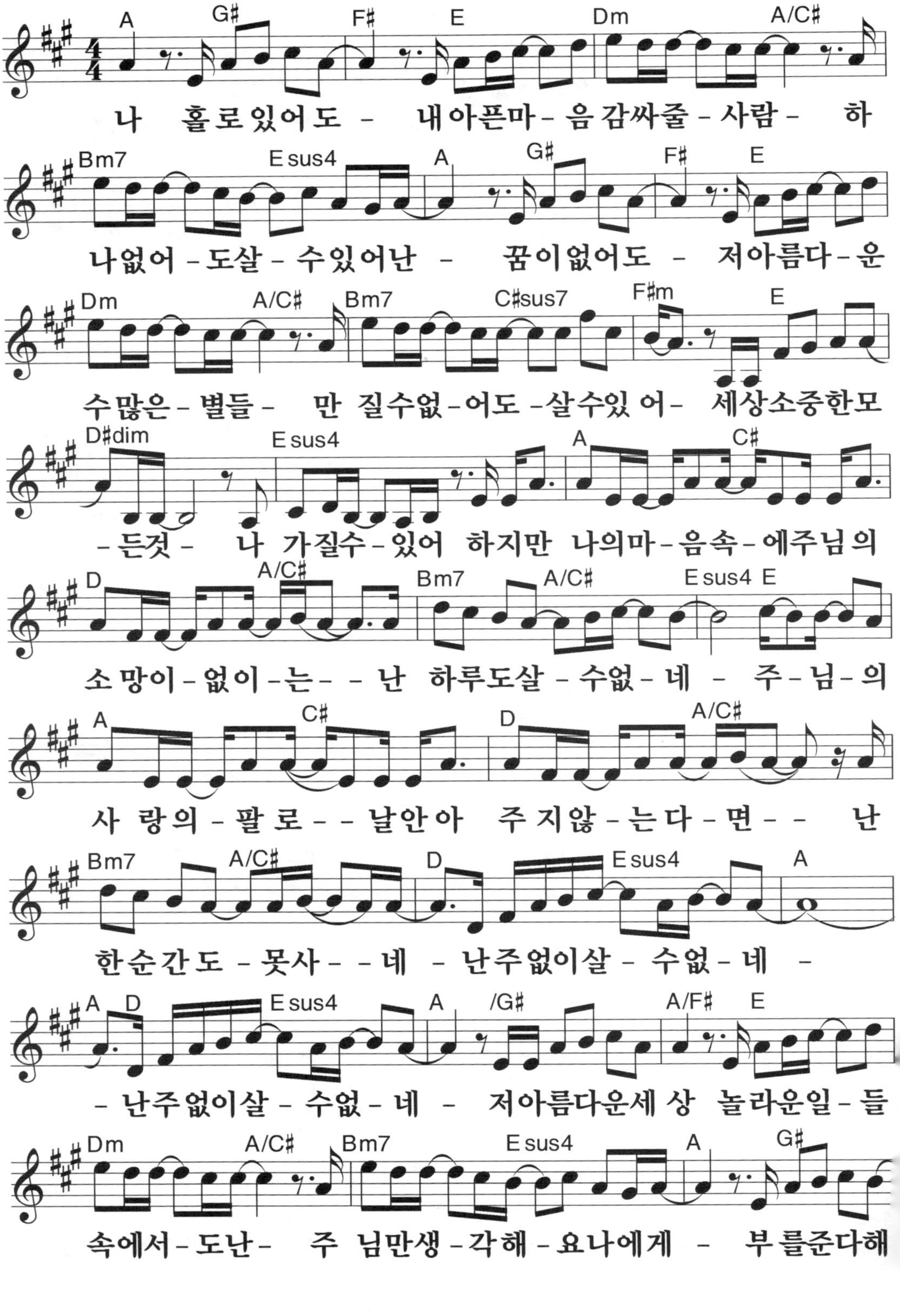
A G# F# E Dm A/C#
나 홀로있어도 - 내아픈마 - 음감싸줄 - 사람 - 하
Bm7 Esus4 A G# F# E
나없어 - 도살 - 수있어난 - 꿈이없어도 - 저아름다 - 운
Dm A/C# Bm7 C#sus7 F#m E
수많은 - 별들 - 만 질수없 - 어도 - 살수있 어 - 세상소중한모
D#dim Esus4 A C#
- 든것 - 나 가질수 - 있어 하지만 나의마 - 음속 - 에주님의
D A/C# Bm7 A/C# Esus4 E
소망이 - 없이 - 는 - - 난 하루도살 - 수없 - 네 - 주 - 님 - 의
A C# D A/C#
사 랑의 - 팔 로 - - 날안아 주 지않 - 는다 - 면 - - 난
Bm7 A/C# D Esus4 A
한순간도 - 못사 - - 네 - 난주없이살 - 수없 - 네 -
A D Esus4 A /G# A/F# E
- 난주없이살 - 수없 - 네 - 저아름다운세 상 놀라운일 - 들
Dm A/C# Bm7 Esus4 A G#
속에서 - 도난 - 주 님만생 - 각해 - 요나에게 - 부를준다해

주 없이 살 수 없네

A/F# E Dm A/C# Bm7 C#sus7
-도 은혜로-날 감싸주- -시는 주 님사랑-과바꿀수-없
F#m E D#dim Esus4
네- 수많은어려 -움도- 모두 이길수-있죠- 하지만
A Bm A/C#
- 오- - - 주님- - - 내- 생 명되-시 -네- -
D Esus4 A/C# D Bm7
내호흡과-같네 - 오- - - 주-님- - 내게
A/C# D Esus4
모두주-셨네- - 주나의모-든 것 오진실-로나
B D# E B/D# C#m7 B/D#
-의마-음속-에주님의 소망이-없이-는- -난 하루도살-수없-네
F#sus4 F# B D# E B/D#
- 주-님-의사랑의-팔로- -날안아 주지않-는다-면- - 난
C#m7 B/D# E F#sus4 B
한 순간도 -못사- -네 -난주없이살- 수없-네 -

593

주 임재 안에서

(내 모든 것 나의 생명까지)

설경욱

메들리

• 나는 찬양하리라 (515) • 주 없이 살 수 없네 (592) • 평강의 왕이요 (621)

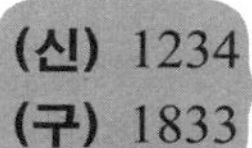

주가 보이신 생명의 길 594

박정은

A E/C♯ D A/C♯
주 가 보 이 신 – 생 명 의 – 길 – 나 주 님 과 함 께 –

Bm E A E7/B A/C♯
상 한 맘 을 드 리 며 – 주 님 – 앞 에 – 나 – 가 리 –

D A/C♯ Bm E7 A
나 의 의 로 움 – 이 되 신 주 – 그 이 름 예 수 –

D A/C♯ Bm A7/C♯ D Esus4 D/E E
나 의 길 이 되 – 신 이 – 름 – 예 – – – 수 –

A C♯m7 F♯m A/E Bm
나 의 길 오 직 그 – 가 아 – 시 나 니 – 나 를

Bm/A G E7 A Em7
단 련 하 신 후 – 에 – 내 가 –

D9 D A/C♯ Bm7 Esus4 E A
정 금 같 이 나 – 아 오 리 라 –

들리
• 나는 찬양하리라 (515) • 주께 가오니 (599) • 주의 도를 (612)

595

주기도문

(하늘에 계신 아버지 / The Lord's Prayer)

(신) 1909
(구) 1200

Albert Malotte(d.1964) & Peter Henry Mooney

(신) 2104
(구) 2126

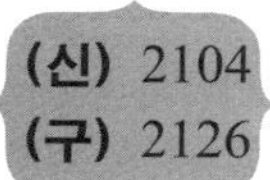

주께 가까이 날 이끄소서 596

Adhemar de Campos

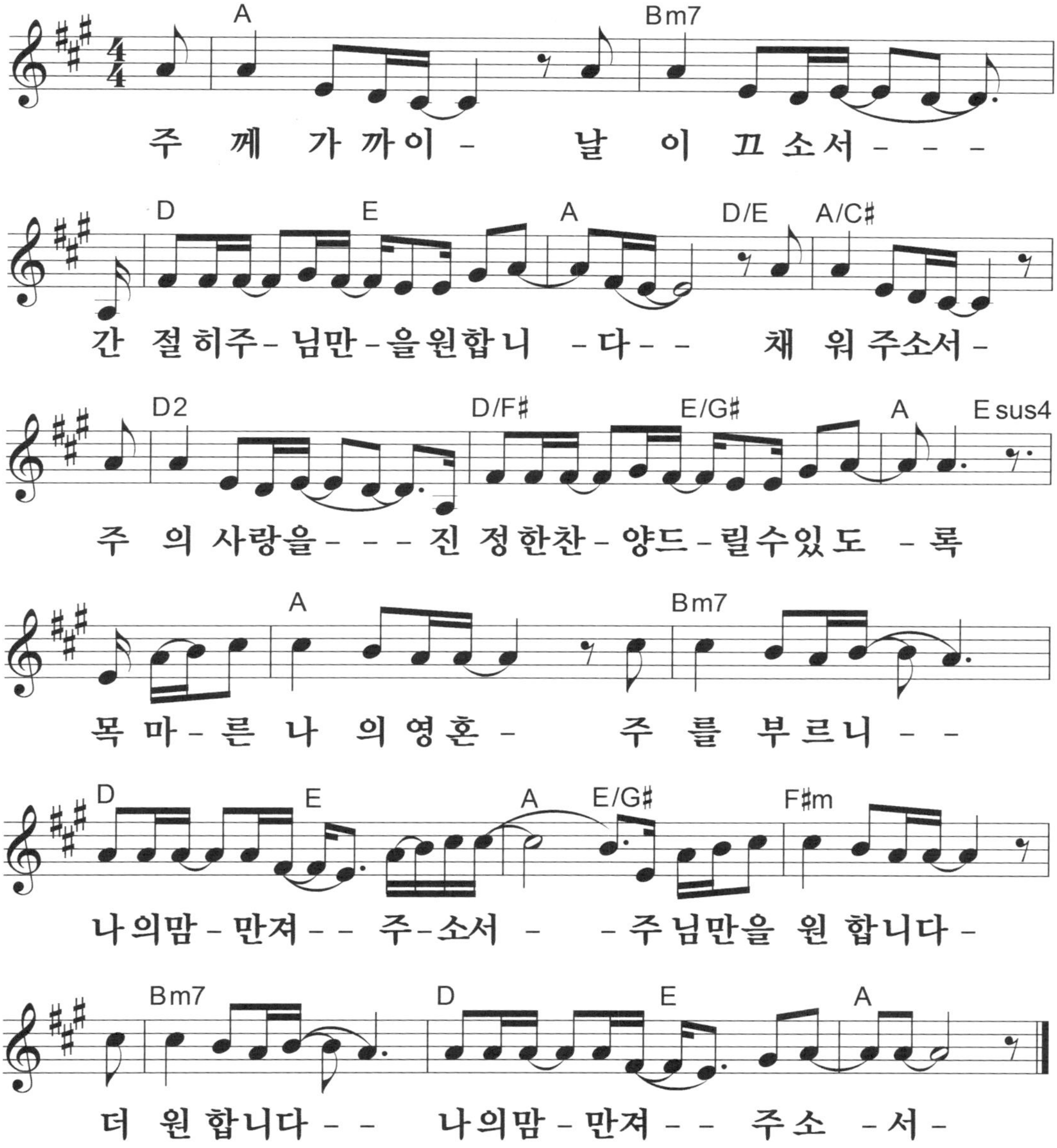

A Bm7
주 께 가 까 이 - 날 이 끄 소 서 - - -
D E A D/E A/C♯
간 절 히 주 - 님 만 - 을 원 합 니 - 다 - - 채 워 주 소 서 -
D2 D/F♯ E/G♯ A Esus4
주 의 사 랑 을 - - - 진 정 한 찬 - 양 드 - 릴 수 있 도 - 록
A Bm7
목 마 - 른 나 의 영 혼 - 주 를 부 르 니 - -
D E A E/G♯ F♯m
나 의 맘 - 만 져 - - 주 - 소 서 - - 주 님 만 을 원 합 니 다 -
Bm7 D E A
더 원 합 니 다 - - 나 의 맘 - 만 져 - - 주 소 - 서 -

들리
• 주 임재 안에서 (593) • 주께 가오니 (599) • 주님 곁으로 날 이끄소서 (601)

597 주께 드리는 나의 시

(나의 모든 기도가)

김성조

A E/G# F#m Dm/F

나 의 모 든 기 도 가 - 주 님 께 드 려 지 는 - 아 름
모 든 생 각 이 - 주 님 께 올 라 가 는 - 향 기

Bm/E E7 Am7 C#m

다 운 시 가 되 - 게 하 여 주 소 서 - 나 의 모 든 찬 양 이 - 아 름
로 운 향 이 되 - 게 하 여 주 소 서 - 나 의 모 든 행 실 이 - 하 -

1. F#m /E D Bm Esus4-3

다 운 노 래 가 - 되 기 를 - 원 하 나 이 다 - 나 의

2. F#m E D E7 A

나 의 예 배 가 - 되 기 를 원 하 나 이 다 - 당 -

F#m C#m/E D Bm7

신 의 - 크 고 도 놀 라 운 - 사 랑 을 의 지 하 - 며 경 배

Esus4-3 A E/G# F#m /E

드 리 니 나 - 의 고 통 과 나 - 약 함 을 - 사 랑

D Bm7 Esus4-3 A E/G# F#m /E

으 로 - 감 싸 주 소 서 - 오 - 전 능 하 신 주 여 -

D Bm7 Esus4-3 A E/G#
나의 영혼을 - 깨끗하게하 - 시고 주여 당신의 - 영 광을
F#m /E D E A
위 하여 - 날마다 찬 양 하 게하 - 여 주 소 서 -

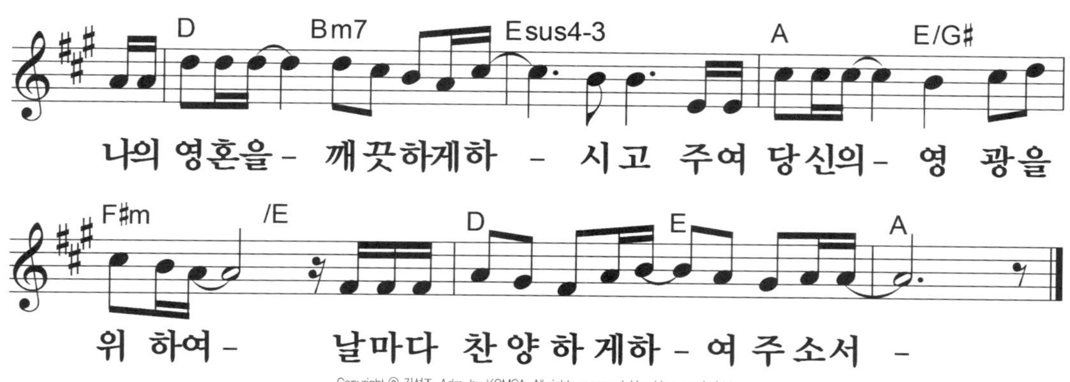

(신) 1634
(구) 1243

주님과 같이 598

(There is none like You)

Lenny LeBlanc

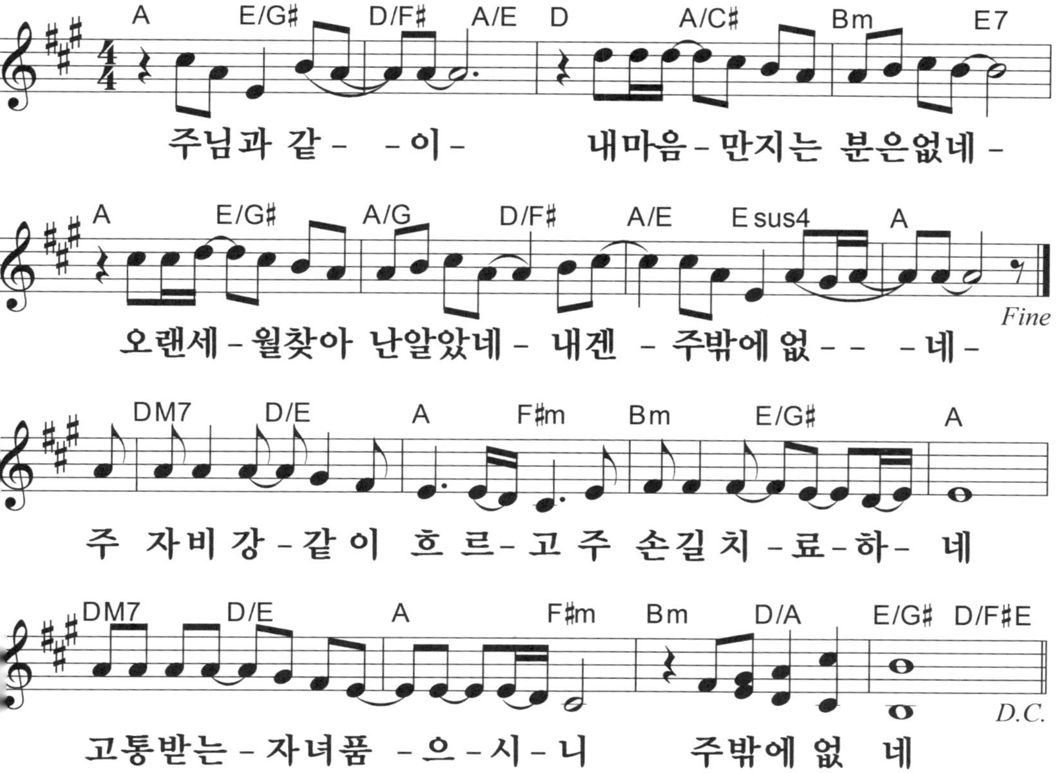

A E/G# D/F# A/E D A/C# Bm E7
주님과 같 - - 이 - 내마음 - 만지는 분은없네 -
A E/G# A/G D/F# A/E Esus4 A
오랜세 - 월찾아 난알았네 - 내겐 - 주밖에 없 - - - 네 -
Fine
DM7 D/E A F#m Bm E/G# A
주 자비강 - 같이 흐 르 - 고 주 손길치 - 료 - 하 - 네
DM7 D/E A F#m Bm D/A E/G# D/F#E
고통받는 - 자녀품 - 으 - 시 - 니 주밖에 없 네
D.C.

599 주께 가오니

(The power of Your love)

(신) 1532
(구) 1535

Geoff Bullock

주는 완전합니다

600

(주여 우린 연약합니다)

정선경 & 소진영

601 주님 곁으로 날 이끄소서

(신) 2069
(구) 1734

(Draw me close)

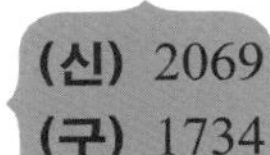

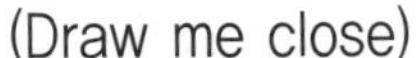

Kelly Carpenter

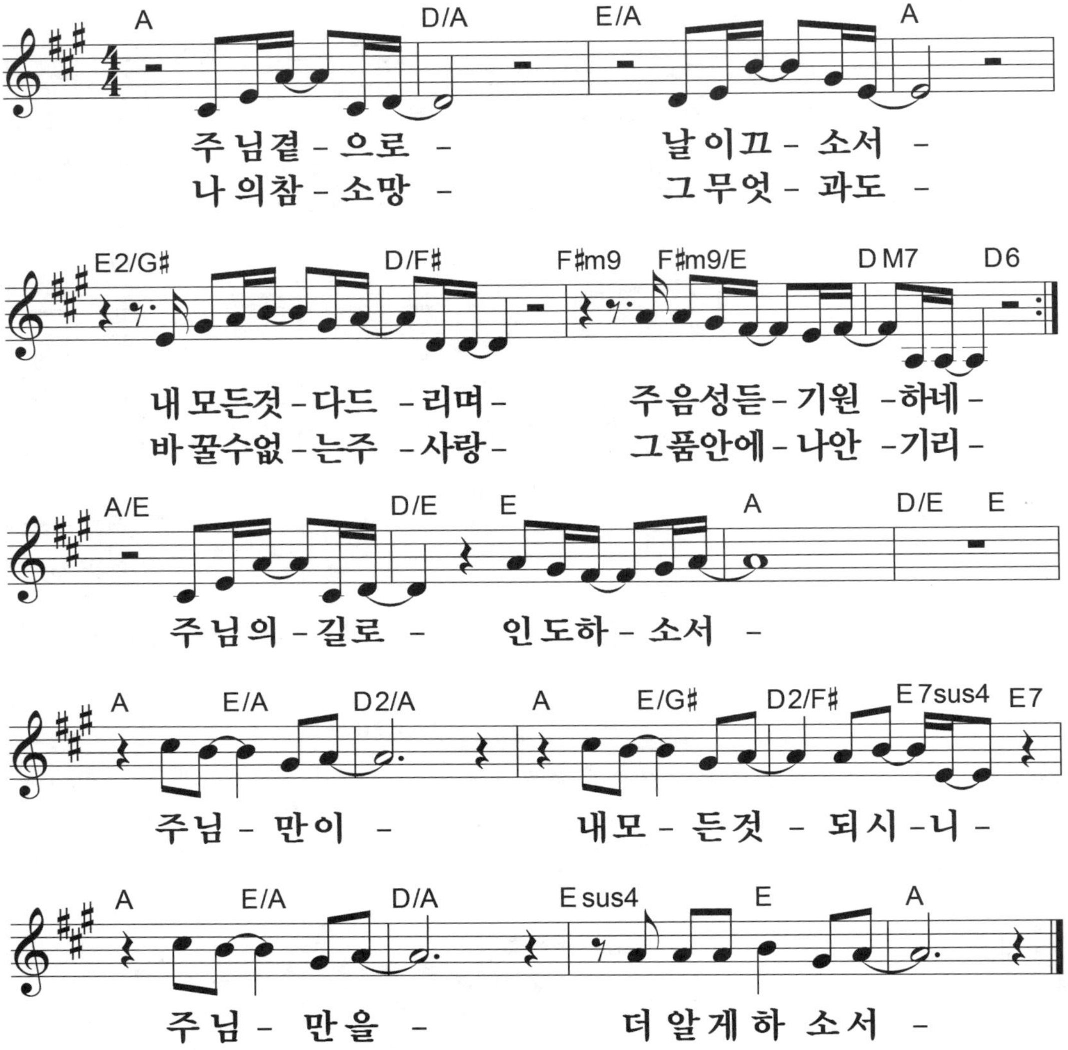

주님곁 - 으로 - 날이끄 - 소서 -
나의참 - 소망 - 그무엇 - 과도 -
내모든것 - 다드 - 리며 - 주음성듣 - 기원 - 하네 -
바꿀수없 - 는주 - 사랑 - 그품안에 - 나안 - 기리 -
주님의 - 길로 - 인도하 - 소서 -
주님 - 만이 - 내모 - 든것 - 되시 - 니 -
주님 - 만을 - 더 알게하 소서 -

메들리
• 주께 가오니 (599) • 주님 곁으로 날 이끄소서 (601) • 주님은 아시네 (606)

(신) 1433
(구) 1345

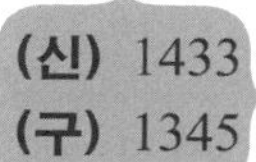

주님 나라 임하시네

602

고형원

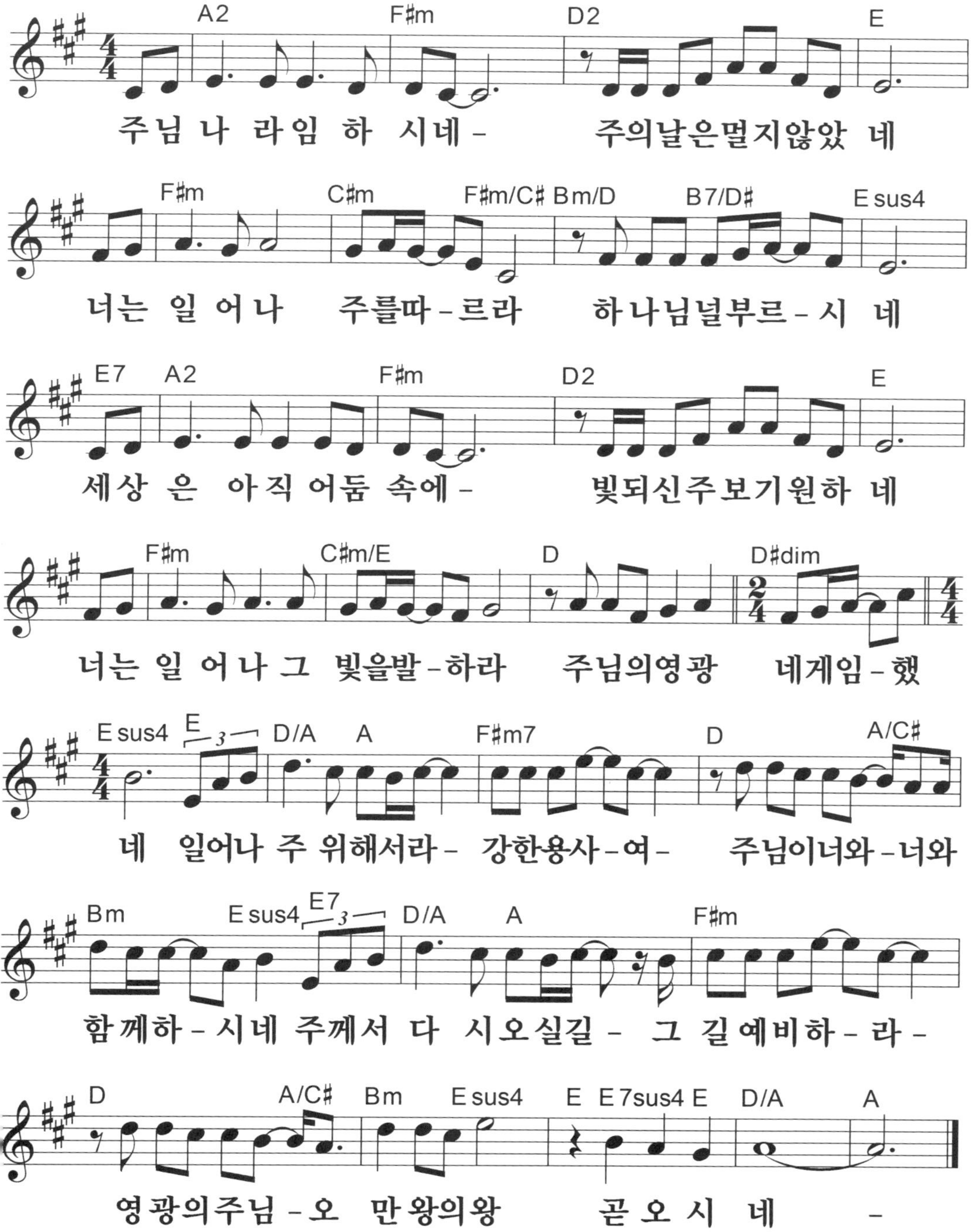

A2 F♯m D2 E
주님나 라임 하 시네- 주의날은멀지않았 네
F♯m C♯m F♯m/C♯ Bm/D B7/D♯ E sus4
너는 일 어나 주를따-르라 하나님널부르-시 네
E7 A2 F♯m D2 E
세상 은 아직 어둠 속에- 빛되신주보기원하 네
F♯m C♯m/E D D♯dim
너는 일 어나 그 빛을발-하라 주님의영광 네게임-했
E sus4 E D/A A F♯m7 D A/C♯
네 일어나 주 위해서라- 강한용사-여- 주님이너와-너와
Bm E sus4 E7 D/A A F♯m
함께하-시네 주께서 다 시오실길- 그 길예비하-라-
D A/C♯ Bm E sus4 E E7sus4 E D/A A
영광의주님-오 만왕의왕 곧오시 네 -

들리

• 그날 (509) • 부흥 (545) • 우리 함께 보리라 (579)

603 주님 큰 영광 받으소서

(신) 1648
(구) 811

(Jesus shall take the highest honor)

Chris Bowater

메들리

• 고개 들어 (504) • 전능하신 나의 주 하나님은 (589) • 주 여호와는 광대하시도다 (591)

주님은 내 호흡

604

(Breathe)

Marie Barnett

들리
• 만세 반석 (537) • 주는 완전합니다 (600) • 주님의 그 모든 것이 (607)

605 주님은 산 같아서

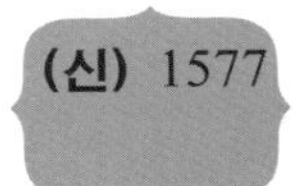

(안개가 날 가리워)

김준영 & 임선호

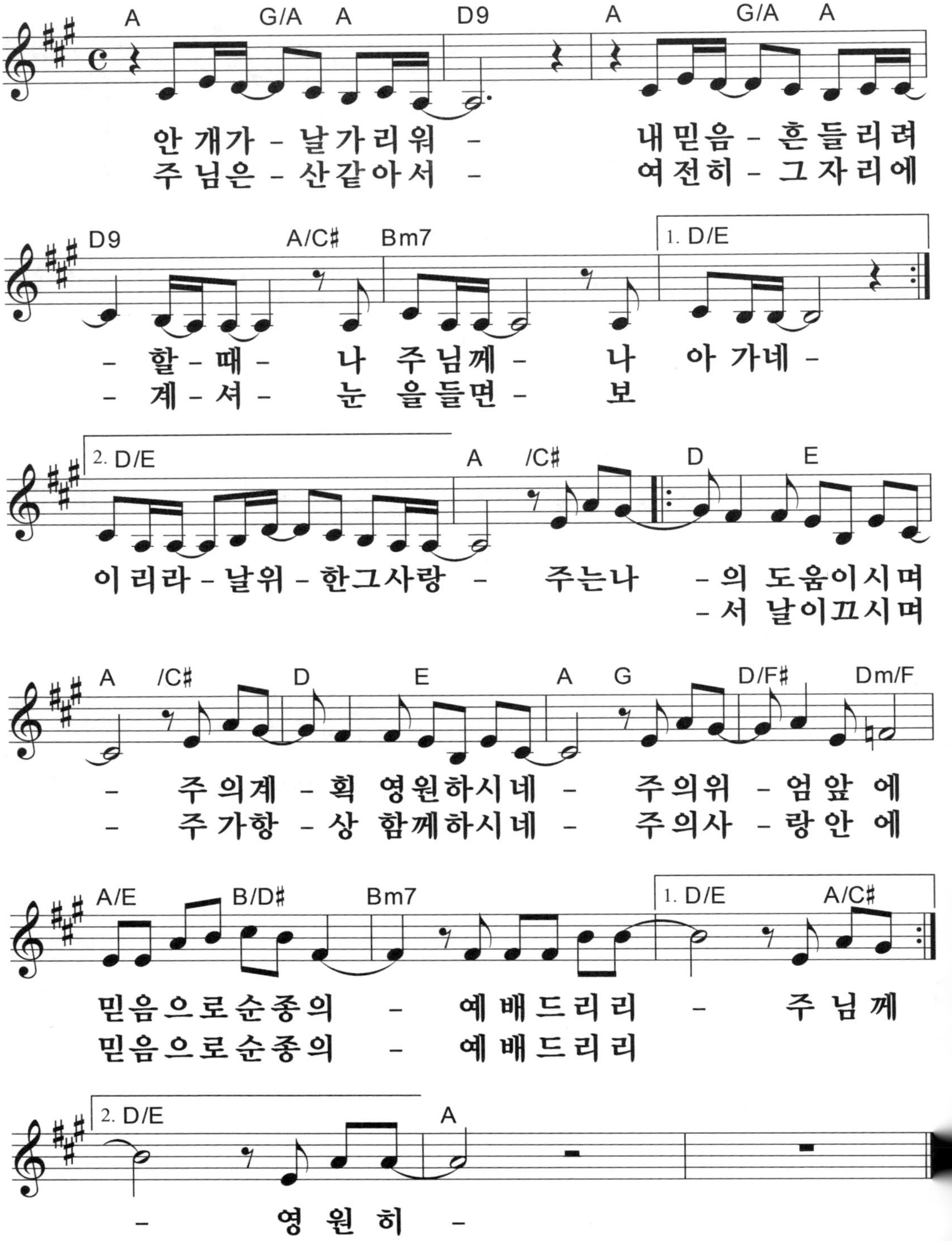

A G/A A D9 A G/A A

안 개 가 – 날 가 리 워 – 내 믿 음 – 흔 들 리 려
주 님 은 – 산 같 아 서 – 여 전 히 – 그 자 리 에

D9 A/C# Bm7 1. D/E

– 할 – 때 – 나 주 님 께 – 나 아 가 네 –
– 계 – 셔 – 눈 을 들 면 – 보

2. D/E A /C# D E

이 리 라 – 날 위 – 한 그 사 랑 – 주 는 나 – 의 도 움 이 시 며
– 서 날 이 끄 시 며

A /C# D E A G D/F# Dm/F

– 주 의 계 – 획 영 원 하 시 네 – 주 의 위 – 엄 앞 에
– 주 가 항 – 상 함 께 하 시 네 – 주 의 사 – 랑 안 에

A/E B/D# Bm7 1. D/E A/C#

믿 음 으 로 순 종 의 – 예 배 드 리 리 – 주 님 께
믿 음 으 로 순 종 의 – 예 배 드 리 리

2. D/E A

– 영 원 히 –

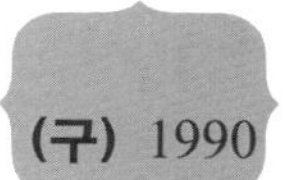

주님은 아시네

606

(King of Majesty)

Marty Sampson

607 주님의 그 모든 것이

주님의 그 모든 것이

E sus4
D2
A/C♯
D2
E sus4
D2
모 든 것 - 보 다 - - - 부 족 함 - 없 는 나 - 의 주 님
A2
D2
E sus4
D2
A/C♯
D2
내 가 말 - 하 고 아 는 것 - 보 다 - - - 더 욱 더
E sus4
D2
D.S. al Coda
E sus4
A
- 놀 라 우 - 신 주 님 의 - 부 족 함 없 네 -

608 주님의 마음을 가진 자

(주님의 마음을 주님의 심장을)

김도현

주님의 마음을 가진 자

G♯m7 C♯m7(b9) F dim7 F♯m7 A M7/E B/D♯ A/C♯ D
- 주오실 - 길예 - 비하 - 는 - - 하 나님의 - 사람 - - 그
A/C♯ D A/C♯ D B m7 E sus4 E A
마음가 - 진자 - - 주 님의마 - 음에 - 합한 - 자로 - 세워주소서 -

609 주님의 은혜 넘치네

(주 신실하심 놀라워 / Your Grace is Enough)

O.T. : Your Grace Is Enough / O.W. : Matt Maher
O.P. : Thankyou Music Ltd / S.P. : Universal Music Publishing Korea, CAIOS

들리
• 주 없이 살 수 없네 (592) • 주님은 산 같아서 (605) • 주님의 그 모든 것이 (607)

610 주님의 임재 앞에서

박희정

A E D2 A E D2

주님의임재앞에 -서- 권능의날개아래 -서-

F♯m E D2

그의능하신행 -동-을-인하여 찬양해

A E F♯m D2

주의나라 주의권세 찬양중에 임하네

A E F♯m 1.D2

모든원수 굴복하네 주의임재 앞에-

모든원수 굴복하네 내가춤을

2.D2 A E/G♯

출때- 에 다윗처럼춤을추면서-

F♯m D2 A

전심으로주를 즐거워-하라- 모든만물들아

E D2

찬양 하-라 영원히- 영원히-

메들리

• 마라나타 (536) • 우리 함께 보리라 (579) • 주의 옷자락 만지며 (614)

(신) 1683
(구) 1285

주만 바라 볼찌라

611

(하나님의 사랑을 사모하는 자)

박성호

612

주의 도를

(주의 도를 내게 알리소서 / Purify my heart)

(신) 1659
(구) 1265

Eugene Greco

주의 보혈

613

(거친 주의 십자가)

H.H.Booth(213장) & 정유성

들리

• 모든 능력과 모든 권세 (538) • 유월절 어린양의 피로 (583) • 주가 보이신 생명의 길 (594)

614 주의 옷자락 만지며

(주 발 앞에 무릎 꿇고)

Saul Morales

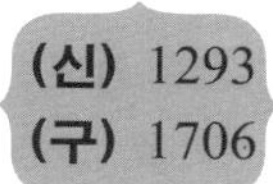

(신) 1293
(구) 1706

지금은 엘리야 때처럼 615

(Day of Elijah)

Robin Mark

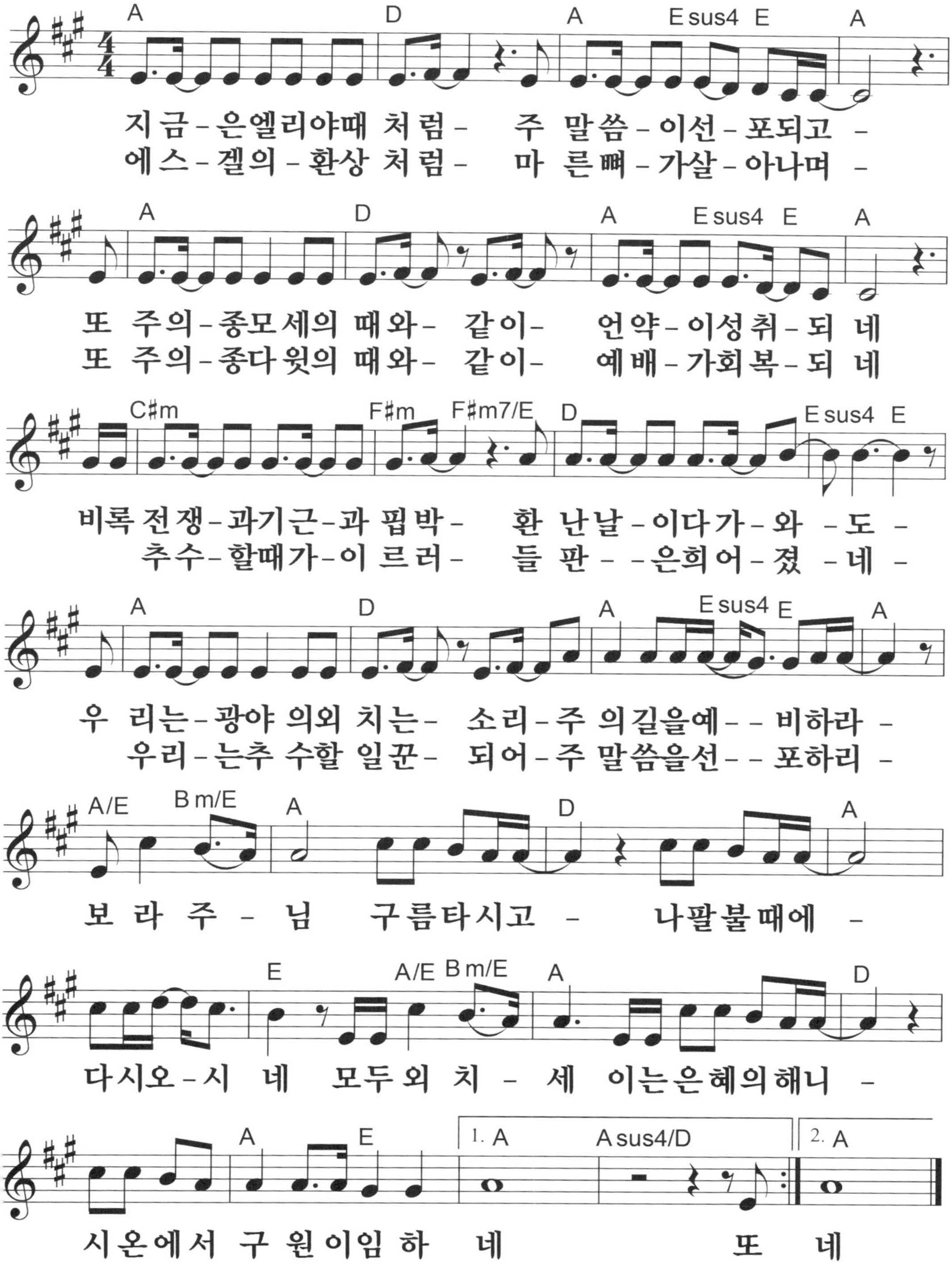

지 금 - 은엘리야때 처 럼 - 주 말씀 - 이선 - 포되고 -
에 스 - 겔의 - 환상 처 럼 - 마 른뼈 - 가살 - 아나며 -
또 주의 - 종모세의 때와 - 같이 - 언약 - 이성취 - 되 네
또 주의 - 종다윗의 때와 - 같이 - 예배 - 가회복 - 되 네
비록전쟁 - 과기근 - 과 핍박 - 환 난날 - 이다가 - 와 - 도 -
추수 - 할때가 - 이 르러 - 들 판 - - 은희어 - 졌 - 네 -
우 리는 - 광야 의외 치는 - 소리 - 주 의길을예 - - 비하라 -
우리 - 는추 수할 일꾼 - 되어 - 주 말씀을선 - - 포하리 -
보 라 주 - 님 구름타시고 - 나팔불때에 -
다시오 - 시 네 모두외 치 - 세 이는은혜의해니 -
시온에서 구 원이임 하 네 또 네

616 찬양이 언제나 넘치면

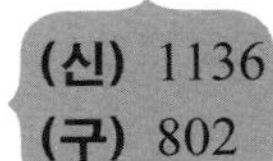

(신) 1136
(구) 802

김석균

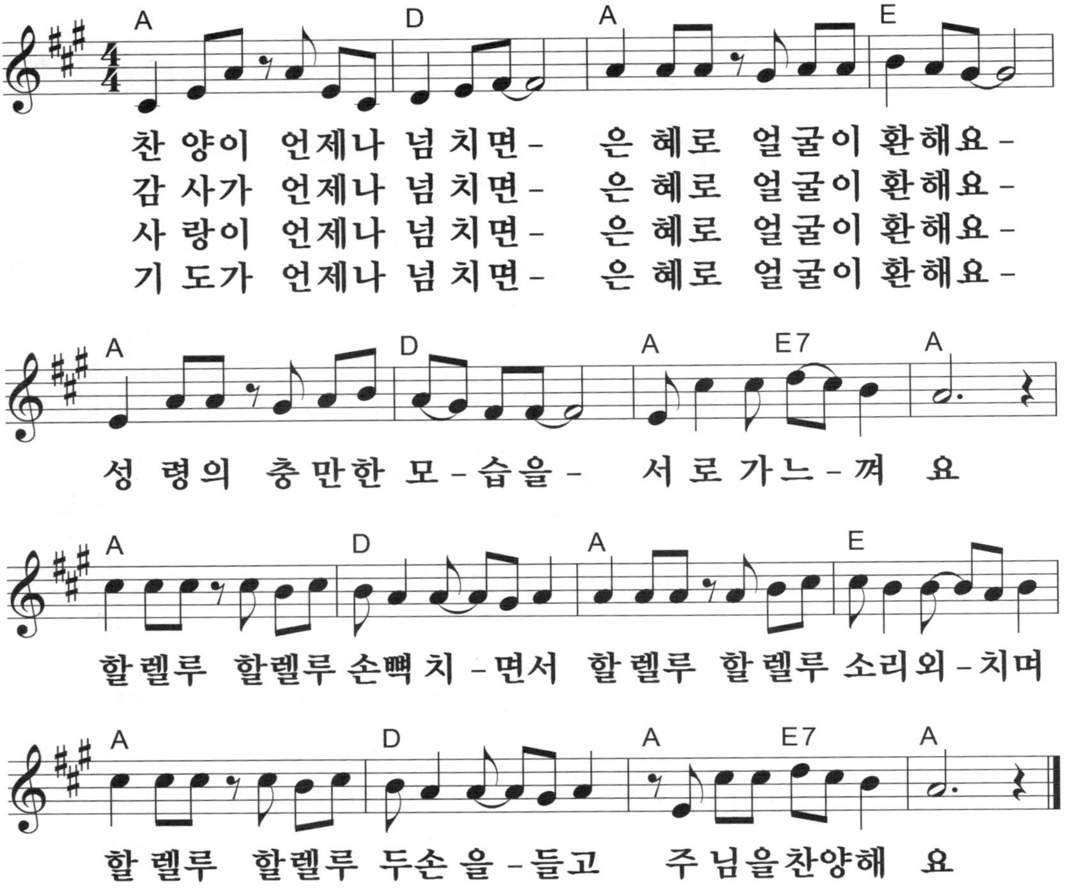
A D A E
찬 양이 언제나 넘 치면- 은 혜로 얼굴이 환해요-
감 사가 언제나 넘 치면- 은 혜로 얼굴이 환해요-
사 랑이 언제나 넘 치면- 은 혜로 얼굴이 환해요-
기 도가 언제나 넘 치면- 은 혜로 얼굴이 환해요-
A D A E7 A
성 령의 충만한 모-습을- 서 로 가 느-껴 요
A D A E
할렐루 할렐루 손뼉치-면서 할렐루 할렐루 소리외-치며
A D A E7 A
할 렐루 할렐루 두손 을-들고 주 님을찬양해 요

메들리
• 예수가 좋다오 (570) • 만세 반석 (537) • 찬양하세 (617)

(신) 1541
(구) 779

찬양하세

(Come Let Us Sing Come Let Us Sing)

Danny Reed

들리
• 기뻐하며 왕께 노래 부르리 (356) • 낮은 자의 하나님 (528) • 찬양이 언제나 넘치면 (616)

618 창조의 하나님이 나의 아버지

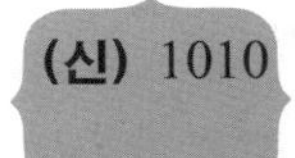

(신) 1010

(언제나 강물 같은 주의 은혜)

김석균

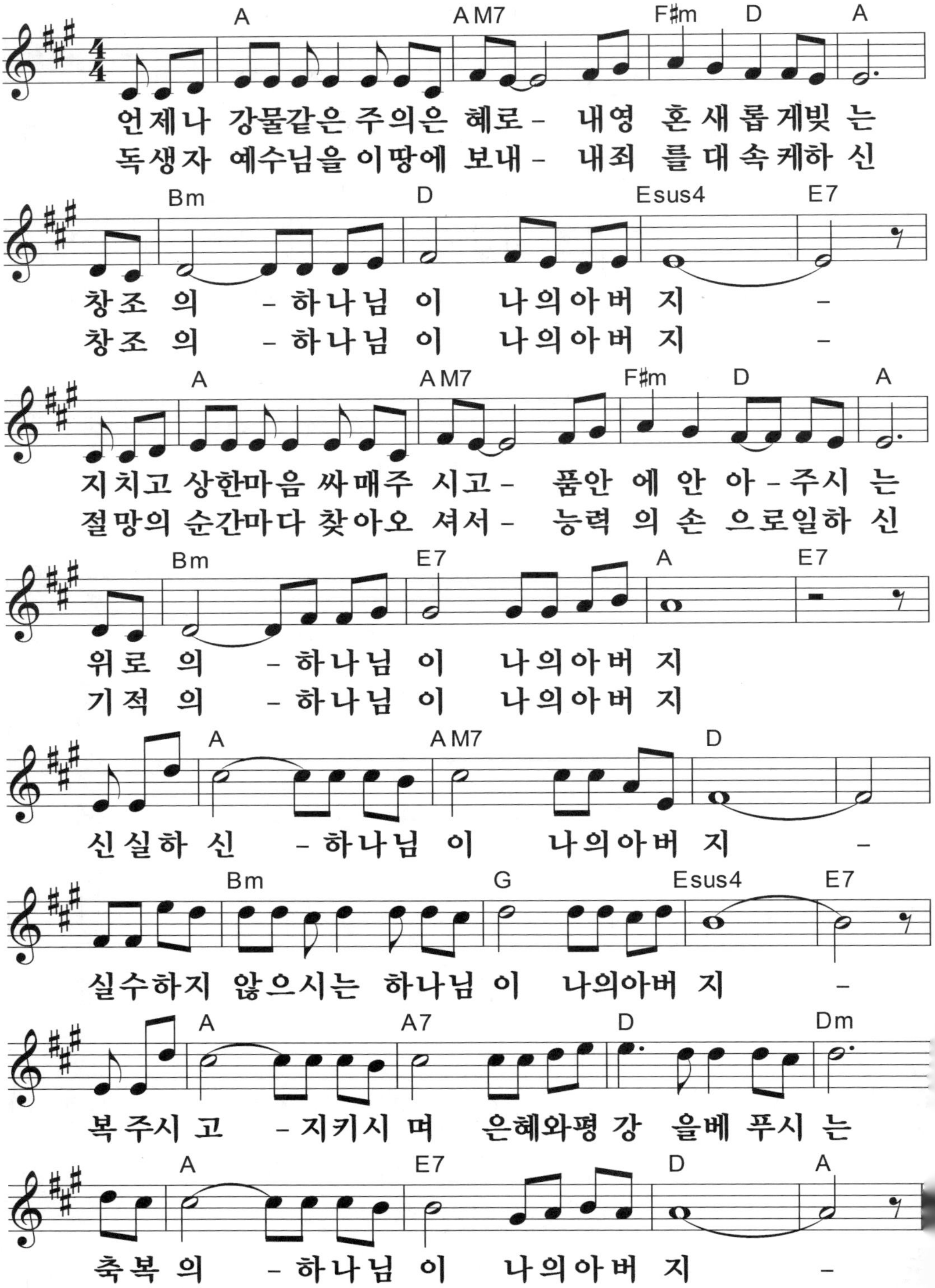

A AM7 F#m D A
언제나 강물같은 주의은 혜로- 내영 혼 새 롭 게빛 는
독생자 예수님을 이땅에 보내- 내죄 를 대 속 케하 신
Bm D Esus4 E7
창조 의 -하나님 이 나의아버 지 -
창조 의 -하나님 이 나의아버 지 -
A AM7 F#m D A
지치고 상한마음 싸매주 시고- 품안 에 안 아 -주시 는
절망의 순간마다 찾아오 셔서- 능력 의 손 으로일하 신
Bm E7 A E7
위로 의 -하나님 이 나의아버 지
기적 의 -하나님 이 나의아버 지
A AM7 D
신실하 신 -하나님 이 나의아버 지 -
Bm G Esus4 E7
실수하지 않으시는 하나님 이 나의아버 지 -
A A7 D Dm
복주시 고 -지키시 며 은혜와평 강 을베 푸시 는
A E7 D A
축복 의 -하나님 이 나의아버 지 -

(신) 1972

천 번을 불러도

619

(천 번을 불러봐도)

축복하노라

(나의 은총을 입은 이여)

조은아 & 신상우

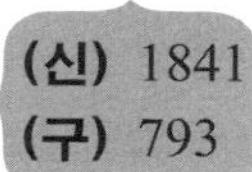

평강의 왕이요 621

(I extol You)

Jennifer Randolph

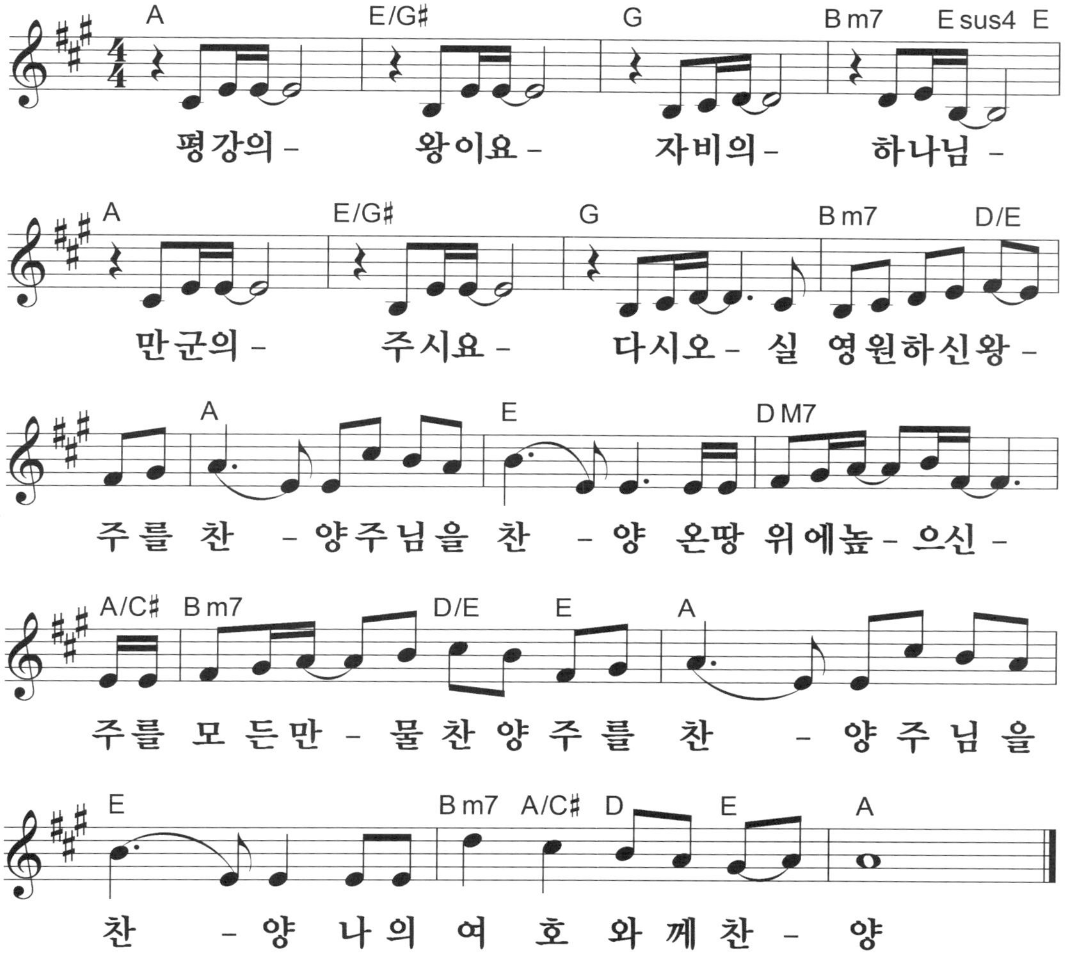

평강의 - 왕이요 - 자비의 - 하나님 -

만군의 - 주시요 - 다시오 - 실 영원하신왕 -

주를 찬 - 양주님을 찬 - 양 온땅 위에높 - 으신 -

주를 모 든만 - 물 찬 양 주 를 찬 - 양 주 님 을

찬 - 양 나 의 여 호 와 께 찬 - 양

들리 • 고개 들어 (504) • 선포하라 (552) • 예수 우리 왕이여 (568)

622

풀은 마르고

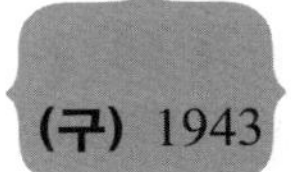

(구) 1943

김영진

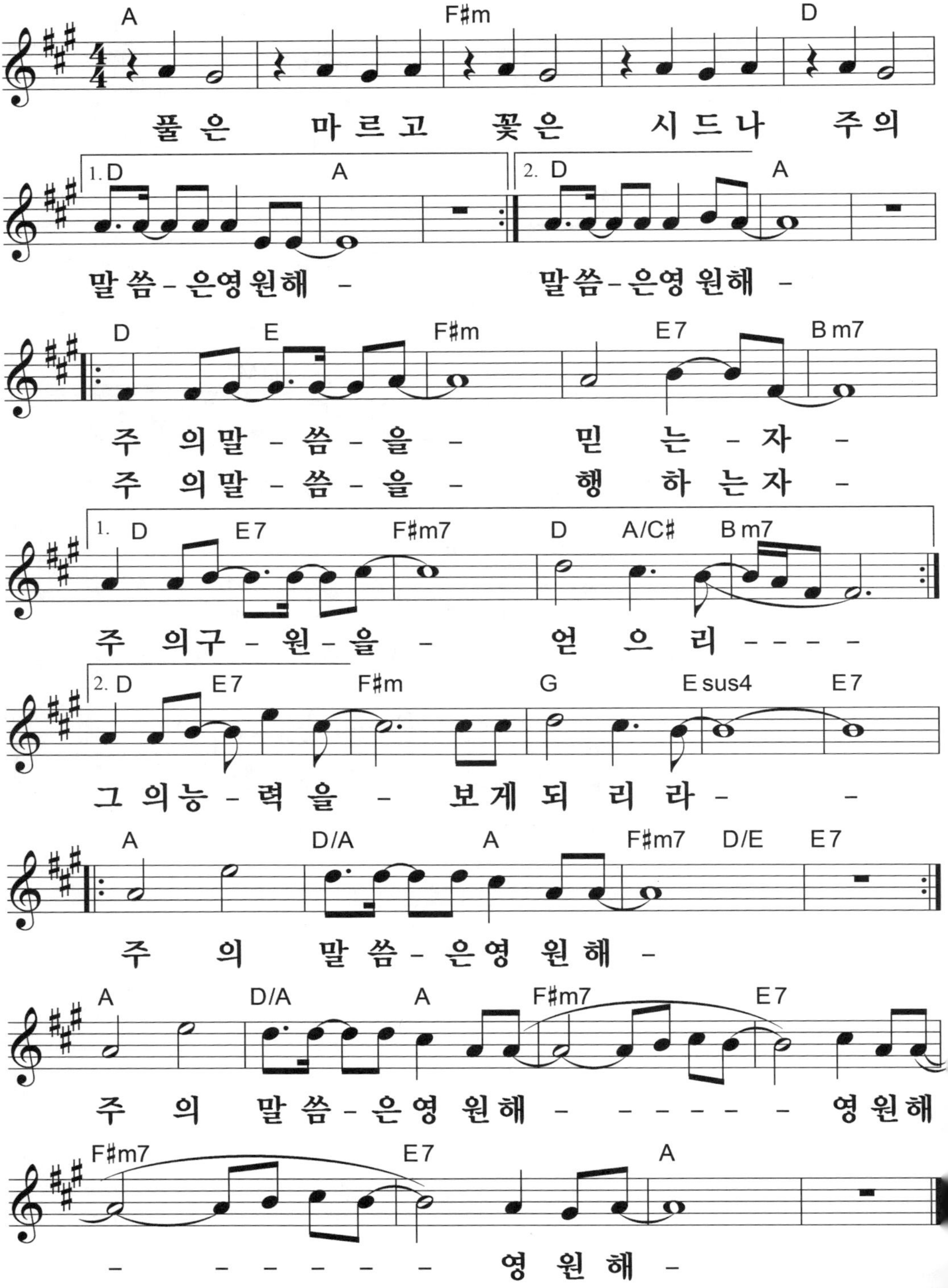
A F♯m D
풀 은 마 르 고 꽃 은 시 드 나 주 의
1. D A 2. D A
말 씀 - 은 영 원 해 - 말 씀 - 은 영 원 해 -
D E F♯m E7 B m7
주 의 말 - 씀 - 을 - 믿 는 - 자 -
주 의 말 - 씀 - 을 - 행 하 는 자 -
1. D E7 F♯m7 D A/C♯ B m7
주 의 구 - 원 - 을 - 얻 으 리 - - - -
2. D E7 F♯m G E sus4 E7
그 의 능 - 력 을 - 보 게 되 리 라 - -
A D/A A F♯m7 D/E E7
주 의 말 씀 - 은 영 원 해 -
A D/A A F♯m7 E7
주 의 말 씀 - 은 영 원 해 - - - - - - 영 원 해
F♯m7 E7 A
- - - - - - 영 원 해 -

(신) 1599
(구) 1870

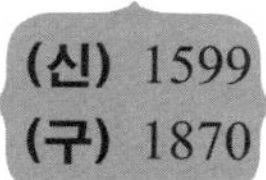

하나님은 우리의 피난처가 되시며 623

(Psalm 46)

Stephen Hah

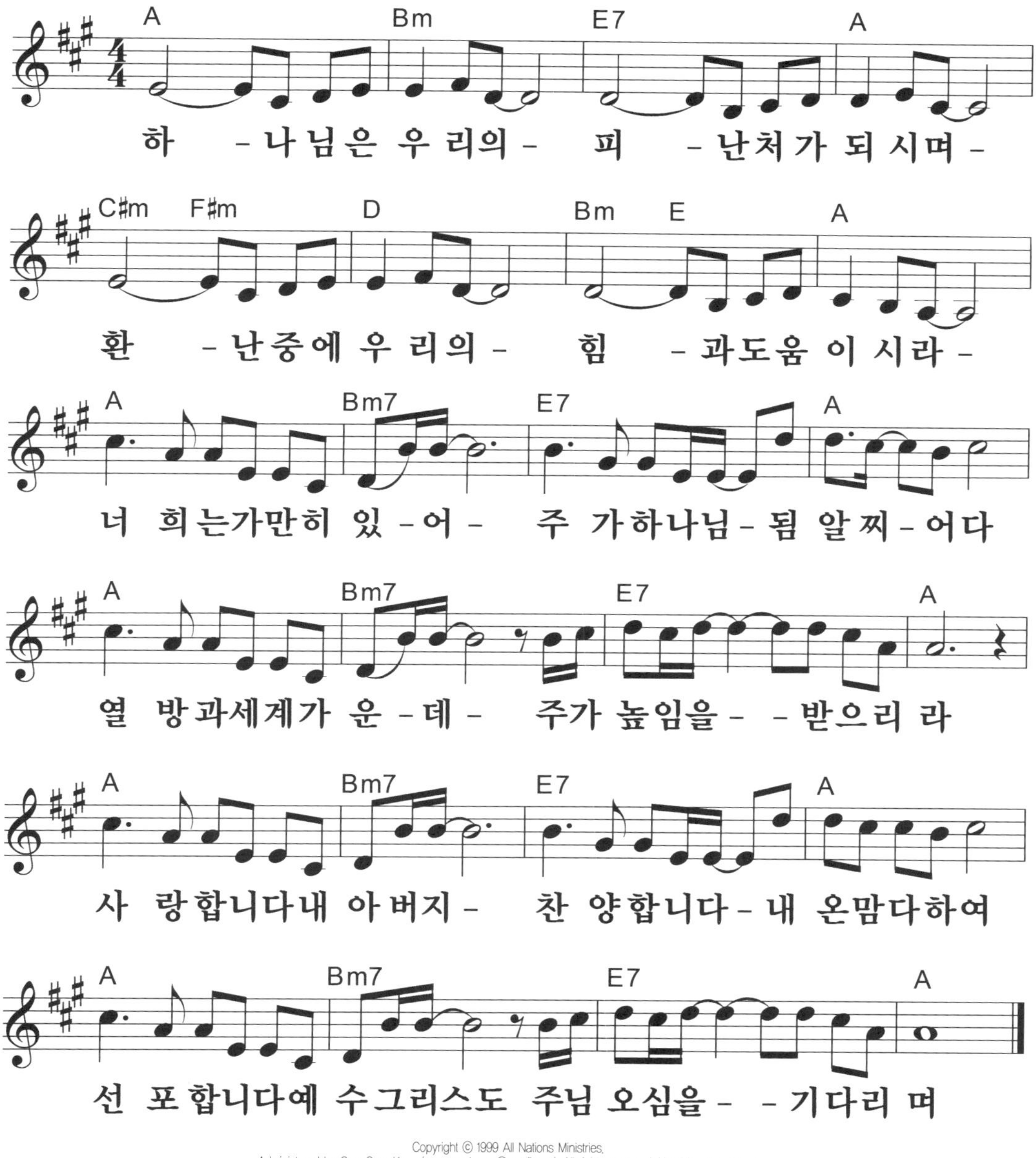

A Bm E7 A
하 -나님은 우리의- 피 -난처가 되시며-
C#m F#m D Bm E A
환 -난중에 우리의- 힘 -과도움이 시라-
A Bm7 E7 A
너 희는가만히 있-어- 주 가하나님-됨 알찌-어다
A Bm7 E7 A
열 방과세계가 운-데- 주가 높임을- -받으리 라
A Bm7 E7 A
사 랑합니다내 아버지- 찬 양합니다-내 온맘다하여
A Bm7 E7 A
선 포합니다예 수그리스도 주님 오심을- -기다리 며

들리

• 나의 안에 거하라 (523) • 오직 주만이 (573) • 하나님의 그늘 아래 (624)

624 하나님의 그늘 아래

한성욱

메들리 • 오직 주만이 (573) • 주 없이 살 수 없네 (592) • 하나님은 우리의 피난처가 되시며 (623)

하나님의 마음에 합한 사람 625

(그대는 하나님의)

설경욱

들리 • 나의 나됨은 (518) • 나의 안에 거하라 (523) • 주만 바라 볼찌라 (611)

626 하늘 위에 주님 밖에

(신) 1632
(구) 1603

(God is the Strength of My Heart)

Eugene Greco

메들리
• 성령이여 내 영혼에 (554) • 지금은 엘리야 때처럼 (615) • 형제여 우리 모두 다 함께 (628)

(신) 1069
(구) 1854

해 같이 빛나리

(당신의 그 섬김이)

627

김석균

당신의 - 그섬김 이 천국 에서 해같이빛나 리
당신의 - 그순종 이 천국 에서 해같이빛나 리

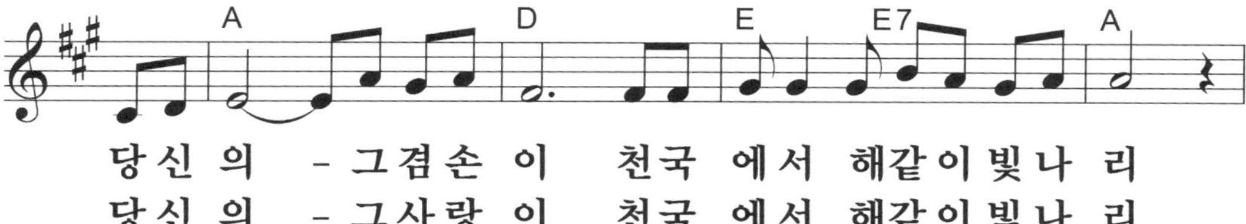

당신의 - 그겸손 이 천국 에서 해같이빛나 리
당신의 - 그사랑 이 천국 에서 해같이빛나 리

당신의 - 그믿음 이 천국 에서해같이빛나 리
당신의 - 그찬송 이 천국 에서해같이빛나 리

당신의 - 그충성이 천국 에서 해같이빛나 리
당신의 - 그헌신이 천국 에서 해같이빛나 리

주님이기억하시면 족하리 예수님사랑으로 가득한모습

천사도흠모하는 아름다운그모습 - 천국 에서해같이빛나 리

들리

• 나의 안에 거하라 (523) • 너의 하나님 여호와가 (532) • 오직 주만이 (573)

628 형제여 우리 모두 다 함께

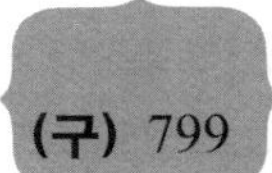

(구) 799

정종원

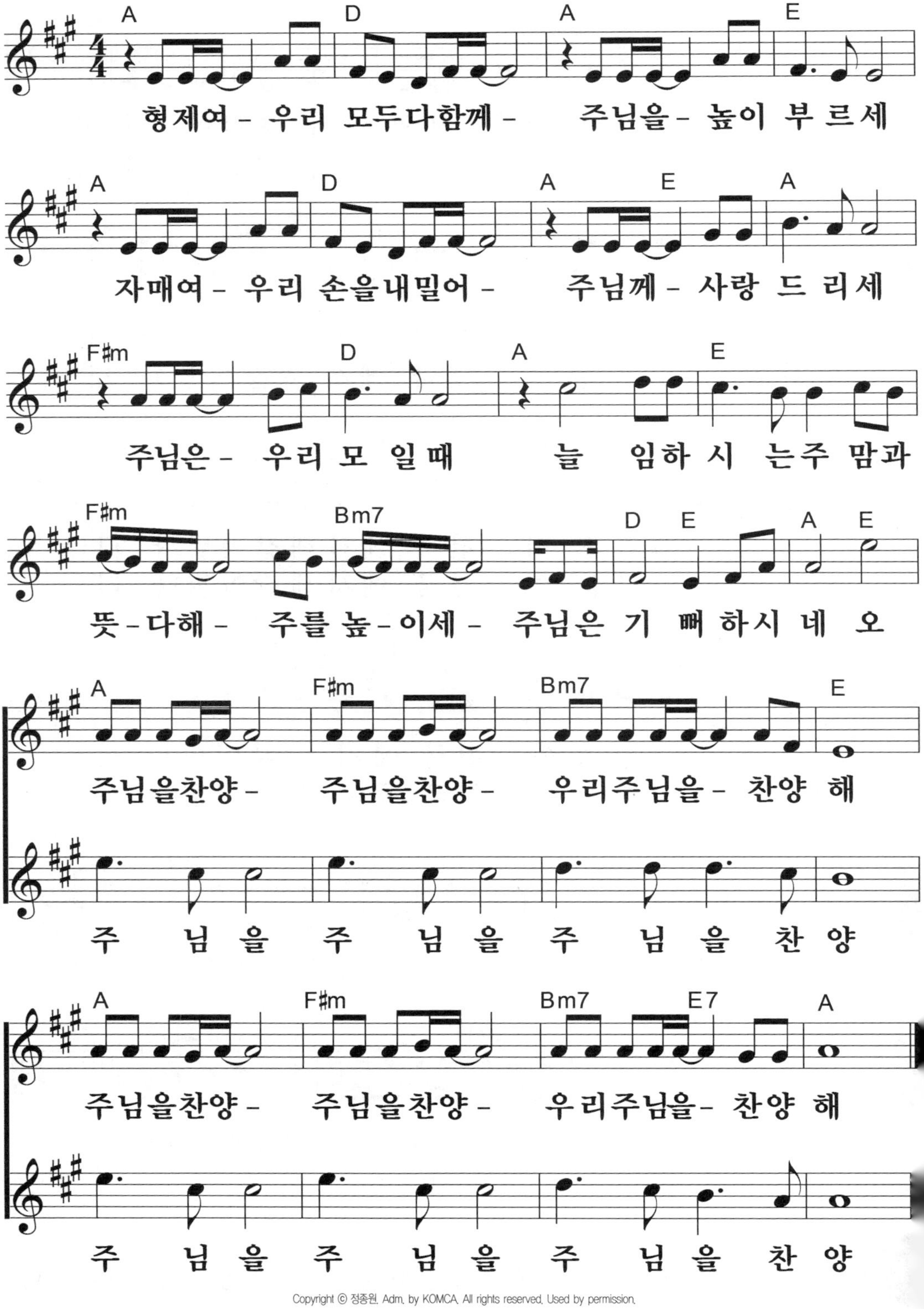
A D A E
형제여 - 우리 모두다함께 - 주님을 - 높이 부 르세
A D A E A
자매여 - 우리 손을내밀어 - 주님께 - 사랑 드 리세
F#m D A E
주님은 - 우리 모 일때 늘 임하 시 는주 맘과
F#m Bm7 D E A E
뜻 - 다해 - 주를 높 - 이세 - 주님은 기 뻐 하시 네 오
A F#m Bm7 E
주님을찬양 - 주님을찬양 - 우리주님을 - 찬양 해
주 님 을 주 님 을 주 님 을 찬 양
A F#m Bm7 E7 A
주님을찬양 - 주님을찬양 - 우리주님을 - 찬양 해
주 님 을 주 님 을 주 님 을 찬 양

믿음이 없이는

(주님 제 마음이)

장진숙

들리 • 나의 나됨은 (518) • 나의 안에 거하라 (523) • 하나님의 마음에 합한 사람 (625)

630

순종

(빈 손으로 왔습니다)

이권희

순종

• 주님의 임재 앞에서 (610) • 주의 옷자락 만지며 (614) • 믿음이 없이는 (629)

631

시편 23편

(여호와는 나의 목자시니)

최덕신

시편 23편

• 주가 보이신 생명의 길 (594) • 평강의 왕이요 (621) • 하나님의 그늘 아래 (624)

632

여호와를 보라

(무엇을 두려워하며)

한성호 & 류재현

A♭ E♭/G F m7 A♭/E♭ D♭ A♭/C B♭m7 D♭/E♭ E♭/G

무엇을두려워-하며 - 무엇을괴로워-하며 -

A♭ C7(♭9) F m /E♭ D♭ E♭7 D♭m/A♭ A♭ E♭/G

왜 울고있-느냐 - 나는너-의여호와-니라 - 보

F m7 C/E F m/E♭

라 -넘어진자-를 붙들고- 보 라 -상처난자-를

의 - -경외함-이자 랑이며- 너 의 - -그소망-이온

B♭/D D♭m6 C m F m7 B♭m B♭7/D

감싸주-시고- 고쳐주-시며- 약한자를강-하게-하였-노라

절한길-임에- 나를구-하라- 내가너를강-하게-하였-노라

E♭sus4 E♭7/G A♭ E♭/G F m7 A♭/E♭

- 초라 한네시-작의-그끝-은

D♭ E♭/D♭ C m7 F m7 B♭m7 D♭/E♭ E♭/G

창대하-리라- 구하고또구-하라- 신실 하신그-분 여호와 거친

A♭ E♭/G F m A♭/E♭ D♭ E♭/D♭ C sus4 C/E F m

너의고-난의-그끝-에 함께하-리라- 구하 고또구-하라- 반드

여호와를 보라

B♭m A♭/C D♭ /E♭ 1. D♭/F E♭/G A♭ A♭/C D♭ B♭m
시널안-고 돌보시-리라 -
E♭sus4 C/E 2. G♭ D♭/F D♭m/E A♭/E♭ B♭/D D♭m6
너 - 믿는대로될지어-다 너의
C m F m B♭m A♭/C D♭ B♭/D E♭7sus4
믿음대로될지어-다 주의 나라네-게 임하시-리 라
E sus4 A C#/F F#m A/E D E/D
- 초라 한네시-작의-그끝-은 창대하-리라- 구하
C#m7 F#m7 B m7 D/E E7/G#
고또구-하라- 신실 하신그-분 여호와 거친
A E/G# F#m7 A/E D E7/D
너의고-난의-그끝-에 함 께하-리라- 구하
C#m7 C#7/F F#m7 B m7 /A E/G# C#7 F#m7 /E
고또구-하라- 반드시널안-고 돌보시-리라 - 반드
D A/C# B m D/E A E/G# F#m A/E D M7
시널안-고 돌보시-리라 -

633 이 세상의 부요함보다

(Better than Life)

Marty Sampson

A♭ E♭ Fm D♭
이세상의부 요함-보 다- 이 세상의좋 은친-구 보-다

A♭ E♭ Fm D♭
나의꿈을이루 는-것보 다 더 귀- 한 - 분

A♭ B♭m7 Fm7 D♭
필요한 모든것을다얻 고 - 내가원한-삶을사-는것 보 다

A♭ E♭ Fm7 D♭ A♭ B♭m7
어느누구의그사랑보다- 귀 한-분- 붙 드 -소서- 주님나

A♭/C D♭ E♭ Fm D♭
- -를놓-지 마-소 서 - - -

𝄋 A♭ E♭ Fm7 D♭
내영 혼-비추시 -고 내게생 -명 주신주-님

A♭ E♭ Fm D♭
주의 사-랑 너-무 커- 나의 맘드 려- 주 께

A♭ E♭ Fm
- 주 님 만 영원히사- 랑해 - 나 의사랑

Db
Ab
Eb
멈 추 - 지 않 - 으 리 - 주 님 만 영 원 히 사 - 랑 해
Fm
Db
Ab
- 나 의 사 랑 멈 추 - 지 않 - 으 리 -
Fine
Ab/C
Db
Eb
Fm
Db
Ab
Bbm7
붙 드 - 소 서 - 주 님 나
Ab/C
Db
Eb
Fm
Db
Ab
Bbm7
- - 를 놓 - 지 마 - 소 서 - - 붙 드 - 소 서 - 주 님 나
Ab/C
Db
Eb
Fm
Db
- - 를 놓 - 지 마 - 소 서 - -
D.S.

634

아름다우신

(내 안에 주를 향한 이 노래)

(신) 1628
(구) 2283

심형진

예수 닮기를

635

(내 삶에 소망)

심형진

636 날마다

(오 나의 주님 / Everyday)

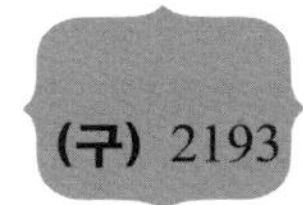

(구) 2193

Joel Houston

E B G#m F# E B G#m F#
E B F#7 E B
오나의 - 주님 내게생 - 명주 - 시니 당신은 - 내게
G#m7 F#7 E B G#m7 F#7
얼마나 - 소중 - 한지 날구원하 - 신주께 나의모 - 든것 - 드려
E B G#m7 F#7 E B
나날마다 - 주를 전파하 - 기원 - 하 네
G#m7 F# E B G#m7 F#
E B G#m7 F#7 E B
날마다 - 주님 말씀위 - 에서 - 기를 주님을 - 더욱
G#m7 F#7 E B G#m7 F#7
알기위 - 해기 - 도해 내발걸음 - 마다 주님날 - 인도 - 하시 - 니
E B G#m7 F#7 B E G#m7 F#7
세상가 - 운데 빛이되 - 기원 - 하 네 날마다 - 주 위해살리

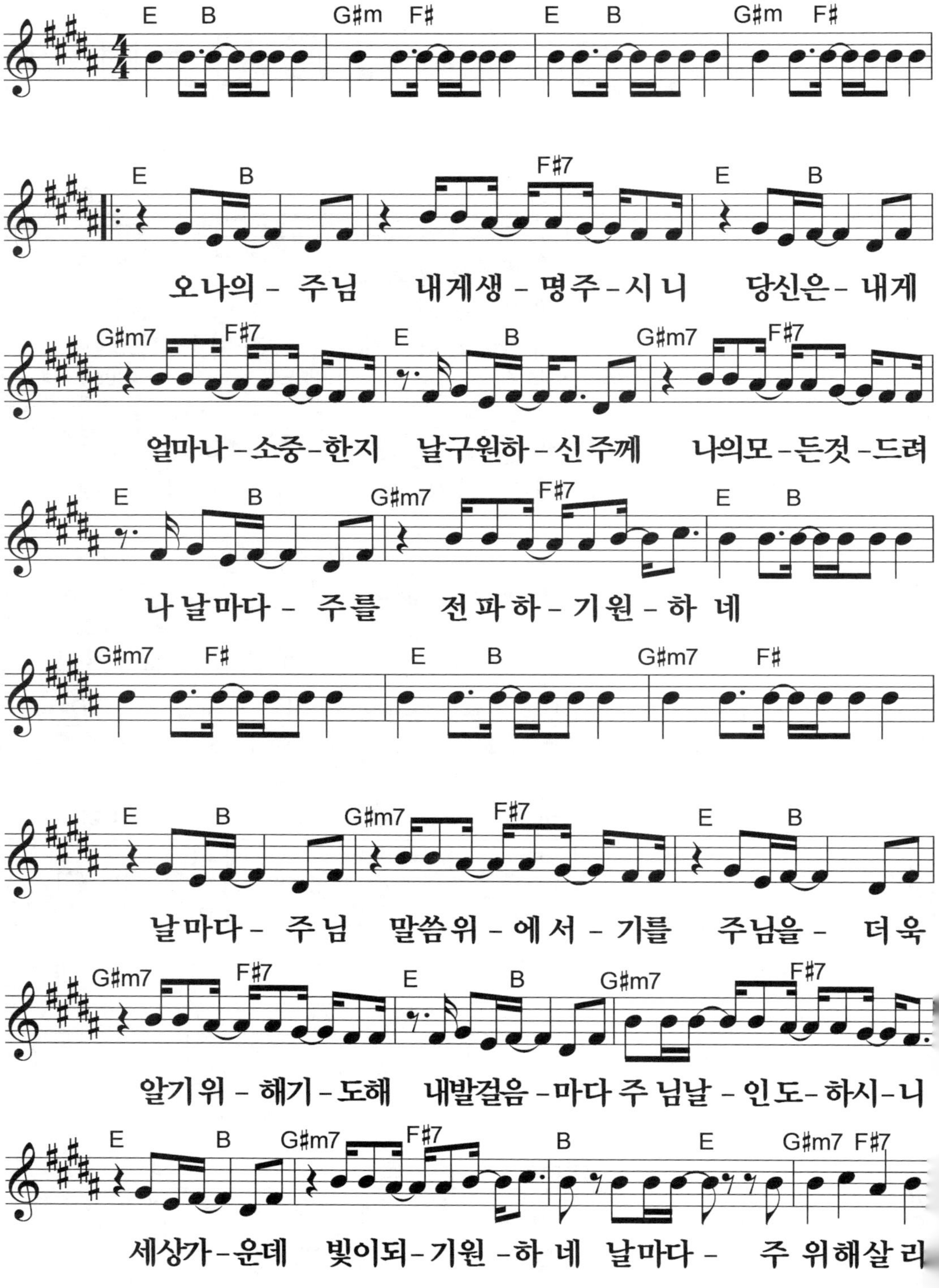

날마다

Words and Music by Joel Houston

637 주의 나라 오리라

(무너진 내 맘에 / Oceans Will Part)

Ben Fielding

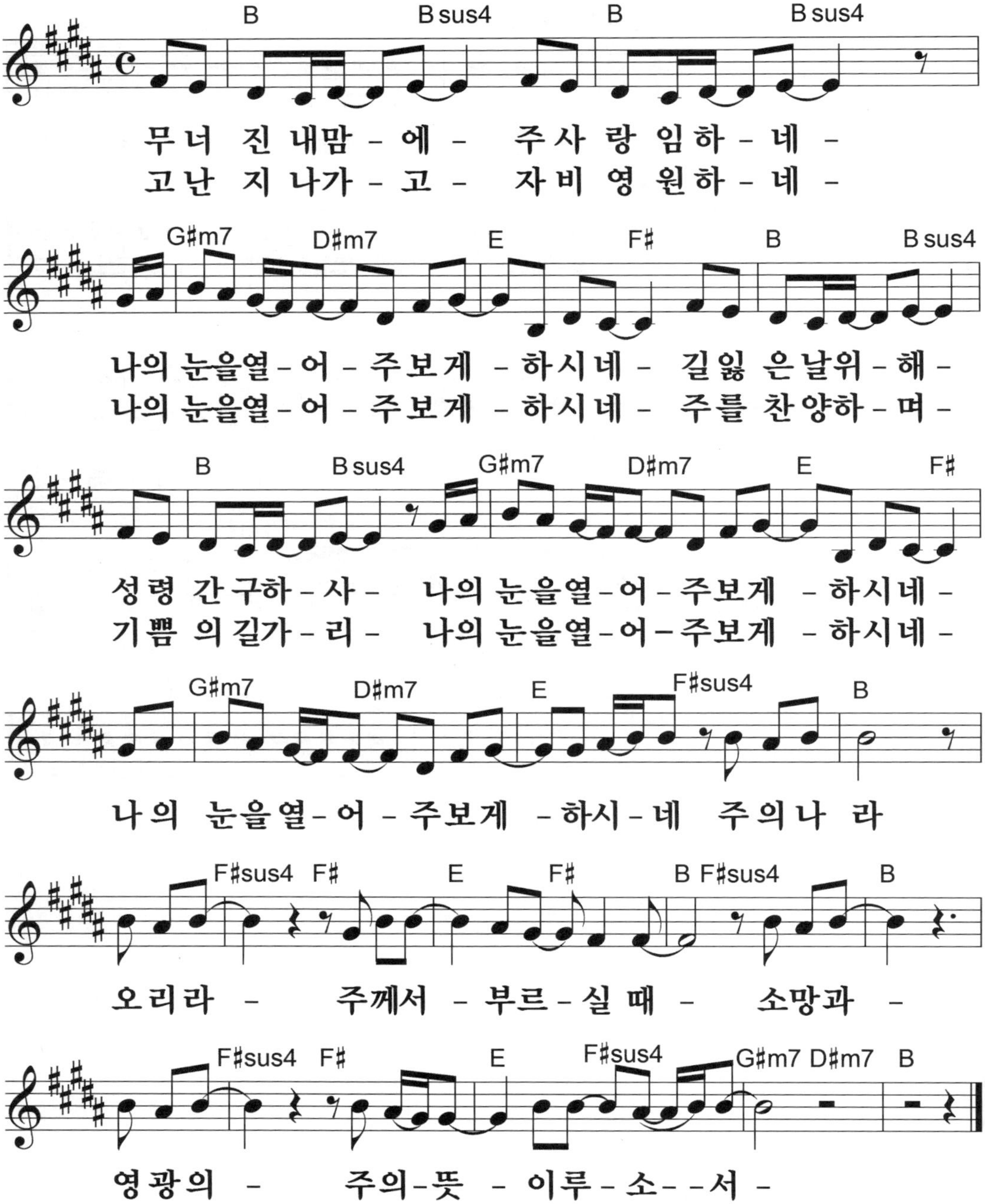
B Bsus4 B Bsus4
무너 진 내맘 - 에 - 주사 랑 임하 - 네 -
고난 지 나가 - 고 - 자비 영 원하 - 네 -
G♯m7 D♯m7 E F♯ B Bsus4
나의 눈을열 - 어 - 주보게 - 하시네 - 길잃 은날위 - 해 -
나의 눈을열 - 어 - 주보게 - 하시네 - 주를 찬양하 - 며 -
B Bsus4 G♯m7 D♯m7 E F♯
성령 간구하 - 사 - 나의 눈을열 - 어 - 주보게 - 하시네 -
기쁨 의길가 - 리 - 나의 눈을열 - 어 - 주보게 - 하시네 -
G♯m7 D♯m7 E F♯sus4 B
나의 눈을열 - 어 - 주보게 - 하시 - 네 주의나 라
F♯sus4 F♯ E F♯ B F♯sus4 B
오리라 - 주께서 - 부르 - 실 때 - 소망과 -
F♯sus4 F♯ E F♯sus4 G♯m7 D♯m7 B
영광의 - 주의 - 뜻 - 이루 - 소 - - 서 -

메들리

• 위대하신 주 (582) • 예수 닮기를 (635) • 주의 나라가 임할 때 (638)

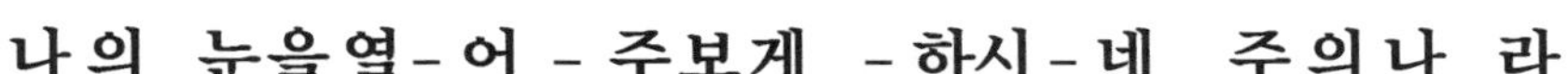

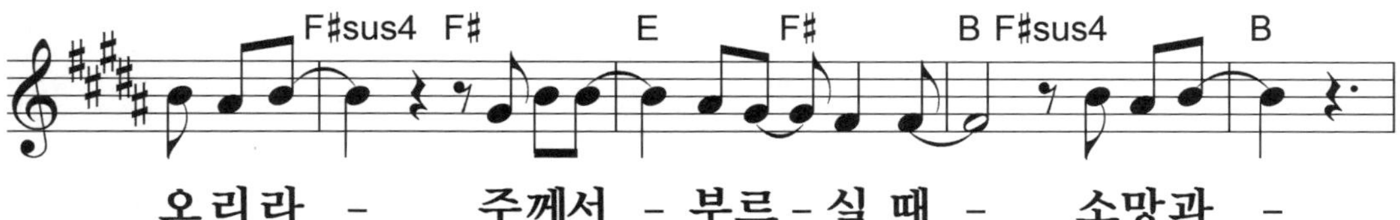

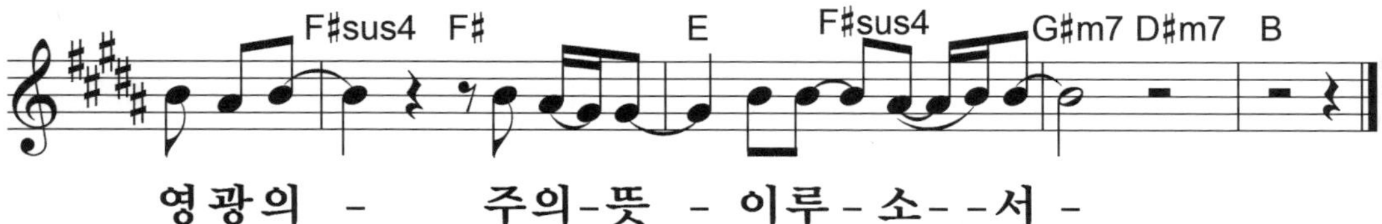

주의 나라가 임할 때

638

639

나의 기도

(겸손히 주 앞에)

김석균

B♭ F E♭ E♭dim B♭ Gm

겸손히 주앞에 무릎꿇고 - 참회의 눈물흘

조용히 주앞에 두손모아 - 새사람 되어지

F B♭ Dm B♭

리-며기도할 때 - 사랑의 언약을 들려주

기-를간구할 때 - 나의뜻 과생각 변화시

E♭ F7 B♭ F7 B♭

시사 - 주님의 품안에 품으소서 -

키사 - 주님의 모습닮 게하소서 -

B♭ F F7 E♭

귀한보 혈로산내 생-명 - 영생의 길을

E♭ Cm7 F B♭ E♭

가 게하소서 - 주님이 걸 어가신

E♭ Cm B♭ F7 B♭

골 고다언덕 나 도 가게하소서 -

메들리 • 주의 보혈 (613) • 주의 옷자락 만지며 (614) • 믿음이 없이는 (629)

너는 내 것이라

(두려워 말라 내가 너를)

신상우

들리 • 이 산지를 내게 주소서 (585) • 전능하신 나의 주 하나님은 (589) • 하나님의 조건없는 사랑 (649)

641 내가 쓰러진 그 곳에서

(끊임없이 손짓하는)

박성민 & 정장철

내가 쓰러진 그 곳에서

Cm7 E♭ F E♭2/G B♭/F F B♭
포기하시지않 - 으 리 낮선세 - 상의 - 삶속
E♭2/B♭ B♭ E♭ Fsus7
- 에서 - 찢겨진 - 내모 - 습 - 을 - 피하려 - 고애써
Gm7 F/A Gm B♭m7/F E♭ Dm7
보 지 - 만 아 - 픔만 - 커 져 갈 뿐 - 내 속
D.S.
B♭/F F D/F♯ G E/G♯ A Dm7 E/G♯ A/C♯
D2 A2/C♯ Esus E B♭/F
내가쓰러진그곳 - 에 서
E♭m/F F Gm Gm/F E♭2 F/E♭
- 주는나를강하게 - 하 리 - 나는다시 - 일어나겠네
Dm7 Gm7 E♭9 B♭/F E♭/G
3
- 주 는결 코나를 - - - - - - - 주는결 코 나를 - - - -
B♭/F F/E♭ E♭ Gm B♭2 E♭ F E♭2/G B♭
3
- 주 는결 코 나를 - 포기하시지않 - 으 리

642

동행

(내가 걸어온 길)

예배의 회복

643

(이세상 살다가보니)

644 모든 삶의 순간

(이 생명 다하는 날)

장진숙

B♭ F/A E♭m/G♭ B♭/F B♭/D
이 생명 - 다하는 날 안개 같이 - 사라 질 때 나는

E♭ F7 B♭ F7 B♭
한 없는 영광 - 주께 돌리리 - 아름 다운 - 만물

F/A E♭m/G♭ B♭/F E♭
을 날위해 지으시고 새로운 날들로

Dm Cm7 Fsus4 F
내 삶 - 가득 채우심을 - 때론

Gm Dm E♭ F7 B♭ Dm/A
봄처럼 꽃피우시고 때론 겨울처럼매서운날도 때론

Gm Dm Cm F7
뜨거운 감격 속 에 때론 아픔으로눈물 짓게 - 내

B♭ F/A E♭ B♭/D
모든 삶의 순간 주께서주신 선물

Cm B♭/D Cm F
나에게 가장 선하게 아름답게물들여 가시네

모든 삶의 순간

들리 • 믿음이 없이는 (629) • 나의 기도 (639) • 동행 (642)

645 사랑 중에 사랑

(지쳐 포기하고 싶을 때)

박은총 & 김강현 & 하민하

사랑 중에 사랑

들리
• 크고 놀라운 사랑 (507) • 천 번을 불러도 (619) • 하나님의 그늘 아래 (624)

646 온 땅의 주인

(Who am I)

Mark Hall

B♭ F/A Gm7

온땅의 - - - 주인되 신주 - 님이 -

주님은 - - - 나의죄 를보 - 시고 -

F E♭ F/E♭ E♭

내 이 름아 - 시며 - 상 한 맘돌 - 보네 -

사 랑 의눈 - 으로 - 날 일 으키 - 시네 -

E♭ B♭ F/A Gm7

어둠을 - - - 밝히 시 는새 - 벽별 -

바다를 - - - 잠잠 하 게하 - 시듯 -

F E♭ F/E♭ E♭ B♭/D

방 황 하는 - 내맘 - - - 주의 길 비추 - 시네 - - -

내 영 혼의 - 폭풍 - - - 고 요 케하 - 시네 - - -

Cm B♭/D E♭ F

나로 인 함이 - 아 - 닌 - - - 주가 행 하신 - 일 - 로 -

Gm7 F/A E♭ Fsus4

나의 행 함이 - 아 - 닌 - 오직 주 로인 - 하여 -

B♭ F/A Gm7 F

나 는 오 늘 피었 - 다 - 지 - 는 - 이름 없 는꽃 - 과같

들리
• 풀은 마르고 (622) • 위대하신 주 (582) • 하늘 위에 주님 밖에 (626)

647

축복

(주 네게 복 주사 / The Blessing)

Kari Jobe Carnes, Cody Carnes, Steven Furtick & Chris Brown

들리 • 축복송 (487) • 천 번을 불러도 (619) • 축복하노라 (620)

648 험한 십자가 능력있네

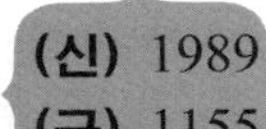

(목적도 없이 / The old rugged cross made the difference)

William J. Gaither & Gloria Gaither

목적도 없이 나는 방황했네
소망도 없이 살았네
그때에 못자국 난 그 손길
나에게 새생명 주셨네
험한 십 자가에 능력 있네
거기서 나의 삶이 변했네
찬양하리 주 이름 영원히
주의 십자가 능력 있네
나는믿네 갈보리 언덕 십자가

험한 십자가 능력있네

Gm C7 F F7
나는믿네 그누가 뭐 라해도 -
B♭ D7 Gm C9
이세상 다지나고 끝날 이와도
F F7 B♭
험한십 자가붙 들 겠 네 -
B♭7 E♭ B♭ E♭ B♭
나는믿네 십자가 에서못 박 힌 주
F B♭M7 B♭7
오늘 도 새삶 을 주 시 네 -
E♭ E♭m B♭ Gm Dm
날새롭게 하셨네 나는새 피 조 물
Cm F9 E♭ F B♭ B♭7
십자가 잡고살 아 가 리 -
E♭ B♭ D.S.
나는믿네 갈보리 언 덕 십자가 - 나는믿
B♭ E♭ F7 B♭
- 험한십 자가붙 들 겠 네 -

649 하나님의 조건없는 사랑

(나를 기가 막힐 웅덩이와)

메들리

• 시편 40편 (31) • 오 신실하신 주 (44) • 사랑 중에 사랑 (645)

(신) 2112

내가 승리 하리라

650

(감당 못 할 고난이 닥쳐와도)

들리

• 예수 믿으세요 (565) • 너는 내 것이라 (640) • 험한 십자가 능력있네 (648)

Contents 주제순 | 가사첫줄 · 원제목

성부성자성령

예배와 초청

Contents

찬양과 경배

Contents

Contents

Contents

기도와 간구

Contents

회개와 고백

Contents

인도와 보호

Contents

축복과 감사

Contents

은혜와 사랑

Contents

소명과 헌신

Contents

Contents

평안과 위로

신뢰와 확신

Contents

분투와 승리

성도의 교제

Contents

선교와 전도

천국과 소망

초판 발행일	2021년 8월 10일
펴낸이	김수곤
펴낸곳	ccm2u
출판등록	1999년 9월 21일 제 54호
악보편집	노수정, 김한희
업무지원	강한덕, 박상진
디자인	이소연
주소	서울시 송파구 백제고분로 27길 12 (삼전동)
전화	02) 2203.2739
FAX	02) 2203.2738
E-mail	ccm2you@gmail.com
Homepage	www.ccm2u.com

보급처 : 비전북 031) 907.3927

CCM2U는 한국교회 찬양의 부흥에 마중물이 되겠습니다.